ENCYCLOPAEDIA
OF THE
VIKING AGE

【図説】
ヴァイキング時代百科事典
Encyclopaedia of the Viking Age

ジョン・ヘイウッド＝著
伊藤　盡＝監訳
村田綾子＝訳

柊風舎

ベス、エイミー、アビゲイル、シャーロット、
レイシャ、エミリー、フィオンに捧げる

ENCYCLOPAEDIA OF THE VIKING AGE by John Haywood
© 2000 John Haywood

Published by arrangement with Thames & Hudson Ltd., London,
through Tuttle-Mori Agency, Inc., Tokyo

This edition first published in Japan in 2017 by Shufusha Publishing
Co., Ltd., Tokyo
Japanese edition © Shufusha Publishing Co., Ltd.

p.2-3：オーセベリ
船葬墓の獣頭の彫刻、
820年頃。

目　次

はじめに	6
序文　ヴァイキング時代の背景	8
項目一覧	16
凡例	19
図説　ヴァイキング時代百科事典	21
年表［紀元 1-1500 年］	389
ヴァイキングの君主・統治者［700-1100 年］	394
参考文献	401
図版出典	405
欧文項目対照一覧	406
項目索引	415
人名索引（神名含む）	427
地名索引	434
事項索引	442
監訳者あとがき	446

はじめに

　ヴァイキングは、北ヨーロッパにおいてすぐれた航海術の先鞭をつけた者ではなかった。アイルランド人、アングル人、サクソン人、フリジア人、フランク人をはじめ、さまざまな人びとが彼らに先んじていた。さらにいうなら、もっとも革新的というわけでもなかった。知られているかぎり、彼らが新たな航海術を編み出したことはない。その造船技術も多くの点で遅れていた（帆の利用をはじめたのがヨーロッパ人のなかでいちばん遅かった）。にもかかわらず、ヴァイキングの活動範囲は先例のないものだった。東はロシアの大河を次から次へと航行し、黒海を横断してコンスタンティノープルへ至り、カスピ海を通ってバグダードに達した。西は西ヨーロッパ沿岸全域で活動し、さらには地中海を抜けてイタリアや北アフリカも襲撃した。大西洋を横断したヴァイキングもいた。フェロー諸島、アイスランド、グリーランドと入植しながら進み、北アメリカに足を踏み入れた最初のヨーロッパ人となった。こうした広範にわたる活動がヴァイキングをこのうえなく魅力的なものにしている。イングランド北西部のカーデイルでは、膨大な量のヴァイキングの埋蔵宝が見つかっている。ここは、かつてスカンディナヴィア人が多く居住していた土地で、遺宝にはイングランド、アイルランド、イタリア、プロヴァンス、スペイン、イラク、アフガニスタンの貨幣や工芸品などが含まれていた。どのようにしてこんなに大量に集められたのか、なぜイングランドの川岸に埋めたのか、宝の主がここに戻って掘り出さなかったのにはどんな事情があったのか。私たちは知る由もないが、これだけはわかる。ヴァイキングの知っていた世界はとてつもなく広かった。それまでのヨーロッパ人の誰よりも——ただし、ギリシアやマケドニアの兵士は別だったかもしれない。何しろ彼らは、アレクサンドロス大王の野望にしたがって世界を征服するという遠征について行ったのだから。

　近年、ヴァイキングに対する理解は大きく変わりつつある。中世初期の著述家たちは、ヴァイキングの暴力的な面をつまびらかに語った。無理もない。彼らの家は焼かれ、略奪され、友人や親族が殺されたり、さらわれて奴隷市場に売られたりしたのだ。ヴァイキングに好意的な記述はまず期待できなかった。19世紀に愛国的なロマンティシズムが広が

り、ヨーロッパ列強による植民地時代になると、あらゆるものを征服する海賊というヴァイキングのイメージを歴史家たちはむしろ喜んでとり入れるようになる。スカンディナヴィア諸国の力が相対的に弱まると、北欧人たちは、かつて世界を股に掛け、誰からも恐れられていた英雄時代を呼び戻したい衝動に抗えなかった。ワーグナーは北欧神話を楽劇『ニーベルングの指環』で目にも鮮やかに甦らせることで、新たにひとつとなったドイツ国民に、ヴァイキングを自分たちの民族の祖先の姿として描いてみせた。政治的経済的な不満から生まれた帝国主義的な野望とネオダーウィニズムの民族優性論がニーチェの超人思想と結びついたとき、ヴァイキングのイメージは格好のプロパガンダになり、悲劇につながっていく。古物研究家らは、青銅器時代の工芸品に見つけた、いかにも野蛮そうな——だが歴史的にはまちがっている——角のついた兜をヴァイキングのものとして広めた。

　こうしたイメージがなおも人びとの意識に深く根ざしているとはいえ、20世紀後半に入ると、もっとバランスのとれたヴァイキング像が描かれるようになる。交易や工芸、探検、定住などの領域において、ヴァイキングが平和的な活動をしていたという考古学的な証拠が次々に見つかったためである。また、ヴァイキングの暴力性にあまり重きを置かないようにする態度すらもますます見られるようになった。これは従来の見解に対する過剰反応の結果でもあったし、ヨーロッパ人の価値観が変化したことも一因だった。2つの悲惨な世界大戦を経て、帝国の建設や征服という行為は、もはや称賛に値するものとみなされなくなったのである。本書の目的は、ヴァイキングが紡いできた物語の両面を——平和的であり、暴力的でもあるという彼らの姿を公平に伝えることにある。その時代の主要な人物の略歴も紹介していく。これはヴァイキングにかぎらず、成功の度合いはさまざまだが、彼らに立ち向かった人びとも含まれる。

序文
ヴァイキング時代の背景

　ヴァイキング時代がはじまったのは 8 世紀末である。ブリテン島やアイルランド、フランク王国の沿岸部にあった修道院など脆弱で狙いやすい場所を急襲し、すぐに引きあげる海賊行為が続いた。当時の西ヨーロッパは、5 世紀に西ローマ帝国が滅んだ後、もっとも平和で政治的に安定し、経済的にもかつてない繁栄した時期だった。8 世紀初頭、アラブのイスラム教徒による征服の嵐がキリスト教国に吹き荒れたが、それもすでにやんでいた。フランク王国のカール大帝が異教徒のサクソン人、スラヴ人、アヴァール人を征服し、キリスト教国が東ヨーロッパにも拡大しつつあった。カール大帝はデーン人の征服も考えていたかもしれない。が、実際に行動することはなかった。概して、西ヨーロッパ人はスカンディナヴィア人にほとんど関心をしめさなかった。異教を信仰していたとはいえ、だからといって彼らが脅威になるなどとみなされなかったことは明らかである。国の端となる沿岸部では、海は安全確実な障壁と考えられていたため、港や修道院は無防備だった。したがって、ヴァイキングの襲撃はまさに青天の霹靂だっただけでなく、深い衝撃をもたらした。ヴァイキングは異教徒だったので、キリスト教会の宗教的な制裁は通用しなかった。キリスト教徒同士の戦いのように、教会の財産や聖職者に手を出すのを控えようというヴァイキングはいなかった。全体として、ヴァイキング時代は 789 年頃から 1100 年頃まで約 300 年続いたが、12 世紀に入っても、一部の地域ではスカンディナヴィア人による海賊行為がみられた。この期間、ヴァイキングはヨーロッパの歴史において重要な、ときには決定的な役割を果たした。ヴァイキングが与えた衝撃がもっとも大きかったのは、おそらくブリテン島だった。既存の権力構造を壊して、イングランドとスコットランドの王国が統一する道を開いたのである。アイルランドでは、ヴァイキングによって最初期の町々の基礎が築かれた。フランク王国では、カロリング朝神聖ローマ帝国の分裂とノルマンディー公国の創設にヴァイキングが一役買い、後押しもした。彼らがフランス、イングランド、イタリアの歴史に与えた影響ははかりしれない。東ヨーロッパでは、ヴァイキングが最初のロシア人の国をつくった。さらにはアイスランドの最初の入植者も、グリーンランドとアメリカ大陸にはじめて到達したヨーロッパ人もヴァイキングだった。おそらく、わりと見過ごされやすいのが、キリスト教ヨーロッパ世界がヴァイキングに与えた影響の

方がむしろ大きかったということである。ブリテン諸島やノルマンディーに入植したスカンディナヴィア人は、2、3世代のあいだにその土地の住民と同化した。母国や大西洋の入植地では、スカンディナヴィア人特有のアイデンティティを保ちつづけた。だが1100年になる頃には、彼らも異教徒の野蛮人からキリスト教徒のヨーロッパ人へと変身していた。では、ヨーロッパ史におけるこの劇的な時代を生み出した要因はいったい何だったのか。

いちばん古い説明が試みられたのは、793年6月の有名なヴァイキング襲来後すぐのことだった。襲撃されたのは、ノーサンブリア王国のリンディスファーンにある聖カスバート修道院で、ブリテン諸島でもっとも聖なる地のひとつとされていた。この急襲は広範にわたる衝撃と警告を与えた。のちの年代記編者たちはこの襲撃について語る際、稲光と雷鳴が走り、火を吹くドラゴンが空を飛ぶのが見えたといって、迫りくる凶事にふさわしい前触れを添えている。知らせを受けたノーサンブリアの神学者アルクィンは、襲撃の事実を受け入れようとして次のように書いている。「異教徒たちによって我々が味わわされた恐怖は、ブリテンでかつて見られたためしはなかった」。さらに彼は問いかける。なぜ、聖カスバートはみずからの修道院を守ってくださらなかったのか、この襲撃は何か恐ろしい罪に対する神の罰ではなかったのか、と。アルクィンはこう結ぶ。リンディスファーンのように神聖な場所ですら聖人のご加護が期待できないなら、安全な場所などどこにもない、と。少なくとも、この最後の点に関してはアルクィンは正しかった。中世初期の他の著述家も大体がアルクィンと同意見で、ヴァイキングの襲撃を罪深い人びとに対する神の怒りのあらわれとみなした。とはいえ、現代の歴史家たちは、ヴァイキングの拡大をもっと現世的に説明する原因を探し求めてきた。

最近まで、ヴァイキング時代の背景には人口増加にともなう土地不足があったという説明が一般的だった。一見したところ魅力的だし、もっともらしい説明に思える。たしかに、ヴァイキング時代に先立つ数世紀のあいだ、スカンディナヴィアの人口は増加の一途をたどっていた。それは中世盛期になっても続いていた。ヴァイキング時代を通して新たな入植地がつくられ、さらなる土地が開墾された。道具の需要にともなって、鉄の生産も着実に増えていた。スカンディナヴィアは耕地に適した土地が少なく、人口過剰の圧力から人びとは海を渡ったとも考えられる。近年でも、人口増加によるノルウェー人とスウェーデン人の大量移住がみられる。19世紀、ノルウェーは北アメリカに移住した人口の割合がアイルランドに次いで多かった。また、ヴァイキング時代以前にスカンディナヴィアから人びとが移動した証拠もたくさんある。紀元前113年、キンブリ族とテウトネス族の2つの部族がローマ帝国に侵攻したが、彼らはもともとユラン半島から出てきたのである。5世紀に、同じくローマ帝国に侵入したブルグンド族、ゴート族、ヴァンダル族といったゲルマン人の部族もまた、自分たちの先祖はスカンディナヴィアに起源をもつと信じていた。そしてアングル族やジュート族のような、当時ブリテン島に移住した人びとは確かに北欧の出身だっ

序文　ヴァイキング時代の背景

序文　ヴァイキング時代の背景　11

地図1　ヴァイキングの世界

た。こうした伝承はかなり根強く、6世紀のゴート人歴史家のヨルダネスはスカンディナヴィアを「民族の子宮」と呼び、ゲルマン民族の移動は人口過剰の結果と信じていた。

　ヴァイキング時代にもスカンディナヴィアから大勢の人びとが移住したことは否定できない。だが、ヴァイキングの最初期の活動はまず略奪で、植民ではなかった。フェロー諸島では、早ければ825年頃には入植がおこなわれていた可能性もある。だが、スコットランド諸島に大規模なスカンディナヴィア人の入植地がつくられるのは、最初の襲撃があった時期から半世紀以上あとのことだ。アイスランドの入植は（860年頃にすでに発見されていたにもかかわらず）870年代になってからだが、デンマーク人がイングランド東部への植民に乗り出したのと同じ頃である。ノルウェー人のイングランド北西部への入植は10世紀はじめの数十年におこなわれ、デンマーク人のノルマンディー定住も同時期だった。ヴァイキングはアイルランドを激しく襲撃したが、沿岸の数少ない包領の他に、大規模なスカンディナヴィア人入植地はなかった。スカンディナヴィアから移り住んだルーシは東ヨーロッパの広大な地域を掌握したが、スラヴの人びとを支配する戦士階級は少数に留まっていた。つまり、ヴァイキング活動の広がりは土地を求めてのことだったという説明は適切ではない。むしろ、襲撃の成功がスカンディナヴィア人を海外への入植に促したのだ。

　土地よりもずっと重要な要因が交易だった。8世紀、西ヨーロッパの経済復興にともない、スカンディナヴィアとの交易も増加する。スカンディナヴィアは、毛皮やセイウチの牙といった高価な品々の供給源だった。だが、スカンディナヴィアだけでは供給が追いつかなくなるほど需要は高まっていった。すでに750年頃までには、バルト海東岸のスラヴ人やフィンランド人の定住地における交易の場でスウェーデン人商人が頭角を現わしていた。それと並行して、アラブの商人たちはカスピ海を渡り、ヴォルガ川沿いにあるブルガル人やハザール人の町で毛皮や奴隷を買っていた。アラブ商人は、品物の代金をディルハムと呼ばれる良質な銀貨で支払った。これらが東ヨーロッパで流通するようになると、確実にもうかる市場と直接取引しようとスウェーデン人たちはさらに東へと向かったのである。

　おそらくスカンディナヴィア人たちは、こうした平和的な商用の船旅のなかで西ヨーロッパの豊かで無防備な港や修道院のことを知ったのだろう。ヴァイキングによる襲撃がはじまる前から、アングロ・サクソン人やフランク人はスカンディナヴィア人を知っていた。年代記編者は、スカンディナヴィア人が行儀よくふるまっているかぎり、彼らにほとんど興味をしめさなかったが、アルクィンによると、ノーサンブリアの人びととはスカンディナヴィア人をよく知っていて、その髪型までまねていたという。789年頃、アングロ・サクソンの港ポートランドがヴァイキングに襲われた。記録に残る最初のヴァイキング襲撃だが、このとき襲われた状況からスカンディナヴィア人が商人として知られていたことがわかる。3隻のノルウェー船が港にやってきたとき、現地の代官はヴァイキングを商人と勘

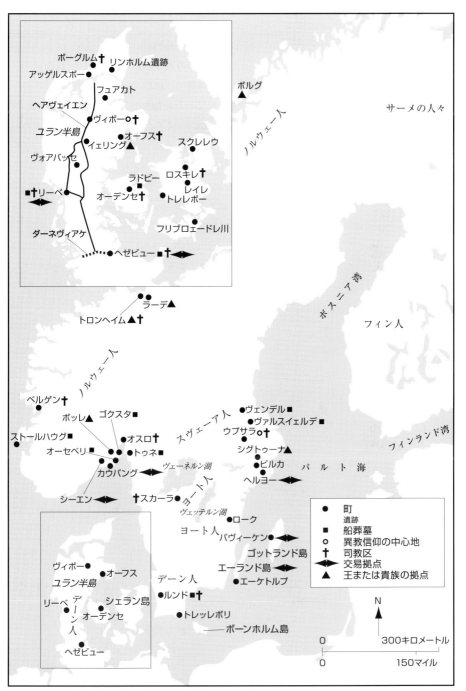

地図2　ヴァイキング時代のスカンディナヴィア

14　序文　ヴァイキング時代の背景

地図3　ヴァイキング時代のブリテン諸島

違いしたために、部下とともに命を落とすはめになったのである。

　だが、ヴァイキングの活動範囲がこれほど広がったいちばんの動因はスカンディナヴィア内の社会的、政治的な発展にあった。西暦紀元の早い時期からすでに、スカンディナヴィア社会では中央集権化のきざしが見えつつあった。はじめは数少ない戦士階級の支配層の出現であり、時代をくだればヴァイキング時代の幕開けに先立つ数世紀のあいだに首長や各地の小王の支配圏が発達した。ヴァイキング時代に入ると、そうした小王はデンマークやノルウェー、スウェーデンのそれぞれの地域に勃興しつつあった王国にのみこまれていく。ヴァイキング時代のスカンディナヴィアにおいて、王になるために必要なのは両親のどちらかから王家の血をひいていることだった。庶子であっても王位の妨げにはならなかった。そのため、王位獲得をのぞむ者はかなりの数になったが、実際に王になれる可能性はどんどん狭くなっていった。権力闘争は熾烈をきわめ、相続争いは頻度も残虐さも増していった。争いに敗れた者は——まだ命があったなら——追放されるのが常だった。とはいえ、すべてをあきらめるのはまだ早かった。襲撃で富と評判を高めることができれば、故郷で権力をつかむための努力を後押ししてくれる忠実な戦士の部下を得ることも夢ではなかった。実際に995年、オーラヴル・トリュッグヴァソンはそうしてノルウェーの王位を手に入れたのである。865年にイングランドに侵攻したデーン人のいわゆる「大軍勢」を率いた、ハールフダンやイーヴァルやその他の王族の指導者たちは、海外の王国を手中におさめることが王になる最大のチャンスだと考えたかもしれない。またデンマーク国王スヴェイン双髭王のように、ヴァイキングの支配者のなかには襲撃を王室の財源を増やす手段とみなす者もいた。自国の税収での定期的な収入をさらに増やす手段を探した彼は、問題を解決するためには巨額の増資も可能とする優れた管理統治制度をもつイングランドに、いわば、金をたかりに何度も攻め入ったのである。ヴァイキング時代のスカンディナヴィアでは、中央集権化によって地方の首長が従来の自治権を保つことが難しくなり、彼らの多くは海外——とくにアイスランド——への入植にその解決法を見いだした。

　11世紀に王権が安定しだすと、スカンディナヴィアの王国はより効率的な行政をすすめるようになる。その手本となったのが中世ヨーロッパのキリスト教諸国だった。税金や通行料といった徴収制度で収入増をはかられるようになり、略奪の重要性は薄れた。いまや主君をもたない海賊は、近隣諸国と良好な関係を築くうえでの障害となり、富をもたらす交易を脅かすものとなったため、制圧された。12世紀に入ると、武勇に猛る者たちには、襲撃にかわる高尚な目的が与えられた。バルト海に臨む異教徒のヴェンド人や、聖地エルサレムにいるイスラム教徒と戦う十字軍遠征に加わるというものだ。いずれにしても自分の富を増やし地位を上げるために戦で一旗揚げたいと願う者は、王や教会に仕えるといった新しい方法を選べるようになった。こうしてヴァイキング時代は事実上、いつともなく、静かに消えていった。

項目一覧

【あ行】

アイオナ島
アイスランド
『アイスランド人の書』
『アイルランド人と異教徒との戦』
アイルランドのヴァイキング
赤毛のエイリークル
赤毛のソルステイン
アキテーヌ王ピピン2世
アシンドンの戦い
アースガルズル
アスコルドとディール
アース神族
アダム、ブレーメンの
アラブ人、ヴァイキングとの関係
アラン捻髭公
アルクィン
アルシング
アルヌルフ
アルフレッド大王
アンガンチュール
アングロ・サクソン人
『アングロ・サクソン年代記』
アンドヴァリ
イーヴァル
イーヴァル1世
イーヴァル2世
イェリング
異教
イーゴリ1世
医術
イースト・アングリア王国
イズン
イヌイット
衣服
インギムンドル
『イングランド人への狼からの説教』
イングランドのヴァイキング
インゴールヴルとヒョルレイヴル
ヴァイキング
ヴァイキング時代のスカンディナヴィアにおける修道院制度
ヴァリャーギ親衛隊
ヴァリャーグ
ヴァルキュリア
ヴァルスイェルデ
ヴァルハラ
ヴァン神族
雄牛号
ヴィボー
ウィリアム征服王
ウィリアム長剣公
ヴィンランド
『ヴィンランド・サガ』
ヴィンランド地図

ウェセックス
ウェックスフォード
ウェドモア条約
ウェールズのヴァイキング
ヴェンデル
ヴェンデル時代
ヴェンド人
ヴォアバッセ
ウォーターフォード
ヴォリン
『ヴォルスンガ・サガ』
ヴォルンドル
ウートガルザ＝ロキ
ウラジーミル1世
ウルヴル
ウルフスタン
ウルフスタン1世
エアドリック・ストレオナ
エアドレッド
エイリークル血斧王
エイリークル勝利王
『エイルの人々のサガ』
エギル・スカッラグリームスソン
『エギルのサガ』
エーケトルプ
エスケシェール船
エゼルスタン
エゼルフレード
エゼルレッド
エゼルレッド1世
エゼルレッド無策王
枝角、骨、角
『エッダ』
エッラ
エディントンの戦い
エドマンド1世
エドマンド剛勇王
エドマンド殉教王
エドワード長兄王
エマ・オヴ・ノーマンディー
エルフ
エルフイヴ・オヴ・ノーサンプトン
エルフヘアハ
エルブロンク
遠征王ユングヴァル
『遠征王ユングヴァルのサガ』
王権
『王妃エマ礼讃』
オークニーのヤール
『オークニーの人々のサガ』
オーザル
オージン
オストマン
オーセベリ船葬墓
オッタル
オーデンセ
オドー
オヌンドル・ヤーコブ

オーフス
オホトヘレ
オーラヴル
オーラヴル王の一門、（スウェーデン人の）
オーラヴル・クヴァラン、「革紐履きのオーラフ」
オーラヴル・グズフリズソン
オーラヴル・トリュッグヴァソン
オーラヴル白王
オーラヴル・ハラルズソン
オーラヴル平和王
オリガ
オール
オールネイの協約
オレグ
オロシウスの古英語訳
オーロフ・ショットコヌング

【か行】

絵画石碑
海上障壁
カウパング
家具
風見、船の
家族
『徒のフロールヴルのサガ』
カーデイルの埋蔵宝物
貨幣と貨幣鋳造
ガムラ・ウプサラ
ガラス
ガルザル、スヴェーア人の
カール大帝
ガルムル
カロリング朝神聖ローマ帝国
環状砦、フランク王国の
艦隊
カントヴィック
カンハウエ運河
キエフ
饗宴とごちそう
教会
漁業、捕鯨、アザラシ狩り、海鳥捕り
巨人
キリスト教への改宗
くし
グズフリズル
グズルム
グズローズル
グニョズドヴォ
クヌートル1世
クヌートル2世
クバルスン船
グリーンランド
グレイプニル
『グレッティルのサガ』
クロースタ船
グロービン

項目一覧　17

ブロワ島
ブロンターフの戦い
冑
グングニル
結婚と離婚
ゲフィユン
ゲーム、娯楽、スポーツ
ケルヴァル
ゲルマン鉄器時代
言語
ァンジントン・ルーンストーン
子
交易
航海術
甲鉄のビョルン
行動規範
コーク
ゴクスタ船葬墓
ゴジ
ゴットランド島
ゴドレッド・クロヴァン
琥珀
ゴルムル老王
コンスタンティノープルの条約
コンスタンティン1世
コンスタンティン2世

【さ行】
ナガ
サクソ・グラマティクス
サーメの人々
サン＝カンタンのデュドン
サン＝クレア＝シュル＝エプトの条約
ナンドウィッチの戦い
太鼓腹揺らしのエイナル
シーエン
司教区
シグヴァトル・ソールザルソン
シグトゥーナ
シグフレズル
シグムンドル
シグルズル、ファーヴニル殺しの
シヒトリク・カエフ（「やぶにらみの」）
シヒトリク絹鬚王
社会階級
シャルル単純王
シャルル禿頭王
シャルル肥満王
住居
集落・農村集落
巡礼
錠と鍵
『植民の書』
女性
シング
シングヴェッリル
「深慮の」アウズル
スィアツィ

スヴェーア人
スヴェイン、アースレイヴァルソン
スヴェイン・エストリズソン
スヴェイン・エルフイヴソン
スヴェイン双髭王
スヴェイン・ハーコナルソン
スウェーデン王国
スヴャトスラフ1世
スカルド詩
スクレーリング
スクレレウ船
スコットランドのヴァイキング
スタラヤ・ラドガ
スタンフォード・ブリッジの戦い
スティクレスタの戦い
ストラスクライド
海浜襲撃
大墳丘船葬墓
ストング
スネッケ
スネービョルン・ガルティ
スノッリ・ストゥルルソン
スレイプニル
性
税
聖アンスガル
聖遺物箱
聖ウィリブロルド
性的暴行
聖ブライスの日の虐殺
聖ポッポ
石材彫刻
石鹸石
セームンドル・シグフースソン
セルクランド
船形列石
船葬墓
象牙
創世神話
ソクールの戦い
ソマーレッド
ソール
ソルフィンヌル、俠気の
ソルフィンヌル・シグルザルソン
ソルフィンヌル、頭骨破りの

【た行】
大軍勢
太陽石
ダーネヴィアケ
ダブリン
食べものと飲みもの
チェオルウルフ2世
地中海とスペインのヴァイキング
血のワシ
チメリョヴォ
長蛇号
ディース

デイル川／デイレ川の戦い
ディルハム貨
ティンワルド
鉄加工
テットノールの戦い
テュール
テューレ
デーンゲルド
デーン人
『デーン人の事績』
デーン人ハヴェロック
デンマーク王国
デーンロー
陶器
トゥネ船葬墓
トゥルゲイス
道路
土地所有
トムライル・エレル
度量衡
トルフ＝エイナル
奴隷制
奴隷貿易
ドレスタット
トレレボーの要塞
トロンヘイム
ドワーフ

【な行】
ナグルファル
ナドッドゥル
ニヴルヘイム
ニヤル黒膝王
『ニャールのサガ』
ニョルズル
農業
ノヴゴロド
ノーサンブリア王国
のっぽのソルケル
ノルウェー王国
ノルマンディー公国
ノルン

【は行】
パヴィーケン
ハヴルスフィヨルドの戦い
ハーコン・シグルザルソン
ハーコン善王
ハザール
橋
ハスカール
ハステイン
機織り
ハックシルバー
鼻ぺちゃのケティル
ハラルドル・クラック
ハラルドル青歯王
ハラルドル灰衣王

18 　項目一覧

ハラルドル苛烈王（ハルドラジ）
ハラルドル美髪王
パリ包囲
ハルザクヌートル
バルト人
バルドル
ハールフダン
ハールフダン黒王
ハロルド・ゴドウィンソン
ハロルド兎足王
美術様式
『ヒストリア・ノルベジエ』
人質
ビャルニ・ヘルヨールフソン
ヒュエラーク
ビュルフトノス
ビルカ
『ビルカ島の法』
ヒルス
五城市（ファイヴ・バラ）
ファーヴニル
フィン人
フェーラグ
フェロー諸島
『フェロー諸島の人々のサガ』
フェンリル
武器と防具
太っちょのシグルズル
船と造船
ブライアン・ボル
ブラギ
ブラスマック・マック・フラインド
ブラッタフリーズ
『フラート島本』
青の土地（ブラーランド）
フランク王国のヴァイキング
フランク人
フリジア
フリッグ
フリブロェードレ川
ブリュンヒルドル
ブルガル人
ブルグレド
ブルターニュのヴァイキング
ブルーナンブルフの戦い
ブルフ
フレイヤ
フレイル
ブローヴァッラの戦い
フローキ・ヴィルゲルザルソン
ブロッホ・オ・バーセイ
ベアドゥヘアルド
平均寿命
『ヘイムスクリングラ』
ヘイムダル
ベオッカ
ヘゼビュー
ペチェネグ人

ヘル
ベルゲン
ベルセルクル
ヘルモーズル
ヘルヨー
帆
法
法外追放
宝飾品
法の宣言者
ホグバック
ホズル
ボッレ
ボートハウス
ポートランド
骨なしイーヴァル
ホリック1世
ボルグ
ホルゲア・ダンスケ
ポン・ド・ラルシュ
ボーンホルム島

【ま行】
埋葬習慣
マグヌス・エルレンズソン
マグヌス善王
マグヌス裸足王
マーシア王国
町
マルクランド
マン島様式の十字架（マンクス・クロス）
マン島王国
『マン島と諸島の王の年代記集』
ミクラガルズル
『巫女の予言』（ヴォルスパー）
ミズガルズル大蛇（ヨルムンガンド）
ミズガルズル
身代金
ミョルニル
民族移動期
ムスペッル
ムルヘルタハ、革衣の
メーレのログンヴァルドル
メロヴィング期
木彫
モールドンの戦い

【や行】
ヤールスホフ
ヤールの詩人アルノール・ソールザルソン（スガルド）
ヤロスラフ賢公
有力者シグルズル
ユグドラシル
ユーダル
ユングリンガ王朝
要塞
ヨーク

ヨートゥンヘイム
ヨート人
ヨームスヴァイキング
「四十年間の休息」

【ら行】
ラグナル
ラグナルド
ラグナル・ロズブローク
ラグナロク
ラグンヒルドル
『ラックス谷の人々のサガ』
ラーデ
ラーデのエイリークル
ラドビー船葬墓
ランス＝オ＝メドー
ランス大司教エボ
ランドアウラル
陸上交通
リシャール善良公
リシャール無怖公
リズ
リブルヘッド
リーベ
リムリック
リューリク
リューリク朝
リュリコーヴォ・ゴロジシチェ
リュルシャウの荒地の戦い
リンディスファーン
リンホルム遺跡
ルイ敬虔王
ルーシ
ルンド
ルーン文字
レイヴル・エイリークソン
レイザングル
レイレ
レギン
レプトン
レリク
連水陸路
ロキ
ローク石碑
ログンヴァルドル
『ロシア原初年代記』
ロシアのヴァイキング
ロスキレ
ロスキレ船
ロードリ・マウル
ロベール、アンジュー伯
ローマ鉄器時代
ロリック
ロロ
ロングフォート

【わ行】
ワペンテイク

凡例

1. 翻訳の基本方針

(1) 本書は、John Haywood, *Encyclopaedia of the Viking Age* (Thames&Hudson, 2000) の邦訳である。原書は、原著者ヘイウッドによって取り上げられた 496 項目におよぶヴァイキング時代の人物、民族・部族、場所、戦い、習俗、文学に関する、入門的ではありながらじゅうぶんに専門的な内容を含んだ事典となっている。翻訳に際してはなるべく原文に忠実でありながらも、日本語として自然に読めるよう心がけた。

(2) 本翻訳にあたって、中世初期の北欧で用いられた言語「古北欧語」（文字表記としては「古アイスランド語」）の再建音を仮名書きすることによって、日本人読者に向けて中世世界を再現しようと試みた。ただし、東欧に渡って定住した人物の名前は現地語の日本語表記の慣例を用いた。

　　例）イングヴァル（東欧に渡るが、落命した）；イーゴリ（東欧に渡り、ルスの王となった）

(3) 再建音の表記には、古アイスランド語とラテン語の場合は主格形を用いた。とくに、古アイスランド語で主格語尾 –r を持つ場合はそれも発音されたものとして、語尾に「―ル」と読み仮名を入れた。原書表記が現代英語で書かれていても、古北欧語に置き換えたときに主格語尾が必要な場合も同様である。

　　例）英語表記 berserker；古北欧語 berserkr；カナ書き　ベルセルクル

(4) 同一人物が複数の呼び名を持つ場合、相互参照によってどちらからでも引くことができるようにした。

　　例）聖クヌート→クヌートル 2 世

(5) 地名の表記は、現代まで残っている地名で、慣例的な表現が定着しているものはそれを用いた。アイスランドの地名については、古アイスランド語に近いカナ表記を採用した。

　　例）Hafrsfjord ＝ハヴルスフィヨルド、Álptafjörðr ＝アールプタフォルズル

(6) 原書に散見された固有名詞や年号などの明らかな誤りは、注記せずに訂正した。

2. 利用の仕方

(1) 本書は、ヴァイキング時代のさまざまな側面に触れている百科事典であり、序文、目次、事典、年表、支配者一覧、索引という構成になっている。最後の索引は原書にはな

く、日本人読者のために、邦訳版として新たに掲載した。

(2) 本書の序文には地図が含まれており、ヴァイキング時代とはどのような時代かを短く
要約しながら、読者に紹介している。また、年表や支配者一覧には、人名や地名がさま
ざまに登場する。そのなかから、気になった名前や事項があれば、目次を見てほしい。

(3) 本書ならびに索引の五十音順では、長音符「ー」は文字に数えない。

(4) 本書の主要部にあたる大見出しによる事典は、原著者ヘイウッドがヴァイキング時代
に関して重要であると定めた項目である。邦訳においても、目次にそれら496項目を
五十音順に並べてある。まずは、目次で、ヴァイキング時代に関する重要な人物やでき
ごとを確認して欲しい。

(5) しかし、496項目に含まれなかったさまざまな人名、地名、事項名は、巻末の索引
にそれぞれ五十音順に掲載した。また、本文中にカタカナで表記したヴァイキング時代
の地名・人名なども索引中に原文表記を示した。本文中の相互参照は、ほとんどが原書
に基づくものであるが、原書になくとも相互参照ができる場合は、可能なかぎり相互参
照であることを太字で示した。

(6) 人名は、索引も含め、姓名の「名」いわゆるファースト・ネームから引く。中世初
期のヨーロッパでは、姓、苗字がないためであり、同名の場合、親の名（父称、母称）
や綽名、出身地によって区別する。本書では、綴りの違いや活躍した地、権威名などを
添えて区別する助けとした。

3. 記号・略語などに関する説明

(1) 本文中の日本語の太字は、大見出しになっている語句の相互参照であることを示す。

(2)「→」で示された語句は、その前の語句と関係する相互参照として大見出しになって
いる語句を意味する。

(3) 邦訳に際し、監訳者が必要と考えた箇所には〔監訳者注〕を挿入した。

(4) 原書の表記で th が用いられているところで、邦訳版では þ（ソーン）を用いている
箇所がある。この文字は古北欧語や古英語で用いられ、現代英語の th の発音を1文字
で表わす。古北欧語で母音の上に発音区別記号を加える場合など、古北欧語の綴りであ
ることを示すために þ を用いた。

　　例）Þórr　ソール

　　また、ð（エズ）も用いている箇所がある。これは特に濁音の th を書き表わす際に、
古北欧語、アイスランド語で用いられている。

　　例）Garðarr　ガルザル

あ行

アイオナ島
Iona

　スコットランド、インナー・ヘブリディーズ諸島に属するマル島沖に浮かぶ小島。563年、この地にアイルランドの聖コルンバが修道院を創設。ブリテン諸島でもっとも有名で影響力のある修道院のひとつとなった。中世初期の装飾写本のなかでもとりわけ見事な『ダロウの書』と『ケルズの書』もこの修道院でつくられた（現在はどちらも**ダブリン**にある）。その豊かさと広い水路に面した無防備な立地から、アイオナ島は早くからヴァイキングの標的となった。最初の襲来は795年で、802年にもやってきて大修道院に火を放った。806年の略奪の際には68名の修道士を殺害し、さらに807年にも襲撃している。814年、大修道院長はこの地をひきはらって、比較的安全な**アイルランド**のケルズへ共同体を移す決断をする。少数の修道僧は殉死を覚悟で、名ばかりの修道院に残った。825年にヴァイキングがやってきて、院長の**ブラスマック**を含め、数名の修道士が殺害された。その後150年間、アイオナ島についてはほとんど知られていない。だが、何らかの宗教的な共同体が島に存在しつづけ

ヘブリディーズ諸島のアイオナ島にある修道院。ヴァイキングのたび重なる襲撃を受けた。

ていたのは確かだろう。スコットランド人の王が何人もこの期間にアイオナ島に埋葬されているからだ。アイルランドとヘブリディーズ諸島のヴァイキング定住者が**キリスト教**を受け入れはじめると、アイオナ島は聖地とみなされるようになっていく。ダブリン王**オーラヴル・シヒトリクソン**は、980年に退位してこの地で修道士になっている。だが、986年に「**デーン人**」がふたたび修道院を略奪し、修道院長および15名の修道士を殺害した。10世紀に退蔵された大量の**貨幣**がアイオナ島で見つかっているが、この襲撃の犠牲者が埋めたものかもしれない。1098年、**ノルウェー**の**マグヌス裸足王**がアイオナ島を巡礼で訪れている。また、少なくとも**マン島**の王のひとりはここに埋葬されている。アイオナ島の重要性は中世を通して徐々に低下していく。1210年にノルウェー人の海賊による最後の襲撃があったが、ブリテン諸島域における北欧系支配の最後の数年間の事件であり、求心力が低下したことの現われと見られる。1507年、修道院付属**教会**はソードー諸島教区の司教座（→**司教区**）となるが、スコットランド宗教改革にともない、1561年に修道会は解散させられた。1905年に旧司教座は教区主教座として再建された。一部にスカンディナヴィアの影響を示す、初期キリスト教彫刻が施された数多くの十字架のほかは、現存する遺物のほとんどは13世紀以降のものである。

アイスランド
Iceland

　中世のアイスランドの伝承によると、ア

イスランドの植民は**ノルウェー**からの亡命者によってはじまった。**ハヴルスフィヨルドの戦い**で勝利した**ハラルドル美髪王**は圧政を課したとされている。この簡単明瞭な説明にはそそられるが、おそらく事実ではない。ハヴルスフィヨルドの戦いがあったのは885年頃–890年で、この頃にはすでにアイスランド入植はかなり進行していたからだ。とはいえ、アイスランドの伝承はより広い意味での真実を映し出している。アイスランド入植者を率いて来た人びとは中流の貴族つまり地方の豪族だった。ほかの北欧人入植地にはいたようなヤールや王はアイスランドに入植しなかった。こうした豪族は、9世紀に王権の中央集権化が進むにつれ、自治権のほとんどを失っていた。そのため、誰も住んでいない土地への移住は従来の生き方を維持できることから、多くの者をひきつけたのだろう。

　アイスランドはおそらくアイルランドの修道士たちによって発見され、なかには、ヴァイキング時代がはじまる以前、隠修士としてとどまった者もいたのかもしれない。最初にアイスランドに到着したスカンディナヴィア人はスヴェーア人の**ガルザル**である。860年頃、風に流されて針路を外れ、偶然やってきた。ガルザルは自分の名前にちなんで、この島を「ガルズホルム」と名づけたが、**フローキ・ヴィルゲルザルソン**が与えた「氷の地」という呼び名が定着した。フローキは860年代にアイスランドで最初の永続的定住地設立を試みた。だが、彼自身の判断の甘さが大きな原因となって、フローキの入植は失敗に終わる。しかし、870年頃に**インゴールヴル**

アイスランド、北部のフニョウスカダールル。こうした放牧に適した土地がヴァイキングをアイスランドにひきよせた。

によって始まった続く一連の試みは功を奏した。有力な入植者らは広大な土地を獲得すると、親族や従者らと分割した。北の高緯度地方に位置するにもかかわらず、北欧人にとってアイスランドは魅力的な入植地だった。よい牧草地に広大なカバ林が広がる。930年頃までにはこの島の最良の土地の所有・入植はほぼ落ちつき、以後の移入はほとんどなかった。12世紀に書き残された『植民の書』によると、入植者の大半はノルウェー西部の出身だったが、ノルウェー南部やヘブリディーズ諸島からきた定住者もかなりいて、少数だが**デンマーク**と**スウェーデン**から移住してきた人びともいた。ヴァイキング時代末期には、アイスランドの人口は約4万人ほどだったと推定される。この頃には森林地帯のほとんどが伐採され、牛や羊の過放牧による土壌の荒廃が問題となっていた。

初期の入植地は無法地帯で、血闘が横行していた。リーダーシップをとったのはゴジと呼ばれる裕福な首長で、彼らは地区民会を統括し、もめごとを解決し、支持してもらう見返りに小さな土地所有者を保護することで頭角を現わした人物たちだった。930年頃、ゴジは年に1度の全島集会アルシングを創設し、大きな争いごとを解決し、共通の法を定め、一般に「アイスランド共和国」または「アイスランド自由国」（930-1263年）として知られる国を設立した。アイスランドは1000年にアルシングでの投票の結果、国教として**キリスト教**を受け入れ、1056年には最初の司教区がスカールホルトに置かれた。アルシングによる安定した自治が続いていたが、13世紀になると少数の有力な一門（→**家族**）に権力が集中し、内戦が生じた。その結果、アイスランドは1263年にノルウェー王の直轄統治の下に置かれることになった。

アイスランドの入植地は（**フェロー諸島**の入植地とともに）、ヴァイキング活動の拡大の結果生まれた、スカンディナヴィア世界の永続的拡張部分に過ぎない。しかし、アイスランドの重要な歴史的意義はここに存在する。ヨーロッパのほかの地域では、スカンディナヴィア人入植者は数世代で現地住民に同化した。彼らが存在した証拠は現地の言語に認められる地名や借用語にわずかに残っているくらいだ。だが、アイスランドには先住民がいなかったため、彼らはノルウェー西部起源のアイデンティティを保持し、同地域の方言からアイスランド語を発達させた。中世のアイスランド人が

自分たちの起源に誇りを抱いていたことは、すばらしい文学伝統のなかに多くの証拠を見ることができる。ゲルマン民族のなかで唯一、アイスランド人だけが自分たちの異教の祖先の神話や伝説を『エッダ』に記録した。また、アイスランド人の一族にまつわる壮大なサガ全集は、ヨーロッパ文学の最高傑作と称されるのである。

J. L. Byock, *Medieval Iceland: Society, Sagas and Power* (Berkeley, Los Angeles and London, 1988) ; G. Jones, *The Norse Atlantic Saga* (2nd edition, Oxford, 1986); J Jóhannesson, *A History of the Old Icelandic Commonwealth: Íslendinga Saga* (Winnipeg, 1974).

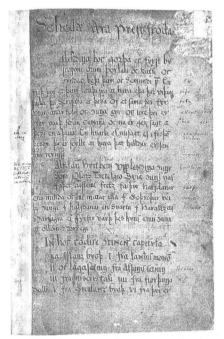

アリ・ソルギルスソンの『アイスランド人の書』。1122-1132 年に制作された、現存する最古のアイスランドの歴史書。

『アイスランド人の書』
Íslendingabók

アリ・ソルギルスソンが 1122-1132 年に著したアイスランド小史で、最初期の北欧人定住から 1118 年までの歴史が綴られている。現存する『アイスランド人の書』は以前に書かれたが今は失われてしまった、もっと長い歴史書の縮約版である。アイスランドへの植民、**アルシング**の設立、アイスランドの**法律**の制定、アイスランドの東西南北 4 地区への分割、**グリーランド**への植民、そしてもっとも大きく紙幅が割かれているアイスランドの**キリスト教化**と**司教区**の設立についての記録である。アリの情報源は口誦伝承で、11 世紀の出来事に関しては、997 年に生まれた彼の養父のテイトルを含め、証言者の名前が記されている。その短さにもかかわらず、『アイスランド人の書』はのちの歴史家たちにとってアイスランドの歴史を伝える基本的な年代記としての価値をもった。

The Book of the Icelanders (*Íslendingabók*) *by Ari Thorgilsson*, ed. and trans. H. Hermannsson (New York, 1930).

『アイルランド人と異教徒との戦』
Cogadh Gardhel re Gallaibh

アイルランドにおけるヴァイキングの様々な歴史を綴った作品で、12 世紀にマンスターのウア・ブライアン（オブライエン）家の名声を高める目的で書かれた。彼らの祖先が邪悪な異教徒の敵を倒し、国を救ったことを強調している。8、9 世紀のヴァイキング襲撃の年代記的記述からはじまり、トゥルゲシウス（トゥルゲイス）を

はじめとする異教徒の族長らの残忍さ、不敬さを際立たせ、次いでマンスターの2人の王で、オブライエン家の先祖であるマスガマンとその弟のブライアン・ボルの英雄叙事詩に入る1014年の**クロンターフの戦い**が本書の頂点となるが、その戦いの最中にブライアン・ボルは、北欧人とレンスターの連合軍を撃破しつつも、討ち死にをする。現存する同時代の年代記と比べると、この著者は誇張が過ぎるし、内容の多くを自分で創作した可能性すらあるが、『アイルランド人と異教徒の戦』はアイルランドにおけるヴァイキング時代、とくにクロンターフの戦いの意味を理解し、解釈する者に多大な影響を与えてきた。

The War of the Gaedhil with the Gaill, ed. and trans. J. H. Todd (London, 1867)

アイルランドのヴァイキング
Ireland, Vikings in

アイルランドにおけるヴァイキングの活動は、**イングランドやフランク王国**の場合とほぼ同じように展開した。795年のランベイ島の修道院襲撃を皮切りに、30年にわたって沿岸地域の標的に小規模な奇襲がくり返された。830年代になると、ヴァイキングはもっと大きな船団（→**艦隊**）で襲来しはじめ、シャノン川のような、アイルランドに数ある航行可能な河川から、これまで攻撃を受けることのなかった遠い内陸の地域にまで侵攻して、広範囲にわたる破壊をもたらした。9世紀初頭のアイルランドは、上王のおさめる5つの王国と御しがたい無数の小国からなる群雄割拠の状態にあって、一致団結してヴァイキング襲撃

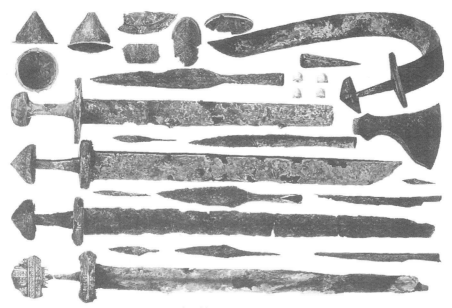

ダブリンの戦士の墓より出土した剣、槍、楯の心（中央突起）。

に対抗することなどできなかった。840年までにはヴァイキングはアイルランドに定住し、1年を通して要塞化した基地である**ロングフォート**から出撃していた。もっともうまくいったのが**ダブリン**だった。ヴァイキングはいったん定住すると反撃を受けやすくなり、アイルランド人の抵抗もいっそう効果的になった。845年にヴァイキングの首長の**トゥルゲイス**が死に、847年には4度の大敗を喫したことで、多くの者はより略奪しやすいフランク王国へ関心を移すようになる。

アイルランドはノルウェー系ヴァイキングにとっての独占的な恰好の獲物であり、他のヴァイキングを近づけさせないよう最大限の力を尽くした。851年に**デーン人**がダブリンを攻略するが、たった2年でノルウェー王の息子**オーラヴル**に追い出される。オーラヴルはダブリン王となり、オソリー王**ケルヴァル**などアイルランド人統治者と同盟を結んでアイルランドの政治に積極的に介入するようになる。オーラヴルの後継者の**イーヴァル1世**が873年に死ぬと、アイルランドへの襲撃がとまる。「四十年間の休息」と呼ばれるこの期間、ヴァイキングの活動はイングランドとフランク王国に集中していた。902年、アイルランド人がダブリンを攻略する。ヴァイキングを見るのはこれで最後かと思われたが、914年、**ラグナルド**と**シヒトリク・カエフ**率いるヴァイキング軍が戻ってきて、すぐにダブリンとそのほかの港市、**ウォーターフォード**、**ウェックスフォード**、**リムリック**、**コーク**などを再建した。とはいえ、こうした沿岸の居住地以外では彼らの征服も入植

8世紀のアイルランド製青銅エナメル塗りの装飾細工。ノルウェーのミュクレボースタで発見された。アイルランドを略奪したヴァイキングの戦利品だったと思われる。

も長くは続かなった。歴代のダブリン王は、ヨーク征服やほかのヴァイキングの**町**との戦いに関心が向いていることが多く、そのあいだにアイルランドの抵抗はますます組織立った効果的なものになっていった。

一般的に、1014年に**ブライアン・ボル**が**クロンターフの戦い**でヴァイキングとレ

ンスターの連合軍に勝利したことで、アイルランドにおけるヴァイキング時代が終わったとみなされている。だが実際には、アイルランドのヴァイキングの勢力はそれまでに急速に衰えていた。1000年までには、アイルランドの北欧人は貢納金(こうのうきん)を支払い、軍隊と船をアイルランド王に提供することで独立を維持していた。ヴァイキングの町が交易の中心地として発展していたおかげで、彼らはそれだけのものを支払うことができたのである。この頃にはすでにアイルランドの北欧人はキリスト教への改宗やアイルランド人との結婚、ゲール語の使用を通してヴァイキングとしてのアイデンティティを失いつつあった。彼らはオストマンと呼ばれ、母国のスカンディナヴィア人とは区別された。オストマンが独立を保っていたのは、12世紀にアングロ・ノルマン人に征服されるまでのことだった。12世紀に入っても、アイルランドの沿岸地域ではオークニー諸島やヘブリディーズ諸島からのヴァイキングの小規模の襲撃は続いた。

ヴァイキングがアイルランドに与えた影響は評価しづらい。ヴァイキングは、アイルランドにおける初期キリスト教の高度な修道院文化を破壊したとして非難されてきたが、今日の歴史学者の多くは、ヴァイキングの襲撃がはじまる前からすでにアイルランドの修道院制度は下り坂にあったと考えている。多くの点から、ヴァイキングのもたらした影響は長期的に見て有益なものだった。彼らはアイルランドに最初の町を設立し、交易を促進し、この島をヨーロッパ経済にさらに引き寄せたのである。

H. B. Clark, M. Ní Mhaonaigh and R. Ó Floninn (eds), *Ireland and Scandinavia in the Early Viking Age* (Dublin and Portland, Oregon, 1998)；D. Ó Cróinín, *Early Medieval Ireland 400-1200* (London, 1995)；D. Ó Corráin, *Ireland before the Normans* (Dublin, 1972).

アムライブ

Amlaíb　オーラヴルを参照

赤毛のエイリークル（エイリーク・ソルヴァルズソン）[1002年頃？没]

Erik the Red (Eirik Thorvaldsson)

グリーンランドのノルウェー系入植地の創設者で、レイヴル・エイリークソンの父親。レイヴルは北アメリカに最初に到達したヨーロッパ人のひとりである。エイリークルはノルウェーで生まれ、幼少期にアイスランドに移住した。彼の父親が殺人罪で追放されたためだ。980年頃、エイリークル自身も殺人罪で追放（→法外追放）される。安全な避難場所を求めて、彼は家族とともに983年頃にグリーランド探索へと旅立つ。グリーンランドはその80年ほど前に目撃されていたが、名前もついていなかった。流氷に阻まれて海岸に近づけなかったため、エイリークルはフェアウェル岬をまわり、氷に覆われていないフィヨルドのなかに、山に囲まれた海岸を見つけた。樹木はなかったが、よい牧草地になりそうだったため、楽観的にグリーンランドと名づけたのである。986年、エイリークルはアイスランドに帰国して、グリーンランドへの入植者を募った。25隻の船で出発し、フェアウェル岬をまわったのは14隻だけ

だった。しかし、2つの入植地をつくるのにはじゅうぶんだった。入植地は単に東部入植地、西部入植地と呼ばれた。エイリークルは東部入植地のブラッタフリーズに農場を設け、植民者のリーダーとみなされた。1000年頃、息子のレイヴルがアメリカ大陸への航海に出るが、エイリークルは年を取りすぎているという理由から同行を断った。そして、ノルウェーから来た船が持ち込んだ疫病によって、その後まもなく死去した。

15世紀に刊行された『赤毛のエイリークルのサガ』の1ページ。

『赤毛のエイリークルのサガ』

Eiríks saga 『ヴィンランド・サガ』を参照

赤毛のソルステイン [9世紀後半]

Thorstein the Red

スコットランドのノルウェー系の王。後世のアイスランドの史料でのみ知られている。オーラヴル白王と「深慮の」アウズルの息子とされる。オークニーのヤール、有力者シグルズルと同盟を組み、スコットランド人からケイスネスとサザランドを攻略する。その後、裏切り行為により、ケイスネスでスコットランド人に殺害された。彼の家族はアイスランドへ移住した。

アキテーヌ王ピピン2世 [823-864年]

Pippin II of Aquitaine

フランク人統治者でルイ敬虔王（けいけんおう）の孫、アキテーヌ王ピピン1世の息子。839年にピピン1世が死去すると、ルイはピピン2世の相続権を奪い、自分の息子のシャルル禿頭王（とくとうおう）をアキテーヌ王とした。ピピンは840年代に短期間アキテーヌを統治しているが、ヴァイキングの襲撃からボルドーを守ることができなかったため、848年に、アキテーヌの民によって追放される。シャルルはピピンを強制的に修道院へ送った。857年、逃げ出したピピンはロワール川のヴァイキングと同盟を組み、相続権を取り戻そうとして、彼らとともにポワチエを略奪した。ピピンはヴァイキングのような生き方をしていたと言われ、異教徒になったと非難までされている。864年に捕えられ、シャルルによって反逆と棄教の罪で死刑を宣告され、処刑された。

アシンドンの戦い

Ashingdon, battle of

1016年10月18日、クヌートとエドマンド剛勇王（ごうゆうおう）がエセックスのアシンドンで会戦する。マーシア太守（エアルドルマン）エアドリック・

ストレオナが自軍を率いて戦場から逃亡し、エドマンドが大敗を喫した。その損失の大きさは、戦死した高位の人びとの数の大きさからも明らかだ。司教と大修道院長がひとりずつ、3人の太守（たいしゅ）、またある太守の息子ひとりが含まれた。エドマンドも重傷を負った。『アングロ・サクソン年代記』によると、「イングランドの花と呼ぶべきすべての要人」がそこで殺された。戦いの直後にエドマンドはクヌートルとオールネイの協約を結ぶ。

アースガルズル
Asgard（古北欧語 Ásgarðr）

　北欧神話の要塞かつ神々の住まい。銀で葺（ふ）かれた館ヴァーラスキャールヴルのなかの高座から、主神オージンは神々の創造した世界を見渡すことができる。オージンのもうひとつの館ヴァルハラでは、戦で斃（たお）れた戦士すべてをオージンが手厚くもてなす。アースガルズルには、ほかにもギムレーと呼ばれる金を葺いた屋根の館もあり、正しい人が死後そこに行く。アースガルズルは巨人のつくった巨大な壁に取り囲まれている。そこに行くにはビフロストと呼ばれるきらめく虹の橋を渡るしかない。ヘイムダッルという神がその橋の番をしている。もともとはアース神族だけが住んでいたが、ライバルだったヴァン神族との一連の戦いののち、彼らもアースガルズルに入ることが許された。

アスコルドとディール [860年頃-862年活躍]
Askold and Dir

　ルーシの2人の首長。『ロシア原初年代記』によると、リューリクとともにロシアにやってきた。リューリクがノヴゴロドを制していた時期（862年頃）に、ポリャーネ族（スラヴ系部族）からキエフを掌握した。『ロシア原初年代記』によれば、860年に獰猛なルーシの軍勢を率いてコンスタンティノープルを襲い、867年にキリスト教徒になったのもこの2人である。882年頃、リューリクの血縁者オレグがキエフを攻略して、キエフをルーシの首府とした際、アスコルドとディールはオレグにより殺害されている。

アース神族
Æsir

　スカンディナヴィアの異教の神々の一族。2つある神族のうちの大きな系統で、

スウェーデン、ヘルシングランドのスコーグ教会にあるタペストリー。アース神族の神々が描かれている。左が隻眼（せきがん）のオージン、中央がソール神、右が豊穣神フレイル。

城砦アースガルズルに住んでいる。天空と戦いに関係し、主な神は最高神オージン、バルドル、ヘイムダッル、ロキ、ソール、テュールなど。ライバルの**ヴァン神族**と抗争をくり広げていたが、ついにはヴァン神族はアースガルズルに入ることが許された。

アダム、ブレーメンの [1080年頃没]
Adam of Bremen

『ハンブルク司教事績録 (*Gesta Hammaburgensis ecclesiae pontificum*)』の著者。スカンディナヴィアにおけるキリスト教の布教活動と、異教徒であるスカンディナヴィア人とバルト海のスラヴ民族の慣習に関する重要な史料である。アダムはバイエルンもしくはフランケンの大聖堂付属学校で教育を受けたのち、ハンブルク=ブレーメン大司教アダルベルト(1072年没)の要請で、1066年か1067年にブレーメンへ赴く。1068-1069年には**デンマーク**を訪れ、国王**スヴェイン・エストリズソン**に会っている。アダムによれば、このときに王からさまざまな情報を得たという。そのほか、ブレーメンの記録保管所や伝道の旅から帰ってきた司祭たちの報告もアダムの貴重な情報源となった。

Adam of Bremen, *History of the Archbishops of Hamburg-Bremen*, trans. F. J. Tschan (New York, 1959).

アラブ人、ヴァイキングとの関係
Arabs, Vikings and the

アラビア文字を模写したもの。スコットランド、コロンゼー島のヴァイキング商人の墓から見つかった鉛の錘(おもり)に描かれていた。

アラブ人はヴァイキングをさまざまな名で呼んでいた。東方で会った者たちをアラブ人はアル=ルース(→**ルーシ人**)または、ウァランク(→**ヴァリャーグ**)と呼んだ。西方ではアル=マジュス(異教徒)、アル=ウルマン(北方人)として知られていた。アラブ人はこの2つの集団の類似点に気づいていて、9世紀の終わりまでには、アル=ルースとアル=マジュスを同じ人びととみなしていた。

ヴァイキングはアラブ人の土地も襲撃したが、そのほとんどが失敗に終わっている。844年、後ウマイヤ朝の都コルドバを襲撃したときも大敗を喫した。859-862年の**甲鉄のビョルン**と**ハステイン**率いる有名な地中海侵攻では、ヴァイキングは船の3分の2を失っている。**ロシアのヴァイキング**がアッバース朝支配下のカスピ海沿岸部を襲撃したときは、それよりも少しだけ成功をおさめた。910年と912-913年にはさらに略奪できたが、この2回にわたる襲撃のうち、2度目に参加した船団(→**艦隊**)が故郷に帰還することはなかった。襲撃ののちにハザール人に崩壊させられたためだ。943年、ルーシの艦隊がコーカサスの町バルダを占領した。その後アラブの反撃にあいながらも数か月のあいだ、町に住みつづけた。最後には町から撤退したが、

ゴットランド島で発見された埋蔵宝。8-9世紀のアラブの貨幣。

それもヴァイキング兵のあいだで疫病が広がったためだった。

こうした襲撃は例外中の例外であり、ヴァイキングとアラブ人の接触はほとんどが平和的なものだった。東方では、ヴォルガ川沿いの**ブルガル人**やハザール人の町で、ルーシの商人がアラブの商人と奴隷や毛皮の取引がさかんにおこなわれていた。アラブ人は、商品の代金を良質のディルハム貨で支払い、何万という**ディルハム貨**がスカンディナヴィアへ渡った。10世紀の地理学者イブン・フルダーズベエによると、ルーシの商人たちは定期的にカスピ海をわたってジュルジャーンへ上陸し、そこからラクダでバグダードへ行って毛皮や剣を売った。スカンディナヴィアへ旅したアラブ人もいた。後世の情報によると、ムスリム支配下のスペインで統治者のアブドゥル・ラフマーン（在位822-852年）は、845年に詩人ガザルを外交使節として異教徒へ送っている。また、10世紀中頃にはコルドバのユダヤ人商人アル＝タルトゥーシーがデンマークのヘゼビューを訪れている。

アラブ人の書いたものは、ルーシに関するもっとも重要な同時代の史料となっている。903年頃から913年の間に、地理学者イブン・ルステエはルーシの風貌や**衣服**、法慣行、信仰、**埋葬習慣**、戦術、徴貢、スラヴ人奴隷を求める奴隷狩りなど、民俗学的評に詳細な記述を書き残した。もっとも衆目を集める史料は、イブン・ファドラーンの見聞録である。921年にカリフのアル＝ムクタディルに外交使節としてヴォルガ・ブルガル人のもとへ派遣された彼は、首長の葬儀やルーシの商人たちの様子を記録した。アラブ人たちはヴァイキングを当然ながら野蛮人とみなしたが、その戦士としてのふるまいに賛嘆の思いを抱いたことは明らかである。

アラン捩髭公 [952年没]
Alan Barbetorte ('twist-beard')

ブルターニュ公アラン2世（在位937-952年）。919年にヴァイキングがブルタ

ーニュを征服するとイングランドへ亡命。936年、エゼルスタン王の支援のもと、イングランドの艦隊を率いてブルターニュ奪還に乗り出す。ドル近くに上陸し、婚礼の祝宴に列席していた当地のヴァイキングの首長たちの不意を襲った。937年には、激しい戦いの末にナントのヴァイキングの砦を攻略する。939年、ドル近くのトランにあったヴァイキングの宿営地を占拠し、ブルターニュから最後のヴァイキングを追放した。だが、ブルターニュの貴族らの間で権力を確固としたものにすることができず、彼の死後、内戦が勃発した。

アルクィン [735年頃-804年]
Alcuin

アングロ・サクソン人の学者で、カロリング朝ルネサンスを代表する人物のひとり。アルクィンはヨークの大聖堂付属学校で教育を受け、778年にその校長に就任する。782年、シャルルマーニュ（カール大帝）の招きにより、アーヘンに宮廷学校を創設。そこで指導を続けたのち、796年にトゥールのサン＝マルタン大修道院長となる。アルクィンが制定した自由七科の教育課程は、中世の教育の基礎となっていく。また、フランク王国の教会典礼を見直し、いくつかの神学論文を著し、ヨーロッパ中の君主や聖職者にひじょうに多数の手紙を書いた。彼の手紙には、ヴァイキング襲来に関する最古の同時代人の記述や、793年のノーサンブリアのリンディスファーン修道院襲撃にまつわる記述などが含まれる。また、著書『聖ウィルブロルド伝』には、デンマークへの最初のキリスト教伝道活動にまつわる記述がみられる。

アルシング
Althing

アイスランドの立法集会。930年頃、ノルウェー系入植者の指導者らによって創設された。年に1度、6月に2週間にわたってシングヴェッリルに集まっていたが、1798年以降はレイキャヴィークの国会議事堂に移された。アルシングの最初の集会では、アイスランドの国内法が制定された。これはノルウェー南西部グーラシングの民会法をモデルにした、ウールヴリョートルの草案が元になっている。法外追放にされた者をのぞき、すべての自由民が参加できることになっていたが、アルシングは実質的に寡頭政治の体をなしていた。すべての司法・立法権は36名のゴジ（goði、地域の首長、複数形は goðar）の手にあった。アルシングの立法評議会であるローグレッタ〔監訳者注：ローグレッタは日本でこれまで「陪審員的判事団」あるいは「立法部」と訳されてきた中世アイスランドの法律用語〕で投票する権利をもつのはゴジだけだった（ゴジの議員定数は965年に39人に、1005年に48人に増えた）。彼らはアルシングの非特権の議長となる「法の宣言者」を選出する。法の宣言者は支配者ではなかったが、集会の開始を宣言する、実質的な指導者だった。その任期は3年。結局のところ、アルシングはゴジの支配下にあったが、意思決定はほぼ合議のうえでおこなわれた。というのは、ゴジは自分の支持者たるシングメンの意見を考慮する必要があったからだ。自由民であるため、シン

アイスランド、シンクヴェッリル。手前にある溶岩の断崖でアルシングが開催されていた。

グメンは望むなら忠誠を解消することもできた。965年頃から、地域のシング（民会）で解決できない法的な争いごとを、アルシングの中間機構としての四分区集会で審問するようになった。この呼称は、それぞれの方角にちなんで東西南北にわかれているアイスランドの四分地区に由来し、1005年頃、第五法廷が導入された。四分区集会で行き詰った訴訟を裁くためだった。ゴジはアルシングでそのシングメンの訴訟のための弁護と支持を与えねばならなかった。その代わりに、ほかのゴジとの血讐の戦いに際しては、彼らを自分の手勢に加えることを期待できた。アルシングの集会は活発な社交の場だった。その開催中、人びとは友人と会い、商取引をしたり、縁組（→結婚と離婚）をまとめたりした。ゴジ同士が互いに同じぐらいの富と名声、権力をもつかぎり、アルシングは安定した効果的な政治形態として機能した。その最大の功績は

おそらく、キリスト教を平和的にアイスランドの国教に定めたことだろう。しかし13世紀にいくつかの有力家族だけに、ゴジ職が集中するようになると、その機能は弱まった。1263年にアイスランドがノルウェーに併合されると、アルシングの独立性も制限され、その集会は王の執政官たちに支配されるようになる。そして1800年、アルシングは廃止された。

J. L. Byock, *Medieval Iceland: Society, Sagas and Power* (Berkeley, Los Angeles and London, 1988) ; J. Jóhannesson, *A History of the Old Icelandic Commonwealth: Islendinga Saga* (Winnipeg, 1974).

アルヌルフ [899年没]
Arnulf

ケルンテン公。東フランク王（在位887-899年）。皇帝としての信用を失っていた叔父のシャルル肥満王を廃位させた

のち、887年11月にフランクフルトで王に選出された。だが、西フランク、ブルグンドと、イタリアの諸王国はアルヌルフを王と認めず、888年1月にシャルル肥満王が死去すると自分たちで新たな王を選んだ。これにより、**カロリング朝**が決定的に分裂することとなった。アルヌルフは精力的な統治者で、低地地方で活動していたヴァイキングに対する効果的な抵抗を組織し、891年、ベルギーのルーヴァン近くの**デイル川の戦い**で圧倒的勝利をおさめた。ほかにもいくつかの要因があったが、翌年、ヴァイキングはライン川下流から完全に撤退した。その治世のほとんどの期間、アルヌルフの支配権はドイツと低地地方に限られていた。しかし894年、彼は教皇の要請を受けてイタリアに侵攻する。最初こそ成功して、つかのま皇帝の冠も授かったものの、病によって896年に撤退を余儀なくされた。晩年は、病気とマジャール人とスラヴ人のドイツ侵攻に苦しめられた。

アルフレッド大王 [899年没]
Alfred the Great

ウェセックス王（在位871-899年）。ウェセックス王エゼルウルフの末息子。兄エゼルレッド1世の死後、王位を受け継いだ。その治世の初期はデーン人の**大軍勢**との死闘に費やされた。878年の冬至の日、チッペナムにあった王の館がヴァイキングに奇襲される。アルフレッドはサマセットのアセルニーの湿地に隠れ潜まねばならなくなるほど、王国は崩壊寸前にまで追い込まれた。アルフレッドは軍を再集結し、5月に**エディントン**でデーン人に決定的勝利をおさめてチッペナムの基幹部隊を包囲し、ヴァイキングに降伏を迫った。**ウェドモアの和議**が結ばれ、デーン人の首長**グズルム**は洗礼を受け、その**軍隊をイースト・アングリア**へ撤退させた。アルフレッドはウェセックスの防衛を徹底的に見直し、一連の城砦（→**ブルフ**）を築き、軍隊を再編し、海上でヴァイキングと戦うための**艦隊**をつくった。さらにマーシアと密接な関係をつくり、娘の**エゼルフレード**をマーシアの太守（エアルドルマン）**エゼルレッド**へ嫁がせた。また、ノーサンブリアとも協調関係を築いて、自分がデーン人の支配のおよばない全**イングランド**の統治者であることをしめした。886年、アルフレッドはデーン人からロンドンを奪回する。その前年にグズルムが和議を破ったのを契機にしたものである。

玉座のキリスト。ケルンテン公アルヌルフが聖エメラム修道院に贈った福音書の表紙。

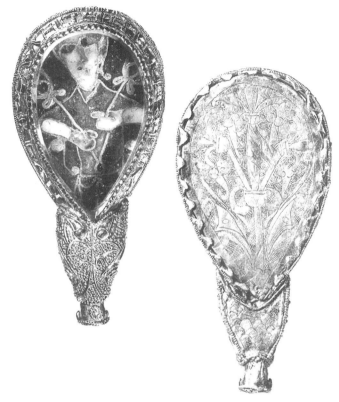

アルフレッドの宝飾品。握りの部分に銘があり、アルフレッド大王の命令でつくられたことがわかる。

ふたたび和議が結ばれ、アルフレッドはグズルムに彼の支配下に暮らすイングランド人に平等の権利を認めさせた。892年、アルフレッドが強化した防備が試されるときがきた。**フランク王国**からヴァイキングの大軍が襲来したのである。しかし、**デーンロー**に住み着いていたデーン人からの支援があったにもかかわらず、この新手の侵攻は阻まれた。アルフレッドの軍隊から執拗に剣突(けんつく)を食らわされたヴァイキングの軍勢は、結局、ついに896年に解散し、その大半はデーンローに住み着き、残りはセーヌ川のヴァイキング軍に合流した。

敬虔なキリスト教徒であるアルフレッドは、ヴァイキングの襲撃をイングランドの教会の締まりのなさに対する神の罰と信じていた。そのため、聖職者の質を向上させるための教育改革プログラムを実施した。国外から学者を招き、重要ないくつかの作品を英訳した。そのなかには、教皇グレゴリウス1世の『牧者の心得』などが含まれた。また、『アングロ・サクソン年代記』の編纂がはじまったのも彼の指示によるものだ。アングロ・サクソン時代の後期、アルフレッドの名声は彼の後継者であるエドワード**長兄王**(ちょうけいおう)とエゼルスタンの名声の陰

に隠れていた。アルフレッドの評価が高まったのは12世紀で、年代記作者ウィリアム・オヴ・マームズベリのおかげである。16世紀までには、「大王」という称号がふさわしいイングランドで唯一の王として認められていた。今の我々の時代から振り返ってみると、確かに、アルフレッドの治世こそイングランドの歴史のなかで、国をまとめるひとつの王権を生んだ決定的な時代だったと見ることができる。初期中世ヨーロッパの統治者のなかにあって政治、軍事、学問の面において優れた才能を合わせ持つアルフレッドは確かに傑出した王である。R. Abels, *Alfred the Great* (London and New York, 1998).

アンガンチュール（オンゲンドゥス）
[720年頃活躍]

Angantyr（ラテン語 Ongendus）

デンマーク最古の歴史上の王のひとり。725年頃、ノーサンブリアの聖ウィリブロルドが最初の伝道旅行でデンマークを訪れた時、アンガンチュールは彼を丁重にもてなし、30人の少年を連れ帰ってキリスト教徒として育てることを許可した。とはいえ、彼自身は改宗する気は毛ほどもなかった。アルクィンがウィリブロルドの伝記のなかで、「あらゆる獣より心が猛り、あらゆる石よりかたくなだ」と彼のことを叙べたのもそれが理由であったろう。アンガンチュールがデンマークのどの地域を支配していたのかは定かではない。だが当時、ユラン半島に中央集権国家が出現したことは数々の考古学的証拠からも明らかである。710年頃のリーベ創建、726年頃のカンハウエ運

河建設、737年頃のダーネヴィアケ建設開始などがこの時代に行なわれている。

アングロ・サクソン人
Anglo-Saxons

1066年のノルマンコンクエスト以前のイングランドの住人。アングロ・サクソン人はもともと、5世紀にドイツ北部とユラン半島からブリテン島の東部および南部に侵入、定住した3つのゲルマン系の部族アングル人、サクソン人、ジュート人をさす。独立したいくつもの王国に分かれていたが、8世紀までには、この元々3つの部族であった民たちがイングランド人という共通のアイデンティティをもつようになっていった。中世初期のヨーロッパ大陸の著述家たちが「Angli Saxones（ラテン語で「アングルのサクソン人たち」の意）」という言葉を最初に使ったのは、ブリテン島に元々住んでいたケルト人とあとから住みはじめた侵略者であるゲルマン人を、区別して叙述するためだった。

『アングロ・サクソン年代記』
Anglo-Saxon Chronicle

『アングロ・サクソン年代記』は、5世紀にはじまり、1066年のノルマンコンクエストにいたる、アングロ・サクソン時代のイングランドの歴史に関する傑出した、もっとも重要な一次資料である。この年代記がなければ、ヴァイキング時代のイングランドについて、ほとんど知ることはできなかっただろう。ひとつの史料ではなく、関連する一連の年代記の集大成となっている。それらはすべて、ウェセックス

のアルフレッド大王の治世に、おそらく880年代後半か890年代初頭に編纂された原本をもとにしている。その写本が主要な町々に出回り、各地の年代記編者がそれぞれ自分たちの時代までの出来事をくわえて書き継がれていった。『アングロ・サクソン年代記』のすべての現存写本で890-892年まではほぼ同じ情報を共有しているが、893年以降の記述には明らかな相違がみられる。また、ほとんどの写本はノルマンコンクエストからほどなくして執筆が中断されたが、ピーターバラ修道院だけは1154年まで書きつづけられている。オリジナルの古英語で書かれた7つの写本が現存している。そのほか、実物は失われてしまっているが、後世のラテン語の文献で引用されたり、中世の図書目録に入っていて存在が知られているものがいくつかあ

『アングロ・サクソン年代記』より。865年のデーン人の侵略について記されている。

る。ほとんどが第三者的な公平な視点で書かれているが、出来事の客観的な記録にとどまらない。もしかしたら、異教徒のヴァイキングからキリスト教国であるイングランドを守る守護者としてウェセックス王国を宣伝する目的があって、アルフレッドは年代記製作の命令を出したのかもしれない。

The Anglo-Saxon Chronicle, trans. G. N. Garmonsway (London,1953).

アンドヴァリ
Andvari

　北欧神話に登場する、豊かな富を所有するドワーフで、カワカマスに変身して滝の下に住んでいた。**オッタル**の身代金を支払うために、**ロキ**はアンドヴァリを捕えて、命と引き換えに財宝をすべて渡すよう強いる。ロキが、魔法の腕輪アンドヴァラナウトルも自分に渡せと命じたとき、アンドヴァリはその魔法の腕輪を所有した者は破滅するという呪いを腕輪にかけた。

イーヴァル [865年頃活躍]
Ivar（古英語 Ingware）

　兄弟のハールフダンとウッビ（彼もおそらく兄弟）とともに、865年に**イングランド**に侵攻したデーン人の**大軍勢**を率いた当初のリーダー。ウッビと彼は869年に**イースト・アングリア**の征服をおこない、**聖エドマンド**王の処刑も彼の命令によるものだった。その後、イーヴァルはアングロ・サクソンの史料から姿を消し、彼の運命についてはいっさい知られていない。12世紀の『聖ネオトの年代記』がイーヴァルをローデブロクの息子と呼んでいるため、彼

イーヴァル1世

865年にイングランドに侵攻したデーン人のリーダー、イーヴァル。12世紀初期の『聖エドマンド伝』より。

は伝説的な王ラグナル・ロズブロークの息子の骨なしイーヴァルと同一人物とみなされてきた。また、ダブリン王イーヴァル1世とも同一視されているが、これはありそうにない。イーヴァル1世はノルウェー人として知られているためだ。

イーヴァル1世 [873年没]
Ivar I（中期アイルランド語 Imhar）

ダブリンのノルウェー系の王（在位871年頃-873年）。ダブリンに最初に登場するのは、彼の兄弟または親族の**オーラヴル王**の盟友としてである。859年、イーヴァルとオーラヴルはアイルランドの王**ケルヴ**アルと結託してミーズに侵攻した。イーヴァルとオーラヴル、さらにもうひとりのノルウェー人の王アウィスルは863年、財宝を求めてボイン川にある古代の埋葬塚を掘り起こして、アイルランドに衝撃をもたらす。870-871年、イーヴァルとオーラヴルは、ブリトン人の王国**ストラスクライド**の王都ダンバートンを包囲する。イーヴァルは871年頃にオーラヴルの後を継いでダブリン王となっている。873年の彼の死は、「四十年間の休息」として知られる、アイルランドへのヴァイキング襲撃の中断期間の始まりとして覚えられている。彼は、**イングランド**に侵攻したデーン人の**大軍勢**の統率者イーヴァルや伝説上のヴァイキング、ラグナル・ロズブロークの息子の骨なしイーヴァルと同一人物と考えられることもある。だが、どちらもありえそうにない。両者は**デーン人**で、イーヴァル1世はノルウェー人だったからだ。

イーヴァル2世 [904年没]
Ivar II

ダブリン王（在位896-902年）。**イーヴァル1世**の孫。おじのシヒトリクとヤールのシグフリーズルとの三つ巴の内戦の末に王になった。この争いでダブリンのノルウェー系住民は弱体化し、902年にアイルランド人によって追放される。イーヴァルは**スコットランド**に向かい、広範囲にわたって略奪を重ね、903年にはキリスト教の中心地ダンケルドを襲撃した。だが翌年、ストラサーンでスコットランド人との戦いに破れ、討たれた。

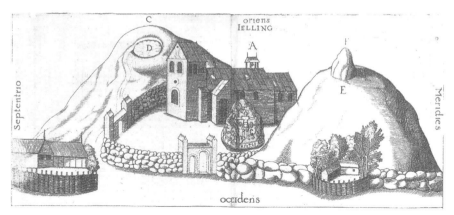

10世紀のイェリングを描いた古い絵地図。イェリングはデンマーク王家の拠点だった。

イェリング
Jelling

　デンマーク、ユラン半島にある10世紀の王家の異教およびキリスト教の遺跡。2基の大墳墓とそのあいだにある2つのルーン石碑が目を引く。南側の墳墓の下には、不完全なV字形に並んだ列石跡が残っている。また、ルーン石碑のそばに建つ12世紀の石造教会の床下からは、10世紀末の大きな木造教会の跡が出土している。イェリングでおそらくもっとも古い記念建造物は、2つのルーン石碑のうちの小さいほうである。ゴルムル老王が妻のテューレ王妃を偲んで建立したもので、この石碑がもともとこの場所にあったかどうかは不明である。当初は、現在は埋もれている石の配列の一部を形成していたのかもしれない。北側の墳墓は、木造の玄室のなかに裕福な異教徒がもとは埋葬されていたと思われる。年輪年代学から958年にさかのぼるものと考えられ、ほぼ確実にゴルムル老王の墳墓だった。墓はのちの時代に破ら

れ、遺体は持ち出された。テューレもこの墳墓に埋葬されたかもしれないが、その遺骸や墓があったという痕跡は見つかっていない。デンマーク最大の墳墓である南側の墳墓の発掘調査からは、埋葬のいかなる証拠も見つからなかった。ゴルムルのキリスト教徒の息子ハラルドル青歯王のために建てられた可能性もあるが、その目的は明らかではない。

　ハラルドルはイェリングをキリスト教を記念する場所にした。彼はより大きな、もうひとつのルーン石碑を建立。両親を追悼するとともに、デーン人のキリスト教に改宗させたみずからの功績を後世に伝えた。石碑は、一面に力強いキリスト像が、別の面には絡みあうライオンと蛇の彫刻がほどこされている。10世紀の木造教会もほぼまちがいなくハラルドルが建立を命じたものだろう。教会の床下にある墓室からは中年男性の遺骨が見つかっている。これはゴルムルのものかもしれない。ハラルドルが父親を死後、キリスト教徒に改宗させ

るために遺体を墳墓から移したとも考えられる。とりわけ謎に包まれている記念建造物が石の配列跡だ。このようなV字型の列石はほかの場所では知られていない。全長150メートル以上におよぶ巨大な船形列石(せんけいれっせき)の「船首」部分だったとも考えられている。

異教
pagan religion

1000年まで、スカンディナヴィア人のほとんどは異教を信仰していた。北欧の異教信仰は、**キリスト教**と異なり、体系的な神学や、絶対的な善悪の概念をもたず、死後の世界についても、あいまいで矛盾する考えしかなかった。個人の精神性に重きを置かず、神々に気に入られるように儀式や捧げもの、祝祭を正しく守り、実行することが何よりも重要とされた。専門の司祭職はなく、祝祭をきちんと執りおこなうのは王や地域の族長の責任だった。同時代のヨーロッパ人著述家たちが異教の神殿について言及しているが、これまでのところ、特定はされていない。宗教儀式をおこなう際に**船形列石**も使用された。

宇宙論的な一連の神話は、世界の創造(→**創世神話**)を描き、すべてが破壊される終末ラグナロクを予言している。運命こそが宇宙的な最大の力である。神々でさえ、ラグナロクによる破滅から逃れることはできずに、他の被造物たちとともに破滅していく。そのほかの多神教と同じく、スカンディナヴィアの神々は人間の一生のさまざまな側面をつかさどっていた。北欧神話の神は2つの神族からなり、両方の神々が**アースガルズル**に住んでいた。より勢力の

戦いで戦死した英雄にふさわしい戦士たちがヴァルハラに入る。オージンは8本足の雄馬スレイプニルに乗って中央にいる。

大きい**アース神族**は数が多く、空や戦争をつかさどり、数の少ない**ヴァン神族**は豊穣と性の喜びにまつわる神々だった。アース神族でもっとも重要な神が、王や戦士、詩人の神である主神**オージン**と、力と雷、稲妻の神である**ソール**神のふたりだ。そのほかに美しい太陽の神バルドル、見張り役の**ヘイムダッル**、邪神ロキ、オージンの妻で出産の女神フリッグ、軍神テュールなどがアース神族に属する。ヴァン神族の主要な神には海の神ニョルズル、豊穣の神フレイルとその双子の妹で愛の女神フレイヤなどがいる。フレイヤは、豊穣をつかさどる超自然的な女性の種族ディースの長である。スカンディナヴィアの異教では、ほかにも数多くの超自然的な存在が信じられていた。ドワーフや巨人、エルフなどの種族にくわえ、戦乙女とも呼ばれる**ヴァルキュリ**

異教　41

スウェーデン、ビルカの男性の墓から出土した武器と日用品。死者が死後の世界で使うために副葬された。

アたち、運命の女神ノルンたち、そしてもちろん、幽霊もいた。

　神々の崇拝の中心にあるのが、ブロート (blót：「血の供犠」の意) と呼ばれた、生贄を捧げる祝祭 (→饗宴とごちそう) の儀だった。10世紀半ばにトロンデラーグで開催されたブロートでは、地元の農民たちが豊作を祈願してオージン、ニョルズル、フレイヤ、ブラギに馬肉の食事を捧げた。人身御供もまたスカンディナヴィアの異教信仰に存在した。スウェーデンのガムラ・ウプサラは信仰の重要な中心地で、9年ごとに人間を含む9種の雄の生きものがオージン、ソール、フレイルへの生贄として聖なる森につるされた。デンマークの信仰の中心地レイレでは、9年ごとに催される祝祭で99人の人間と99頭の馬、また数多くの犬と雄鶏が生贄として捧げられた。

　異教の信仰は死に対する慰めをあまり与えなかった。ほとんどの人、つまり病気や老衰で死んだ者は、おぞましい女神ヘルが支配する死者の領域である、凍えるような霧の国ニヴルヘイムのなかで黄昏ていくだけの、心怯ませる未来しか期待できなかった。勇ましく戦って戦場に倒れた戦士の魂は、オージンとフレイヤが分けあった。オージンの戦士たちは、ヴァルキュリアがオージンの館ヴァルハラへ迎え入れて、宴と戦いが催された。フレイヤの戦士たちは、彼女の宮殿フォールクヴァングルに住んだ。フレイヤは処女の魂も自分のもとへ迎えた。また、正しい人間の魂はアースガルズルにあるギムレーという館に運ばれた。こうした信仰とならんで、ある意味、死者は墓のなかで生き続けるとも信じられていた。墓のなかに動物や人間の生贄とと

もに、**武器**や道具、荷馬車や**船**といった日常の品々も**埋葬**する習慣が広くおこなわれていた。これはスカンディナヴィアの異教徒が死後の世界も現世と同じようなものだと信じていた証拠である。副葬品が故意に壊されている場合もあった。死者があの世で使うなら、そうした品々も「殺され」なければならないと考えられていたためだろう。**オーセベリ**や**ゴクスタ**の豪勢な**船葬墓**のように、最上級クラスの墓では、副葬品は死者が役立てるものであると同時に、生きている者を感心させる意図もおそらくはあったであろう。来世に意識を向けていたものの、スカンディナヴィアの異教徒は魂が永遠だとは信じていなかった。ラグナロクのとき、あらゆるものは神々とともに消滅するのだ。

　異教の信仰と実践は 12 世紀に入ってもスカンディナヴィアで根強く続いた。だが、制度的にも教義的にも脆弱だった異教信仰は、キリスト教が支配階級の間に確立されれば、衰退も避けられなかった。

イーゴリ1世（イングヴァル）[945 年没]
Igor (Ingvar)

　歴史学的に言える、**ルーシの最初の統治者**（在位 913-945 年）。現代の歴史学者の多くは可能性が低いと考えているが、12 世紀初頭の『**ロシア原初年代記**』によると、イーゴリはルーシ国家を建国した半伝説的な人物リューリクの息子である。リューリクの死後、イーゴリはリューリクの後継者で**キエフ公国の大公オレグ**に育てられたとされる。そして 913 年にキエフ大公となるが、その治世下のルーシ軍は深刻な軍事

的敗北を重ねた。941 年、イーゴリはコンスタンティノープルを猛攻するが、悲惨な結果に終わる。彼の**艦隊**はギリシア製火炎投射器を搭載した東ローマ帝国のガレー船に反撃され、壊滅する。イーゴリの乗船する船を含め、わずかに残ったルーシ船は浅瀬を航行することで、大きなビザンツ船の追撃をどうにか逃れたのである。943 年、ルーシの一隊がカスピ海周辺のイスラム各地を攻撃する。だが、コーカサスの都市バルダを包囲しているときに兵士のあいだに病気が蔓延し、またもや多大な損失を被って撤退を余儀なくされた。イーゴリがこの軍勢を率いていたのかどうかは定かではない。945 年、イーゴリはふたたびコンスタンティノープルを攻撃し、ビザンツ帝国と通商条約を結ぶ。しかし、この条約は 911 年にオレグが勝ち取った条件ほど有利な内容ではなかった（**コンスタンティノープルの条約**も参照）。945 年、イーゴリはスラヴ系のドレヴリャーネ族に対する徴貢のための遠征中に殺害される。後継者である息子**スヴャトスラフ**がまだ幼かったため、彼の妻オリガがイーゴリの殺害者に対して報復した。

医術
medicine

　異教の時代、医療はおもに、そして助産術はつねに**女性**の領域だった。これは家庭でも戦場でも同じで、885-886 年のパリ包囲や 1030 年の**スティクレスタの戦い**をはじめ、戦場で女性が負傷者に外科的処置をほどこしたという記録が残っている。予防医学は科学ではなく魔術の分野で、ほと

んどが魔よけやまじない（唱えたり、**ルーン文字**で書いたりされた）、お守りが果たした。治療としては接骨術、傷の洗浄や焼灼、包帯を巻いたり、腫れ物を切開したり、薬草からつくった薬や軟膏を施した。トウキが消化薬やそのほかの病気の薬草療法として広く用いられた。また、消毒の作用をもつコケ類もいくつか認められていた。治療に使用する前に水は沸騰された。断定はできないが、おそらく殺菌のためだろう。そうした初歩的な治療の効果を高めるものとして、護符や呪文が使われた。戦いで負った傷の重さはタマネギの粥を患者に与えて判断した。食べたあとに傷口からタマネギの匂いがしたら、腸に穴が開いていて患者は腹膜炎でまもなく死ぬという兆候だった。キリスト教の到来にともない、異国の修道士がより進歩した外科手術法をスカンディナヴィアにもたらし、最初の病院が建てられはじめた。スカンディナヴィアにおける最初期の病院の記録が残されたのは 11 世紀後半の**デンマーク**だった。男性の医師がより多くなったが、15 世紀になるまでスカンディナヴィアで医師としての教育を受けた者はいなかった。

イースト・アングリア王国
East Anglia, kingdom of

　イースト・アングリアにあった**アングロ・サクソン人**の王国。今日のノーフォーク、サフォークに加え、ケンブリッジシャーとエセックスも一部含む。500 年頃に成立し、レドワルド王（在位 599-624 もしくは 625 年）のもとで、短期的にだがアングロ・サクソン王国圏を束ねる存在とな

った。650 年頃からイースト・アングリアは、より強大な近隣の**マーシア王国**に支配されたが、825 年に完全な独立を取り戻す。イースト・アングリアが最初の大規模なヴァイキングの襲撃を受けたのは 841 年で、865 年には**デーン人**の**大軍勢**がイースト・アングリアで越冬した。春になると、**デーン人**はイースト・アングリアの住民から馬を奪って、マーシアとノーサンブリアへの進撃を続けた。869 年後半にふたたび戻ってきたデーン人は、**エドマンド殉教王**（聖エドマンド）を負かして、王を殺害。イースト・アングリア王国は滅んだ。879 年、エディントンで**アルフレッド大王**が勝利した後、**グズルム**のもとでデーン人の大規模な入植がはじまる。イースト・アングリアは 917 年にアルフレッドの息子**エドワード長兄王**に征服され、**ウェセックス**王国に組み込まれた。イースト・アングリアのすべての住民がエドワードを解放者とみなしたわけではなく、なかにはデーン人とともに王に抗って戦った者たちもいた。

イズン
Iðun

　北欧神話に登場する女神で、詩の神ブラギの妻。イズンは春の女神で、魔法の黄金のリンゴの守り神。リンゴは神々に永遠の若さを与えていたが、**巨人スィアチ**が**ロキ**の手を借りてイズンを誘拐すると、神々は年をとり、しわができはじめたので、ロキを強いてイズンを救い出させてことなきを得た。

イヌイット（エスキモー）
Inuit (Eskimos)

985-986年にグリーンランド南東部のフィヨルドに入植した北欧人は、誰も住んでいない地域を見つけた。1000年頃、ヴィンランドへの航海の途中、北欧人ははじめてアメリカ大陸の先住民と接触した。北欧人は彼らを単に「スクレーリング」と呼んだ。彼らがアメリカ先住民だったのか、当時、ラブラドールやニューファンドランド島に居住していたドーセット・エスキモーだったのかは知る由もない。1000-1200年のあいだに、ドーセット・エスキモーはチューレの人々にとってかわられる。彼らは800年以前よりベーリング海峡のセントローレンス島などの島々に起源をもち、そこから西へと広がった。アザラシやクジラといった海棲哺乳類(かいせいほにゅうるい)の捕獲を得意とし、高度な技術を発展させてきた。そのため、現代にいたるまで高緯度北極圏で繁栄することができたのである。チューレの人々が北欧人と交易していたのはたしかだ。北欧人は「カヴドゥルナイト」と呼ばれていた。カナダ北極圏の彼らの定住地の多くで、少数だが北欧人の遺物が見つかっている。14-15世紀に、チューレの人々がグリーンランド東岸沿いに南下、ノルウェー系定住者と衝突するようになる。これが入植地の消滅の一因となったかどうかはわからない。激しい衝突がひんぱんにあったようで、19世紀に宣教師が記録したイヌイットの民話の主題になっているほか、同時代のアイスランドの年代記にも見られる。

D. Dumond, *The Eskimos and Aleuts* (2nd edition, London and New York, 1987).

グリーンランドの北欧人。イヌイットが流木に彫ったもの。交易の旅で出会ったのだろう。

衣服
dress

ヴァイキング時代のスカンディナヴィア人の衣服については、文献や布地の断片から知ることができる。布地は墓のなかで嫌気(けんき)状態におかれていたり、ブルカやヘゼビューなどの都市部の遺跡で水に浸かった状態で見つかったものである。そのほか、ゴットランド島の絵画石碑に描かれた様々な場面、オーセベリの船葬墓から発見されたタペストリーなどのヴァイキング時代の芸術品に認められる描写からも情報が得られる。地域ごとのわずかな違いをのぞいて、スカンディナヴィア全域とスカンディナヴィア人が入植したよその地域で男性は男性

の、女性は女性の同じスタイルの衣服を着ていた。衣服に用いられる色は赤と緑が好まれたようである。

　典型的な女性の衣服のコーディネートの核となるものは長くてゆったりしたワンピースタイプのシフトドレス、またはアンダードレスで、羊毛や亜麻でつくられていた。袖はあるものもないものもあり、胸元が開くようになっていて、ブローチで留めていた。シフトはたいてい、温かく快適なように裏地がつけられ、刺繍がほどこされていた。その上に、ずっと重いエプロンドレスを着る。肩のストラップは1対のブローチで留める。ほとんどのスカンディナヴィア地域や海外の入植地で、ブローチは卵形だったが、フィンランドと**スウェーデン**の一部で使われていたブローチは円形で、ゴットランド島では獣頭のブローチが発見されている。上から着るドレスは筒形に縫う場合もあれば、両脇を開けたままのスタイルにすることもあった。ウエストを絞ってつくり、女性らしいシルエットを強調することも多かった。外出のときは長方形か半円形の毛織りのケープをまとった。これは三角形に折りたためて、ショールのように肩に羽織って首元でブローチで留めていた。ケープは毛織りの飾り帯を縫いつけたり、毛皮の縁飾りをつけることもあった。頭にスカーフを被ったり、太い織帯を巻いたり、脚に毛織りの長靴下を穿くこともあった。

　男性の服装は中世初期のヨーロッパで見られるものとよく似ていた。ズボン、肌着、チュニックに、外套がもっとも一般的だっ

精巧なスウェーデンの準環状のブローチ。外套を留めるのに使われていた。

ロシア、スタラヤ・ラドガで出土した上質な女性用の革靴。

た。ズボンはさまざまな種類があった。丈の長いもの、狭いもの、幅の広いもの、ひだのついたもの、だぶだぶの膝丈のズボンもあった。毛織りや毛皮、あるいは皮製の長靴下タイプのズボンを穿くこともあった。ひざ下にはふくらはぎのまわりにバックルで留めたり巻きつけたりするタイプの脚絆をつけていた。チュニックはたいてい飾り板を編み込んだ組紐紋様の付いた布片や刺繍によって飾られ、袖口もレースで彩られ、裕福な人びとは装飾に組紐紋様の金を使った。外出の際には、男性はウールや革の外套を着て、右肩をブローチで留めた。外套は毛皮で縁どられたり、組紐紋様の装飾がほどこされたり、毛織布の裏地をつけたり、綿毛をつめて暖かくなるようにすることもできた。貧しい人びとは、フードのついた毛織りの外套を着るか、毛布の真ん中に穴をあけて頭を出して間にあわせることもあった。つばのない帽子やつばつきの帽子、毛皮の帽子などを用いたことも知られている。手袋は毛糸や毛皮でつくられ、男女どちらも着用した。ベルトも同じ。そこに小袋やナイフ、主婦なら鍵などをつけていた。純粋に装飾としての宝石も男女ともに身に着けていた。ある**アラブ人**の記述によると、男女問わず、顔に化粧もしていたようである。

　ヴァイキングの履物は、驚くほど大量に現存している。そのほとんどは都会的地域から出土し、有機素材が水に浸かっていたことで保存されていた。たとえば、ヘゼビューの遺跡からは117足の靴が見つかっている。製靴は町中で一般的な職業だった。ヴァイキング時代のスカンディナヴィア人はおもに2種類の靴を履いていた。もっとも一般的だったのが、皮の底部を別の皮に縫いつけたものだった。もうひとつは1枚皮でつくられ、甲のところで縫いあわせてあった。通常、製靴には牛革が用いられたが、最高級のブーツにはヤギの皮が使われた。くるぶしやひざの高さ、あるいはもっと長いブーツも知られている。靴もブーツも皮のストラップで留められていた。上部はよく彩色してあり、縫い目に飾り縫いがあしらわれているものもあった。上質な靴は紋様がほどこされたり、**ルーン文字**やラテン文字で装飾される場合もあった。靴は裸足、もしくは長靴下の上に履いた。

10世紀の身なりのよいヴァイキング商人。

イマール
Imhar **イーヴァル**を参照

インギムンドル（ヒンガムンド）[905年頃活躍]

Ingamund（古英語別綴り Hingamund; 古北欧語 Ingimundr）

902 年にアイルランド人がダブリンを攻略したときに追放されたヴァイキングのひとり。彼はまずウェールズ北部で支持者を集めようとしたが、クリュドーグ王に追い払われる。それからマーシアに侵攻するが、配下のアイルランド兵がイングランド側へ寝返ったためにマーシア領主エゼルレッド〔エアルドルマン〕に敗北を喫する。エゼルレッドの妻エゼルフレードは、インギムンドルの求めに応じてチェスターに近いウィーラル半島への居住を許した。905 年頃、彼はチェスター攻略を試みるが撃退される。ウィーラルへの入植は、当時イングランド北西部で行なわれていたスカンディナヴィア人による入植活動の一部と考えることができる。

『イングランド人への狼からの説教』

Sermo lupi ad Anglos

デンマーク王スヴェイン双髭王がエゼルレッド 2 世を追放したあと、1014 年にヨーク大司教ウルフスタンが書いた説教。道徳的頽廃に堕したイングランド人に悔悛を要求、彼らがデーン人に敗北したのは罪深い人びとへの神の怒りの結果だと説いた。そのタイトル『イングランド人への狼からの説教』はウルフスタンの名をもじったしゃれである。

D. Whitelock, *English Historical Documents c.500-1000*, vol. I (revised edition, Oxford, 1979).

イングランドのヴァイキング

England, Vikings in

イングランドにおけるヴァイキング時代は、記録としてはヨーロッパのどこよりも早いものとされる、ポートランド（789 年）とリンディスファーン修道院（793 年）への襲撃ではじまった。マーシア王オッファの 792 年の特許状には、「異教徒」に対する兵役に関する記述がある。記録にはないが、この時期に襲撃があったという証拠とも考えられる。アングロ・サクソン人は川に橋を建設し、ヴァイキングがそれ以上内陸部へ入り込むのを阻止した。835 年頃までは小規模なものにとどまっていた襲撃は、より大きな船団で来襲し、大きな勝利をおさめるようになってきた。844 年にはノーサンブリア王レドウルフが殺害されている。850 年に襲撃はさらに激化し、テムズ川河口近くのサネット島で冬営した艦隊（→船と造船）は、350 隻とも言われた。それでも、この時期のイングランドへのヴァイキングの襲撃は、フランク王国やアイルランドに比べるとまだましだった。

イングランドに対するヴァイキングの侵略が決定的になったのは 865 年にイーヴァルとハールフダン率いるデーン人の軍勢（→軍）がイースト・アングリアに侵入したときである。アングロ・サクソン諸王国は、侵入者を前にしても効果的な協力関係を築くこともなく、876 年までに、デーン人はイースト・アングリア、マーシア東部、ノーサンブリア南部を占領していた。アルフレッド大王が指揮したウェセックスだけがデーン人への抵抗をうまく果たすことができた。北欧人の占領の後、イングランド

東部においてデーン人の入植は広がり、小王国がいくつも形成された。なかでも、ヨークを拠点にした王国がもっとも長く存続した。このデーン人定住地域はのちにデーンローとして知られるようになる。スカンディナヴィアの影響を受けた法慣習が色濃く見られることからこう呼ばれた。900年頃、アイルランドを経由してきたノルウェー系の入植者たちが、数多く、イングランド北西部で静穏のうちに入植をはじめた。

いったん定住すると、ヴァイキングはその最大の軍事的利点——機動性——を失い、反撃にさらされやすくなった。アルフレッドの後継者の**エドワード長兄王**は、マーシアを統治する姉の**エゼルフレード**と協力して912-918年にハンバー川以南のデーン人地域を再征服した。919年には、デーン人のヨーク王国がノルウェー人の支配下に入る。エドワードの息子の**エゼルスタン**が927年にヨークを奪取し、イングランド全土を支配する最初の王となった。だが、アングロ・サクソン人がみなウェセックスの支配を喜んで受け入れたわけではなった。なかにはデーン人の側につき、彼らとともに戦う者もいた。939年にエゼルスタンが死去するとノルウェー人がヨークを奪還。しかし、その支配はけっして安定したものではなく、954年には、ヨークにおける最後のヴァイキング王**エイリークル血斧王**が追放、殺害された。980年まで、イングランドへのヴァイキングの襲撃はいったんおさまるが、**デンマーク**からの、またアイルランドと**スコットランド**のノルウェー系入植地からの襲撃がはじまる。イングランド王**エゼルレッド2世**は戦争指導者としての能力に欠け、すぐにデーンゲルドを支払ってヴァイキングを退却させるようになる。ヴァイキングの統率者のなかでも特筆すべきが**オーラヴル・トリュッグヴァソン**で、このような襲撃で得た利益を利用して彼は995年に**ノルウェー**の支配権を手にする。もうひとり、デンマーク王**スヴェイン双髭王**は、イングランドの防備が崩壊すると、その目的を退去料の徴収から完全制圧に切り替えた。1013年末、エゼルレッドが国を追われ、スヴェインはイングランド王位につくが、その支配を確立する前に、わずか数週間でこの世を去った。エゼルレッドの息子の**エドマンド剛勇王**がスヴェインの息子クヌートルと壮絶な戦いをくり広げたのち、1016年にイングランドは再征服された。デーン人首長らの多くはイングランドに領地を与えられたが、クヌートルの支配がはじまってからは、スカンディナヴィア人が大規模な入植を地方で行なうことはほとんどなかった。クヌートルの統治下で、イングランドはスカンディナヴィアの大部分を含む一大帝国に組み込まれる。だが、その後継者たちはクヌートルほどの能力を持ちあわせず、1042年にふたたびアングロ・サクソン王家が復活した。

1066年、ノルウェーの**ハラルドル苛烈王**がイングランド征服を試みるが、**スタンフォード・ブリッジの戦い**で大敗する。しかし、彼によって疲労困憊させられたイングランドを、わずか数週間後に**ノルマンディー**から**ウィリアム征服王**が軍勢をひきいて侵攻すれば、その作戦が成功するのも当然だった。1069-1070年、1075年に

起きたウィリアムに対する反乱をデーン人は支援した。1085年に**クヌートル２世**がイングランド侵攻を計画するが、内紛で艦隊は出撃できなかった。1086年にクヌートルが暗殺され、イングランドにおけるヴァイキング時代は事実上終わりを迎える。だが、ノルウェー王ハラルドル・エイステインは、1153年になってもまだ、略奪行の首謀者としてイングランド東部沿岸を荒らしまわった。

　イングランドにヴァイキングが与えた衝撃は、以下の点で注目に値する。ヴァイキングの侵略により、イースト・アングリア、マーシア、ノーサンブリアなどの王国が事実上消滅し、アングロ・サクソンの王国として残ったのはウェセックス王国だけとなった。10世紀にウェセックスがデーンローを征服すると、イングランドははじめてひとつの王国として統一された。つまり、ヴァイキング襲撃はイングランドに統一王国が形成される遠因になったのである。イングランド東部の広範なデーン人居住地域は、現地の法慣習に長期にわたる影響をおよぼし、何百というスカンディナヴィアからの借用語を通して、より広い領域にわたる影響を英語に与えた。たとえば、基本語彙である「sky」「skin」「get」「egg」「sister」などは古北欧語からの借入語である。ヴァイキングによる修道院の襲撃は確かに甚大な文化的損害をもたらしたが、イングランドの修道院制度は10世紀に復活を遂げる力強さをもっていた。ヴァイキングの襲撃は短期的に見ると、その犠牲者に家畜や穀物の種子、労働力を失わせ、経済的困難をもたらした。しかし長期的に見ると、ヴァイキングは都市化を促進した。直接的にはヨークやリンカンといった交易の中心地が発展し、同時にアングロ・サクソン人が**ブルフ**と呼ばれる 城 砦都市をつくる間接的な要因となったのである。

　イングランドに入植したスカンディナヴィア人は、結婚や**キリスト教**改宗を通して、数世代のあいだに現地人と同化した。スカンディナヴィア人定住地から見つかる考古学的証拠は限られている。少数の異教徒の埋葬地のほかは、多くの彫刻作品にスカンディナヴィアの**美術様式**の影響が見てとれる。だがヨークをのぞいて、スカンディナヴィア人定住地ははっきりとは確定されていない。ノースヨークシャーの**リブルヘッド**、リンカンシャーのゴルソ、カンブリアのブライアンツ・ギル、ダラムのサイミー・フォールズで行なわれたヴァイキング時代の農場の遺跡発掘からは、スカンディナヴィア人が居住していたにもかかわらず、ヴァイキングに特徴的な遺物は出土されていない。スカンディナヴィア人が定住していたことをしめすもっとも重要な情報源となるのは地名である。イングランド東部のかつてのデーンロー地域では、地名の語尾にデンマーク語の影響が見られる。たとえば、「Thurkleby（スルキルの農場）」など –by で終わる地名や、「Kettlethorpe（ケティルの外辺農場）」のように、最後に –thorpe がつく地名がそうだ。「Grimston（グリームルの村）」のように –tun で終わる地名には、デーン人の人名に英語の要素が組み合わさる混成名もデーンローでよく見られる。ノルウェー語の影響を受ける地名は

イーヴァルとウッビに率いられ、イングランドに侵攻するデーン人。1130年頃、ベリー・セント・エドマンズでつくられた写本の一葉（New York, Morgan Library MS M.736 fol. 9v.）。聖人伝集『アングル王聖エドマンドの一生、殉教と奇跡』より。

イングランドにおけるヴァイキングの影響力は、入植した地域だけでなく、はるか遠くまで広がった。ヘレフォードシャー、キルペックにあるこの教会の扉には、ヴァイキング時代後期の美術様式、ウルネス様式の装飾がほどこされている。

イングランド北西部、とりわけカンブリアに多い。ノルウェー系の典型的な地名には、-thveit を含む「Brackenthwaite（シダの生える林間地）」、-sætr を含む「Gunnerside（グンナルのセーテル）」、-fjall を含む「Scafell（岩山）」がある。

H. R. Loyn, *The Vikings in Britain* (London, 1977) ;

J.D. Richards, *Viking Age England* (London, 1991) ;

E. Roesdahl et al, *The Vikings in England* (London, 1981).

インゴールヴルとヒョルレイヴル
[870 年頃活躍]

Ingólfr and Hjörleifr

　ノルウェー人の乳兄弟で、アイスランド入植に最初に成功した。12世紀の『植民の書』によると、2人はガウラルのヤールであるアトリに、彼の息子たちを殺害した賠償を支払うため地所を失った。安住の地をすぐにも必要としていた2人は、860年代末に、フローキ・ヴィルゲルザルソンの報告をもとにアイスランド東部のフィヨルドに下見に向かった。そこで目にしたものを気に入った2人は870年頃、ふたたびアイスランドに向かう。ヒョルレイヴルはすぐに南岸のヒョルレイヴスホヴジに定住した。インゴールヴルは神の導きを求めて、家から持ってきていた高座の柱を船外に投げて、柱が打ち上げられた岸を定住地とすると誓った。そして柱を見つけるのに3年を要した。

　アイスランドで迎えた最初の冬にヒョルレイヴルは殺害される。アイルランドで略

奪を働いたときに捕えた奴隷たちに殺されたのだ。奴隷たちが女性らを連れて逃がれた島は現在、彼らにちなんでヴェストマンナ諸島（「アイルランド人の島々」の意）と呼ばれている。ヒョルレイヴスホヴジを訪れ、兄弟が死んでいるのを発見したインゴールヴルが彼らの逃げ足をたどり、彼らは翌年、そこで処刑された。インゴールヴルはそれから2年間、柱を探して沿岸を西に向かった。そしてついにレイキャヴィークにたどりつく。インゴールヴルはレイキャネス半島全域を占有し、オクサルアゥ川の西側を自分の地所とした。インゴールヴルの息子ソルステインはキャラルネスにアイスランドで最初のシング（民会）を設立した。

ヴァイキング

Viking（古北欧語 víkingr, 古英語 wicing）

「ヴァイキング」は中世初期のスカンディナヴィア人全般をさす言葉として用いられてきたが、もともと同時代人が使っていた「víkingr」という言葉は、「í víking ヴァイキングに（行く）」――つまり略奪に行く――者のみをさしていた。したがって、厳密に言うなら、中世初期のスカンディナヴィア人のなかでもヴァイキングと呼ばれるのはごく少数の人びととなる。ヴァイキングという言葉の起源については諸説ある。もっとも一般的なのが、ノルウェー南部の「Viken ヴィーケン」に由来するという説だ。すなわち単に「ヴィーケンから来た者」という意味である。もうひとつ、スカンディナヴィアの言葉で「vík ヴィーク」（「入り江」または「洞窟」の意）から

ノーサンブリアのリンディスファーン修道院の墓碑。ヴァイキングの襲撃者を描いたのかもしれない。

派生したという見解もある。「入り江の民」という意味になる。そのほかに、古い北欧語の動詞「víkya ヴィーキャ」(「別の方向に進む」の意)から生じたという説もある。ここから、母国を離れているスカンディナヴィア人に対しても使われるようになる。だが、英語としてのこの語彙が北欧語に由来することはありえないようにも見える。古英語で用いられるようになったのはヴァイキング時代がはじまる前だったからだ。スカンディナヴィア出身の者だけでなく、あらゆる海賊の一団をさして使われていた。たとえば8世紀の詩「出エジプト」のなかで、船乗りであるルベン族の子らは古英語で wicingas と呼ばれている。この場合 wicing は古英語の wic (「交易港」の意)から派生し、意味は「頻繁に港を訪れ(て攻撃す)る者」として用いられているように思われる。また、時代が下ってから、スカンディナヴィア人が自分たちをさしてこの言葉を使いだしたということもあり得る。中世中期に廃れるものの、「ヴァイキング」という言葉は19世紀のロマン主義のなかでふたたび使用されるようになる。アイルランドのヴァイキング、イングランドのヴァイキング、ウェールズのヴァイキング、スコットランドのヴァイキング、地中海とスペインのヴァイキング、ドイツのヴァイキング、フランク王国のヴァイキング、ブルターニュのヴァイキング、ロシアのヴァイキングも参照。

ヴァイキング時代のスカンディナヴィアにおける修道院制度
monasticism in Viking Age Scandinavia

スカンディナヴィアで本格的な布教活動がはじまるのは9世紀からだが、ヴァイキング時代末期まで修道院制度はほとんど

発展することはなかった。イングランドのベネディクト会の修道院制度を**デンマーク**に導入したのは**クヌートル**だと伝えられているが、それを裏づける同時代の証拠は見つかっていない。**イングランド出身のベネディクト会の修道院長デイヴィッド**（1082年？没）が**スウェーデン**中部のムンクトルプに修道院を創建したとされているが、やはりこれも決定的な証拠はない。イングランドのイヴシャムのベネディクト会の修道士の聖参事会が1095年頃、エーイリクル常善王によってデンマークの**オーデンセ**の大聖堂にとり入れられた。1100年頃、ノルウェーのベルゲン近くのセルヤと**トロンヘイム**に近いニーザルホルムルにベネディクト派の修道院が建てられ、1104年にはスコーネの**ルンド**にも建設された。1100年の数年前には、ユラン半島のヴェスタヴィーとスコーネのダルビーに聖アウグスティノ修道参事会が設立されている。スカンディナヴィアの修道院制度が大きく発展したのは1100年から1200年のあいだのことである。

ヴァリャーギ親衛隊
Varangian Guard

　スカンディナヴィア人傭兵(ようへい)の精鋭部隊。東ローマ帝国の皇帝親衛隊の一部隊を形成していた。スカンディナヴィア人傭兵は、早くはミカエル3世（在位842-867年）の時代から親衛隊の兵士として皇帝に仕えていた。だが、**キエフ大公ウラジーミル1世**から提供された兵士によって988年にバシレイオス2世がヴァリャーギ隊を創設するまで、スカンディナヴィア人のみの部隊は存在していなかった。ヴァリャーギ親衛隊はその揺るぎない忠誠心で知られ、伝統的なスカンディナヴィアの**武器**で戦った。彼らは「斧(おの)を振るう皇帝の野蛮人たち」と評された。ヴァリャーギ隊は東ローマ帝国の軍隊でもいちばん給料の高い傭兵部隊で、彼らは年に金1 1/3-2 1/2ポンド相当を受け取り、そこに戦利品の分け前もくわわった。当然のことながら、スカンディナヴィアではヴァリャーギ親衛隊の務めはとても名誉なこととみなされ、王が入隊することもあった。いちばんの有名人は**ハラルドル苛烈王**(ハルドラジ)で、1034-1043年まで将校として所属した。そのあいだに彼は、ノルウェー王位を手に入れるためのじゅうぶんな資金をつくった。ヴァリャーギ隊の経歴をもつ他の多くの者については、アイスランド人のサガに記録がある。除隊した彼

ノルウェー、ソグネ・フィヨルドにあるウルネス様式のスターヴ教会から見つかった修道士の頭像。

東ローマ帝国の皇帝バシレイオス2世。スカンディナヴィア人による傭兵の精鋭部隊、ヴァリャーギ親衛隊を創始した。

らの帰郷はかなり人目を引いた。『ラックス谷の人々のサガ』では、ボッリ・ボッラソンがアイスランドに帰国したとき(1026年頃-1030年)、彼は皇帝から贈られたすばらしい絹の衣服を着ていた。緋色のマントをまとい、黄金の兜をいただき、装飾ふんだんにほどこした楯をそなえ、黄金の柄の剣をもっていた。またスウェーデンでは、彼らを記念してルーン石碑が建立されている。たとえば、11世紀に親衛隊の指揮官をつとめたウップランドのラグンヴァルドルをたたえる石碑などが残っている。
1066年以降、多数のイングランド人が亡命して親衛隊に入隊するようになり、スカンディナヴィア人部隊という性質も薄まっていく。ヴァリャーギ親衛隊は1204年、第4回十字軍にコンスタンティノープルが落とされたときまで存続した。このとき、親衛隊はその忠誠心が絶対的なものではないことをしめした。とほうもない金額が提示されるまで、彼らは十字軍と戦うことを拒んだのである。

S. Blöndal, *The Varangians of Byzantium: An Aspect of Byzantine Military History*, translated, revised and rewritten by B. S. Benedikz (Cambridge, 1978).

ヴァリャーグ

Varangians（古北欧語 Væringjar, スラヴ語 Variazi, ギリシア語 Varaggoi, アラビア語 Warank）

10世紀半ば以降、ギリシア人、アラブ人、スラヴ人がスカンディナヴィア人をさすときに用いた呼称。ルーシのことを時にヴァリャーグであると説明されることもあるが、これは彼らの起源がスカンディナヴ

ィアにあることを示唆するだけで、むしろ一般的にはスカンディナヴィアの商人や、東方に新たにやってきたスカンディナヴィア人傭兵に対して使われた。英語と北欧語では一般的に、もっと狭義に東ローマ皇帝の精鋭部隊、ヴァリャーギ親衛隊の兵士をさす。「Varangian」という言葉はおそらく古北欧語の「vár」（「忠誠心」の意）に由来する。ひょっとすると、スカンディナヴィアの商人や戦士らが義兄弟の誓いを形成する習慣があったことも関係しているのかもしれない。フェーラグも参照。

ヴァルキュリア（「戦死者を選ぶ者」の意）
valkyries（古北欧語 valkyrja, 'chooser of the slain'）

主神オージンとともにヴァルハラに住む乙女の戦士たち。勝利をもたらす者であるオージンは、戦場に倒れる者を決め、ヴァルハラで一緒に過ごすためにもっとも勇敢な戦士の魂を選ぶ。オージンの命を受けたヴァルキュリアが戦場に行き、選ばれた戦士をヴァルハラに連れてきて、彼らに蜜酒をふるまってもてなす。オージンは、自分を超自然的な力を持つ庇護者として崇拝する勇猛な王たちとヴァルキュリアを「結婚」させることもできた。ヴァルキュリアは北欧の伝説にたびたび登場する。恐ろしい霊的な存在として描かれることもあれば、ファーヴニル殺しのシグルズルの恋人のブリュンヒルドルのように、もっと人間に近い存在とされることもある。ヴァルキュリアは「楯の乙女（スキャルドメール）」と呼ばれることもあるが、この言葉は説話文学

のなかで人間の女戦士に対しても用いられている。

ヴァルスイェルデ
Valsgärde

スウェーデン中部のウプサラ近くにある異教徒の大きな墓地。ヴェンデル時代初期（550年頃）からヴァイキング時代末期（11世紀）まで使われていた。もっとも初期の墓がいちばん豪華である。遺骸は舟のなかに埋葬されていた。死者の国への旅立ちを象徴しているのだろう。死者のかたわらには食べものや調理器具、グラス（→ガラス）、馬具、立派な甲冑と武器などがあった。墓は低い墳丘に覆われている。舟——小型の鎧張りの漕ぎ舟で5対のオールがついていた——のひとつが複製され、試運転もおこなわれた。ヴァルスイェルデの副葬品の豊かさと、この地域の同時代の墓地の副葬品の乏しさから見て、ヴァルスイェルデに埋葬された人びとはきわめて高い地位にあったはずだ。スヴェーア人の初期の王朝で権力中枢は、ヴァルスイェルデの近辺に存在していたと推測される。

ヴァルハラ（「死者の館」）
Valhalla（古北欧語 Valhǫll）

北欧神話で、アースガルズルにある主神オージンの館。ヴァルハラには戦場で死んだ勇敢な戦士の魂が集められている。オージンが選んだ戦士たちをヴァルキュリアがヴァルハラに連れてきて、詩の神ブラギが迎える。ヴァルハラは垂木は槍、屋根は楯で葺かれていて、武具や鎖かたびらがいたるところにあった。オージンの戦士たち

オージンの宮殿ヴァルハラ。17世紀のアイスランドの『エッダ』より。

は毎日、540の扉を抜けて出ていき、お互いがお互いに戦いを挑む。倒れても復活し、夜には豚肉と蜜酒のごちそうをオージンとともに楽しむ。この永遠の戦いが終わるのはラグナロクのときである。巨人らと戦うために、戦士たちは神々とともに出撃する。異教の時代にヴァルハラという語が正確にはどのような意味をもっていたのか、今ではわからなくなっているが、戦士の楽園というよりは墓所の象徴的表現だったと思われる。

ヴァン神族
Vanir

　北欧神話に登場する2つの神族のうち、勢力の小さなほうの系統。大きなほうはアース神族である。両方合わせてスカンディナヴィアの異教の神々の万神殿(パンテオン)が構成される。ヴァン神族に属する主要な神には海の神ニョルズル、豊穣の神フレイル、その妹の豊穣の女神フレイヤなどがいる。2つの神族は戦いをくり広げていたが、のちにヴァン神族がアース神族のいるアースガルズルに移り住むことが認められた。

雄牛号 (ヴィースンドル)
Visunden ('The Ox')

　1026年、ノルウェー王オーラヴル・ハラルズソンのためにトロンヘイムで建造された有名なドラッカル（竜頭船）。30対のオールをそなえ、船首には金色の雄牛（または野牛）の頭の彫り物がついている。もっとも大きなヴァイキング船のひとつに数えられ、オーラヴル・トリュッグヴァソン

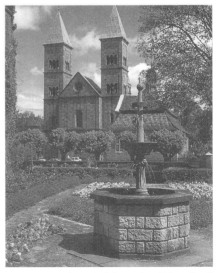

スカンディナヴィア内陸部の最古の都市、ヴィボーのロマネスク様式の大聖堂。

王の伝説的な「長蛇号」に勝るとも劣らないものである。

ヴィボー
Viborg

　ユラン半島にある町。10世紀末から、シングの開催地跡と、その近くからはじまるヘアヴェイエン（「軍道」）——ユラン半島からドイツまで南北に走る古代の道——周辺に発展した。ヴァイキング時代のヴィボーは、中世から現代の町の中心地から少し南に位置していた。11世紀半ばに居住区域の広範な再編がおこなわれ、1060年には司教座（→司教区）が置かれていた。スカンディナヴィアにおいて（航行可能な河川を利用せずに）陸路での交流を通して発展した内陸部最古の都市に数えられる。

ウィリアム征服王 [1027年頃-1087年]
William the Conqueror

　ノルマンディー公（1035-1087年）。イングランド王（在位1066-1087年）。ヴァイキングの大規模な侵攻に抗した最後のイングランドの統治者。ロベール華麗公の庶子として、まだ幼い頃に父親から継承してノルマンディー公となる。彼が成年となった1042年頃、反対勢力の貴族たちを向こうにまわして、その支配権を確立する。つねにノルマン人寄りだったエドワード懺悔王が跡継ぎとしてイングランドの王位を

ノルマンディー滞在中のハロルド・ゴドウィンソンに、腕を差し出すウィリアム征服王（左）。ブルターニュ侵攻後、馬で去っていくところ（右）。

約束していた可能性もあるが、1066年に
エドワードが死んだとき、イングランド人
が王に選んだのは彼ではなく、**ハロルド・
ゴドウィンソン**だった。イングランドに侵
攻したウィリアムはヘイスティングズの戦
いで勝利し、ハロルドも討ち死にをする
（1066年10月14日）。イングランド王位
を主張して3人目の名乗りをあげた**ノル
ウェーのハラルドル苛烈王**に、イングラン
ド軍は3週間前の**スタンフォード・ブリ
ッジの戦い**で勝利をあげたばかりで、戦の
疲れを癒す暇もなかったことは、ウィリア
ムにとって幸運だった。1066年のクリス
マスの日、ウィリアムはイングランド王と
して戴冠した。その治世の初期には、組織
的でない多数の反乱に直面して、ハラルド
ル苛烈王に次いでイングランドの王位継
承権を主張するデンマーク王**スヴェイン・
エストリズソン**の干渉も招いた。1069年
10月、スヴェインの息子クヌートル（後
の**クヌートル2世**）率いる240隻のデン
マーク軍の艦隊が、イングランドの反乱軍
と同盟を組み、ヨークを攻略。ウィリアム
は12月にヨークを奪回し、悪名高い「北
方蹂躙行軍」をおこなって冬を越した。こ
の焦土作戦は、反乱に加担した現地の人び
とへの報復であると同時に、今後、デン
マークが関心を抱かないほど魅力のない土地
にする意図があった。1070年春、スヴェ
インはハンバー川で息子とおちあい、6月
にヘレワルド・ザ・ウェイクとも合流して、
ピーターバラを略奪した。しかし、イング
ランド人の抵抗運動は徐々に崩壊しはじめ
たため、ウィリアムはスヴェインに撤退を
交渉することができた。2度目は1075年、

反乱を企てるノルマン人貴族の要請でク
ヌートルがイングランド王位を主張。だが、
クヌートルが到着したときにはすでに反乱
は鎮圧された後だった。1085年、ウィリ
アムはデンマークからの3度目の干渉に
脅かされる。このとき**デンマーク王**になっ
ていたクヌートルはイングランド征服に向
けて遠征の準備を進めていた。だが翌年、
クヌートルは暗殺され、遠征が実現するこ
とはなかった。ウィリアムが1086年に有
名なドゥームズデイ・ブック作成のための
土地所有調査を命じたのはこの脅威に対応
する意味もあった。そして翌年、フランス
遠征中にウィリアムは戦死した。

ウィリアムはスカンディナヴィア人の子
孫だったが、イングランドのノルマンコン
クエストはヴァイキング活動の延長とみな
されるべきではない。ウィリアムもその臣
下たちも、文化の面でも言語の面でも完全
にフランス人だった。この征服により、イ
ングランドとスカンディナヴィアの文化
的、政治的な結びつきは弱まっていく。そ
れは、イングランドの聖俗それぞれの制度
がノルマン・フレンチ化され、文化的にも
フランスの強力な影響にさらされることに
なったためだ。

ウィリアム長剣公 [942年没]
William Longsword

ロロの息子。ルーアン伯（在位928年
頃-942年）として、ノルマンディーの2
代目の統治者。父親の拡張政策を引き継
ぎ、933年にコタンタン半島を領土に加え、
ブルターニュを自分の庇護下に置こうとし
た。935年、ウィリアムはフランドルに侵

ノルマンディーのウィリアム長剣公の殺害。15世紀の『ノルマンディー年代記』より。

攻するが、テルアンヌで敗れる。ノルマンディーに居住するスカンディナヴィア人への支配権を強化して、リウールと呼ばれたヴァイキング率いる933-934年の反乱を鎮圧した。939年、ウィリアムはユーグ大公と同盟を組み、ルイ4世に反旗を翻す。教皇の仲介で戦いは終結、ルイは940年にウィリアムへのノルマンディー占有移転を承認した。942年、ソンム川の中洲のひとつでの会合のあいだに、ウィリアムはフランドル伯アルヌルフ1世の指示で暗殺され、ノルマンディーは混乱に陥った。彼の庶子のリシャール1世（リシャール無怖公）が跡を継いだ。

ヴィンランド
Vinland

1000年頃、レイヴル・エイリークソンをはじめとする北欧人が到達した北米の森林に覆われた土地。その場所は現在も特定されていない。候補地のひとつがニューファンドランド島である。ランス＝オ＝メドーでレイヴルの時代にさかのぼる北欧人入植地跡が見つかっている。とはいえ、その

荒涼とした環境は、13世紀の『ヴィンランド・サガ』に出てくるヴィンランドの描写とはかけ離れている。『グリーンランド人のサガ』によれば、ヴィンランドでは、豊かな野生のブドウ（レイヴルがヴィンランド〈ブドウの地〉と名づけた由来となっている）にくわえ、カエデの木があり、川にはサケがあふれ、冬でも霜がおりず、冬至の前後でもグリーランドより日が長く、太陽は午前9時前から午後3時過ぎまで出ている。この天文学的な情報から、ヴィンランドは北緯50度より南、すなわちセントローレンス湾河口より南になるはずだ。ブドウはセントローレンス湾以北では自生しないし、サケは北米の大西洋岸地域ではハドソン川以南では見つからない。以上から、ニューイングランドもしくはノヴァスコシアがヴィンランドである可能性が高いと思われる。だが、冬に霜がおりないということはないだろう。そうなると、レイヴルが自分が発見した土地の魅力を誇張したということはじゅうぶんにあり得る。彼の父親の赤毛のエイリークルもグリーンランドへの入植者を募るときにそうしている。ブドウの話も作り話かもしれないが、そうとも言い切れない。ランス＝オ＝メドーより南側に北欧人入植地があったという証拠はないが、遺跡からシログルミが見つかっていることから、少なくともシログルミが自生する北限である、セントローレンス湾まで北欧人が南進していたことはまちがいないだろう（メイン州ゴダード・ポイントのネイティヴ・アメリカンの居住地跡で見つかっているオーラヴル平和王の貨幣は、グリーンランドの北欧人と直接取引し

ていたカナダ北極圏のイヌイットとの交易で入手したと考えられる）。

ヴィンランドへの関心は高く、レイヴルの旅の翌年から移住を試みる者が出てきた。だが北欧人とスクレーリング――北欧人はネイティヴ・アメリカンをこう呼んでいた――とのあいだの誤解は間もなく暴力へと発展する。すぐれた鉄の武器があるとはいえ、これほど少数の北欧人が母国から海を隔てて遠く離れた地で敵意にさらされながら定住地を確立できるはずもなかった。1121年、司教エイリークル・グヌープスソンがヴィンランドを再発見するために航海に出たが、彼が帰国できたかどうかすらわかっていない。アイスランドの史料には、13世紀に「新たな土地」へ航海したことが記されているが、目的地は明かされていない。その後、ヴィンランドは半伝説的な土地とみなされるようになった。

G. Jones, *The Norse Atlantic Saga* (2nd edition, Oxford, 1986).

『ヴィンランド・サガ』
Vinland sagas

アイスランドの2つのサガ、『赤毛のエイリークルのサガ』と『グリーンランド人のサガ』をさす。10世紀末から11世紀初頭にかけての北欧人によるグリーンランドと北米大陸の発見と探検が綴られている。『グリーンランド人のサガ』は1200年頃に書かれた。それよりも短い『赤毛のエイリークルのサガ』は1265年頃になって成立した。一般に『グリーンランド人のサガ』のほうが信憑性が高いとされ、6度の北米探検が語られている。まず、ビャル

ニ・ヘルヨールフソンが偶然見知らぬ土地を目撃する。次にレイヴル・エイリークソンがヘルランド(「岩の国」、バフィン島か?)、マルクランド(「森の国」、ラブラドル半島か?)、ヴィンランド(「ブドウの地」、ニューファンドランドまたはノヴァスコシアか?)を発見、命名する。続いて、レイヴルの弟のソルヴァルドルの航海、彼がスクレーリングの放った矢で死ぬことが語られる。4度目の航海はレイヴルの別の弟ソルステインによるもので、彼はヴィンランドへはたどり着けなかった。アイスランドの商人、俠気のソルフィンヌル(カルルセフニ)(→ソルフィンヌル、俠気の)による5度目の探検では、3隻の船で女性5人を含む65人の入植予定者が同行した。2度の冬が過ぎ、スクレーリングとのあいだに戦闘が勃発した後、ソルフィンヌルは入植をあきらめる。最後の探検を率いたのはレイヴルの腹違いの妹フレイディースと、ヘルギとフィンボギという2人の兄弟だった。その後、彼らのあいだに不信感が生まれ、最後にはフレイディースはヘルギとフィンボギ、彼に同行した者たちを殺害したのち、グリーンランドに帰還する。この最後の航海は史実性がたびたび疑問視されている。『赤毛のエイリークルのサガ』は、『グリーンランド人のサガ』よりも文学作品としてすぐれ、ヴィンランドをめぐる航海の歴史を巧みに手直しして、ヴィンランド遠征における俠気のソルフィンヌル(カルルセフニ)の役割をより重視した作品とみなしている。サガでは、赤毛のエイリークルのグリーンランド入植と北米への3度の航海が語られている。まず、レイヴルがノルウェーからグリーンランドに向かう航海の途中で風に流され、偶然ヴィンランドを発見する。ビャルニ・ヘルヨールフソンはこのサガには登場しない。次にソルステインの航海とその失敗が述べられ、最後に俠気のソルフィンヌル(カルルセフニ)の探検が語られる。このサガでは、彼は160人の男女を率いている。北米の海岸に上陸した一行は、いくつかのグループにわかれてヴィンランドを探すが徒労に終わる。スクレーリングとの戦闘では、フレイディースがあり得ないほど英雄的な働きをみせる。この戦いの後、俠気のソルフィンヌル(カルルセフニ)はグリーンランドへ戻る決意をする。『赤毛のエイリークルのサガ』には、架空の1本脚の動物が登場したりと、明らかに史実と異

『赤毛のエイリークルのサガ』。2つの「ヴィンランド・サガ」のうち、短く、若いほうのサガである。

なる要素も出てくる。そのため、北欧人による北米探検の記述も『グリーンランド人のサガ』に比べて信憑性に欠けるのである。
The Vinland Sagas, trans. M. Magnusson and H. Pálsson (Harmondsworth, 1965).

ヴィンランド地図
Vinland map

制作場所も来歴も、制作年代も不明の、羊皮紙に描かれた1枚の地図で、おそらく贋作であるが、はじめて俎上にのせられたのは1950年代後半のことだった。中世後期の世界地図（1440年頃）という触れ込みで、ヴィンランドが大西洋に浮かぶ大きな島として描かれている。地図に書かれたラテン語の記載は、この島は「Byarnus」（ビャルニ・ヘルヨールフソン）と「Leiphus」（レイヴル・エイリークソン）によって見つけられたと述べている。もしこの地図が本物なら、新世界をあらわした現存する最古の地図ということになる。1974年、ヴィンランド地図に使われているインクに二酸化チタンが大量に含まれていることが検査によって示されたが、これは1917年になってはじめて生成された化合物であり、したがって偽造文書だとする主張がなされた。ところが、1990年代の新たな検査のやり直しによって、インクのなかの化合物は微量な痕跡しか認められなかったために、この地図の真偽をめぐって、ふたたび論戦に火がついた。ヴィンランド地図を本物と主張する人びとは、20世紀の物質がなぜ中世のものとされるインクのなかに微妙に含まれているのかを説明しなければならない。

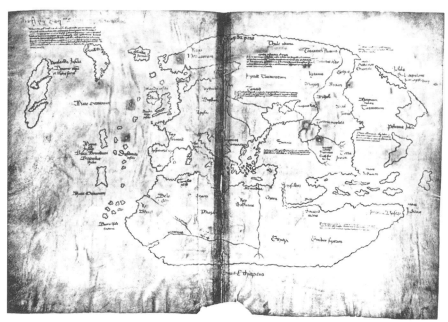

ヴィンランド地図。中世の貴重な世界地図？　それとも後世の捏造品？

ウェセックス
Wessex

　9世紀後半のヴァイキングの侵攻にも、王国の体制を維持して生き残ることができた唯一のアングロ・サクソンの王国。ウェスト・サクソン人の王国であるウェセックスは、500年頃にチェルディッチが建国したとされる。9世紀にはその版図はテムズ川以南の**イングランド**のほぼ全域に広がった。主な町にはウィンチェスター、ハムウィチ（サウサンプトン）がある。825年、エッジブリヒト（在位802-839年）はエッレンドゥンの戦いで敵対する**マーシア王国**に勝利し、アングロ・サクソン最強の王国となる。829年、彼はブレトワルダ（「ブリテン島の上王」）と認められる。ウェセックスへのヴァイキング襲撃がはじまったのは、エッジブリヒトの先代の王ベオルフトリチ（在位786-802年）の治世下で、おそらく789年の**ポートランド**の襲撃からはじまった。後世のウェセックスの伝承は、これがブリテン島へのヴァイキングの最初の襲撃だったとしている。ウェセックスへの本格的なヴァイキング襲撃がはじまるのは836年からで、このときエッジブリヒトはサマセットのカーハンプトン（古英語カックム）で35隻の船団に敗北した。船団の規模が急に大きくなる850年代には、ヴァイキングはテムズ川河口のサネット島で冬営するようになる。だが、この頃から徐々にウェスト・サクソン人はヴァイキングと互角に戦いだす。

　865年、イースト・アングリアにデーン人の**大軍勢**が到着すると、ヴァイキングの脅威がふたたび増大する。だがその5年後、大軍勢がウェセックスへ最初に攻め入ってきたとき、国王**エゼルレッド1世**と弟の**アルフレッド**は熾烈な戦いの末に勝利をおさめた。**グズルム**、アースケッルとオヌンドル率いる**デーン人**が875年にふたたび侵攻してきたときには、王となっていたアルフレッド（在位871-899年）は苦境に立たされ、878年の**エディントンの戦い**で決定的勝利をおさめるまではデーン人を追い払うことができなかった。アルフレッドは892-896年の2度目の襲来も撃退している。

　アルフレッドの後も有能な王が続き、イングランドの残りの地域を着々と支配下に置いていった。アルフレッドの息子**エドワード長兄王**は、マーシアの領主 エゼルレッドの妻である妹エゼルフレードとの緊密な連携のもと912-918年にイングランド東部のデーンローを征服する。918年のエゼルフレードの死から1年後、エドワードはマーシアを併合、ウェスト・サクソン人による支配はハンバー川とマージー川まで拡がった。エドワードの息子**エゼルスタン**が927年に北欧系支配者の手から**ヨーク**を奪取すると、イングランドのすべてのアングロ・サクソン人およびスカンディナビア人入植者が、はじめてひとりの統治者の支配下に入った。こうしてウェセックスはイングランド王国へと変貌を遂げるのである。

ウェックスフォード（ヴェイグスフョルズル）
Wexford（古北欧語 Veigsfjörðr）

　9世紀半ばに自然の良港につくられたロ

ングフォートから発展した**アイルランド
南東部の北欧系住民の町**。発掘調査で10、
11世紀には通りに沿った区画ごとに長方
形の建物が並び、**ダブリンやウォーターフ
ォード**の町とよく似たつくりであることが
明らかになった。文献史料によると、ウェ
ックスフォードは強固な防備に守られてい
た。ウェックスフォードのヴァイキングは
アイルランド南東部をたびたび襲撃した
が、1000年頃までにはアイルランド人領
主の支配下に置かれた。

ウェドモア条約 [878年]
Wedmore, treaty of

　アルフレッド大王と、デーン人の**大軍勢**
を率いた**グズルム**が結んだ和平協定として
しばしば用いられる呼称。**エディントンの
戦い**でアルフレッドがグズルムを破り、和
議が結ばれることになった。グズルムは**ウ
ェセックス**からの撤退と洗礼を受けること
に同意した。グズルムはアセルニー近くの
アラーで受洗し、数日後に洗礼布の脱衣の
儀が近くのウェドモアで執りおこなわれ
た。和議の名称はその地名にちなんでいる。

ウェールズのヴァイキング
Wales, Vikings in

　855年頃、アイルランドを拠点にするヴ
ァイキングがアングルシー島を略奪する。
ウェールズでは、これ以前にヴァイキング
の襲撃に損害を受けたという証拠はない。
ウェールズの主要国グウィネズ王国の王ロ
ードリ・マウル（在位844-877年）の統
率のもと、ウェールズ人はヴァイキングに
激しく抵抗し、その入植を何度も阻止して

いる。870年代、アイルランド内でのヴ
ァイキングの勢力が徐々に弱まっていく
のを反映して、**アイルランドからウェー
ルズへのヴァイキング**による襲撃はしだ
いに減っていった。とはいえ、おもにイ
ングランドに向かった襲撃の「おこぼれ」
をウェールズが味わうこともしばしばだ
った。ウェールズ人と**アングロ・サクソ
ン人**が協力してヴァイキングに対抗する
こともあった。893年には、連合を組ん
で中部ウェールズのバッティントンでヴ
ァイキングの軍勢を破っている。**ウェセッ
クス**のエドワード長兄王は、914年にブルタ
ーニュでヴァイキング軍に捕まったランダ
フ司教カヴァイリオグの身代金を支払って
いる。

　902年にダブリンからヴァイキングが追
放されると、すぐにヴァイキングのひとり、
インギムンドルはアングルシー島への入植
を試みるが、ウェールズ人に撃退されて結
局はイングランドに入植した。914年、ヴ
ァイキングがふたたびアイルランドで権力
を掌握すると、915年のアングルシー島襲
撃を皮切りにすぐさま略奪が再開した。だ
が、この年、強力なグウィネズの王ハウェ
ル・ダー（在位915-950年）が王位につく。
彼の治世下でウェールズはヴァイキングの
活動に悩まされることはほぼなかった。彼
の死後、内戦が勃発するとすぐさま、アイ
ルランドとスコットランド諸島のヴァイキ
ングのすさまじい襲来もはじまる。10世
紀後半は、ウェールズにとってヴァイキン
グ時代最悪の時期だった。ウェールズ南岸
のペンブルックシャーと、ディー川河口の
最北東部にヴァイキングの入植地がつく

ヴァイキングの銀製の腕輪。アングルシー島のレッド・ワーフ・ベイより出土。910年頃のもの。

られたのもこの時期だろう。955年、「シーフェルス」(シグフリーズルのことか？)と記される王がウェールズの公子らとともにイングランド王**エアドレッド**の特許状に証人として署名をしている。もしかするとこれらヴァイキング入植地のひとつを治めていたのかもしれない。989年には、南ウェールズのダヴィッド王国の王マレディズがヴァイキングに退去料を支払う羽目にまで陥るが、襲撃はおさまることなく、ついに999年、セント・デイヴィッズの司教座聖堂の略奪で、頂点に達する。このとき司教も殺害された。アイルランドとスコットランド諸島のヴァイキングを中心としたウェールズ襲撃は11世紀を通して続いた。1100年まで、セント・デイヴィッズは少なくともさらに6回は襲撃されている。ヴァイキングによる破壊行為の被害はたしかにあったが、ウェールズの統治者の多くはイングランドと戦う際にヴァイキングは

利用できると考えていた。992年、ダヴィッドの王マレディズはイングランドとの戦いでアイルランドのヴァイキングを雇ったが、グウィネズ王国のグリフィズ・アプ・ルウェリンも1055-1056年と1058年に同様におこなっている。ウェールズでヴァイキングが関わった最後の大きな事件は、1098年に**マグヌス裸足王**がアングルシー島を一時期占拠して、ノルマン軍を破ったことである。とはいえ、オークニー諸島の**スヴェイン・アースレイヴァルソン**など、スコットランド諸島からのヴァイキングは12世紀に入っても略奪を続けた。

概して、ヴァイキングがウェールズに与えた衝撃はごくわずかだった。ヴァイキングの襲撃により、11世紀にイングランドに対するウェールズの抵抗が弱くなったかもしれないが、それを裏づける決定的な証拠もない。小さなヴァイキングの入植地が点在したが沿岸部に限られ、目に見える政

治的影響力もなかった。さらに、文化的影響を与えたという証拠も見つかっていない。ウェールズで発見されたヴァイキングの美術様式の遺物はあるが、あくまでもスカンディナヴィア人入植者の手によるものだろう。ただし、沿岸部にはスカンディナヴィアに由来する地名が多く残っている。これが、ヴァイキングがウェールズ周辺の海域を支配した800-1100年の今に残る痕跡である。

H. R. Loyn, *The Vikings in Wales* (London, 1976).

ヴェンデル
Vendel

スウェーデン中部のウプサラの北にある大きな異教徒の墓群。**ヴェンデル時代**のはじまりからヴァイキング時代初期まで使用されていた。スウェーデンにおいて同時代でもっとも豊かな埋葬地であることから、おそらくはある王家に属する者たちの墓地だと思われる。実際、伝承によってヴェンデルは6世紀の半伝説的な**ユングリンガ王朝**の王オッタルの埋葬地と言われてきた。数ある遺骸は火葬ではなく土葬で、長さ10メートルかそれ以上の大きさの船のなかに横たえられていた。おそらく船は死者の国への旅立ちを象徴していたのだろう。遺骸のまわりには高価な副葬品があった。旅のための**食べもの**や調理用具、グラス（→**ガラス**）、立派な**武器**や**甲冑**があり、なかでも青銅の装飾をほどこした鉄の兜（かぶと）は有名である。そのほかに猟犬や馬、鞍も埋葬され、ある墓ではハヤブサも見つかっている。絡みあう動物を装飾した特徴的な

様式は、この船葬墓の地名にちなんでヴェンデル様式と呼ばれる。

ヴェンデル時代 [550年頃 -800年]
Vendel period

スウェーデン先史時代において、ヴァイキング時代に先立つ最後の時期。デンマークの後期ゲルマン鉄器時代、ノルウェーのメロヴィング期にほぼ相当する。豪華な副葬品で知られる**ヴェンデル**（この時代の名称の由来となった）、ウプサラ、**ヴァルスイェルデ**の墓群は、この時期に**スウェーデン**に豊かな王家がいくつも出現したことを裏づけている。

ヴェンド人
Wends

ヴァイキング時代および中世中期のバルト海の南岸に住んでいた西スラヴ人の総称。ウァグリア人、ポラーブ人、オボトリート族、ラーン人、リュティツィ族、ポメラニア族が含まれる。ヴァイキング時代のはじめ、ヴェンド人の居住地域は現在のポーランドのヴィスワ川河口から、西はドイツのキール近くまで広がっていた。ヴェンド人の社会、技術の発展の段階は、ヴァイキング時代のスカンディナヴィアのそれと同じであった。ヴェンド人はバルト海沿岸に多くの交易市を築いた。大量のアラブの**貨幣**が発見されていることから、それら交易市はロシアから東方への重要な交易路に位置していたことがわかる。ヴェンド人は要塞を建造することにとても長けていて、好戦的な貴族社会をつくりあげていた。9世紀初頭の**レリク**や10世紀後期のユムネ

ヴェンド人 67

ヴェンデルの船葬墓から見つかった鉄製の兜。鎖かたびらがついていて、青銅の装飾がふんだんにほどこされている。

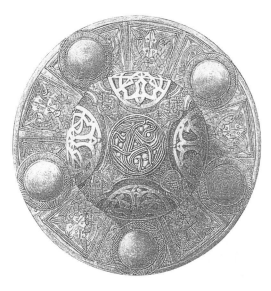

青銅のメッキをほどこした鉄製の盾の中央突起。ヴェンデルの船葬墓より出土。この装飾の、動物が絡みあった特徴的な様式は、出土した地の名前からヴェンデル様式と呼ばれる。

（ヴォリン）のように、ときにはデーン人やスウェーデン人が沿岸部の町を制圧することもあったが、内陸部に占領地や入植地がつくられることはなかった。後世のサガの記述によると、**オーラヴル・トリュッグヴァソン**をはじめとする偉大なヴァイキングの多くは、そのキャリアをヴェンド人への襲撃からはじめている。しかし、ヴェンド人とスカンディナヴィア人の間にはそれなりの文化交流はあった。橋の建設法や**宝飾品や陶器**のいろいろな様式をスカンディナヴィア人はヴェンド人から学び取り入れたのだろう。いっぽうのヴェンド人はスカンディナヴィア人から造船技術を学んだ。ヴェンド人のほうがこの交流では上手（うわて）を行き、11世紀に彼らは海賊行為をおこなうまでになった。ヴェンド人の襲撃にもっとも苦しめられたのはデンマークの島々だったが、北は遠く**ノルウェー南部やゴットランド島**まで達した。13世紀初頭にドイツ人とデンマーク人の十字軍がヴェンド人を征服して強制的にキリスト教化するまで、彼らの海賊行為は止むことはなかった。

ヴォアバッセ
Vorbasse

　ユラン半島にあるヴァイキング時代の発掘調査が終わっている唯一の農村集落跡。ヴォアバッセは紀元前100年頃から複雑な歴史をたどって存続し、1100年に、南

ユラン半島のヴォアバッセの集落跡。紀元前100年から1100年にかけて、豊かな農村が広がっていた。手前に発掘調査の様子が見られる。

に750メートルほど行った現在の位置に移っている。700-1000年のあいだ、村には7つの農場があった。6つはほぼ同じくらいの広さだったが、残るひとつはずっと大きく、おそらく村落全体を所有する裕福な農場主か領主の農場だったと思われる。農場は、ロングハウス——居住部分、牛小屋、干し草を収納する納屋にわかれていた——と、機を織ったり（→機織り）、陶器をつくったりするのに使われていたいくつかの沈床式の付属建物からなっていた。各農場にはそれぞれ井戸があり、ひとつの農場からは鍛冶場も見つかっている。農場での主な仕事は家畜の飼育で、小さな農場では牛小屋に20-30頭の、大きい農場には100頭近い牛を飼っていた。そのほかに穀物も栽培していた。集落では、自分たちが食べる分よりも多くの食料（→食べものと飲みもの）と、皮革など加工品もつくって、自前での生産が不可能な、次のような必需品と交換していたと思われる。すなわちノルウェーからは質のよい建材や鉄、砥石、石鹸石の鍋を、ラインラントからは良質な陶器や溶岩から作った白石を入手していた。住居、集落・農村集落も参照。

ウォーターフォード（ヴェズラフョルズル）
Waterford（古北欧語 Veðrafjörðr）

9世紀半ばに、ヴァイキングのロングフォートから発展した北欧人の町。アイルランド南東部の海岸の奥まった入り江に位置していた。発掘調査から、町のつくりがダブリンとよく似ていたことがわかっている。編み枝の壁の長方形の建物が区画ごとに並び、周囲は編み枝の柵に覆われていた。道路区画跡の一部と、知られる限りヴァイキング世界で最大のものである、防御のための土塁と溝の遺構が見つかっている。文献から、12世紀までにはこの町の防御施設の一部が石造りで建造されたことが判明している。ウォーターフォードは、917年にヨーク王シヒトリク・カエフがダブリンを奪回したときの拠点でもあった。その後、10世紀中にはマンスター王に支配され、984年と988年にはブライアン・ボルの船団（→艦隊）が置かれていた。1035年、ウォーターフォードの最後の王ラグナルが死去している。

ウォーターフォードの聖ペテロ教会の発掘。ヴァイキング時代末期に建てられた教会で、当時のこの都市はアイルランド王の支配下にあった。

ヴォリン
Wolin

ポーランドのオーデル川河口近くにある

港市。ヴァイキング時代後期にはユムネとして知られていたことから、ヴォリンはおそらく半伝説的な 10 世紀の**ヨームスヴァイキング**の本拠地ヨームスボルグだったとみなされている。ヴォリンの発展は 7 世紀の漁村に始まり、700 年頃には手工業の中心地になっていた証拠も見つかっている。9 世紀には土塁による防壁で囲われ、町の北のはずれにあった丘「ジルバーベルク」にも砦が築かれた。9 世紀末、**町**は正方形の各区画に 4 戸の住居が建てられる区画設計が施されていた。ヴァイキング時代の人口は数千人だったと思われる。港には半分に割ったオークの丸太でつくられた埠頭が規則的に配列され、直角に突き出た突堤が備わっていた。町のそばには狼煙台や**異教**の神殿も確認されている。鉄・革・琥珀の加工、造船、**機織り**、くしづくりに用いる道具類も見つかっている。遺物の多くはスカンディナヴィアの港湾都市ヘゼビューやビルカで出土したものとよく似ている。ソール神の鎚のお守り、石鹸石の器、ルーン碑文など、スカンディナヴィア人の存在をしめす遺物が発見される。しかし、陶器は完全にスラヴの様式であることから、北欧人の数は少なかったと考えられる。11 世紀後半に**ブレーメンのアダム**が、ヴォリンはスラヴの町で、遠くはギリシアから来た商人をもてなしていると記している。

『ヴォルスンガ・サガ』

Volsunga saga

　説話を集めた伝説的サガのなかでもっとも有名で、影響力のある作品とされる。1260 年頃 –1270 年にアイスランドで書かれたが、ヴァイキング時代よりずっと以前の伝説的伝承を組み合わせている。**民族移動期の英雄**——4 世紀のゴート族の王ヨルムンレクル（エルマナリク）、5 世紀のフン族の王アトリ（アッティラ）などがサガには登場するが、歴史的実在の姿とはほとんど似ていない。サガの中心人物は竜ファーヴニルを殺したシグルズルで、**ヴァルキュリア**のブリュンヒルドルの恋人だ。このサガの現代における名声は、作曲家リヒャルト・ワーグナーが、自分の楽劇『ニーベルングの指環』の着想の原点としてこのサガを用いているためだ。

The Saga of the Volsungs: The Norse Epic of Sigurd The Dragon Slayer, trans. J. L. Byock (Berkeley, Los Angeles and Lond 1990).

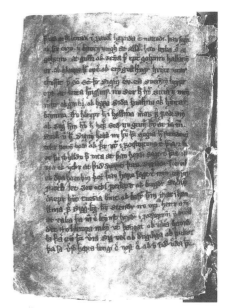

『ヴォルスンガ・サガ』。ワーグナーの歌劇『ニーベルングの指環』の着想を与えた。

ヴォルンドル（ウェランドゥス）[863年没]

Welandus（古北欧語 Vǫlundr）

フランク王国にいたヴァイキング首長。おそらく859年にソンム川で活躍していたデーン人の軍の仲間にいたひとりである。シャルル禿頭王からの銀5000ポンドの支払いにくわえて、家畜と穀物の補給を報酬として受けた彼は、軍勢を率いてセーヌ川へ行き、オワセルの中洲にあったヴァイキングの砦を攻囲した。包囲されたヴァイキングたちは飢えにさいなまれて、金銀6000ポンドでヴォルンドルを買収し、逃がしてもらった。ヴァイキングと戦うように請われて支払いを受け取りながら、当のヴァイキングたち多数を仲間に入れて、ヴォルンドルはムランで861年から862年にかけての冬を過ごすが、春になると自分の軍をまとめていられなくなる。ヴァイキング軍がセーヌ川を下っていくとき、ヴォルンドルは家族とともにシャルルの許に身を寄せ、彼の臣下となって洗礼を受けた。863年、ヴォルンドルは別のヴァイキングから不誠実な意図で改宗したと非難される。訴えた者に一騎打ちを挑まれ、ヴォルンドルは王シャルルの目前で殺された。

ウートガルザ＝ロキ

Utgard-Loki

北欧神話に登場する巨人。ヨートゥンヘイムにあるウートガルズルの王。あるとき、巨人スクリューミルに変装したウートガルザ＝ロキは、ロキとソール、ソールの俊足の従者シャールヴィに出会う。彼らは森を抜けてウートガルズルへ向かうところだった。道中、ウートガルザ＝ロキは魔術を使って彼らにさまざまないたずらをする。ようやくウートガルズルに到着すると、ウートガルザ＝ロキはロキとソールにいろいろな技を挑む。いつも神々の側が負けたように見えていたが、それはウートガルザ＝ロキの幻術に惑わされていただけだった。

ウラジーミル1世（聖公ウラジーミル、ウラジーミル大公、ヴァルデマル）[956年頃-1015年]

Vladimir I（St Vladimir, Vladimir the Great, 古北欧語 Valdemar）

キエフ大公（在位 978/980-1015年）。キエフ・ルーシで最初のキリスト教徒の統治者。988年にキリスト教を国教とした。この決断はロシア文明の発展に長期にわたる影響をおよぼした。キエフ大公スヴャトスラフ1世の息子ウラジーミルは、970年にノヴゴロド公に任じられる。972年に父親が死去すると、兄のヤロポルクが権力を掌握。ウラジーミルはスウェーデンへ逃亡を強いられ、その地で軍勢を集める。おじとブルドというスラヴ人族長の支援を受けて、978年か980年にウラジーミルはキエフに帰還。ヤロポルクを暗殺して権力を手中におさめた。治世の初期はヴォルガ・ブルガルとの戦いに明け暮れた。また、ポロツクのスウェーデン人統治者を倒し、その娘ログネダ（ラグネイド）を妻にしている。

キエフでは940年代からキリスト教がすでに確立していたが、ウラジーミルはスラヴ神話の神ペルーンを崇拝して育った。のちに伝えられているように、改宗に際し

東ローマ帝国の宣教者から洗礼を受けるウラジーミル1世。15世紀の『ラジヴィウ年代記』より。

てウラジーミルはイスラム教を含めてさまざまな宗教を検討した。東方正教会に改宗する決め手となったのは、その聖体礼儀の比類なきすばらしさだったという。だが実際には、いちばんの理由は政治的なものだっただろう。当時、東ローマ皇帝バシレイオス2世（在位976-1025年）がウラジーミルとの同盟を求め、妹のアンナとの縁組を申し出ていた。アンナはこの結婚にまったく乗り気ではなかった。何しろ、相手は野蛮人の首長で何百人という妾をもち、人間の生贄の儀式に参加しているという噂だったからだ。しかしウラジーミルが東方正教会への改宗に同意した988年についに協定が結ばれた。翌年、ウラジーミルはクリミア半島に出向き、東ローマ帝国に反抗的だった都市ケルソネソスを占領してバシレイオスに委ねた。ウラジーミルは臣下にキリスト教改宗を強要した。異教の偶像を破壊し、教会を次々に建設した。その治世下でルーシがスラヴ人にどの程度同化していたかは、ウラジーミルが教会で使用する言語を北欧語でなく、スラヴ語に定めたことからも示されている。東方正教会

に改宗するというウラジーミルの決断により、ロシアは力強いビザンツ文化への扉を開き、その深い影響はロシア文明の発展全体に及ぶ。その後、ウラジーミルは神聖ローマ帝国とポーランドと密な外交関係を築き、王家同士のつながりも深めていった。彼の息子たちスヴャトポルク1世（在位1015-1019年）と**ヤロスラフ賢公**（在位1019-1054年）がウラジーミルの後継者となった。

ウルヴル [1027年頃没]
Ulfr

デンマークのヤール。気取り脚（スプラカレッグ）のソルギルスの息子で、**クヌートル**の妹エストリズと結婚したため、クヌートルの義弟になる。1022年には**イングランド**にいたが、そこに領地があったわけでも、何かの役職についていたわけでもなかったようだ。1023年頃、**のっぽのソルケル**が死去した後、クヌートルはまだ幼い息子ハルザクヌートルのためにウルヴルを**デンマーク**の摂政に任命した。ウルヴルは**ハルザクヌートル**のデンマーク王即位を宣言するいくつもの文

書を作ろうとしたようで、1026年にはウルヴルはノルウェー王オーラヴル・ハラルズソンとスヴェーア王オヌンドル・ヤーコブとともに、ヘルゲ川でクヌートルに敵対して戦う。クヌートルは敗北したが、勝者側も友好な同盟関係は長続きしなかった。表向きは和解したものの、クヌートルは間もなくウルヴルをロスキレの教会で殺させた。ウルヴルは反逆者とみなされていたため、彼の息子たちは通常、母親の姓で知られている。のちのデンマーク王スヴェイン・エストリズソン、イングランドでアールとなったビヨルン・エストリズソンである。

ウルフスタン [890年頃]
Wulfstan

スカンディナヴィアもしくはアングロ・サクソン人の商人。デンマークの港ヘゼビューを拠点に活動していた。890年頃、ウルフスタンはアルフレッド大王の宮廷を訪れ、ヘゼビューからトゥルーソ（おそらく今日のポーランド、ヴィスワ川にあるエルブロンク）へ旅したときのことを王に語った。彼の話はオロシウスの著書の古英語訳に追記された。スラヴ人やバルト海沿岸に住む人びとの習慣にまつわるウルフスタンの記録は、この地域に関する最古の文献に数えられる。

ウルフスタン1世 [955年没]
Wulfstan I

ヨーク大司教（931-952年）。エゼルスタンに大司教に任命される。ウルフスタンは次々と続くヴァイキングのヨーク王たちに協力した。940年にオーラヴル・グズ

フリズソンが五城市（ファイヴ・バラ）を攻略した際に同行、イングランド王エドマンドとの和平交渉を手伝った。その後、ヨークの支配権をめぐって、ダブリンのオーラヴル・シヒトリクソンとエドマンドの後継者エアドレッドと戦いをくり広げたエイリークル血斧王を支援した。その結果、952年にエアドレッドに捕えられる。エイリークルがヨークから追放され、954年に死去した後も、ウルフスタンは大司教座に戻ることは許されなかった。

エアドリック・ストレオナ（古英語で「分捕り屋のエドリック」の意）[1017年没]
Eadric Streona

マーシアの太守（エアルドルマン）（1007-1017年）。1006年、彼はエゼルレッド2世の指示により、ノーサンブリアの太守（エアルドルマン）エルフヘルムを殺害し、その名を知られるようになる。その報酬として彼が受け取ったのはマーシアの大守権と、不誠実で裏切り者であるという、まったくありがたくもない当然の評判だった。1015年、彼はシイェヴェルスとモルカルという2人の豪族（セイン）を殺害。エゼルレッドは彼らの財産を手に入れることができた。1016年にエゼルレッドが死去すると、エアドリックは孤立し、敵に囲まれた。彼はエドマンド剛勇王とクヌートルのどちらの側につくかをひんぱんに変えていたため、『アングロ・サクソン年代記』のなかでも非難されている。だが、それは敵を争わせるための必死の試みだったのだろう。1016年10月、アシンドンの戦いでエアドリックがエドマンドを見捨てたことがクヌートル勝利の決め手になった

と思われるが、彼も無事ではいられなかった。じゅうぶんに分別のあるクヌートルは1017年、エアドリックの首をはねたのである。

エアドレッド [955年没]
Eadred

イングランド王（在位946-955年）。エドワード長兄王の息子で、エドマンド1世の弟。ノルウェーのエイリークル血斧王とダブリンのオーラヴル・クヴァランとノーサンブリアの支配権をめぐって三つ巴の争いをくり広げた。954年、エイリークルがヨークから追い出されると、エアドレッドによって併合されたノーサンブリアは、以後イングランド王国の一部となる。エアドレッドは聖ダンスタンの友人で、イングランドにおける修道院改革という彼の取り組みを支援した。

エイリークル血斧王 [954年没]
Erik Bloodaxe

ノルウェー王（在位930年頃-936年）。ヨーク王（在位948年、952-954年）。ぞっとするような添え名のおかげで、エイリークルはおそらくすべてのヴァイキングのなかでもっとも有名なヴァイキングに数えられる。にもかかわらず、彼の若い頃のこ

エイリークル血斧王の硬貨。彼は偉大な戦士だったが、君主としてはノルウェーでもヨークでも失敗した。

とはほとんどわかっていない。エイリークルの経歴はどうみても順風満帆とはいいがたい。父であるハラルドル美髪王の死にともない、エイリークルは2人の兄弟とノルウェーの共同統治者になる。だが、兄弟たちはすぐにエイリークルに殺害された。彼の統治は評判が悪く、936年頃、異母弟のハーコン善王に王の座を追われた。エイリークルはおそらくスコットランドの北部諸島で活動し、948年にノーサンブリアのデーン人にヨーク王に招かれる。だが、そこでも地位を確立することはできず、イングランド王エアドレッドだけでなく、ダブリン王オーラヴル・シヒトリクソンとも対立。ヨーク大司教ウルフスタンの支援にもかかわらず、その年が終わる前にエイリークルはエアドレッドのために追放され、オーラヴルには王位を乗っとられた。952年、オーラヴルが追放されて、エイリークルは呼び戻されるが、その地位もすぐに危うくなる。エアドレッドが、エイリークルの協力者である大司教ウルフスタンを捕らえたためだ。954年、エイリークルはふたたびヨークから駆逐され、ペナイン山脈を越えてカーライルへ向かっているときにスタインモアで待ち伏せにあい、この記録以外には現われないマッカスという者に殺害される。エイリークルの没落を画策したオズウフル・オヴ・バンブルーは、その報酬としてエアドレッドからノーサンブリアのアールに任ぜられる。エイリークルの死によって、スカンディナヴィア人によるヨーク支配は終わりを告げ、ノーサンブリアは完全にイングランドの王国に吸収された。エイリークルの挽歌、『エイリークルの言葉』——おそらく彼の未亡人グンヒルドルの依頼で作られた——の現存する断片には、ヴァルハラで熱烈な歓迎を受けた彼が描写されている。エイリークルの恐ろしげな名声は、中世のアイスランドのサガ、なかでも『エギルのサガ』によって伝承されるなかで膨らんでいったのである。

エイリークル勝利王（エイリークル・ビャルナルソン）［995年没］
Erik the Victorious (Erik Bjarnarson)

スヴェーア王（980年頃 -995年）。ウプサラに近接するフューリスヴァッラルナの戦いに勝利したことからこの異名をとる。残念ながら、この戦いに言及している同時代の資料は、ソルヴァルドル・ヒャルタソンのスカルド詩のみである。それも、エイリークルが誰に勝利したのかは語られていない。アイスランドのサガによると、エイリークルのいとこのステュルビョルン・スタルキがデーン人の軍勢（→軍）とヨームスヴァイキングをともなって王国の割譲を要求したとされる。スコーネ（現在はスウェーデン領だが、当時はデンマークの一部）に1000年の少し前に建立されたルーン石碑がいくつか見つかっているが、ウプサラの戦いでトーキ・ゴルムソンとともに倒れた人びとを悼んでいる。おそらくフューリスヴァッラルナの戦いのことだと思われる。エイリークルはバルト海のスラヴ人との友好関係を求め、ポーランドの王女と結婚した。彼の跡を継いだのは息子のオーロフ・ショットコヌングである。

『エイルの人々のサガ』
Eyrbyggja saga

　主要な「アイスランド人のサガ」のひとつ。アイスランド西部のスナイフェルス半島のエイル、ソールスネス、アールプタフョルズルの人びととの物語が綴られている。物語はノルウェーの「モストルの髭男」ソーロールヴルが880年頃、アイスランドに到着するところからはじまる。だが、主人公は首長スノッリ（961-1031年）である。彼は賢明で、復讐心の強い人物で、異教の司祭であるにもかかわらず、アイスランドの人びとにキリスト教を受け入れるよう説得する指導的役割を担う。このサガはスノッリの死と、その子供たちの列挙で終わる。サガの著者は不明だが、1250年頃におそらくスナイフェルス半島のヘルガフェルで書かれたと考えられている。いろいろな理由から『エイルの人々のサガ』は「アイスランド人のサガ」のなかでもユニークである。特定のひとりの人物や一族（→家族）の運命について書かれたものではなく、独立した物語や異なる争いが入り混じって複雑な構成となっている。また、超常現象や幽霊が際立っている。

Eyrbyggja Saga, trans. H. Pálsson and P. Edwards (Edinburgn, 1973).

エギル・スカッラグリームスソン
Egil Skalla-Grímsson

　10世紀のアイスランド人で、『エギルのサガ』の主人公。彼自身に関するサガ以外の情報がないため、サガから歴史上の人物であるエギルを抽出することはできない。エギルを偉大な詩人とするサガのなかに記録されている、彼が書いたとされる詩の信憑性を疑問視する学者もいる。サガによると、エギルは1000年にアイスランドがキリスト教に改宗してまもなくこの世を去った。

17世紀のアイスランドの挿絵画家が描いたエギル・スカッラグリームスソン。

『エギルのサガ』
Egils saga Skalla-Grímsson

「アイスランド人のサガ」でもっとも重要で、楽しめる作品のひとつ。主人公エギル・スカッラグリームスソンはヴァイキング時代の矛盾する様々な側面を体現するような伝説的な傑物で、戦士、商人、農場主であり、スカルド詩人でもあった。「アイスランド人のサガ」のサガには珍しく、『エギルのサガ』の活動の場はほとんどが国外だった。エギルの遠征はヴァイ

キング世界のほぼ全域にわたっていた。文体から見て、このサガは**スノッリ・ストゥルルソン**が1230年頃に書いたと考えられている。48のスタンザと6つの長編詩が含まれる。エギルによるものとされるが、これもスノッリが書いたものかもしれない。

　最初の数章は、エギルの父親スカッラグリームルにまつわる物語で、彼は荒々しい**ベルセルクル**で、海賊でもあり、**ハラルドル美髪王**の血讐を逃れて、最後には**アイスランド**に移住するのである。エギルは父親の醜い容姿と暴力的な気質を受け継いでいた。すでに6歳で、エギルは遊び友達のひとりを殺している。はじめて国外に出た旅で、エギルは**エイリークル血斧王**の従者のひとりを殺害し、彼の宿敵となる。エギルは海賊になり、その後、**イングランド王エゼルスタン**につかえる。エイリークルの息子のひとりを殺害したことで、その反目はますます強まる。数年後、エギルは大きな危険にさらされる。イングランドへの交易の旅の途中で難破し、いまや**ヨーク**王となった不倶戴天の敵エイリークルのもとに連行される。エイリークルは死刑を命じたが、エギルがエイリークルの数々の激しい戦と勝利を高らかに褒める頌歌（「首の身代金」として知られる）を捧げたので彼を解放した。数々の旅を経て、エギルはアイスランド西部のボルグに落ち着き、農場主として暮らし、その地で生涯を終えた。寿命をはるかに超えて、かつて敵対した誰よりも長く生きたのである。

Egil's Saga, trans. H. Pálsson and P. Edwards (Harmondsworth, 1977).

エーケトルプ
Eketorp

　民族移動期（400年頃-550年）にスウェーデンのバルト海のエーランド島に築かれた16の環状堡塁のうち、完全に発掘された唯一の遺跡。住居、納屋、牛小屋を含めた53戸の石造りの建物からなる。人口150-200人が農業で生計を立て、青銅製品や鉄製の道具などをつくった。エーケトルプを含め、定住地の多くはヴァイキング時代後期に再び人びとに利用され、**ヴェンド人**と**バルト人**による海賊の襲撃からの避難所とされた。

エスケシェール船
Äskekärr ship

　スウェーデン西岸のヨータ川で発見された、クノール船と呼ばれる型の、長距離用の交易船。980年頃にさかのぼるもので、全長16メートル、全幅4.5メートル、喫水2.5メートルでデンマークのスクレルウで見つかった11世紀のクノールとほとんど同じ大きさである。その積載量は約24トン。ほぼ同時代のノルウェーの**クロースタ船**とともに、エスケシェール船は、これまでスカンディナヴィアで発見された最古の交易船で、完全に帆だけの推進力で航行した最初の船である。

エゼルスタン [895年頃-939年]
Æthelstan

　ウェセックスの王（在位924-939年）。イングランド全土を実質的に支配した最初のアングロ・サクソンの王。ウェセックス王**エドワード長兄王**の息子で、伯母の「マ

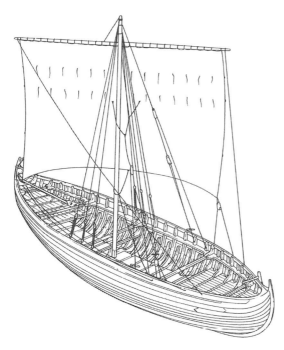

エスケシェール船の復元図。

ーシアの奥方」エゼルフレードにマーシアで育てられた。924年に父王が死去すると、エゼルスタンはウェセックスとマーシアの両王に選出される。927年にノーサンブリア王**シヒトリク・カエフ**が死去すると、エゼルスタンは**ヨーク**を掌握して、ノーサンブリア人から臣従の約を受け取り、ウエスト・サクソンによるイングランド全土の支配をふたたび手に入れたのである。その支配力が高まると、彼に対抗する**ダブリン王オーラヴル・グズフリズソン**、ヨークの王座を狙う**スコットランド王コンスタンティン2世**、そして**ストラスクライド**のブリトン人が強力な連合軍をつくった。937年、エゼルスタンは**ブルーナンブルフの戦い**でこの連合軍に決定的な勝利をおさめる。同時代人から偉大な王とみなされ、ヨーロッパの多くの統治者が彼と緊密な関係を築いた。エゼルスタンは異母妹たちをフランス、ドイツ、ブルゴーニュの王家へ嫁がせた。当人は生涯独身で、死後は異母弟の**エドマンド1世**が後を継いだ。

エゼルフレード
Æthelflæd

　別名「マーシアの奥方」(918年没)。アルフレッド大王の娘で、884年に**マーシア領主**のエゼルレッドと結婚。夫とともにマーシア旧王国領を統治し、911年の夫の死後も死ぬまで統治を続けた。902年頃、エゼルフレードはヴァイキングの**インギムンドル**にウィーラルへの入植を許す。905

年頃に彼がチェスターを攻撃すると、907年にその防備を再強化した。また、エディスベリーとランコーンに城砦（ブルフ）を築いて、ヴァイキングがマージー川以南に侵入するのを阻止した。912年からは、弟のウェセックス王エドワード長兄王と緊密に協力してデーンロー征服を目指した。917年、エゼルフレードはダービーを攻略、翌918年にはレスターも降伏させた。同年、ヨークのデーン人たちが彼女への服従を申し出たが、宣誓を実行する前に彼女はこの世を去った。わずかのあいだはエゼルフレードの娘エルヴウィンが後継者となったが、919年、エドワードがウェセックスにマーシアを正式に併合した。

エゼルレッド ［911年没］
Æthelred

マーシアのエアルドルマン（883年頃-911年）。「マーシアの領主（フラーヴォルド）」という称号も用いている。デーン人の傀儡王（かいらいおう）チェオルウルフ2世の後継者で、ウエスト・サクソン人と協力してヴァイキングと戦った。884年、エゼルレッドはアルフレッド大王の娘エゼルフレードと結婚。886年にアルフレッドがロンドンをデーン人から奪回すると、その支配権を与えられた。病弱だったため、マーシア王国を妻と共同統治した。

エゼルレッド1世 ［871年没］
Æthelred I

ウェセックス王（在位865-871年）。即位直後から、エゼルレッドはデーン人の大軍勢による侵略に悩まされた。867年、彼

はマーシア王ブルグレドを支援し、ノッティンガムでデーン人を包囲したが、彼らを駆逐することはできなかった。870年、大軍勢がウェセックスに侵攻、レディングに野営地を設営する。エゼルレッドと弟のアルフレッド大王はアッシュダウンでデーン人に勝利するが、2週間後にはベージングでこんどは敗北する。この戦いか、もしくは871年初めのマートンの戦いでエゼルレッドは致命傷を負い、復活祭の頃に死去した。エゼルレッドには2人の息子がいたが、統治者になるには幼すぎたため、王位はアルフレッドが継承した。

エゼルレッド無策王（エゼルレッド2世）［966年頃-1016年］
Æthelred the Unready (Æthelred II)

イングランド王（在位978-1016年）。異母兄エドワード殉教王（じゅんきょうおう）が殺害されたために王位を継承するが、暗殺に関与したのではないかという疑惑が治世を通してつきまとい、臣民の信頼も薄かった。多くの点ですぐれた統治者であり、行政者としても有能だったにもかかわらず、ヴァイキングに対して失敗続きの軍事指導者として人々の記憶に残ることとなった。半世紀以上も平和が続いていた980年、ヴァイキングがイングランドへの襲撃を再開する。991年、モールドンの戦いでイングランド軍が敗北したのに続き、ノルウェー王オーラヴル・トリュッグヴァソンやデンマーク王スヴェイン双髭王と思しき指導者に率いられたヴァイキングの大船団がほぼ毎年イングランドへ襲来した。エゼルレッドは臨機の策としてデーンゲルドを支払うことで収め

エゼルレッド無策王の肖像が描かれた硬貨。デーンゲルドの支払いのために鋳造された。

ようとした。991年には銀2万2000ポンドだったのが、1007年には3万6000ポンドと値が上がり、さらに1012年には4万8000ポンドにも達した。建前上は、時間を稼いでヴァイキングを撃退するための防御を強化するということだったが、実際は逆効果だった。デーン人はとりあえず帰るものの、さらに多くの支払いを欲してふたたびやって来るのだった。1002年、エゼルレッドはイングランドに住む**デーン人**の殺害を命じる。**聖ブライスの日の虐殺**と呼ばれるこの事件は、エゼルレッドの命を脅かす企てに対する報復とされたが、デーンロー内での反感をますます強める結果となった。同年、エゼルレッドは**エマ・オヴ・ノーマンディー**と結婚する。リシャール善良公がスヴェイン双髭王と同盟を結ぶのを阻止するのが目的だった。この点において、

彼の思惑は外れただけでなく、さらに悪いことに、この結婚によってできた子らが最初の結婚でもうけた子供たちの地位を脅かすことになった。王室内部での反目により、エゼルレッドの権力はますます失われていく。侵略者を海上で迎え撃つべく、1008年には大規模な造船計画を命じるが、兵士間の衝突によって**艦隊**が崩壊し、実現できなかった。そのほかの本来ならば創意工夫に満ちた軍の改革もすべて失敗に終わった。戦士ではないエゼルレッドに、軍隊が必要とする自信を与えたり決断力に満ちたリーダーシップを発揮することができなかったからである。1012年までには、スヴェイン双髭王は本格的にイングランド征服を成し遂げようとしていた。エゼルレッドは**のっぽのソルケル**率いるヴァイキング軍を雇い、軍を強化したが、イングランドの

抵抗は崩れはじめる。ソルケルに支払うためにエゼルレッドが新たに導入した税ヘレゲルドは、結局1051年まで徴収されることとなった。1013年春、スヴェインがイングランドに侵攻、ソルケル軍に援護されたロンドンのみが抵抗を続けた。1013年のクリスマス後にエゼルレッドがノルマンディーに亡命すると、ロンドンも降伏し、スヴェインがイングランド王位を手に入れた。しかし1014年2月、スヴェインが急死し、エゼルレッドは帰国を求められる。スヴェインの息子の**クヌートル**は国を追われるが、エゼルレッドの勝利はつかのまのものだった。デーンローの有力だった従士2人の殺害の企てにより、エゼルレッドはわずかに残っていた信頼すら失った。ソルケルと**ラーデのエイリークル**の後ろ楯のもと、クヌートルが1015年9月に戻ってきて、王位の継承を主張する。エゼルレッドはすでに病身で、1016年4月に死去すると、デーン人に対するイギリスの抵抗はふたたび崩壊しはじめた。息子の**エドマンド剛勇王**が即位し、クヌートルとの最後の決戦のためにイングランド人を集結した。

エゼルレッドのよく知られたあだ名は「無思慮」という意味の古英語「unræd」に由来するが、生前はそのように呼ばれることはなかった。

枝角、骨、角
antler, bone and horn

加工の難しい素材であるにもかかわらず、ヴァイキング時代のスカンディナヴィアでは枝角が大量に用いられて、くしやナイフの柄、裁縫針、ゲームの駒、さいころその他の品々がつくられた。アカシカの枝角がいちばん多く使われたが、トナカイ、ヘラジカ、ノロジカの枝角も用いられた。枝角の加工がおこなわれていた証拠はほぼ例外なく集落地である町で見つかっているため、枝角の加工品は大部分が専門の職人によってつくられていたと思われる。骨は枝角よりもずっと加工しやすく、どんな家庭でもすぐに利用できた。針やピン、ナイフの柄、紡錘車、スケート靴をはじめ、多種多様な骨の加工品が家庭でつくられていた。雄牛の角で酒杯をつくることもあった。

職人がデザインの練習に使った試し彫り用の骨。ヨーク、9–10世紀。

『エッダ』
Eddas

　古アイスランド語で書かれた2つの別個の文学作品集の総称。この2作品集を合わせてスカンディナヴィアの異教神話に関してもっとも完成された権威ある原典資料となっている。作品集のひとつ目は『詩のエッダ』または『古エッダ』で、頭韻を用いた作者不詳の神話詩と英雄詩34篇を集めたものである。もっとも重要な神話詩は『巫女の予言』と『高き者の言葉』（高き者とはオージンのこと）だ。『巫女の予言』では世界の創造（→創世神話）と世界のラグナロクでの破滅が語られる。『高き者の言葉』は、日常の社会生活のふるまい（→行動規範）について常識的な知恵を授ける詩や金言詩、呪詩や主神オージンに関する詩の集成である。英雄詩にはファーヴニル殺しのシグルズルの物語にまつわる一群の詩16篇が含まれる。『詩のエッダ』はさまざまな要素から構成されているが、それは10世紀末から13世紀半ばにかけてさまざまな時期に書かれた詩がその時々の形式のままで収録されているからである。これらの詩を1冊にまとめた写本は、1300年頃に書き写された『王室写本』だけが現存している。

　『散文のエッダ』、『新エッダ』または『スノッリのエッダ』は1220年頃、アイスランドの詩人で歴史家のスノッリ・ストゥルルソンが、口承伝誦であったスカルド詩のおそらくは教本として著した作品。『散文のエッダ』は4部構成となっている。まず第1部の序では、キリスト教徒のスノッリが異教信仰の起源を論理的に説明しよう

とする。北欧の異教の神々は、トロイアの王プリアモスの子孫たちで、トロイア陥落後、北方に移住してきたいにしえの英雄たちが神格化されたのだと言う。次の第2部が『ギュルヴィたぶらかし』で、世界の創造からラグナロクすなわち「神々の終の運命」にいたる北欧神話の包括的な物語である。物語の枠組みは神々とスウェーデン王ギュルヴィとの物織りの競い合いの形を取り、『詩のエッダ』からのさまざまな引用がそこかしこに見られる内容となっている。第3部がいちばん長い『詩語法』で、一部は詩の神ブラギと海の化身であるエーギル神の会話という形をとりながら詩の技法が論じられる。スノッリは、スカルド詩から神話や語源にまつわる物語や引用を用いて説明していく。最後の第4部は『韻律一覧』。ノルウェー王ハーコン4世とヤール・スクーリへの頌歌は各詩連がそれぞれ異なる韻律法によって作られることで全体として韻律の一覧となり、拍律や頭韻などの詩の技法と韻律の注釈も添えられている。スノッリの作品はその時代では、異教神話と詩語法をともに系統的に扱った点でユニークなものである。歴史、家系、伝統を強く意識していた支配階級の一員として、この作品を著したスノッリの目的は、アイスランドで大陸の詩形が主流になりつつあった時期に、伝統的な詩の形式を奨励することだったのかもしれない。

　タイトルのエッダという言葉の意味はよくわかっていない。古北欧語の óðr（「詩」の意）に由来するという説や、ラテン語の edo（「私は詩作する」）から来ているとい

う説がある。

The Poetic Edda, trans. C. Larrington (Oxford, 1996) ; Snorri Sturluson, *Edda*, trans. A. Faulkes (London and Rutland, Vermont, 1987)

エッラ（エッレ）[867年没]［治世 866-867年]
Ælla (Elle)

　ノーサンブリアの王。866 年にデーン人の**大軍勢**が**ヨーク**を攻略すると、ノーサンブリア人は王オズベルフトを退けて、王家の血が流れていなかったにもかかわらず、エッラを王にした。だが 2 人の王は団結してヨークの**デーン人**を攻撃（867 年 3 月 21 日）。ノーサンブリア軍は城内には入ったものの、敗北し、王は 2 人とも殺害された。スカンディナヴィアの伝説によると、エッラは**ラグナル・ロズブローク**の殺害に関与していたため、その復讐としてラグナルの息子たちがノーサンブリアに侵攻し、エッラを捕らえ、その背中に**血のワシ**を施して殺害したという。話としては鮮烈だが、エッラの治世がわずか数か月だったことを考えると、まずありえないだろう。

エディントンの戦い [878年]
Edington, battle of

　アルフレッド大王が、**グズルム**率いる**デーン人**の**大軍勢**に決定的勝利をおさめた戦い。これにより、**ウェセックス王国**の存続が確かなものとなった。アルフレッドは**デーン人**に急襲され、サマセットの湿地帯アセルニーに避難を余儀なくされていたが、878 年 5 月、そこから馬でエジュブリフ

テスタン（場所は不明）に向かった。そこでサマセット、ウィルトシャー、ハンプシャーの軍隊に合流し、2 日後、ウィルトシャーのエディントンでデーン軍と会戦、彼らを破った。デーン軍はチッペナムの砦^{とりで}まで退却し、ウエスト・サクソン人に 2 週間包囲されたのちに講和条件を受け入れ、ウェドモアの和議（→**ウェドモア条約**）を結ぶ。

エドマンド 1 世 [921-946年]
Edmund I

　イングランド王（在位 939-946 年）。エドマンドは**ウェセックス王エドワード長兄王**^{ちょうけいおう}の息子で、前王の**エゼルスタン**の異母弟。エゼルスタンはイングランドの政治的統一を果たしている。939 年にエゼルスタンが死去すると、**ダブリン**のノルウェー系王の**オーラヴル・グズフリズソン**が**ヨーク**および**デーンロー**の五城市^{ファイヴ・バラ}を占拠した。942 年にオーラヴルが死ぬと、エドマンドは五城市を奪回。944 年には、ノルウェー系の王**オーラヴル・クヴァラン**と**ラグンヴァルドル 2 世**を追放し、再びヨークを取り戻した。エドマンドは**スコットランド**との友好関係を確立するための政策を推進した。また、王として 10 世紀にイングランドの修道院復興を推奨した。エドマンドは追放した罪人^{ざいにん}に殺害され、弟の**エアドレッド**がそのあとを継いだ。

エドマンド剛勇王（エドマンド2世）
[993-1016年]
Edmund Ironside

　イングランド王（在位1016年4月23日-11月30日）エゼルレッド2世と最初の妻エルフイヴの息子で、「剛勇王」という異名は、クヌートル率いるデーン人から勇猛果敢に抗（あらが）ったことに由来する。1015年後半にクヌートルが侵攻してきたとき、エドマンドはノーサンブリア太守（エアルドルマン）ウフトレッドの支援を得てイングランドの防衛を組織した。1016年4月23日、エゼルレッドが死去するとエドマンドはロンドンで王位に就くことを宣言する。だが、ほかの地域はクヌートルを選んだ。1016年の夏を通して、エドマンドは休みなく軍事行動をくり広げる。デーン人と5度の戦いにのぞみ、イングランド南部全域にわたって彼らを追撃した。だが10月に、エセックスのアシンドンの戦いで、マーシアの太守（エアルドルマン）エアドリック・ストレオナに裏切られ、クヌートルに決定的な敗北を喫する。グロスターシャーのディアハースト近くのオールネイで、エドマンドはクヌートルとイングランドを割譲することに同意。エドマンドはテムズ川の南を、クヌートルが北を領有することになった。数週間後、エドマンドはアシンドンの戦いで受けた傷がもとで死去。クヌートがイングランド全土を支配することになったのである。

エドマンド殉教王（聖エドマンド）
[841-869年]
Edmund, St

　イースト・アングリア最後のアングロ・サクソン人の王（在位855年頃-869年）。

エドマンド1世の貨幣。彼はヨーク王国を奪還しようとするダブリンからノルウェー系の王たちを撃退した。

エドマンド殉教王　85

聖エドマンド。イースト・アングリア王で869年にサフォークのホクスン近くでデーン人に捕えられた。12世紀の写本より。

15世紀の壁画。19世紀後半に部分的に修復された。デーン人によって殉教者として殺された聖エドマンドが描かれている。

エドマンドは 869 年 11 月、サフォークのホクスン近くで**イーヴァル**とウッビ率いる**デーン人**の**大軍勢**との戦いに敗れ、捕まった。のちの言い伝えによると、エドマンドはキリスト信仰を棄てることを拒み、イーヴァルの傀儡（かいらい）となって統治することも拒否した。そのため、ノリッジ近くのヘルズドンで拷問され、処刑された。首をはねられたか、全身に矢を浴びたとされている。現代の学者のなかには、彼が**血のワシ**の儀式で殺されたと示唆する者もいるが、これを裏づける証拠はほとんどない。エドマンドはすぐさま聖人とみなされた。9 世紀末には、すでに**イングランド**で「Sc Eadmund rex（聖エドマンド王）」と彫られた硬貨（→**貨幣と貨幣鋳造**）が発行されていた。925 年、**エゼルスタン**が彼を埋葬するためにベリー・セント・エドマンズの修道院を設立。**デーンロー**では、スカンディナヴィア人定住者が**キリスト教**に改宗したのち、聖エドマンドが広く崇拝されるようになる。**クヌートル**は、デーン王の支配下にあるイングランドの臣下を懐柔する手段としてこれを積極的に広めた。

エドワード長兄王 [924 年没]
Edward the Elder

　ウェセックス王（在位 899-924 年）。**アルフレッド大王**の長男。彼の最大の功績は、ハンバー川以南の**デーンロー**の制圧である。王位について最初の 3 年は、従兄弟のエゼルウォルドの反乱を鎮圧するのに費やされた。エゼルウォルドは、イースト・アングリアの**デーン人**と同盟を組んでマーシアを襲撃していた。903 年にエドワー

ドの**軍**はホルムでデーン人に敗北したものの、エゼルウォルドとデーン人の王エオルフリッチ（古北欧語エイリークル）は戦死した。909 年、エドワードは**ヨーク王国**へ侵攻する。翌 910 年、デーン人は反撃に出るが、**テットノール**で惨敗する。ヨークのデーン人が事実上殲滅（せんめつ）させられたため、912 年、姉である**マーシア**の奥方**エゼルフレド**の密接な協力もあってエドワードはデーンローの組織的な征服に乗り出す。917 年、ベッドフォードシャーのテンプスフォードの戦いで**イースト・アングリア**のデーン人王（名前はわかっていない）が殺害されると、デーンローにおける抵抗は崩れ、918 年末までにはエドワードの征服は完了していた。デーンロー制圧のかたわら、エドワードはマーシアをウェセックスに併合し、ロンドン、オックスフォードシャー、バッキンガムシャーを 911 年に掌握。エゼルフレドの死（918 年）に続いて、919 年には残りの地域も領有した。同年、彼は**ヨーク王国**のマンチェスターを占領し、**ブルフ**を築いてその支配を確固たるものとした。マーシアの人びとは従属に甘んじてはいなかった。924 年、ウェールズ人と同盟を組んで反乱を起こす。同年、エドワードは反乱の鎮圧中に**チェシャー**で死去した。短期間の王位継承の危機のあと、エドワードの息子**エゼルスタン**が即位した。

エマ・オヴ・ノーマンディー [1052 年没]
Emma of Normandy

　ノルマンディー公**リシャール 1 世**（リシャール無怖公（むふこう））の娘。エマは 1002 年に**イングランド王エゼルレッド 2 世**と結婚

し、英語名エルフイヴと呼ばれた。1013年、**スヴェイン双髭王**の侵略を逃れて、エゼルレッドとともにノルマンディーに亡命する。1018年にイングランドに戻ると、スヴェインの息子**クヌートル**と結婚。1035年にクヌートルが死去すると、義理の息子**ハロルド兎足王**によってフランドルに追放される。だが1040年、クヌートルとの息子**ハルザクヌートル**がイングランド王になると、帰国してかなりの影響力をふるった。1042年にハルザクヌートルが亡くなると、エゼルレッドとの息子エドワード懺悔王（げおう）が王位を継いだ（在位1042-1066年）。息子エドワードとの母子関係は冷えていて、1043年にエドワードは母の財産を没収している。エマはその後も、死ぬまでイングランドで暮らしつづけた。

エルフ
elves

　超自然的な存在で2つの種族がある。光のエルフは神族に近く、闇のエルフは地下に住む腕の立つ職人で、どちらかというと**ドワーフ**のようだった。エルフは豊作の恵み手として崇拝され、豊作を祈願してエルフの供犠（アールヴァブロート）が奉じられた。**キリスト教**到来後もエルフ崇拝は続いたが、徐々に妖精の一種とみなされるようになっていく。

エルフイヴ・オヴ・ノーサンプトン
[1040年頃没]

Ælfgifu of Northampton

　イングランド王**クヌートル**の妻（正式ではない）で、アルフィーヴァとも呼ばれる。ノーサンブリアのアール、エルフヘルムの娘で、クヌートルが1016年に**イングランド王**になったときにはすでに妻だったと思われる。クヌートルとのあいだに2人の息子、**スヴェイン・エルフイヴソン**と**ハロルド兎足王**をもうけた。1018年にクヌートルは**エマ・オヴ・ノーマンディー**と結婚するが、エルフイヴの地位が下がるようなことはなかった。1030年、エルフイヴは息子スヴェインの摂政（せっしょう）となる。ノルウェー王**オーラヴル・ハラルズソン**に勝利したクヌートルが、スヴェインをノルウェー王に即位させたためである。権力を集中させようとするエルフイヴの強引なやりかたが反発を招き、1034-1035年に彼女はスヴェインとともに追放される。1035年にクヌートルが死去すると、エルフイヴはハロルド兎足王がイングランド王位を手に入れる手助けをした。

エルフヘアハ（聖アルフィージ／アルフェジ）[954-1012年]

Ælfheah (St Alphege)

　カンタベリー大司教で殉教者。**イングランド**西部出身の修道士で、984年にウィンチェスター司教に登用され、1006年に**カンタベリー大司教**に就任する。994年、**エゼルレッド無策王**により、ヴァイキングとの交渉に送られた彼は**オーラヴル・トリュッグヴァソン**を**キリスト教**に改宗させて、イングランドには二度と侵攻しないという約束をとりつけた（そのかわりにデーンゲルドを支払った）。1011年、エルフヘアハはカンタベリーでヴァイキングに捕えられる。**身代金**として銀3000ポンドを要求されるが支払いを拒否し、ほかの者にも支

払うことを禁じた。激怒したヴァイキング
は、酒を饗する祝宴の後、彼を殺害した。
クヌートルはイングランドの民にデンマー
クの支配を受け入れさせる手段として、エ
アルフエアハへの聖人崇拝を促した。エア
ルフエアハは 1078 年に正式に聖人に列せ
られた。

エルブロンク （エルビング）
Elblag（ドイツ語 Elbing）

　ポーランド、ヴィスワ川の河口に近接す
るドゥルズノ湖にあるヴァイキング時代の
定住地で交易拠点。エルブロンクはバルト
系のプルーセン人（**→バルト人**）の領土だ
ったが、近くの墓地の墓から、ヴァイキン
グ時代にスカンディナヴィア人が常住して
いた証拠が見つかっている。当時、この定
住地はトゥルーソとして知られていた。

遠征王ユングヴァル [1041 年没]
Yngvar the Widefarer

　スウェーデンの冒険家。11 世紀半ばに
遠征隊を率いて**ロシア**南東部またはカスピ
海地域を航海した。最後は悲惨な運命をた
どり、旅の途中で死去した。**スウェーデン**
中部にある 30 石のルーン石碑群から、こ
の遠征が実際にあったことが確認されてい
る。石碑は「ユングヴァルとともに東方で」
命を落とした人びとを追悼して建てられて
いる。ユングヴァルは 1041 年に死去した。
これは、ほぼ同時代の 2 つのアイスラン
ド年代記で言及されているほか、小説のよ
うな『**遠征王ユングヴァルのサガ**』でも述
べられている。ユングヴァルの遠征の目的
はわかっていない。だが、10 世紀末から

ほぼ途絶えていた、イスラム教世界と通商
を再開させようとしたという可能性も考え
られる。

『遠征王ユングヴァルのサガ』
Yngvars saga viðforla

　アイスランドの修道士オッドル・スノ
ッラソンがラテン語で書いた作品から、
1200 年頃に古アイスランド語に訳された
もので原本は 12 世紀に失われている。**サ
ガ**に出てくる出来事や人物などの大筋は史
実を踏まえている。**遠征王ユングヴァル**の
生涯と冒険を綴ったサガで、さまざまな文
献から彼が歴史上の人物であることは確認
されているがあまりに現実離れした要素が
多く、年代的な矛盾も見られることから、
物語はフィクションだとみなすべきであ
る。サガの主人公ユングヴァルは戦士で、
スウェーデン王**オーロフ・ショットコヌン
グ**につかえていた。オーロフが王室からの
称号を彼に与えることを拒んだため、ユン
グヴァルは自身の王国を求めて東に向か
う。彼はまず**ロシア**のヤロスラフ賢公の宮
廷を訪れ、それから川（名前は不明）に沿
って東に船を進めた。これ以降、ユングヴ
ァルの冒険は空想的な色あいが強くなり、
巨人やドラゴン、魔女などが登場する。も
ちろん美女も出てきて、彼は美しい女王、
ガルダリキのシルキシフと恋に落ちる。最
後にユングヴァルは疫病（えきびょう）に倒れ、遠征隊
の多くも命を落とした。ユングヴァルの亡
骸（なきがら）はシルキシフに引き渡される。彼女は生
き残った人びとに帰国するよう命じる。そ
して、彼女の国を**キリスト教**に改宗するた
めに宣教団を送ってほしいと伝えるよう頼

む。サガによると、ユングヴァルは「オーラヴル・ハラルズソンの死から11年後」(つまり1041年)に25歳で死んだ。ということは、彼はわずか6歳のときにオーロフのもとを去ったことになる。

Vikings in Russia: Yngvar's Saga and Eymund's Saga, trans. H. Pálsson and P. Edwards (Edinburgh, 1989).

王権
kingship

ヴァイキング時代がはじまる頃には、すでに君主制がスカンディナヴィア社会で支配的な力をもっていた。ヴァイキングの諸王はおもに領土を統治するというよりは、人びとを統治していた。そのため、王国をもたない者が王として認められる可能性もじゅうぶんにあった。9世紀のブリテン諸島とフランク王国のヴァイキング首長の多くは、土地をもたない「海賊王」だった。王になるのに不可欠なのが、父親か母親から王族の血をひいていることだった。慣行として、王の息子（必ずしも長男である必要はなかった）の誰かが王位を継いだ。とはいえ、王族の男性は嫡子、庶子を問わず、その資格があった。その結果、王位を主張する者が複数出てきて、継承をめぐる争いが生じることがよくあった。王位継承権を主張する者たちが同程度の支持者による後立てがあり、妥協する意思があれば、共同統治となるのが常だった。あまりに突然で、強引な急場しのぎの継承は、反発も多く、ほぼたいてい内戦を招いた。スカンディナヴィア社会の王権の競争的な性質が、ヴァイキングの襲撃と征服のもっとも重要な要

因のひとつであった。内戦の敗者は、命が助かった場合、2つの選択肢が残されていた。ひとつは、亡命して王位を手に入れるための支援をしてくれる近隣の統治者を探すことで、たとえば9世紀のデンマーク王ハラルドル・クラックは皇帝ルイ敬虔王（けいけんおう）の庇護を受けた。もうひとつは、王家の血を引いているという名声を利用して戦士団をつくり、略奪をおこなうことだった。うまくいけば富と名声にくわえて、母国で権力を掌握するか、国外の王国を征服する試みを支えてくれる忠実な軍隊を手に入れることができた。その好例がノルウェーのオーラヴル・トリュッグヴァソンとヨークのエイリークル血斧王だった。追放先から彼らが帰国すればヴァイキングの王国を揺るがすことになり、王に深刻な問題をもたらした。現王がどれほど人気があっても、統治に成功していても関係なかった。

不安定なだけでなく、ヴァイキング時代の王たちが絶対権力を享受することはなかった。王の権力はある程度限られていて、重要な決断を下す際には議会（シング）に助言を求める必要があった。新たな法律をつくるときも、議会の承認を得てからでないと施行できなかった。賢い王は議会を操って望む結果を手に入れた。たとえば850年、スヴェーア王オーラヴルは異教徒の反対をおしきって聖アンスガルの布教活動を許可した。このほかに王の権力を制限する可能性として、新たな王はより上位の議会で承認される必要があった。通常は形式的なもので、995年にオーラヴル・トリュッグヴァソンがノルウェーの議会でその力を誇示したときのように、たいていはそれで

反対勢力をおさえつけることができた。

　ヴァイキングの王の責任は何よりもまず軍事的なものだった。海賊の侵攻から国を守り、彼らを制圧することである。異教の王はいくつかの宗教上の務めを果たしたかもしれない。10世紀のノルウェー王ハーコン善王はキリスト教徒だったが、異教の神々への生贄の儀式に心ならずも参加した。というのは、異教徒である臣下らが、儀式に王が参加することで儀式の効力もあがると信じていたからだ。また、ウプサラでスヴェーア人の王たちが参加した異教の儀式にまつわる半伝説的な慣習も記録されている。1000年頃にキリスト教が導入されると、スカンディナヴィアの王権の性質も変わりはじめる。王は徐々に立法者、法の執行者、そして教会の庇護者としてより積極的な役割を担うようになる。そのかわりに教会はスカンディナヴィアの王を聖なる存在とした。中世ヨーロッパ各地のキリスト教徒の王が聖別されたのと同じである。さらに、ノルウェー王オーラヴル・ハラルズソン、デンマーク王クヌートル2世をはじめとする聖王の崇拝も奨励された。キリスト教の倫理観も王権に影響をおよぼすようになり、庶子であることは王位継承の障害となっていく。

　王政は未発達で、王の個人的な従士団ヒルスの団員が担っていた。おそらく特定の業務ごとに担当する者が任命されていた。王の収入源は、王領地（→土地所有）からの地代や交易の通行税の徴収、戦争による略奪や貢税（ぐぜい）の徴収だった。食料（→食べものと飲みもの）を長距離移送させる問題もあり、王とその従者は地所から地所へとたえず移動し、その地で手に入るものを消費していた。居住地として好まれた場所はあったが、ヴァイキングの王国は恒久的な行政府はもたなかった。

『王妃エマ礼讃』
Encomium Emmae reginae

　この題名にもかかわらず、内容は主にクヌートル王の成し遂げた行為を記しているので、『クヌートル王の事蹟』とも呼ばれる。クヌートルの未亡人エマが1040-1041年に依頼して、フランドルのおそらくサン＝ベルタン修道院で書かれたと思われる。記述内容に明らかな偏りが見られるため、史料としての価値はある程度限られる。クヌートルを称賛するもので、エマの先夫エゼルレッド2世との結婚についてや、彼とのあいだにできた子供たちについては触れられていない。そして、エマとハルザクヌートルを追放したクヌートルの庶子（しし）ハロルド兎足王（とそくおう）を非難している。この書がつくられた目的は定かではないが、エマとエゼルレッドの息子であるエドワード懺悔王に対して、ハルザクヌートルの王位継承権をしめす意図があったのではないかと考えられる。

Encomium Emmae Reginae, ed. and trans. A. Campbell, Camden Society 3rd Series 72, (London, 1949, reprint 1998).

オークニーのヤール
Orkney, earldom of

　オークニーのノルウェー系ヤールは11世紀にオークニー諸島とシェトランド諸島、スコットランド本土のサザランドとケ

11世紀半ばの挿絵。作者不詳の『王妃エマ礼賛』を受けとっている王妃エマ。かたわらには、2人の息子ハルザクヌートルとエドワードの姿がある。

イスネスをその勢力圏とした。その起源ははっきりしない。中世のアイスランドの歴史伝承によると、オークニー諸島は9世紀後半に**ノルウェーのハラルドル美髪王**に征服される。メーレのヤールで盟友のログンヴァルドルはこの遠征で息子イーヴァルを失ったので、その代償としてハラルドルはオークニー諸島を彼に授けた。数々のアイルランドの資料が、**デーン人がヨークを攻略した頃**（866年）にログンヴァルドル自身がオークニー諸島を征服したと示唆していて、それはハラルドルが関与したにしては時期が早すぎる。考古学的証拠は、オークニー諸島にスカンディナヴィア人が入植した主な時期は9世紀半ばという通説を裏づけている。ハラルドルの遠征の物語は、本当でないとしても、ノルウェーの諸王が早い時期からオークニー諸島に関心を

もっていたことをしめしている。11世紀末までは、オークニーのヤールたちは事実上独立した支配者だったが、ノルウェーに宗主権があることはよく認識していた。

有力者シグルズル（892年頃没）がヤールの権勢を増し、サザランドとケイスネスを征服すると、ノルウェーからケイスネスへの大規模な入植が続いた。**太っちょのシグルズル**（在位985年頃-1014年）のもと、オークニーのヤールの版図は最大に達した。ヘブリディーズ諸島のノルウェー系植民地も自らの支配下に置いた。さらに、**ソルフィンヌル・シグルザルソン**（在位1020年頃-1065年）は1030年頃から1035年にかけてスコットランドのロスをも征服したと考えられている。ソルフィンヌルはまたシェトランド諸島を支配したことでも知られている。シェトランドは以

ウルネス様式の動物。オークニー諸島のメイズハウにある新石器時代の墓室に避難していたヴァイキングによって彫られたもの。

オークニー諸島のエギルセイ島。マグヌス・エルレンズソンが殺害された場所に建てられた教会。ノルウェー系入植者がキリスト教改宗後にオークニー諸島に建立した数々のすばらしい教会のなかでもっとも保存状態がよいものである。

前からノルウェーの勢力圏にあった可能性もあるので、ソルフィンヌルがシェトランド諸島を支配した最初のオークニーのヤールだったかどうかはわからない。彼を含めて多くのオークニーのヤールはシェトランドをアイリッシュ海周辺のヴァイキング襲撃に便利な拠点と認めていた。実際**スヴェイン・アースレイヴァルソン**などのノルウェー系の海賊は 12 世紀後半に入ってもブリテン諸島沿岸部を執拗に襲っていた。この頃にはオークニーのヤールの勢力は低下しつつあり、シェトランド諸島は 1195 年にノルウェーの直接支配下に置かれた。サザランドとケイスネスとロスは 1199 年から 1202 年のあいだにスコットランド人に征服された。ヘブリディーズ諸島もすでに 11 世紀末に**マン島**の手に落ちていた。1397 年のカルマル同盟のあと、オークニーおよびシェトランド諸島の統治権はデンマークのものとなり、その後 1469 年にどちらもスコットランドに譲渡された。

　オークニー諸島とシェトランド諸島は、ヴァイキング時代にスカンディナヴィア人が入植した地域のなかでも珍しいケースだった。先住民族（この場合はケルト系ピクト人）がスカンディナヴィアの文化や言語を吸収し、（ほかの地域で見られるように、）その逆ではなかった。この同化はきわめて完全なもので、スカンディナヴィア人移住者が多数いたことがうかがえるが、その結果オークニー諸島、シェトランド諸島、さらにはケイスネスのほぼすべての地名は古北欧語起源である。オークニーおよびシェトランド諸島では、独自の北欧語方言ノルン語が発達した。しかしながら 15 世紀は

じめまでにはスコットランド英語が公文書で用いられるようになり、18 世紀半ばにはノルン語は死滅する。オークニー、シェトランド諸島でノルウェー系支配の時代の遺物が数多く出土している。オークニーの**バーセイ**（→**ブロッホ・オ・バーセイ**）、シェトランドの**ヤールスホフ**をはじめ、いくつかの集落遺跡が発掘されている。オーファーとエギルセイ島には、11 世紀にオークニー諸島でキリスト教化がはじまってまもなく建てられたノルウェー系の初期の**教会跡**が残っている。なかでもすばらしいのが、聖マグヌス（**マグヌス・エルレンズソン**）を記念する、12 世紀はじめにオークニー諸島カークウォールに建立された聖堂で、ダラム大聖堂に次ぐ、ブリテン諸島のロマネスク建築の最高傑作である。

B. E. Crawford, *Scandinavian Scotland* (Leicester, 1987).

『オークニーの人々のサガ』

Orkneyinga saga

『（オークニーの）ヤールたちのサガ』としても知られている。詳細不明の**アイスランド人**作者によって 1200 年頃にまとめられた。その**サガ**の原型は、多数の口誦伝承や書物をもとに**オークニーのヤール**のはじまりから 1170 年までの歴史が語られている。1234-1235 年頃に、ヤールの系譜、殉教したヤール、聖マグヌス（**マグヌス・エルレンズソン**）の奇跡、スコットランド本土ケイスネスの**ノルウェー系**入植地に関する情報が原本に追加され、13 世紀初頭までの歴史物語が綴られた。文学的価値だけで判断するなら、『オークニーの人々の

サガ』はすぐれたサガとはいえない。だが、その著者ができるだけ信頼できる情報源を求めたことは明らかであり、オークニーのヤールの版図の歴史伝承を記録したひじょうに貴重で魅力的な作品となっている（ただし、誤りがないわけではない）。著者はまた、歴代のオークニーのヤールたちのために作られた**スカルド詩**を広く引用している。そのなかには、ログンヴァルドル・ブルーサソンと**ソルフィンヌル・シグルザルソン**の２人のヤールに宮廷詩人として仕えた**ヤールの詩人アルノール・ソールザルソン**（1010年頃 -1073年頃）の詩も含まれる。

Orkneyinga Saga: The History of the Earls of Orkney, trans. H. Palsson and P. Edwards (London, 1978).

オーザル（世襲地）

óðal

先祖から正当に継承したり、獲得した完全な世襲地。絶対的な権利で所有しているため、誰にも何の義務も持たない。オーザルは**ノルウェー**と**スウェーデン**、北欧人入植地である**北方諸島**（マン島をのぞく）と**アイスランド**に限定される。**ハラルドル美髪王**はノルウェーでオーザルの権利を廃止しようとし、これが９世紀末のノルウェー人のアイスランド移住の原因となったと伝承ではとらえられていた。**土地所有**も参照。

オージン

Oðin

スカンディナヴィアの**異教**の神々の主神。ほかの神は「父につかえる子供たち」のように彼に仕えたという。オージンは**アース神族**に属し、原初の神ブーリの孫にあたる。**アングロ・サクソンの異教の神ウォーデン**（Woden）すなわちドイツ語ヴォーダン（Wotan）の語源であるゲルマン祖語の語に由来する北欧語の名である。妻は女神フリッグで、オージンの息子にはバルドル、バリ〔監訳者注：Bali という名の神は北欧文献には見られない。古英語文献に現われるベルデイ（Bældæg）はウォーデンの息子として記されているので、あるいは原著者は現代英語的に Bældæg を書き換えたのかもしれない〕、**ホズル、ソール、テュール**、ヴァーリがいる。オージンは**巨人ユミル**の体から世界を形づくり、太陽と月の軌道を定め、最初の人間の男女に命を与えた。オージンは恐ろしい神で、激しく暴力的で、残酷で皮肉っぽく、欺瞞で人間の生贄を好んだ。戦の神であり、もっとも勇敢な戦士の魂は**ヴァルキュリア**に選ばれてオージンとともに**ヴァルハラ**に住む。オージンは知恵に執着し、その追求のために広く旅をした。高座フリズスキャールヴから、彼は世界のあらゆるものを見聞きできた。オージンの肩には２羽のワタリガラス、フギン（「思考」）とムニン（「記憶」）がとまっている。彼らは世界中を飛びまわり、戻ってくると知ったことをすべてオージンの耳にささやく。オージンは知識を得るためならどんな犠牲もいとわなかった。究極の知恵を与えるミーミルの泉の水を飲むために彼は喜んで片目を差し出した。また、ルーン文字の秘密を知るために世界樹**ユグドラシル**から首を吊り、槍に突

き刺されて9日間を過ごした。その魔術と変身の能力を通して、オージンは巨人スットゥングルから詩の蜜酒(→スカルド詩)を手に入れる。蜜酒はかつてスットゥングルがドワーフから盗んだもので、オージンは人間と神々に与えるためにそれを得たのである。そのほかオージンが所有するものには、魔法の腕輪ドラウプニルと槍グングニル、そして8本脚の馬スレイプニルがある。この馬は空や水の上でも地面をかけるときのように速く走ることができた。ラグナロクのとき、オージンは神々を率いて最後の戦いにのぞみ、オオカミの怪物フェンリルに飲み込まれる。

自分の槍グングニルを振りかざすオージン。カンブリア、ゴスフォースに建つノルウェー系住民による十字架石碑より。

オストマン
Ostmen

アイルランド、なかでもダブリンに長年暮らす、キリスト教に改宗した北欧人定住者を指す言葉。11世紀から使われるようになった。もともとは「アイルランドよりも東から来た者」を意味する名称で、アイルランド人およびスカンディナヴィアに住む北欧人の双方と区別するために用いられた。オストマンたちは徐々にアイルランドの文化をとり入れていく。ゲール語を話す者もいれば、ゲール語の構文と語彙の強い影響を受けた北欧語方言を話す者たちもいた。1171年、ヘンリー2世のアイルランド征服にともない、オストマンたちはイングランドからやってくる入植者たちと同等の権利を約束される。だが、先住のアイルランド人との区別がつきにくかったために、つねに約束が守られたわけではない。1263年、イングランド人と対立するノルウェー王ハーコン4世に助力を求めるが、同年にハーコンが死去。スコットランド諸島における北欧人の権力は崩壊し、オストマンたちが独立を取り戻す可能性は断たれた。1300年頃までには、オストマンたちはアイルランド人かイングランド人の社会に完全に同化していた。

オーセベリ船葬墓
Oseberg ship burial

1904年にノルウェー、ヴェストフォルのスラーゲン近くのオーセベリ農場で発掘された9世紀の壮大な船葬墓。青い重粘土とぎっしり詰まった芝の墳墓のおかげで、ほぼ嫌気状態がつくられ、保存状態は

96　オーセベリ船葬墓

1904年、オーセベリ船の発掘。

復元されたオーセベリ船。優美で豪華な装飾がほどこされている。オリジナルの船は航海に耐えられることよりも見せることを重視してつくられた。

驚くほど良好だった。織物まで残っていたくらいである。墓は略奪にあっていたが、スカンディナヴィアで見つかったヴァイキング時代のどの墓よりも副葬品が大量に見つかっている。

なかでも特筆すべきが船である。オーク材でつくられた鎧張りの船は全長21.6メートル、幅5.1メートルで、喫水が1.6メートルだった。舷側の外板は12列で、重なる部分は下の外板に上が鋲留めされていた。推進力は15対のオールと1枚の横帆だった。優美な外観で、最高の品質を誇る精巧な木彫で装飾されていた。首長の個人的なカルヴィ型輸送船の初期の船だとされる。復元した船の海上試運転から、あまり航海に適した船とは言えず、おそらく奥まった海や河川の短い航行用につくられたと思われる。近年の放射性炭素年代測定法から、この船が820年頃につくられたことがわかっている。知られているかぎり最古のスカンディナヴィア帆船で、建造から約15年後に埋葬された。船のなかからは2人の女性の遺骨が見つかっている。ひとりは50-60歳代で、もうひとりは20-30歳とされる。どちらも玄室の寝台に安置されていて、上質の毛織物とビザンツの絹でできたタペストリーがかけられていた。その地域の言い伝えでは、この埋葬塚は**ハラルドル美髪王**の母親のアーサのものとされているが、これは年代的に見てありえそうにない。この船葬墓の方が古いのだ。とはいえ、その副葬品の豊かさは埋葬された死者がヴェストフォルの王族だということを物語っている。船のなかに置かれた副葬品からは、裕福な農場や王家の館でおこなわれ

ていた営みのほとんどを体現するものだ。木製の遺物が大量に出土しており、その多くは見事な彫刻がほどこされている。そりに四輪車、**家具（調度品）**、バケツ、桶、蓋の付いた防水の衣裳箱や収納箱、おたまなどの台所用品も含まれていた。鍬や熊手、斧、鋤をはじめとする様々な農具、羊の毛を刈る道具や織機（→**機織り**）の骨組みまで、毛織物をつくるのに必要なあらゆる備品も見つかっている。副葬品の器の多くには食品やそのほかの有用植物、野生のリンゴや小麦、オート麦、コショウソウ、ヘーゼルナッツ、クルミ、麻、藍などが入っていた。そのほかにかごや革靴、馬具、犬用の鎖なども発見されている。

オッタル
Ottar

北欧神話に登場する人物。フレイズマルの息子で**ファーヴニル**と**レギン**の兄。オッタルは変身できる能力をもち、カワウソに変身して鮭を捕っていたときに、邪神**ロキ**に殺された。フレイズマルは**オージン**とヘーニルを人質にして、ロキに賠償（→**身代金**）を要求する。ロキはドワーフの**アンドヴァリ**を脅して支払った。

オーデンセ
Odense

今日の**デンマーク**、フュン島の主要な町。1000年以前に入植地があったという証拠は見つかっていないが、10世紀にノンネバッケン（現在は残っていない）の近くに**トレレボーの要塞**があったことと、988年に司教座（→**司教区**）が置かれたことか

ら、ヴァイキング時代後期には、オーデンセはかなり重要な地域だったと思われる。1086年に、この地で**クヌートル2世（聖クヌート）**が殺害されている。

オドー（ウード）[898年没]
Odo (Eudes)

西フランク人の王（在位888-898年）。オドーはアンジュー伯ロベールの息子。パリ伯だった885-886年、**シグフレズル**率いるヴァイキングがパリを包囲したが、オドーはこれを撃退、**パリ**を守って名をなした。皇帝**シャルル肥満王**が退位した後、オドーは西フランク王国の王に選出される。メロヴィング家でもカロリング家でもない家系の最初の王だった。彼の治世下、**フランク王国**でヴァイキングの活動が下火になっていく。だが国内の反対勢力は根強く、オドーの権力が安定することはなかった。893年から897年にかけては、のちの**シャルル単純王**からの挑戦を退けなければならなかった。888年、モンフォーコンでヴァイキング軍に勝利するがたいした損失を与えられず、翌889年にはふたたびパリに侵攻される。オドーの断固たる武力の誇示と宥和金（ゆうわきん）の支払いにより、ヴァイキングは退去し、892年にセーヌ川のヴァイキングのほとんどが**イングランド**へと向かった。

オヌンドル・ヤーコブ [1050年没]
Önund Jacob

スヴェーア人王（在位1022年頃-1050年）。**オーロフ・ショットコヌング**の息子。ノルウェーの**オーラヴル・ハラルズソン**と同盟を組み、**デンマーク王クヌートル**（→**クヌートル1世**）に抗して戦った。1026年、彼らはスコーネへ侵攻し、ヘルゲ川（すなわち「聖なる川」）の戦いでクヌートルを敗る。だが、クヌートルの撤退は一時的なものに過ぎず、1028年、オーラヴルをノルウェーから追放し、オヌンドルを孤立させる。クヌートルは続けて**スウェーデン**へ遠征し、1030年頃、オヌンドルに自分の覇権を認めさせた。スウェーデン王家の拠点**シグトゥーナ**の造幣所で**貨幣**も発行している。硬貨には「スヴェーア人の王クヌート」と刻まれた。1035年にクヌートルが死去すると、オヌンドルは独立を回復する。オヌンドルの死後、スウェーデンは政情不安に陥る。その状態が1世紀にわたって続いた。

オーフス
Århus

今日のオーフスは、**デンマーク**のユラン半島にあるもっとも大きな都市である。オーフスがはじめて文献に登場したのは、948年の司教座としての言及である。11世紀、オーフスは**ノルウェー**と**スウェーデン**南部への重要な出帆港だった。ヴァイキング時代のオーフスの町は、現在のオーフスの中心街に位置し、半円形の土塁（どるい）に守られていた。塁壁（るいへき）に囲まれた約5ヘクタールの地域は半地下の構造をもつ建物で占められており、住居や職人の作業場として使われていた。塁壁も初期の建物も10世紀半ばにさかのぼるものである。そのため、オーフスはおそらく王権の管轄のもと、要（よう）塞化（さい）された手工業の中心地としてつくられ

オホトヘレ（オッタル）[9世紀後半活躍]
Ohthere（古北欧語 Ottar）

　北極圏ノルウェーのハロガランド出身の商人で農民でもあった。890年頃、**アルフレッド大王**の宮廷を訪れ、スカンディナヴィアでの**交易**と旅の話を王に語った。その話がオロシウス『異教徒に対する歴史』の古英語訳に挿入されている。オホトヘレはセイウチを追って白海へと航海したときのことをアルフレッドに話している。オホトヘレは故郷では裕福な人物だったと思われる。その財産の大部分はトナカイの飼育によるもので、サーメの人々から受ける皮や毛皮、羽毛の貢納もあった。彼自身は少数の牛とヒツジ、豚を所有し、石だらけの土地を耕して得られるわずかな収穫があった。彼は、ハロガランドから「シーリンゲスヘアル」（おそらく**カウパング**）を経由してヘゼビューにいたる航海についても詳述している。宮廷にいるあいだ、オホトヘレはアルフレッド大王にセイウチの牙（→象牙）を献呈している。

オーラヴル（アムライブ）[871年頃没]
Olaf（アイルランド・ゲール語 Amlaíb）

　ダブリン王（在位853-871年頃）。アイルランドの資料では、ノルウェー西部またはヘブリディーズ諸島にあったと目されるヴァイキングの王国ライスリンデの王の息子とされる。アイスランドの後世の文献で、**オーラヴル白王**と呼ばれる。9世紀のある時期にダブリンを奪取したヴァイキングと同一人物としばしばみなされる。兄弟か親族と思われる**イーヴァル1世**（アイルランド語で Imhar と綴られる）と同盟を組み、853年にデーン人からダブリンを奪回し、アイリッシュ海周辺におけるヴァイキング活動の拠点とした。彼は徐々に政治の世界に介入し、859年にはイーヴァルとともに**ケルヴァル**と組んでミーズへ侵攻する。その後、彼はケルヴァルの娘のひとりと結婚している。862年、オーラヴルはア

ボイン川のノウスにある先史時代の羨道墳。ダブリン王オーラヴルが863年に財宝を求めてここを掘り、アイルランド人を驚かせた。

イルランドのもうひとつ別の王国とも同盟を結んでいる。そして北ウィ・ネイルの軍とともに、隣の南ウィ・ネイルを攻撃した。翌863年、彼はイーヴァルと同じく親族のアウィスルとともに、財宝を求めてボイン川にある先史時代の墳墓を掘り起してアイルランド人に衝撃を与えた。860年代にアイルランドでの抵抗が激しくなり、オーラヴルは別の襲撃地を見つけざるを得なくなる。866年、彼はピクト人の土地を略奪。アイルランド人のダブリン攻撃の報復として869年にアーマーを攻略し、1000人の敵を殺したり、捕まえたりした。870年から871年にかけて、オーラヴルとイーヴァルは**ストラスクライド**の王都である城塞ダンバートンを4か月にわたって包囲したのち、略奪し、大量の財宝と多数の捕虜を獲得した。オーラヴルは871年頃、スコットランド襲撃中におそらく殺された。しかし後世のアイルランドの史料では、彼はノルウェーに戻って内戦中の父グズフリズルを支援したと言われている。オーラヴルの後を継いだのはイーヴァルである。

オーラヴル王の一門、(スウェーデン人の)

Olaf dynasty

900年頃から936年にかけてデンマークを支配したスウェーデン人王朝だが、詳しいことは知られていない。この王朝の創始者オーラヴルは、さらに詳細不明の伝説のデンマーク王ヘルギを武力で倒して権力を掌握した。オーラヴルの後を継いだのは息子のグヌーパとギュルズルで、その後グヌーパの息子のシグトリュッグルが継い

だ。ドイツ(東フランク王国)から捕鳥王ハインリヒ1世が報復攻撃としてデンマークに侵攻すると、934年にグヌーパは**キリスト教**に改宗した。11世紀のドイツの歴史家ブレーメンのアダムによれば、この王朝は「北方人の国」(ユラン半島北部またはノルウェーと目されるがノルマンディーの可能性もある)のハルデゴン(ハルザクヌートル)・スヴェインスソンに倒された。ハルデゴンは**ゴルムル老王**の父親と考えられている。このオーラヴル一門の王国の支配がおよんだ地域はよくわかっていないが、**ヘゼビュー**近くで見つかったルーン石碑にグヌーパとシグトリュッグルのことが記されていることから、ユラン半島南部を本拠としていたと考えられる。

オーラヴル・クヴァラン、「革紐履きのオーラフ」(シヒトリクの息子オーラフ) [981年没]

Olaf Cuarán, 'sandal' (Olaf Sihtricsson)

ダブリンの王(在位945-980年)。ヨークの王(在位941-944年、949-952年)。ダブリンおよびヨークの王シヒトリク・カエフの息子。927年、父親の死により、**ウェセックス王エゼルスタン**にヨークから追放され、ダブリンに亡命する。941年に従兄弟のオーラヴル・グズフリズソンの後を継いでヨーク王となる。翌942年、**イングランド王エドマンド1世**によって五城市の支配権を奪われると、943年に和平合意の一環としてキリスト教の洗礼を受ける。翌年、彼はグズフリズルのもうひとりの息子で、自分と共同統治をしていた王ラグンヴァルドル2世とともにヨーク

を追われるが、945年には王としてダブリンで迎えられる。949年、ふたたびヨークの王となるが、952年にまたしても、ノルウェーのエイリークル血斧王のためにヨークを追われたが、今度は戻ることはなかった。980年、南ウィ・ネイルの王マーイル・セヒナイルがタラでオーラヴルに勝利し、ダブリンを手中におさめると、オーラヴルは隠退してアイオナ島で修道士となった。息子のヤールンクネー（在位980-989年）とシヒトリク絹鬚王（在位989-1036年）が跡を継いだ。

オーラヴル・グズフリズソン [941年没]
Olaf Guthfrithsson

ダブリン王（在位934-941年）。ヨーク王（在位939-941年）。934年に、父親であるダブリン王グズフリズルの王位を継ぐ。937年にリー湖での水上合戦でリムリックのヴァイキングに勝利し、アイルランドの北方系住民への覇権を確立する。同年、彼はスコットランド王コンスタンティン2世とストラスクライドのブリトン人と連合を組み、ヨーク奪回を試みる。ヨークは927年にウェセックス王エゼルスタンに攻略されていた。しかし、ブルーナンブルフの戦いでオーラヴルの連合軍は惨敗する。939年にエゼルスタンが死去すると、オーラヴルはふたたびヨーク攻略に乗り出す。今回はヨークだけでなく、五城市（ファイヴ・バラ）も奪取した。オーラヴルの跡を継いだのは、ヨークでは従兄弟のオーラヴル・シヒトリクソン、ダブリンでは弟のブラーカーリである。

オーラヴル・シヒトリクソン
Olaf Sihtricsson　オーラヴル・クヴァランを参照

オーラヴル・トリュッグヴァソン（オーラヴ1世）[968年頃-1000年]
Olaf Tryggvason

ノルウェー王（在位995年-1000年）。ハラルドル美髪王（びはつおう）の孫で、亡命先のおそらくロシアで養育された。その後、バルト海でヴァイキングの首領となった。991年、オーラヴルは大規模なヴァイキングの船団（→艦隊）を率いてイングランドへ侵攻、モールドンの戦いでエセックス太守（エアルドルマン）ビュルフトノスを敗死させた後、多額のデーンゲルドを得た。994年、スヴェイン双髭王と組んでイングランドに再来、またしても多額のデーンゲルドの支払いを受けて退去した。それと引き換えにオーラヴルはキリスト教を受け入れ、エゼルレッド2世にイングランドを2度と襲撃しないこと

ヨークで発行されたオーラヴル・グズフリズソン王の貨幣。異教のシンボルのカラスが刻まれている。

『フラート島本』の挿絵より。オーラヴル・トリュッグヴァソンの伝説的な偉業が綴られている。イノシシと海の怪物を殺す場面。

を約束する。驚くことにオーラヴルはこの約束を守った。995年、彼は新たに手に入れた富と名声を利用してノルウェー侵攻を開始する。オーラヴルがトロンデラーグに到着し、ラーデのヤールでノルウェーの統治者のハーコン・シグルザルソンが殺害されると、オーラヴルが王として認められた。996年、オーラヴはノルウェーの人びとにキリスト教への改宗を強要しはじめ、背(そむ)く者には暴力的な対応が待っていた。999年までにはノルウェーの沿岸地域のほとんどがキリスト教化されていた。さらには、アイスランド人にもキリスト教改宗への圧力をかけた。オーラヴルにとってキリスト教化は王権を強固なものにするための一環だった。彼はまた地域ごとに統轄する官職を導入し、さらに貨幣を発行した最初のノルウェー王だった。オーラヴルの治世は長くは続かない運命にあった。スヴェイン双髭王もラーデのエイリークル（ハーコン・ヤールの息子）もノルウェーでの影響力を失うことは肯じ得なかったからだ。彼らはノルウェーの領有を狙うスウェーデン王オーロフ・ショットコヌングと同盟を組んだ。1000年、バルト海遠征からノルウェーに戻ってきたオーラヴルはスヴォルズ（場所は不明）で待ち伏せしていた彼らの連合軍との海戦で敗北する。すべてを失ったとき、オーラヴルは旗艦「長蛇号」から海に身を投げ、いずこへか知れず海中へ没した。彼の死後、さまざまな噂が流れた。海中を泳いで別の船に逃げ、ヴェンド人の土地へ逃れたという説もあった。だが、彼の生涯を綴ったサガにあるように、「オーラヴル・トリュッグヴァソン王はその後、ノルウェーの自分の王国に二度と戻ってくることはなかった」のである。

オーラヴル白王（「白き」オーラヴル）[9世紀半ば？に活躍]

Olaf the White（古北欧語 Óláfr hvíti）

　ダブリンのノルウェー系の王で、中世アイスランドのサガの伝承に出てくる。「深慮の」アウズルの夫で、赤毛のソルステインの父親。断定はできないが、同時代のアイルランドの資料からみて、ダブリンを853年から871年頃まで支配していたオーラヴル（アムライブ）と同一人物とする見解もある。

オーラヴル・ハラルズソン（オーラヴ 2世、聖オーラヴ、オーラヴ頑健王）[995年頃-1030年]

Olafr Haraldsson (Olaf II, St Olaf, Olaf the Stout)

　ノルウェー王（在位 1016-1028 年）。ノルウェーのキリスト教化を完成させた。ハラルドル美髪王の子孫であり、ノルウェー南東部の小国の王だったグリーンランドのハラルドルの息子。オーラヴルは 12 歳のときからヴァイキング行に出て荒らしまわりはじめた。イングランドではのっぽのソルケルとエゼルレッド 2 世（無策王）の傭兵として戦った。1013 年、ノルマンディーで越冬中にルーアンの大司教から洗礼を受けている。1015 年、デーン人がイングランドに気をとられている隙に、オーラヴルはノルウェーに侵攻。オスロ・フィヨルドのネセルの戦いで、ヤール、スヴェイン・ハーコナルソン率いるデーン王の勢力に勝利する。こうして 1016 年末までにはノルウェーの大部分で王として認められていた。1000 年のオーラヴル・トリュッグヴァソンの死後、スウェーデン人に渡っていた領土を、オーラヴルはふたたびノルウェー領としてから、ノルウェーのキリスト教化を再開する。オーラヴル・トリュッグヴァソンのおかげでノルウェー沿岸地域ではキリスト教が根づいていたが、内陸部のほとんどでは依然として異教が信仰されていた。オーラヴルのキリスト教化はひどく暴力的だったが、成果はあった。改宗した者は王家に重宝され、改宗を拒んだ者は体を切断されたり、目をつぶされたり、ときには死が待っていた。1024 年、司教グリムケルの助けを得て、オーラヴルは宗教戒律を定めたモステル法を公布し、ノルウェーの教会法制化の第一歩を築いた。彼はまた地方の法典も改正している。

　デンマーク王クヌートルによる侵略の脅威が高まりつつあるなか、オーラヴルは1019 年にスヴェーア人の王オーロフ・シショットコヌングと和平を結ぶ。オーラヴルはオーロフの庶子の娘アーストリーズルを妻に迎える。1026 年、オーラヴルはオーロフの後継者オーヌンドル・ヤーコブとともにスコーネへ侵攻、ヘルゲ川の戦いでクヌートルを敗る。だが、王権の強化の成功と力によるキリスト教の強要は、ノルウェーの主要な豪族のあいだに不満を募らせた。王からの間接統治の時代に戻れるかもしれないという期待を抱いて、彼らはクヌートルとラーデのハーコン・エイリークソンと同盟を組み、1028 年にオーラヴルをロシアに追放する。翌年、ハーコンが事故で水死すると、オーラヴルに王位を取り戻すチャンスが訪れる。スウェーデンでわずかな軍勢を集め、オーラヴルはトロンデラーグに侵攻する。だが、スティクレスタの戦いで大規模な農民軍に敗れ、戦死する（1030 年 7 月 29 日）。オーラヴルの遺体は忠節な農民らによりひそかにトロンヘイムに埋葬された。すぐにオーラヴルの墓で数々の奇跡が報告されるようになり、その死から 1 年後、グリムケル司教がオーラヴルの列聖を発表した。デンマークによる統治への反感、さらには当時、神の怒りのあらわれとみなされていた凶作が続き、聖オーラヴ崇拝に拍車がかかった。オーラヴルの名声はときとともに着実に高まって

中世初期のオーラヴル・ハラルズソン。その象徴である斧からも彼だと確認できる。

トロンヘイムのニーダロス大聖堂の祭壇画。オーラヴル・ハラルズソンの生涯が描かれている。

いき、12世紀には公正な王の見本であり、キリスト教国ノルウェーを統一した王とみなされるようになっていた。

オーラヴル平和王（オーラヴ3世）[1093年没]
Olaf the Peaceful

　ノルウェー王（在位1067-1093年）。1066年、父親のハラルドル苛烈王（ハルドラジ）とともにスタンフォード・ブリッジの戦いに参加。父親が戦死した後、オーラヴルはイングランド王ハロルド・ゴドウィンソンと和平交渉をし、ノルウェーに戻って弟のマグヌス2世と共同統治した。1069年にマグヌスが死去し、彼が単独統治者となる。前年の1068年には、デンマーク王スヴェイン・エストリズソンと平和条約を締結。スヴェインはノルウェーの支配権をあきらめ、25年にわたる平和がはじまった。またノルウェー教会の組織改革をすすめ、ローマ教皇との関係も改善するいっぽうで、聖職者は従来通りにみずからを掌握して支配した。町の都会的発展を奨励し、1070年頃にベルゲンの礎を築いた。

オリガ（ヘルガ）[969年没]
Olga（古北欧語 Helga）

　キエフ大公イーゴリ（1世）の妃。伝説（と思われる）話を記録した12世紀の『ロシア原初年代記』によると、オリガは典型的なヴァイキングの女王だった。冷酷かつ狡猾で、945年に巡回徴貢（ちょうこう）の旅に出ていた夫が暗殺された際にはドレヴリャーネ族（スラヴ系の部族）に恐ろしい復讐をおこなっている。息子のスヴャトスラフ1世の治世でもオリガは影響力をふるい続けた。彼が軍事遠征で不在中の967年、遊牧民ペチェネグがキエフに侵攻するが、彼女の指揮でこれを撃退している。957年にオリガはコンスタンティノープルを訪れ、ルーシの王族でキリスト教に初めて改宗した。

オール
oars

　ヴァイキングの軍船の推進力を増すために用いる重要な手段だった。とくに戦闘中と川を遡るときに必要だった。交易船では二、三対のオールが備わり、おもに港を出入りするときの操作に用いられた。スカンディナヴィアでオールを使用した最古の証拠として、紀元前30年頃から紀元250年にさかのぼるオール受けがノルウェー西部のホルダランの泥地で見つかった。それ以前は幅広の櫂（パドル）が使われていた。

オールネイの協約
Alney, treaty of

　クヌートルとエドマンド2世剛勇王のあいだで交わされた和平条約（1016年11-12月）。アシンドンの戦いに敗北したエドマンドは、クヌートルに追われながらグロスターシャーへ潰走する。ディアハースト近くを流れるセヴァーン川のオールネイで両者が会し、イングランドを分割統治することに同意した。エドマンドはウェセックスをそのまま領有し、クヌートル軍に支払いをする。クヌートルはテムズ川以北のイングランドを統治する。だが、この協定が施行される日は来なかった。数週間後

にエドマンドが急死（1016年11月30日）し、クヌートルがイングランド全土の王となったのである。

オレグ（ヘルギ）［913年頃没］
Oleg（古北欧語 Helgi）

　ルーシの統治者（879年頃-913年）。半伝説的なルーシの開祖リューリクの親族とされる。879年頃にノヴゴロドの統治者となるが、882年頃に対抗していたルーシの首長でライバルのアスコルドとディールから略奪したキエフに首都を移した。12世紀の『ロシア原初年代記』によると、オレグは907年にコンスタンティノープルを襲撃。この出来事は東ローマ帝国の史料には記録されていないため、ルーシと東ローマ帝国が907年および911年に結んだ通商条約の理由づけとして年代記編者たちが創作したのかもしれない（コンスタンティノープルの条約参照）。これらの条約締結後、ほどなくしてオレグは死去した。『ロシア原初年代記』によれば、彼の死はまさに伝説的だった。ある予言者に彼の愛馬が死をもたらすと告げられたオレグはその馬には二度と乗らず、会うこともしないと誓う。5年後、その馬が死んだときにオレグは予言者を嘲笑い、馬の遺骸を見にいく。そして、骨のあいだから這い出てきた1匹の蛇に噛まれて命を落とすのである。実際は戦闘中に死んだと考えられている。10世紀のアラブの著述家アル＝マスウーディーによると、913年にヴォルガ川のイティル（アストラハン）近くのカスピ海襲撃から戻ってきたルーシの軍勢がハザール人に敗北した。戦死者のなかにルーシのリ

ーダーがいたという。名前は記録されていないが、おそらくオレグだろう。彼が歴史から消えるのがこの時期だからだ。オレグの養子イーゴリが彼の後継者となった。

オロシウスの古英語訳
Orosius, Old English

　初期のキリスト教徒の著作家オロシウスによるラテン語著作『異教徒に対する歴史』の古英語訳。890年代にウェセックスのアルフレッド大王の指示で翻訳された。5世紀のスペイン人オロシウスは、4世紀の西ゴート族によるローマ略奪のあとに、ローマ帝国の衰退はキリスト教のために従来の神々を捨てたためだという異教徒の主張に異議を唱えるためにこの作品を著した。オロシウスの著作が翻訳に選ばれたのは、キリスト教の勝利は不可避だという彼の信念が、9世紀末のアングロ・サクソン人にとって不安を与える大問題を払拭するために必要だったからだろう。ヴァイキング関連の歴史家にとって、この古英語訳の最大の魅力は第1次資料として貴重なスカンディナヴィアの描写が追記されたことである。スカンディナヴィアとイングランドを行き来する、オホトヘレとウルフスタンという2人の商人が、アルフレッドの宮廷を訪れて、白海とバルト海を巡る航海について語った内容がそこに記されている。短いとはいえ、それらの記述は890年代のスカンディナヴィアとバルト海地域における農業、慣習、交易路、交易の中心地に関する貴重な情報源である。

N. Lund, *Two Voyagers at the Court of King Alfred* (York, 1984).

オーロフ・ショットコヌング(「貢納王」) [1022年没]
Olof Skötkonung

スヴェーア人の王(在位995年頃-1022年)。エイリークル勝利王の息子。スヴェーア人とヨート人の両方を支配した最初の王として知られている。その治世のほとんどの期間、オーロフはデンマーク寄りの政策を推進した。エイリークルの未亡人と結婚し、オーロフの義理の父親となった**スヴェイン双髭王**に貢納する立場にあったのかもしれない。1000年のスヴォルズの海戦では、ラーデのヤールであるエイリークル(→ラーデのエイリークル)とスヴェインを支援して**オーラヴル・トリュッグヴァソン**と戦った。オーロフは**ノルウェー**からボーフースレン(現在はスウェーデン領)の沿岸地域と、トロンデラーグの歳入を分け前として獲得した。ところが1016年にオーラヴル・ハラルズソン(聖オーラヴ)がノルウェーで権力を掌握するとすべてを失う。1019年、オーロフは和平協定を受け入れ、自分の庶出の娘アーストリーズルをオーラヴルと結婚させた。自分とデンマークとの繋がりに終わりを告げる行動だった。オーロフの庶子の娘インギゲルズルは、**キエフの大公ヤロスラフ賢公**に嫁いでいる。オーロフは**キリスト教徒**だったが、彼が改宗した年は、伝承が伝える1008年では遅すぎる。実際はもっと前だっただろう。というのもその治世の初期から**貨幣**にキリスト教の図像を用いていたからだ。オーロフはキリスト教の布教活動を後押しし、スウェーデンに最初の司教座(→**司教区**)を、

スウェーデンで貨幣を鋳造した最初の王オーロフ・ショットコヌングの貨幣。

1014年にスカーラに置いた。だが異教信
仰はあまりに根強く、改宗を強制する政策
を推し進めることはできなかった。オーロ
フはスヴェーアとヨートを統合したが、恒
久的なものではなかった。真の意味で統一
スウェーデンという王国が発展するのは
12世紀である。

か行

絵画石碑
picture stones

スウェーデンのゴットランド島には、5-11世紀にかけてつくられた独特の墓石、または記念碑が残っている。そのほとんどが600年頃から800年のものとなっている。表面には彫刻紋様や浅浮き彫りの紋様、神話の場面を描いた絵、ルーン文字の碑文が彫られている。もともとは鮮やかに彩色されていた。スカンディナヴィアの鉄器時代末期からヴァイキング時代初期の唯一にしてもっとも重要な図像資料であり、とくに造船の発展、帆の導入に関する貴重な情報源となっている。初期の石碑（400年頃-600年）はほぼ長方形で、上部がわずかに丸くなっていた。ほとんどが高さ1メートル前後だが、なかには3メートルを超すものも見つかっている。太陽のシンボルなどの幾何学紋様が、この時期の重要なモチーフだった。神話に登場する動物や人間の姿、オールで漕ぐ船などの絵画も見られる。600年頃以降は、上部が馬蹄型になり、平均の高さは2メートルくらいとなる。組紐紋様で縁どりの装飾がほどこされ、神話の物語場面が全面に描かれるようになった。神々、戦死した戦士をヴァルハラに迎え入れるヴァルキュリア、人間の生贄、航海する船にくわえて、ルーン文字の碑文が彫られることもあった。11世紀のキリスト教の導入にともない、神話の場面は優美な動物が絡まる紋様にとってかわり、ルーン文字の長い碑文とキリスト教のシンボルが描かれるようになった。

E. Nylén and J. P. Lamm, *Stones, Ships and Symbols: The Picture Stones of Gotland from the Viking Age and Before* (Stockholm, 1988).

ゴットランド島の絵画石碑のなかでもひときわすばらしいものである。レールブロー出土。8世紀頃にさかのぼる石碑で、人間の生贄（左上）を含む神話の場面が描かれている。

階級制度
class system　社会階級を参照

海上障壁
sea barriers

スカンディナヴィアは海からの攻撃を受けやすかった。そのため、重要な場所では障害物で防御を固めて海からの奇襲に備えた。最古のものは紀元前200年頃にさかのぼるが、大部分は1000-1200年のあいだにつくられている。この時期は**ヴェンド人**による海賊行為の最盛期で、**デンマーク**だけでも40以上の海上障壁が築かれた。**スウェーデン**でも1ダース近い数が確認されている。もっとも印象的なものが、デンマークのロラン島のホーミネにある。12世紀初頭につくられたもので、海底まで届く木の杭が幅広く帯状に続いている。帯状の杭の背後にはさらなる障害物があり、丸太が水平方向に配置されている。

ヘゼビューやビルカといった港湾市は、1列に並ぶ木杭で守られていた。ビルカでは岩も沈められていた。デンマークの**スクレレウ**では、ロスキレ・フィヨルドに木の防柵が並び、石を積んだ閉塞船と粗朶で強化されていた。こうした障害物が長期にわたって使われることは珍しかった。ユラン半島のグズソー・ヴィの防御用の障害物は7世紀半ばから15世紀にかけて、定期的につくりかえられていた。**要塞**も参照。

A. Nørgård Jørgensen, 'Sea Defence in Denmark AD 200-1300', in A. Nørgård Jørgensen and B. L. Clausen (eds), *Military Aspects of Scandinavian Society in a European Perspective, AD 1-1300* (Copenhagen, 1997).

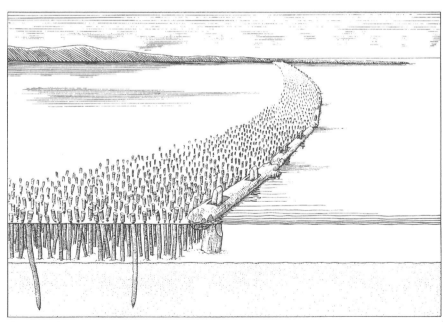

ヴァイキング時代末期にデンマーク、ロラン島のホーミネに築かれた海上障壁の復元図。

カウパング
Kaupang

　ヴァイキング時代の交易地。ノルウェーのオスロ・フィヨルドの湾口に近い、波浪から守られた入り江に位置する。おそらくヴァイキング時代はスキーリングスサルという名で知られていた。750年頃から900年にかけて、季節ごとに大きな市（カウパングは「売り買いの場」の意）が開催されていた。カウパングのすぐ内陸に王権の拠点となったフーセビーがあることも、ここが交易拠点として発展した理由だろう。**イングランド**、フランク王国、デンマーク、アラブの**貨幣**が見つかっており、そのほかにスラヴやライン川流域、フリジアの**陶器**、ライン川流域のグラス（→**ガラス**）やイングランドの金属細工といった遺物は、カウパングが**交易**を通じて国際的に広いつながりをもっていたことを物語っている。カウパングに定住した人びとがいたという証拠はない。近くの墓地にあるヴァイキング時代の墓からは、輸入品や農具が出土している。おそらく、季節にあわせてカウパングで商売をしていた地元の農民の副葬品だろう。これまでのところ、発掘調査でみつかった建物の大部分は職人の作業場である。カウパングでは造船、石鹸石彫刻（せっけんせき）、金属細工、ガラスビーズの製造といった工業が営まれていた。カウパングは、島の隆起活動によって海から接近するのが難しくなったため（現在は海抜3メートル程度）、放棄されたと考えられている。**町**も参照。

家具（調度品）
furniture

　ヴァイキング時代の家屋は、現代の基準からすると家具はほとんどなかった。もっとも基本的な家具が木の長椅子で、壁際に並べられた。長椅子は住居を建てるときになくてはならないもので、座る場所だけでなく、寝る場所としても使われた。長椅子の中央は、その家の所有者の「高座」だった。主人がいちばん敬意を表したい客人が高座に向かい合う長椅子に座った。高座の両側には彫刻をほどこした柱があった。この飾り柱には象徴的な意味があったに違いなく、多くのアイスランド入植者が航海の際に実際に船に持ち込んだ。そして、土地が見えると柱を船から海に投げ入れて、それが岸に流れ着いた場所に、それがどこであれ入植するかを決めた。食事の際には、長椅子の前に架台式のテーブルが並べられた。それよりも小さな固定脚のテーブルも知られている。

　裕福な人びとは寝台のある別室の小部屋で眠った。たとえば、**アイスランド**の**ストング**にある農場では、寝室が残りの居住部分とドアで仕切られていた。**オーセベリ**と**ゴクスタ**の裕福な人びとの**船葬墓**から移動式のベッドも見つかっている。そのうちのいくつかには凝った彫刻をほどこした支柱があった。鳥の綿毛をつめたかけ布団、枕、マットレスも**デンマーク**や**ノルウェー**の埋葬品に確認されている。毛皮や毛布も用いられていたと思われるが現存していない。ルンドの町中（まちなか）の遺跡からは子供のゆりかごも発見されている。ノルウェーの船葬墓とルンドからは、織布の座面のついた椅子も

9世紀のオーセベリ船葬墓で見つかった副葬品のベッドを復元したもの。

いくつか出土している。ルンドの遺物には三本脚のストゥールも見つかっている。ヴァイキング時代のスカンディナヴィア人は食器棚にものを収納する習慣はなかった。多くのもの、とくに**武器**はそのまま壁にかけていた。服は木製のチェストにしまっていた。貴重品は鍵のかかる頑丈な箱に入れていた。家具をつくるときに使う木材は、オーク、ブナ、マツがもっとも一般的で、そのほかにカエデ材やカバ材も用いられた。

風見、船の
weather-vanes, ships'

サガでは、ヴァイキングの軍船に金箔(きんぱく)を被せた風見(かざみ)がついている描写がたびたび出てくる。風見には2種類あった。船首につける「天気読み(ヴェズルヴィティ)」とマストにつける「吹流し(フラウグ)」である。ヴァイキング時代後期のヴェズルヴィティが4つ現存している。**教会**の塔の風見として再利用されていたおかげで残ったものだ。最古の3つは、**スウェーデン**のソーデラーラとシェルンゲ、**ノルウェー**のヘッゲンから発見された。リンゲリケ様式の装飾がほどこされた、11世紀前半にさかのぼるものである。最後の4つめはノルウェーのティンゲルスタで発見された1100年頃の風見である。すべて金メッキをかぶせた銅(どう)製で、進行方向を示す曲線部の縁に沿って穴が開いていて、吹流しをとりつけるようになっている。外端には動物の装飾がついている。ノルウェーのホェイヨル教会には13世紀の吹流し(フラウグ)タイプがひとつ保存されていた。フ

スウェーデン、ソェーデラーラ教会にある風見。青銅に金メッキをかぶせてあり、その装飾は11世紀初期のリンゲリケ様式である。

ラウグは垂直の蝶番に対して上部は90度の角度をもつ。一方、ヴェズルヴィティの形は110度の角度がある（上図参照）。ヴァイキング時代後期の落書きにも、中世のスカンディナヴィアで人気だった船の形をしたろうそく立てにも風見が確認できる。M. Blindheim, 'The Gilded Vikingship Vanes: Their Use and Technique', in R. T. Farrell (ed.), *The Vikings* (London, 1982), pp.116-27.

家族
family

ヴァイキング時代のスカンディナヴィア人の家族は基本的に核家族だった。いちばん大切な関係は夫と妻、子供と親、兄弟姉妹の関係だった。結婚によって、女性が生家の地位を失うことはなかった。義理の親や兄弟、姉妹間の関係も重要だった。とくに息子は親と近しい関係を保った。結婚後も家族の農場で働きつづけることが一般的だったからだ。拡大家族の関係はそこまで重要ではなかった。とはいえ、家族の誰かが殺害されたときに、支払われた賠償金を分配する対象に三従兄弟（ユラン半島）、四従兄弟（アイスランド）まで含まれることは大きな意味をもつ。家族のメンバーはお互いに支えあう義務があった。家族の名誉は守られるべきもので、家族の誰かが殺されたり、負傷させられたときには、親族は補償を求めるべきだった。裁判を起こすこともあれば、血讐という手段をとる場合もあった。家族は子供や年寄り、身体の不自由な者など、生活のために働くことができないメンバーの世話をし、支える責任があった。近親者がいない者は、争いが生じ

たときに助けてくれる者がいないことを意味した。そして、何らかの理由で働けなくなれば、物乞いをするしかなかった。そのため、家族から追放された者は社会から追放（→法外追放）されたも同然で、悲惨な運命をたどることになった。これは強い抑止力となった。追放者が出た家族は財産を失ったり、相続権をなくす可能性もあるため、規則に従わないメンバーの行動に家族は目を光らせた。

『徒のフロールヴルのサガ』

Göngu-Hrolfs saga

　英雄、徒のフロールヴルの物語。彼は、ユランのヤール、ソルグニーの代理として王女インギゲルズルに求婚するためにロシアに向かった。空想的で不思議な冒険に満ちた、ロマンティックでおもしろい物語である。フロールヴルはとても体が大きかったため、馬に乗ることができず、どこに行くにも歩かなければならなかった。これがニックネームの由来である。彼は、ヴァイキングの首領でノルマンディー公国の創設者であるロロとみなされてきた。しかし、名前以外に両者に共通点はない。このサガは 14 世紀にアイスランドで書かれ、当時、ヨーロッパ大陸で人気だった中世ロマンス騎士物語のような文学の影響がうかがえる。

Göngu-Hrolf's Saga : A Viking Romance, trans. H. Pálsson and P. Edwards (Edinburgh, 1980).

甲冑

armour　武器と防具を参照

カーデイルの埋蔵宝物

Cuerdale hoard

　ヴァイキングの埋蔵宝物の最大のもの。1840 年、ランカシャーのカーデイル近くのリブル川の土手を修復していた作業員らによって発見された。退蔵された財宝は重さ 40 キロにのぼり、硬貨が 7500 枚、銀塊が 1000 個、宝石類（→宝飾品）や銀片（→ハックシルバー）が含まれていた。宝物はすべて鉛を裏打ちした箱に収められ地中に埋められていた。貨幣はヴァイキング世界のあらゆる場所がその出自だった。3000 枚強にのぼるその大多数はヨークでデーン人王シグフリーズルとクヌートルがそれぞれ発行したペニー銀貨だった。スペインからアフガニスタンにいたる各地の造幣所でつくられた 50 枚のアラブの貨幣は、おそらくバルト海で獲得したものだろう。宝石類と銀片の多くはアイルランドからのものだった。宝物中でもっとも時代の若い貨幣はエドワード長兄王（在位 899-924 年）の硬貨 55 枚、教皇ベネディクトゥス 4 世の在位期間中 901-903 年に鋳造された貨幣、901-905 年鋳造のプロヴァンス王ルイ 3 世の銘の入った貨幣も見つかっている。このことから、カーデイルの埋蔵宝は 905 年からほどなくして埋められたと思われる。ひとりで運ぶにはあまりにも重すぎるし、財宝を掘り返さなかったのは、埋蔵にかかわった者すべてが悲劇的な最期を迎えた可能性を示唆している。

F. A. Philpott, *A Silver Saga: Viking Treasure from the Northwest* (Liverpool, 1990)

莫大な埋蔵銀のほんの一部。

兜
helmets **武器と防具**を参照

貨幣と貨幣鋳造
coins and coinage

　ヴァイキング時代以前のスカンディナヴィアで貨幣が鋳造されたことはなかった。ひょっとすると、**デンマークのリーベ**で出土した8世紀の貨幣にその可能性があるかもしれないが、スカンディナヴィアでつくられたことがほぼまちがいない最古の貨幣は、825年頃、デンマークの**ヘゼビュー**で鋳造されたものである。それらは、ドレスタットと**カントヴィック**の港市で発行されていたフランク王国のドゥニエ貨幣を薄く軽く模したものだった。その後、975年頃まで発行地不詳の同様のデンマーク貨幣も発行された。**イングランドのハールフ**

ダンをはじめ、ブリテン諸島のヴァイキングの首領たちは、早くも9世紀末には現地の鋳造者にみずからの名を刻んだ硬貨をつくらせている。だが、スカンディナヴィアで鋳造されるようになるのはさらに100年以上先のことだ。1000年頃、デンマーク王**スヴェイン双髭王**、ノルウェー王**オーラヴル・トリュッグヴァソン**、スウェーデン王**オーロフ・ショットコヌング**が自分の名前の貨幣を鋳造しはじめる。これらはアングロ・サクソンの貨幣を模していた。当時、スカンディナヴィアには、ヴァイキングへの貢納金として支払われた貨幣が大量に入ってきていた。デンマークとノルウェーの諸王はその後も貨幣を継続的に発行したが、スウェーデンでは**シグトゥーナ**にある唯一の造幣所が1030年頃から使われなくなり、現地でふたたび貨幣が鋳造される

フランク王国のドゥニエ貨幣を模した2枚。825年頃、ヘゼビューで発行された。知られているかぎり、最古のスカンディナヴィアの貨幣である。

のは1180年頃になる。

　ヴァイキング時代のほとんどの期間、貨幣は交換の媒介物というよりも、それ自体が銀塊(ぎんかい)としての価値をもっていた。スカンディナヴィアでは、外国の硬貨が大量に出回り、自由に流通していた。スウェーデンだけでもヴァイキング時代の外国の貨幣が約25万枚も見つかっている。そのうちの10万枚はイスラム貨、6万枚がアングロ・サクソンの硬貨である。こうした貨幣はヴァイキングと外国での交流を知るための重要な情報源でもある。

ガムラ・ウプサラ(「古ウプサラ」の意)
Uppasala, Gamla (Old Uppsala)

　王家の墓所と**異教信仰の中心地**で、**スウェーデン**中部の今日のウプサラの町から北に数キロのところに位置していた。ガムラ・ウプサラには巨大な墳丘(ふんきゅう)墓(ぼ)が3つあり、6世紀の半伝説的な**ユングリンガ王朝のスヴェーア王アウン**、エギル、アジルスのものとされている。そのうちの2つは発掘調査がおこなわれ、5-6世紀のものと判明している。どちらも火葬された高位の男性の遺骸が埋葬されている。墳丘墓のまわりを、数百もの小さな埋葬塚(まいそうづか)が取り囲んでいる。大きな墳墓の東側には上部が平たい古墳があり、昔から「集会(シング)の丘」として知られてきた。そこで儀式がとりおこなわれていたと思われる。ドイツの歴史家ブレーメンのアダムによると、ソール、オージン、フレイルをまつった木造の神殿のなかで11世紀末になってもガムラ・ウプサラでは人身御供(ひとみごくう)をも含む異教の儀式がおこなわれていたという。人間を含む、あらゆる生きものの雄9体が9年ごとに神殿の

そばにある聖なる樹に生贄として吊るされた。12世紀に、神殿のあった場所に教会が建てられた。

ガムラ・ウプサラにあるユングリンガ王朝の王たちの墳丘墓。

ガラス
glass

　ヴァイキング時代の遺跡発掘でスカンディナヴィアから出土した見事なガラス製品のうち、器類は西ヨーロッパから、指輪などはロシアからほとんど輸入されたと思われる。だが、ガラスのビーズはスカンディナヴィアでつくられていた。炉やるつぼといったガラス工芸の証拠が、デンマークの町ヘゼビューで発見されている。リーベでも、ビーズ職人の工房跡が2か所見つかっている。ビーズはゴットランド島のパヴィーケン、ノルウェーのカウパング、ユラン半島のオーフスでもつくられていた。ビーズつくりの主原料は割れたグラスの破片で、グラスはラインラントから輸入されたものだった。鮮やかな色のガラスを立方体状に切ったものはテッセラと呼ばれ、金箔をはったものもあった。テッセラは北イタリアから輸入されたもので、同地ではおもに教会のモザイクに使われていた。いちばんシンプルな単色のビーズは、鉄の棒のまわりに溶かした少量のガラスを巻きつけ、

色つきのガラス製ビーズ。ヴァイキング時代のヨークより出土。こうしたビーズはヴァイキング世界を通して人気の高い装飾品だった。

回転させてつくった。ガラスを硬い台の上に転がしながら円筒状や球状に形を整える直前に少し固形化させておき、その後棒を抜き、ガラスをかためる。シンプルな多色ビーズは、溶かした色つきのガラスの細片を、かたまる前の単色ビーズの表面に付けて加工した。多色のモザイクビーズはもう少し複雑な過程を踏んで、異なる色のガラス棒をとかしたり、薄く切ったりしてつくられていた。

ガルザル、スヴェーア人の（スヴァーヴァルの息子ガルザル）[860年頃活躍]
Gardar the Swede (Garðarr Svávarsson)

　北欧人として**アイスランド**を最初に訪れたとされる。ガルザルは860年頃、**ノルウェー**から**ヘブリディーズ諸島**へ向かう航海の途中で風に吹き流されて、アイスランド東部のホルン近くに到達した。彼は海岸線に沿って西へ向かうことにし、アイスランドを1周して、そこが島であることを身をもって確かめた。ガルザルの探査は、1年でもっともよい時期におこなわれた。冬をアイスランド北部のフーサヴィーク沿岸で過ごして春に出帆する。だが、そのとき1隻の舟が漂流してしまい、ナットファリと呼ばれる男性を、男女1人ずつの奴隷とともに置いていかざるを得なくなった。ナットファリは生き延びて、アイスランドへの本格的な入植がはじまった870年頃にもその地にいた。ガルザルは自分の名にちなんでアイスランドをガルザルスホールミ（「ガルザルの島」）と名付けてノルウェーに帰国する。ガルザルの息子ウニは**ハラルドル美髪王**にアイスランドへ派遣さ

れた。アイスランドを支配下に置くための任務を託されていたのだが、少女を妊娠させ、その父親に殺害された。

カール大帝（シャルルマーニュ）[742-814年]
Charlemagne

　フランク族の王（在位768-814年）。「ローマ」皇帝（在位800-814年）。カロリング朝（→**カロリング朝神聖ローマ帝国**）という呼称は彼の名前に由来する。カール大帝はその治世のあいだ、ほぼたえまなく軍事遠征をおこなっていた。西ヨーロッパの大部分を支配下に統一し、ザクセン人とランゴバルド族を服属させた。スラヴ人、アヴァール族、東ローマ帝国、スペインのイスラム教徒から領土を獲得し、フランク王国を2倍の大きさにした。敬虔なキリスト教徒だった彼は、ザクセン人の**異教信仰**を厳しく抑圧し、教会改革を進め、「カロリング・ルネサンス」として知られる文芸復興を促した。立法者としてもすぐれていた。800年にはローマで皇帝として戴冠するが、その意義は明確ではない。自分は西ローマ帝国を復興させているのだと信じていたのかもしれない。**フランク王国**への最初のヴァイキング襲撃が記録されたのは、カール大帝の治世下である。799年の襲来の始まりに、カール大帝はすぐさま対応した。沿岸警備隊と要塞による沿岸部の防衛体制を構築し、狙われやすい河口に艦隊を配備して内陸部への侵入を防いだ。810年のデンマーク王グズローズルによるフリジア襲撃をのぞけば、こうした防備のおかげで830年代まで帝国が深刻な攻撃を受け

ることはなかった。彼がとった対策からも明白だが、カール大帝はヴァイキングの脅威の本質を充分に理解していた。カール大帝の防衛体制は強力な中央集権の維持が欠かせなかった。そのため、彼の後継者である**ルイ敬虔王**(けいけんおう)の治世で内乱が勃発し、中央集権体制が乱れると、沿岸防衛も崩れだしたのである。

カール大帝のデナリウス銀貨。フランスのブールジュで鋳造された。

ガルムル
Garmr

北欧神話に登場する、死者の国ニヴルヘイムの番犬。ラグナロクの際には、その遠吠えが冥界(めいかい)に戦いを呼びかける合図となると言われている。ガルムはテュールと相打ちになる。

カロリング朝神聖ローマ帝国
Carolingian Empire

カール大帝(在位768-814年)によって始まったフランク人の帝国。その領土は、現在のドイツの大部分とフランス、スイス、オーストリア、低地地方諸国、イタリア、およびスペインとハンガリーの各一部地域に広がった。カール大帝の帝国は生き残った唯一の息子**ルイ敬虔王**(けいけんおう)(ルートヴィヒ1世)にそのまま引き継がれた。だが彼の死後、フランク人の慣習にしたがって、843年にヴェルダン条約により、王国は3人の息子に分割された。その後も分割相続が続いたが、**シャルル肥満王**(在位881-887年)のもとで王国は統一される。しかしその死とともにふたたび分裂し、以後、統一されることはなかった。

カロリング朝の王の乗馬像。カール大帝か、その息子のひとりだと考えられている。

環状砦、フランク王国の
ring-forts, Frankish

　フランドルからテセルにかけての低地諸国の北海沿岸に8つの環状砦が連なる。どの遺跡も本格的な発掘調査がおこなわれていないため、正確な年代などはまだわかっていない。ライン川河口のワルヘレン島（オランダ）、オースト゠サウブルフの砦の発掘から、9世紀にそこが使用されていた証拠が見つかっている。オースト゠サウブルフは直径130メートルほどで、等間隔に4つの出入り口が設けられ、道路や建物が規則的に配置されている。塁壁は幅の広い堀で守られている。年代がわかるような証拠がないため、誰がこの砦をつくったかを断言することはできない。フランク王国の史料には、**カール大帝**がヴァイキングに対抗するために沿岸部に防御施設（→**要塞**）をつくったと記されているが、場所は特定されていない。カール大帝の息子の**ルイ敬虔王**は835年と837年に沿岸を守るために要塞の建設を命じたことがわかっている。ルイが近くのナイメーヘンにいたとき、ヴァイキングがワルヘレンの砦を急襲したため、さらに多くの砦をつくるよう指示したとされる。890年頃にサン゠ベルタン修道院で書かれた年代記によると、フランドル伯ボードゥアン2世（918年没）もこの地域に要塞を建設している。その形状や配置から、10世紀にデンマークに建設された**トレレボーの要塞**のモデルとなったのではないかと推測される。

今日のオースト゠サウブルフの村。9世紀にヴァイキングの襲撃からフリジアを守るために建てられた環状砦の配置が残っている。

艦隊（船団）
fleets

　ヴァイキング時代初期のヴァイキングの船団は小規模だった。789年頃、**ウェセックスのポートランド**を襲撃したときはわずか3隻だった。820年に**フランク王国**を襲撃した際は13隻の船団だった。初期の襲撃の例外が810年のデンマーク王**グズローズル**による**フリジア略奪**で、王室の艦隊200隻が集められた。830年代になると、ヴァイキング船団の隻数が増大する。『**アングロ・サクソン年代記**』によると、**イングランド襲撃**の際は、836年が35隻で、851年には350隻に増え、892年は200-350隻のあいだとなっている。とはいえ、これらの数字はまず概算だろう。こうした見立ては、同時代の**アイルランド**と**フランク王国**の史料とも一致する。それでもあいかわらず小規模な船団の記録も残されている。しかしながらヴァイキングの**軍**の規模を考えるときに、隻数はあまり役に立たない。船の大きさがわからないからだ。9世紀の典型的な**ゴクスタ船**なら、30人以上の船員を乗せることができた。10世紀末から11世紀初頭にかけてイングランドに襲来したデーン人の船はもっと小型だった。1015年に**クヌートル**がイングランドに侵攻したときは160隻の船だったが、60名以上が乗れる大型のドラッカル（竜頭船）を多数含んでいた。9、10世紀のヴァイキング艦隊の編成については何もわかっていない。もしかすると、ヴァイキングの兵の場合と同じく、個々の首長や王の連れてきた船団が寄せ集めだったのかもしれない。中世盛期のスカンディナヴィアで、艦隊を組織するときに**レイザングル**と呼ばれる駐兵制度があったが、ヴァイキング時代末期にはすでに用いられていたのかもしれない。ヴァイキングの艦隊に専門の船員はいなかった。乗組員は同時に誰もが戦士でもあった。いちばん地位の高い乗員は操舵手だった。

　艦隊はおもに兵の輸送用だった。海戦はめったになく、あっても入り江や港、フィヨルドといった隔離された水域でおこなわれた。現代の基準からすると、ヴァイキング船の堪航能力はかなり低かった。外海で敵の船団を妨害するために常時、巡回していたはずだ。海戦の戦術はシンプルだった。敵の船の横につけて、船を固定し、乗り込んで白兵戦で敵兵を一掃する。船が沈むことはまずなかった。船は貴重な戦利品だった。防衛の戦術として好まれたのが、船を横一線に並ぶようにつなぎあわせて、戦士が船のあいだを自由に移動できるようにするものだった。これにより、個々の船が敵軍から孤立させられることはなかっ

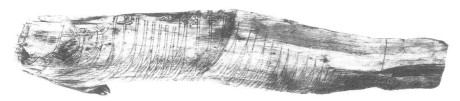

ベルゲンから出土した流木の一部。浜辺に並ぶヴァイキングの艦隊の一団が刻まれている。

た。ただし両端の船は別で、敵の船首からの攻撃にさらされることになった。このため乗船はより困難だった。船首は船のもっとも高い位置にあり、もっとも強固に防衛されている。戦闘で有利なことは、大部分の船の側にはなく、とにかく最大の船こそが持ちうるのだった。大型の船は乗船しにくく、横づけしてきた小型の船に乗員が槍と矢の雨を降らせることができた。通常、帆とマストは戦闘に入る前に低く下げられた。ヴァイキング時代のもっとも重要な海戦が、885年頃-890年の**ハウルスフィヨルドの戦い**での**ハラルドル美髪王(びはつおう)**の勝利と、1000年のスヴォルズの海戦の**オーラヴル・トリュッグヴァソン**の敗北である。

カントヴィック
Quentovic

カンシュ川沿岸のヴィズマレスト近くにあったフランク王国の商業中心地。今日のフランス、エタープルの町から内陸に入ったところにあった。7-10世紀にかけて、英仏海峡を横断する交易の主要な拠点だった。カントヴィックの本格的な発掘調査はまだこれからだが、鉄の精錬や機織りをはじめとする広範な手工業が営まれていた証拠が見つかっている。今日のサウサンプトン近くにあった**アングロ・サクソン人**の港町ハムウィチでよく似た様式の陶器が発見されており、両者のあいだにさかんな交流があったと思われる。カントヴィックの面積は約45ヘクタールで、ライン河畔の**ドレスタット**と同じくらいの大きさだった。6世紀末には造幣所が置かれ、王の高官が管理していたことは、この町が重要な場所であったことを示す証拠のひとつである。842年、ヴァイキングが未明に急襲する。町は略奪され、火に包まれた。おびただしい数の死者が出て、住民の多くは捕虜とされた。だが、なかには賄賂を支払って財産を守った者もいた。襲撃による影響はそれほど長く続かず、カントヴィックはその後も繁栄を続けた。カントヴィックが放棄されるのは10世紀のことで、川の水位が浅くなって海からの進入が難しくなったためだと思われる。

カンハウエ運河
Kanhave canal

デンマークのサムセー島にある全長1

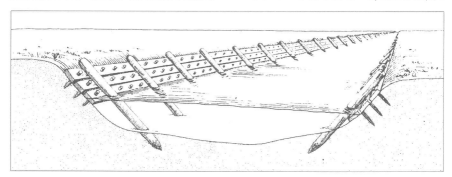

デンマーク、サムセー島に設けられたカンハウエ運河の復元図。

キロメートルの水路。島の東岸にあるスタウンスフィヨルドの自然港と西側の海をつなぐ。運河の幅は11メートルで喫水1.25メートル以下の船なら入ることができる。ヴァイキング時代の大半の船なら十分すぎる大きさだ。木材でつくった護岸が崩壊を防いでいた。年輪年代学から726年にさかのぼるとわかっており、おそらく軍事的な目的でつくられた。サムセー島はバルト海にいたる大ベルト海峡の玄関口という地理的な要衝にあり、島のそばを通過する船を軍艦で妨害するのも容易だった。こうした大規模な土木事業がおこなわれたということは、8世紀初期のデンマークに中央集権的な王国が出現したという証拠である。

キエフ（ケヌガルズル、ケーヌガルド）
Kiev（古北欧語 Kœnugarðr）

ルーシ国初期の、ドニエプル川に位置する政治の中心地で、ヴァイキング時代の主要な交易拠点でもあった。『ロシア原初年代記』によると、860年頃、ルーシの首長**アスコルドとディール**がキエフを攻略したとき、そこは要塞化されたスラヴ人定住地だった。遺跡発掘からもヴァイキング時代以前の**異教**の寺院の遺物が見つかっている。882年頃、アスコルドとディールからキエフを奪取した**オレグ**がキエフをルーシの主たる拠点とした。考古学的な証拠から、それからほどなくしてキエフが大きな**町**へと発展していったことがわかっている。900年頃、ドニエプル川を見下ろす断崖の古キエフ山に城塞がつくられる。眼下の川岸に広がる低地ポジールには大きな集落ができ、手工業と交易がおこなわれていた。古キエフ山は行政の中心地として発展したが、複数の貴族の墓も見つかっている。988年に大公**ウラジーミル1世**がキリス

キエフの聖ソフィア大聖堂。ヤロスラフ賢公が東ローマ帝国の職人を招いて1037-1039年に建立した。

ト教に改宗すると、古キエフ山の防備は拡張されて教会の中心地になった。1037-1039年には、**ヤロスラフ賢公**がビザンツ様式の聖ソフィア大聖堂を建立。さらには、黄金の門を含め、キエフの防衛施設の一部を石とれんがで再建している。新たな**教会**を建てるために施釉タイル(せゆう)とモザイクが必要となると、それにともなってガラス産業が繁栄し、遠くは**シグトゥーナ**や**ヘゼビュー**まで輸出された。その後も1240年にモンゴル軍に攻略されるまで、キエフはロシアの主要な都市だった。

キャルヴァル
Kjarval **ケルヴァル**を参照

饗宴とごちそう
feasts and feasting

中世初期のヨーロッパと同様、ヴァイキング時代の社会生活において祝宴は重要な要素だった。盛大な祝宴を催すことは、主人の名声を確立したり、高めたりすることにつながった。魅力的な同盟や友人をつくる機会でもあった。王や首長は、定期的に祝宴を催してその臣下をもてなした。主従関係を強固にするために必要なことだった。また、誰かにすばらしいごちそうをふるまい、すてきな贈り物をもたせて帰すことは、相手との関係をどれだけ大切にしているかをしめす手段だった。結婚式はつねにごちそうで祝われた。

王や首長の祝宴は、中央に炉がある長い広間でおこなわれた。壁に沿ってクッションカバーをした長椅子が置かれ、その前に長くて狭いテーブルがあった。最高の食器類が使われ、壁にはこのときに合わせた特別なタペストリーがかけられることもあっただろう。王や首長は、壁の中央の高座に座った。招待客はその社会的地域によって座る場所が決まった。誰もが自分を印象づけようとし、いちばん豪華な衣服や宝石(→**宝飾品**)を身にまとった。ビールやワイン、蜂蜜酒といったアルコール飲料がたっぷりと供され、煮たり焼いたりした肉が、魚やパン、チーズ、野菜、果物、ナッツなどとともに出てきた。**スカルド詩人**、語り部、音楽家、おそらくは曲芸師や手品師も余興で呼ばれた。王の祝宴は数日間続くこともあった。11世紀にブレーメンのアダムによると、**デンマーク王スヴェイン・エストリズソン**はハンブルグ=ブレーメンの大司教のために8日間におよぶ祝宴を開催した。神聖ローマ帝国との条約承認を確実にするためのもてなしだった。

異教の時代、祝宴の席で生贄(いけにえ)がささげられることもあった。それらは「ブロート」と呼ばれた。「血の供犠(くぎ)」という意味

復元された館の内部。ここで首長や王が配下の者たちをもてなしたのだろう。

だ。そのような祭儀のひとつの様子がス
ノッリ・ストゥルルソンによって記述されて
いる。10世紀半ば、トロンデラーグのラ
ーデで催された祝宴にハーコン善王が臨席
し、地元の農民すべてがビールと馬肉をも
ってやってきた。神殿の壁は中も外も馬の
血が塗りたくられてから、大釜で馬肉が調
理された。食事の前に、オージン、ニョルズ、
フレイル、ブラキの神々にその肉が捧げら
れた。祝宴は臣下らにとってひじょうに重
要なものだったため、ハーコンはキリスト
教徒だったにもかかわらず、生贄の儀式の
食事を気が進まなかったが口にしたという。

教会
churches

　10-11世紀初頭にスカンディナヴィア
で建てられた最初の教会は、板を張ったシ
ンプルな長方形の木造の教会だった。彩色
や彫刻をほどこした木片は、のちの建物に
再利用された。現存するそうした木片から、
初期の教会は凝った装飾をほどこされてい
たのではないかと考えられている。地面に
直接建てられていたため、木で組んだ木造
教会は25年もすれば朽ちてきた。デン
マークとスウェーデンでは11世紀に石造り
の建物に置き換えられた。ノルウェーでは
中世に入っても木造で建築する習慣が続い
ていた。その後、石の基礎を設けて地面か
らあげて建てることで腐敗を防ぐようにな
った。基礎の上にしっかりした基礎材がの
せられ、そこに垂直方向に木を組んでつく
られた。現存するもっともすばらしいスタ
ーヴ教会のひとつが、12世紀にソグネ・
フィヨルド近くのボルグンに建てられた教

会だ。複数の屋根をもち、頂点部には精巧
な竜頭の頂華がついた壮観なもので、仏
塔のようにも見える。そのほかの多くの教
会にも見事な木の彫刻がほどこされてい
る。

　ノルウェーのスターヴ教会はスカンディ
ナヴィア特有のものだが、石造教会はそう
ではない。キリスト教に改宗した時期、ス
カンディナヴィアには石造建築の伝統がな
かったため、海外から職人を呼び寄せなけ
ればならなかった。そのため11-12世紀
の石造教会は、ヴァイキング時代末期のス
カンディナヴィアとヨーロッパ諸国との教
会および政治的なつながりを深く映し出し
ている。スカンディナヴィアにおける最初
の石造教会は、クヌートルの時代にデンマー
クのロスキレに建てられた。これらの教
会建築の現存する石のかけらから、クヌー
トルが建設にあたってイングランドから
石工を呼び寄せたことがわかっている。
1035年にクヌートルが死去すると、デン
マークの教会にはドイツの影響がかなり色
濃く見られるようになる。リーベの12世
紀の大聖堂はドイツのロマネスク様式で建
設されただけでなく、ラインラントから取
り寄せた石材で建築されている。ノルウェ
ーの最初期の石造教会は11世紀末に建て
られていたが現存していない。一方、12
世紀に入るとノルウェーとブリテン諸島の
教会の密接なつながりが築かれたことの証
拠がトロンヘイムの大聖堂とベルゲン近く
のリーセ修道院に数多く残されている。前
者は初期イングランド式ゴシック様式で、
リンカンから来た石工らによって再建され
たもので、後者はイングランドのシトー派

ノルウェー、ソグネ・フィヨルド近くのボルグンにある12世紀の見事な木造教会(スターヴ)。

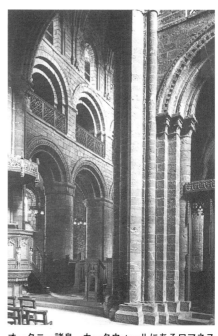

オークニー諸島、カークウォールにあるロマネスク建築の聖マグヌス大聖堂。

修道会の修道士らによって設立された。特筆すべきは、12世紀初頭に**オークニー諸島**に建てられた石造教会群である。そのうちのひとつ、オーフィルの円形教会はエルサレムの聖墳墓(せいふんぼ)教会の設計図に基づいている。もっとも見事なものが、カークウォールの聖マグヌス大聖堂で、ダラムからきた石工によって建てられた。アングロ・ノルマンのロマネスク建築の最高傑作である。スウェーデンで11世紀に建てられた石造教会に関して現存するものは、石材の断片である。それらにはイングランドとドイツの両方の影響が見られ、伝道活動をおこなっていた初期の司祭らの出身地が反映されたものだ。ルーシはローマ・カトリックではなく、ギリシア正教会に改宗したため、現存する最古のロシアの教会の建築と芸術様式にはその影響が見てとれる。たとえば**キエフの聖ソフィア大聖堂**（1037-1039年）は、東ローマ帝国から呼び寄せた職人によって建築された。

漁業、捕鯨、アザラシ狩り、海鳥捕り

fishing, whaling, sealing and seabirding

スカンディナヴィアの北海と大西洋沿岸の水域は、世界でもっとも豊かな漁場に数えられる。バルト海も魚が豊富である。スカンディナヴィアで漁業がおこなわれていた証拠として、中石器(ちゅうせっき)時代（紀元前8000-4000年）の仕掛けやヤス、釣り針、網用錘(おもり)などが見つかっている。貝塚(かいづか)の分

析から、魚介類はヴァイキングの地域社会で主となる食料源だったことがわかっている。スカンディナヴィア内外を問わず、すぐに海に行くことができたためだ。タラやニシンのほか、さまざまなカレイ、ヒラメの類がよく獲れたが、ウナギ、サケ、マスといった淡水種も知られている。ムラサキイガイやカキも好んで集められた甲殻類だった。ヘゼビューから出土した遺物から、ニシンの取引（→交易）――のちにバルト海で有名になる――が1000年以前からおこなわれていたことがわかっている。干し魚の取引は、1100年頃にはノルウェー北部ではじまっていた。干し魚は中世盛期にノルウェーのもっとも貴重な輸出品だった。冷たく風の強い気候が魚を乾燥させるのに最適だったのだ。

捕鯨はもっともシンプルな形で実践されていた。群れから取り残されたクジラや、浜にあがった死にかけたクジラを捕獲した。中世ノルウェーでは捕鯨に関する法律が存在した。クジラを捕獲したときは、捕獲者、土地所有者、王のあいだでどのように分配するかが規定されていた。クジラは大量に捕獲されていた。北極圏ノルウェーの首長オホトヘレは、自分が5人の男性とともに2日間の捕鯨で60頭のクジラを捕獲したときの様子をアルフレッド大王に語っている。13世紀の『王の鏡』によると、通常、捕鯨のときは舟を使ってクジラの群れを浜へ追いやり、そこで殺した。今日もフェロー諸島でおこなわれている捕鯨法である。クジラは肉や脂肪を食料や照明に用い、皮はロープをつくるのに使った。

アザラシ猟は、おもにその皮が目当てだった。皮は防水性の衣服や靴、袋になった。脂肪は重要な食料源であると同時に、照明や防水性の生地に用いられたほか、グリー

アイスランドの法書の挿画。クジラの皮を剝いでいるところ。

ンランドやアイスランドのような樹木のない地域ではタールの代用品とされた。12世紀のアイスランドでは、アザラシがよく日光浴する岩礁（がんしょう）の所有権をめぐる争いが生じた。セイウチは北極圏の海で捕獲され、その牙が象牙（ぞうげ）の材料となり、皮はロープをつくるのに使われた。

海鳥とその卵も集められた。採集にはときにひどい危険がともなった。現代でもそうだが、ノルウェー、アイスランド、フェロー諸島、スコットランドの北部諸島の切り立った海食崖に巣があるためだ。

巨人
giants

神話に登場する太古の存在。混沌、破壊、冬と関連する。巨人は地上の最古の生命体で、始源の生命である、霜の巨人ユミルの子孫である。ユミルは**オージン**とその兄弟によって殺され、身体からオージンたちによって地球環境が造られた。以後、巨人と神々は不倶戴天の敵でありつづけている。ソール神のために巨人たちはその数をなかなか増やすことができず、とりわけ女巨人たちは甚大な損害を被った。しかしながら、**ラグナロク**のとき、巨人たちは、**ロキ**、**ヘル**、多数の怪物の軍勢と徒党を組んで最後には神々を滅ぼすが、自分たちも滅びるのである。巨人は人間にも敵意を抱き、ときに人間を食べた。巨人を殺すことは、伝説の英雄にとって格好の偉業だった。巨人は光を恐れ、洞窟や凍った場所に住んだ。宇宙の秩序のなかでは、巨人たちのためにも**ヨートゥンヘイム**（「巨人の国」）という領域が確保されていた。

キリスト教への改宗
Christianity, conversion to

ヴァイキングは**教会**や修道院の略奪を好んだが、彼らにとってみれば、好機に際してただ実入りのよい獲物だというだけで、キリスト教そのものに強い敵意があったという証拠はほとんどない。とはいえ、スカンディナヴィア人は福音（ふくいん）伝道の初期の試みに無関心で、キリスト教が根づくまで300年かかった。**異教**に対するキリスト教の最終的な勝利は、王権の中央集権化の過程と密接なつながりがある。

スカンディナヴィアへの最初のキリスト教布教は、ヴァイキング時代がはじまるずいぶん前におこなわれた。725年頃、**聖ウィリブロルド**がデンマークにアンガンチュール王のもとを訪れている。彼の伝道活動は実らず、その後の空白期間の後、820年代に**ランス大司教エボ**と**聖アンスガル**がデンマークへ宣教に赴く。これは、おそらく西ローマ皇帝**ルイ敬虔王**（けいけんおう）の主導のもと、派遣されたと考えられる。ヴァイキングの襲撃がはじまり、スカンディナヴィアにおけるフランク王国の影響力をどうにかして高めたいと考えたのだ。831年、アンスガルがハンブルクに司教座（→司教区）を設け（ブレーメンと連合したもので、847–848年に大司教座に昇格した）、スカンディナヴィアへの伝道の拠点とした。アンスガルら宣教師は**ヘゼビュー**、**リーベ**、**ビルカ**に小さなキリスト教共同体を設立したが、長くは続かず900年までは、スカンディナヴィアのほぼ全域で異教が信仰されていた。ブリテン諸島と**フランク王国**に入植したスカンディナヴィア人たちは、それぞれ

の土地の住民たちとの接触の結果、キリスト教の布教はずっと進んだ。洗礼はしばしば和平の対価として要求され、たとえば、**アルフレッド大王**は878年にデンマークの王グズルムに勝利したとき、洗礼を受けさせている。アイスランドの初期の入植者のなかには、**「深慮の」アウズル**のように**スコットランドやアイルランド**からやってきた者もいた。彼らはキリスト教徒だったがキリスト教が定着するには数が少なすぎた。

スカンディナヴィアで改宗が本格的になるのは10世紀後期に入ってからである。デンマークの**ハラルドル青歯王**、ノルウェー王**オーラヴル・トリュッグヴァソン**、**オーラヴル・ハラルズソン**、スウェーデン王**オーロフ・ショットコヌング**といった王族の改宗者が増えはじめ、彼らが臣下にキリスト教を奨励した。政治的野心をもつ者たちはすぐに王にならって改宗したが、平民のあいだでの改宗はゆっくりしたものだった。多神教信奉者として、異教徒のスカンディナヴィア人の多くは、まずキリストを神々のうちのひとりとして受け入れ、従来の神々とともに崇拝した。10世紀末に改宗したアイスランド人のキャルタンは、キリスト教徒になるに際して「これからもソール神にも少し頼ってもいいなら」という条件を口にしている。こうした考えは初期の改宗者には珍しくなかっただろう。デンマークでは1000年にはほとんどがキリスト教化されたと考えてよいし、ノルウ

スウェーデンで見つかった10世紀の銀製の十字架。スカンディナヴィア様式でつくられている。

キリスト教の勝利。司祭が聖書と十字架を手にし、悪の象徴である蛇を踏みつける。10世紀、マン島、アンドレアスのソルワルドの十字架より。

ェーでも1030年までにはほぼ改宗していたが、スウェーデンの異教信仰は根強く、11世紀末まで残っていた。たとえば、スヴェン供犠王（在位1080-1083年）のもとで、つかのまだが異教信仰が復活している。異教信仰の中心地だったのがウプサラで、王権の管轄下にあったキリスト教の中心地シグトゥーナからわずか数キロに位置していたにもかかわらず、おそらく1110年まで利用されていた。個人の家庭での異教信仰はさらにあとまで続いた。アイスランドは1000年に全島会議（アルシング）での投票の結果、正式に改宗した。

　信仰の誠実さを疑う理由はないが、改宗による政治的な利点も、王権の中央集権化を積極的にすすめていた王たちにとって見逃すことができないものだった。土地ごとの多様な習慣をひとつの信仰に置き換えることで、キリスト教は共通するアイデンティティを養う助けとなった。さらには、神に授けられた王権という強力なイデオロギーを与えた。これは君主を臣下の頂点に置くものだった。改宗はほかのキリスト教国との関係も容易にした。とくに高圧的なドイツ君主を隣人にもつデンマークの諸王にとっては考慮すべき重要なことだった。さらにいうなら、教会は経験豊かな、学問のある行政官の安定した供給源でもあった。彼らは効率的な王政を確立する手助けをした。司教区の設置は、さらなるキリスト教の普及だけでなく、新たな行政の中心地もつくりだしたのである。

くし
combs

　くしは、ヴァイキング時代の町や墓地の考古学的発掘でよく出土する。飾り気のない質素なものから華美なものまで、社会のあらゆる階層で所有されていた。通常、熟練の町慣れた職人が枝角（スカンディナヴィア南部ではアカシカ、北部ではヘラジカ）を用いてつくった。枝角は巧みに加工するのがとても難しい素材である。長くまっすぐな枝角からは、持ち手部分の裏表を飾る1組のプレート部品が作られた。飾り板となるこの部品は、やはり枝角を薄く長方形に切りとったものに取り付けられる。薄い部品はやすりで削ってくしの歯にする。ヴァイキング世界では、くしのデザインは驚

ヴァイキング時代のヨークで出土した枝角でつくったくし。

くほど変化が少ない。ダブリンからノヴゴロドにいたるまで、発見されるくしの形は同じである。

グズフリズル [934年没]
Guthfrith（古北欧語 Guðröðr）

　ダブリン王（在位921-934年）。ヨーク王（在位927年）。921年、兄弟のシヒトリク・カエフがヨークの王座（→王権）を手に入れるためにダブリンを離れ、グズフリズルがダブリンの王位に就く。グズフリズルはアイルランド人に対するすさまじい軍事行動を開始し、奴隷を捕まえ、略奪を重ねた。だが、北ウィ・ネイルのムルヘルタハ王の激しい抵抗にあい、領土的な征服は実現しなかった。924年、リムリックにあるヴァイキングの要塞を攻略しようとして失敗する。927年に兄弟が死去すると、グズフリズルはヨークへ行く。王位を主張したか、若い甥のオーラヴル・シヒトリクソンを支援するためだったと思われる。だが、すぐさまウェセックスのエゼルスタン王に追い出され、スコットランドへ逃げる。同地で軍隊を集めて、ヨークを包囲するために戻った。敗北した彼はエゼルスタンに降伏し、アイルランドへ戻る許可を得る。そこで襲撃を再開する。彼は重病にかかり、934年に死去した。息子オーラヴル・グズフリズソンが後継者となった。

グズルム [890年没]
Guthrum

　イースト・アングリアのデーン人王（在位879-890年）。871年にデーン人の大軍勢にくわわり、873-874年のマーシア征服に参加した。875年に大軍勢が２つに分かれると、グズルムは２人の王アースケッルとオヌンドルとともにケンブリッジへ向かった。878年の冬の最中に軍を率いてウェセックスを奇襲し、アルフレッド大王はアセルニーの湿地に避難を余儀なくされた。同年、エディントンの戦いでアルフレッドに敗北したグズルムは洗礼を受けることに同意、ウェドモアで和議を結んだ。グズルムと配下のデーン人はイースト・アングリアに居住、グズルムは洗礼名エゼルスタンの名のもとに統治した。885年、彼は和約を破り、報復として翌年アルフレッドがロンドンを掌握する。その後まもなく講和条約が結ばれ、アルフレッドがグズルムの王国の境界を認めるかわりに、グズルムはイングランドの臣下をデーン人と等しく扱うことに同意した。

グズローズル [810年没]
Godfred（古北欧語 Guðröðr）

　デンマークの王（在位804年頃-810年）。最初に記録に出てくるのが804年だが、彼がいつ王として君臨しはじめたのか、またその領土の境界がどこまで達していたのかもわかっていない。おそらくノルウェー南部のヴィーケンと、デンマークの一部もしくは全土を支配していたと思われる。カール大帝がザクセン征服を成し遂げた804年に、フランク王国の勢力はデンマーク国境にまでおよんだ。カール大帝がデンマーク征服を計画していたという証拠はないが、グズローズルは当然のことながら、その可能性を危惧した。彼は軍隊をヘゼビューに集結して、カール大帝との協議

の場を設けたが、何らかの理由でカール大帝は話し合いの席には臨まなかった。808年、グズローズルは、カール大帝と同盟を結んでいたスラヴ系のオボトリート族を襲撃する。交易市レリクに火を放ち、商人らをヘゼビューへ立ち退かせた。フランク王国側からの報復にそなえて、グズローズルはユラン半島への侵入を阻止するダーネヴィアケの防塁の強化、あるいは拡張を命じた。810年、グズローズルは200隻の艦隊を率いてフリジアを攻撃し、銀100ポンドの貢納を求めた。同時代の『フランク王国年代記』は、グズローズルがフリジアとザクセンの宗主権を主張し、帝都アーヘンへの進軍を計画していたとして非難している。その軍事行動のさなか、グズローズルは従士のひとりに殺害される。彼の後継者となった甥のヘミングルはすぐさまカール大帝と和平を結んだ。

グニョズドヴォ
Gnezdovo

ロシア、スモレンスク近くのドニエプル川上流にある9世紀後半から10世紀にかけての考古遺産群。スカンディナヴィアから東ローマ帝国へいたる主要な交易路の途

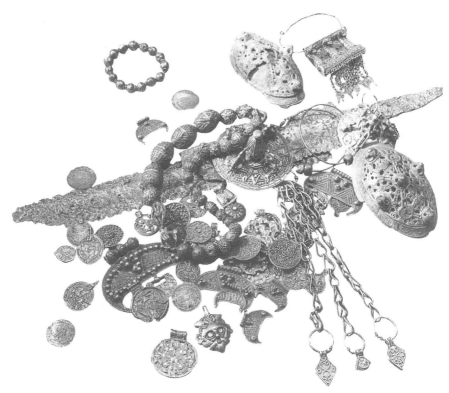

ロシア、グニョズドヴォで見つかったヴァイキング時代のスラヴ人の埋蔵宝とスカンディナヴィアの宝飾品。

中にあった。その砦の外には、大規模な居住地域と中世初期ヨーロッパ最大の墓地があり、3000基以上の墳丘墓があった。墓の副葬品から、グニョズドヴォの住民の大半はスラヴ人かバルト人で、少数だがスカンディナヴィアの富裕層も含まれていたことがわかっている。町の全人口は、どの時期でもおそらく2000人前後だったと思われる。鉄鋼精錬や青銅鋳造をはじめとする手工業が営まれていた証拠が多数見つかっている。1868年には、グニョズドヴォでロシア最大のヴァイキング時代の埋蔵銀が発見された。退蔵されていたのは、大部分がスカンディナヴィアとスラヴ様式の宝飾品だが、中東や中央アジアのステップの品々も含まれている。10世紀末頃には、スモレンスクの発展にともない、グニョズドヴォは放棄された。

クヌートル1世 (カヌート、クヌートル、〈デンマークでは〉クヌーズ「大王」) [1035年没]

Knútr (Canute, Cnut, Knud <known as 'the Great' in Denmark>)

　イングランド王（在位1016-1035年）、デンマーク王（在位1019-1035年）。1013年、まだ10代のクヌートルは父であるスヴェイン双髭王のイングランド征服に参加。遠征のあいだにエルフイヴ・オヴ・ノーサンプトンと結婚し、彼女はスヴェイン・エルフイヴソンとハロルド兎足王をもうけた。1014年のはじめにスヴェイン双髭王が死去、デンマーク軍はクヌートルを後継者に選んだが、イングランド人は亡命中のエゼルレッド2世を呼び戻し、クヌ

ートルはデンマークへの帰還を余儀なくされた。のっぽのソルケルとラーデのエイリークルの支援を受けた彼は、1015年に戻ってイングランドの王位を主張する。エゼルレッドの息子エドマンド剛勇王は断固として立ち向かい、1016年4月にエゼルレッドが亡くなるとエドマンドが王位を継承した。クヌートルは10月にアシンドンの戦いで決定的な勝利をおさめる。その勝利は、マーシア太守エアドリック・ストレオナの離脱によるところが大きかった。エドマンドは王国を分割することに同意。だが、アシンドンの戦いで受けた傷がもとで数週間後に死亡し、クヌートルが単身イングランドの王となった。1018年、クヌートルはエゼルレッドの未亡人のエマと結婚する。だが、エルフイヴと縁を切ることもなかった。クヌートルはイングランドの人びとに重い税金をかけた。ひとつには軍隊への給料支払いがあった。しかし、彼は公正で敬虔な統治者として知られ、イングランドの人びとは25年にわたる不毛な戦争の末に訪れた平和を歓迎した。クヌートルは、ソルケルやエイリークルといったおもだった協力者にヤールの職位と統治を認めたほか、ハスカールの多くにも地所を与えた。それでも、9世紀にあったような大規模なデーン人の移住は見られなかったため、イングランドの貴族や聖職者が変わらず高い地位につき、クヌートルの治世が進むにつれ、実際に彼らの影響力も着実に増していったのである。

　1018年、クヌートルの兄ハラルドル2世が死に、クヌートルはデンマークに戻って翌年、王に選出される。1028年、彼は

イングランドで造幣されたクヌートルの貨幣。デンマークとスウェーデンでも発行された。

オーラヴル・ハラルズソンの王権の失墜を画策し、ノルウェーも自分の支配下に置いた。1030年には、**スウェーデン**の君主としても認められていて、彼の名を刻んだ貨幣が発行された。ユムネ（ヴォリン）のように、バルト海南岸にもおそらく彼が支配した港市があっただろう。スカンディナヴィアにおけるクヌートルの支配は、イングランドにかなりの商業的利益をもたらした。その治世を通して、イングランドはクヌートルの権力基盤だったからである。デンマークには摂政をおき、ノルウェーは1030年にノルウェー王に任命した息子のスヴェインが統治していた。その広大なアングロ・スカンディナヴィア帝国は、ヨーロッパという舞台でクヌートルが押しも押されぬ重要人物であることを示した。1027年には神聖ローマ皇帝コンラート2世の戴冠式に臨席するためにローマを訪れたが、それも彼の地位が誰にも無視できなかったことの現われである。その後、イン

クヌートルと王妃のエマ。同時代の写本より。ウィンチェスター大聖堂のニュー・ミンスターの祭壇に十字架を置いている。

グランドをハロルド兎足王が、デンマークはエマとの息子のハルザクヌートルが受け継いだが、その統治能力はどちらも父親には到底およばず、クヌートルの帝国はまたたくまに崩壊するのである。

M. K. Lawson, *Cnut* (London and New York, 1993)

クヌートル2世（聖クヌート、クヌーズ聖王）[1047年頃-1086年]
Cnut II (St. Cnut, Cnut the Holy)

デンマーク王（在位1080-1086年）スヴェイン・エストリズソンの息子で、兄のハラルドル3世の後、王位を継承した。若いころは**ヴェンド人**の海域を荒らし回る

ヴァイキング行に加わった。1069年には父のイングランド侵攻に同行して、**ウィリアム征服王**に対するイングランド人の反乱を支援した。1074年に父が死ぬと、王位の継承を望むが長兄のハラルドルが王に選出される。翌年、ウィリアムに抵抗する2人のノルマン貴族からイギリス王位の申し出を受ける。彼は200隻の**艦隊**を集めるが、イングランドに到着したときにはすでに反乱は崩壊していて、**ヨーク**を略奪するだけに終わった。彼はフランドル伯ロベール1世と同盟を組み、共通の敵であるウィリアムに対抗した。1080年頃、クヌートルはロベールの娘アデラと結婚した。1080年に兄が死ぬと、彼はついにデンマーク王に選出される。そして、戦利品に頼るのではなく、税金や通行料の徴収で王室の収入を増加しようとしたが、ほとんど賛同を得られなかった。クヌートルは教会を惜しみなく擁護し、**オーデンセ**にロマネスク様式の大聖堂を建設した。1085年、クヌートルはふたたびイングランド王位の継承を主張し、ユラン半島で侵攻のための大規模な艦隊を編成した。ドイツの侵略が危惧されていたため、その艦隊に合流できないまま夏になり、ついに艦隊の船長たちが王に反旗を翻す。弟のオーラヴルに率いられた反乱軍にオーデンセまで追いつめられたクヌートルは、最後は自分の建立した大聖堂で殺害された。オーデンセに埋葬されたが、ほどなく奇跡が伝えられ、1101年に列聖される。クヌートルの侵攻計画の失敗は、イングランドにおけるヴァイキング時代に終止符を打った。

オーデンセの大聖堂。クヌートル2世が建立した教会で、彼はここで殺害され、埋葬された。

クバルスン船
Kvalsund ship

ノルウェー西部のスンメーレのヘルオイで出土した船。700年頃に捧げものとして沼沢地（しょうたくち）に沈められた。それよりも小さな漕ぎ船も一緒に発見されている。全長18メートルで、船幅は3メートル。鎧張りで、わずかに突き出たT字型の強い竜骨（りゅうこつ）をもつ。外板の船側板は片側に8列ずつあり、板が鉄製の鋲（びょう）で留められている。10対の**オール**で推進したと思われる。直接的な証拠は見つかっていないが、かじや付属品の特徴はこの船が帆船だった可能性を示唆している。9世紀の**オーセベリ船**と多くの類似点が見られ、ヴァイキング船の発達の初期段階をあらわしている。

復元されたクバルスン船。1973年につくられた。

グリーンランド
Greenland

　世界最大の島、グリーンランドの北部3分の2は北極圏内に位置し、その表面の約85パーセントは氷床に覆われている。グリーンランドの最初の居住者はイヌイット（エスキモー）で、紀元前4000年頃にこの島の北部にやってきた。グリーンランドをはじめて目にしたヨーロッパ人はおそらくグンビョルン・ウルフ゠クラークソンで、900-930年頃にノルウェーからアイスランドに向かう途中、風で針路をそれてグリーンランドの氷に閉ざされた東岸を見たとされる。ノルウェー人が最初に植民を試みたのが978年頃で、スネービョルン・ガルティがグンビョルンが発見した沖合の島々に上陸したが、悲劇的な結末を迎えた。983年頃、赤毛のエイリークルがフェアウェル岬をまわって、凍っていない東側のフィヨルドを発見する。誰も住んでおらず、よい牧草地だった。986年、エイリークルは入植者を乗せた船団（→艦隊）とともに戻ってきて、ふたつの入植地をつくった。東部入植地は現在のユリアンホープ内、西部入植地は現在のゴットホープの近くに位置していた。その後、2つの入植地のあいだに「中部入植地」もつくられたが、西部入植地の一部とみなされていたようだ。牛や羊の畜産が経済の基盤だったが、定住者のもっとも価値ある商品はセイウチの象牙と皮、ハヤブサ、ホッキョクグマの毛皮で、北極圏にあるディスコ島周辺の猟場「北の住まい」で捕獲されていた。捕鯨、アザラシ狩り、トナカイ狩りも貴重な食料（→食べものと飲みもの）調達の手段だった。鉄や木材、ほとんどの穀類は輸入に頼るしかなかった。「北の住まい」では、ノルウェー系のグリーンランド人はイヌイットと接触するようになる。彼らと交易し、ときには戦った。キンギトールススアク

島で1333年にさかのぼるルーン石碑が発見されている。ほぼ北緯72度で、北方人が居住したことがたしかな最北の地である。だが、北緯79度に位置するさらに北のエルズミア島で、船に使われる鉄鋲その他の北欧人の工芸品が見つかっている。

12世紀にグリーンランドの定住地は最盛期を迎え、4000人前後が居住していた。東部入植地には190の農場、12の教区教会に大聖堂、アウグスティノ会の修道院、ベネディクト会の尼僧修道院があった。それよりも小さな西部入植地には90の農場と4つの教会があり、「中部入植地」には20の農場があった。アイスランドと同じく、グリーンランドでも全島集会(アルシング)による自治がおこなわれていた。1261年、グリーンランドに住む北欧人は交易の保証の見返りに、ノルウェー王の統治を受け入れる。14世紀には定住地は衰退へと向かった。1341年までには西部入植地が、1380年頃までには「中部入植地」が放棄された。東部入植地と接触した最後の記録は1410年のものだが、考古学的証拠から、その後もしばらく存続したことがわかっている。ヨーロッパからの船も変わらず、ときどきやってきた。墓地から出土した衣服から、グリーンランドに住むノルウェー系住民が15世紀にヨーロッパで流行していた服装をしていたことがわかっている。だが、1540年に東部入植地を訪れた船は、放棄された農場の数々を見つけただけだった。入植地消滅の原因は、チューレの人々との衝突かもしれない。彼らは12世紀から南下を続け、アイスランドの年代記とイヌイットの伝承はどちらも大量虐殺を伝えている。孤立した小規模な共同体はその損失から回復できなかったのかもしれない。だが、いちばんの要因は「小氷期(しょうひょうき)」と呼ばれる全球的な寒冷化がはじまったことだろう。気温低下によるグリーンランドの農業経済の崩壊、海氷の増加がヨーロッパとの交易の衰退につながったと考えられる。グリーンランドに居住していた最後のノルウェー系住民らの遺骨から、内耳感染(ないじかんせん)をはじめとする栄養不良に関連する病気が多くなっていたことがわかっている。寿命も短くなっていた。グリーンランドの北欧人は極端なまでの文化保守主義により滅んだともいえる。彼ら

1333年に北欧人猟師らが北極圏グリーンランドのキンギグトールススアク島に残したルーン石碑。

は、気候によく適合したイヌイットから学ぶことを拒み、厳しさを増す北極圏の環境のなかで、かたくなに温暖なヨーロッパのスタイルを続けようとしたのである。

『グリーンランド人のサガ』

Grœnlendinga saga 『ヴィンランド・サガ』を参照

グレイプニル

Gleipnir

　北欧神話に出てくる魔法の足かせ。神々が巨大なオオカミの怪物フェンリルを縛るのに用いた。つくったのはドワーフ族で、猫の足音、山の根、魚の息、女性のひげ、鳥の唾液、クマの腱からできている。

『グレッティルのサガ』

Grettis saga

　アイスランド人のサガのなかでも1310年頃から1320年に書かれたもっとも若いサガのひとつ。「アイスランド人のサガ」というジャンルのなかでは珍しく、幽霊や怪物といった超自然的な存在が大きな役割を担っている。主人公のグレッティル・アースムンダルソンは歴史上の人物で、1000年頃生まれたことがほかの情報源からわかっている。だが、このサガで描かれる彼は伝説の英雄に近い。グレッティルは気難しく、暴力的だが悪意はなく、不運につきまとわれている。超人的といっていいほどの力に恵まれ、人間、野生動物、幽霊、怪物など、さまざまな殺害に関わることになる。グレッティルには驚くべき弱点があ

アイスランド沖のドラングエイ島。グレッティル・アースムンダルソンが海鳥とその卵、ヒツジを食べて、3年間抗戦した。

った。幽霊に呪いをかけられて暗闇を恐れるようになったのだ。グレッティルは結局追放されることになり、ある島に逃げのびる。そこで3年間、敵と戦ったが、最後は呪術によって倒された。
The Saga of Grettir the Strong, trans. G. A. Hight, edited and introduced by Peter Foote (London, 1965).

クロースタ船
Klåstad ship

　ノルウェー、カウパングの近くで出土した小型の交易船。1893年に発見されたが、発掘されたのは1970年になってからだった。全長18メートルの帆船で990年頃にさかのぼるものである。ほぼ同時代の**エスケシェール船**とともに、最古のヴァイキング交易船として知られている。

グロービン（グロビニャ）
Grobin

　ラトビアにあるヴァイキング時代の要塞化された定住地跡。発掘でスカンディナヴィア人定住地の遺品が数多く見つかっている。定住地周辺にある3つの墓地のうち、2つからはスウェーデン中部に特徴的な副葬品が出土している。残るひとつからは、ゴットランド島によく見られる副葬品が発見されている。ゴットランド島と密接なつながりがあったことは、近年、**絵画石碑**が見つかったことからも明らかである。グロービンは「クールランドのセーブルグ」ではないかと考えられている。リムベルトの『聖アンスガル伝』によると、グロービンは850年頃、バルト語族のクロニア人に対する軍事行動のなかでスヴェーア人に攻略されている。

グロワ島
Groix, Îsle de

　ブルターニュ沖に浮かぶ島。フランスで唯一知られている、ヴァイキングの男性の墓がある。埋葬は10世紀前半におこなわれ、成人男性と少年の遺骸が見つかってい

グロワ島のヴァイキング船の埋葬塚より出土したベルトのバックル、ブローチなどの金具。

る。おそらく生贄にされたと思われる。遺体は長さ14メートルの船で火葬され、その上に小さな埋葬塚がつくられた。副葬品は金銀の宝石、青銅の器、剣、盾、槍の穂先、斧、鍛冶道具やゲームの駒などが出土している。こうした遺品から、権力のある首長の墓ではないかと考えられている。そのほかに船尾材の鉄の装飾の断片、鉄製の鋲、大量の釘も残っていた。

クロンターフの戦い [1014年4月23日]
Clontarf, battle of

　ダブリンの北東にあるクロンターフで、アイルランド上王ブライアン・ボルが、レンスターの王マーイル・モールダとオークニーの太っちょのシグルズル率いるヴァイキングの連合軍に勝利した戦い。この連合をとりもったのは、おそらくシヒトリク絹髭王だが、ダブリンのヴァイキングは戦闘には参加していない。現在では、戦場にいたものの、ブライアンは実際に戦うには年をとりすぎていたため、この戦いの指揮を執ったのは彼の息子のムルヒャドだったと考えられている。戦いは1日中続き、マーイル・モールダとシグルズルが戦死した。ブライアンも、退却中だったヴァイキングの首領、マン島のブロージルに殺害された。クロンターフの戦いは、アイルランドからヴァイキングの脅威を終わらせる決め手となった戦いとして今日でもしばしばとりあげられる。だが、現代の学者のほぼ全員が同意するのが、この戦いの結果もその後長期に渡る影響をもたらさなかったということだ。この戦いがアイルランドの歴史伝承で重要な位置を占めているのは、

12世紀の『アイルランド人と異教徒との戦』の著者の巧みなプロパガンダの賜物である。その目的は、先祖をブライアン・ボルにたどる、マンスターのウア・ブライアンの王朝の名声を高めることにあった。実のところ、クロンターフの戦いはアイルランドの王国のよくある内乱のひとつにすぎなかった。1014年には、ヴァイキングがアイルランドで大きな脅威ではなくなって久しかった。ノルウェー系定住者の大部分がキリスト教を受け入れていて、多くはゲール語を話した。ダブリンを含め、沿岸部の町ではすでに多年にわたって先住のアイルランドの領主らに貢納の支払いを強いられていた。ブライアンは死去したが、ノルウェー系定住者のアイルランドの政治・文化面における同化はクロンターフの戦い後も途切れることなく続いたのである。

軍
armies

　9-10世紀にかけて、西ヨーロッパを略奪したヴァイキングが軍を組織していたという証拠はほとんど見つかっていない。ヴァイキングの基本となる戦闘集団は従士部隊（→リズ）と呼ばれ、王や首長に従う個人的従士集団だった。その規模は、指導者の富と地位によってさまざまだったが、従士部隊の戦士はフェーラグと呼ばれる、相互忠誠の誓いで結びついた同志の仲間、フェローであった。ヴァイキングの軍勢は基本的に複数の従士部隊が寄り集ったもので、共通の目的を達成するために団結し、目的を果たすと解散して、個人的に仲間を組み直してその地にとどまるか、帰郷

するか、もしくは別の軍勢にくわわった。ヴァイキングの軍に正式な軍紀はなかった。戦いの最中に仲間を見捨てて逃げ出すのを思いとどまるには、名誉を失うという恐れがあれば普通はじゅうぶんだった。ヴァイキング軍も11世紀になると、たとえば、**イングランドを征服したスヴェイン双髭王やクヌートル**率いる軍などが好例だが、優れた指導者と結ばれた従士部隊ももちろんいたが、報酬を得るために戦う強者の傭兵たちも含まれていた。スカンディナヴィアの地域の防衛はおそらく、主として地域の首長が召集した農民たちで構成される従士部隊が担った。

　9世紀のヴァイキングは、可能な場合は襲撃や戦いのときに、既存の**要塞**を奪取するか、自分たちで建て、そこを基地としたり、自分たちの船や分捕り物、ときに同行してきた女性や子供を守るために用いた。女性たちは、戦闘には参加しなかったが、料理や看護を担った。その恐ろしい評判とは異なり、ヴァイキングが好んで戦いを求めることはまずなかった。やむなく戦った場合も、勝利するのと同じくらい敗北もした。また自分たちの不得意な攻囲戦も避けた。ヴァイキングが好んだ戦術は、「楯の砦」と呼ばれる楯を防壁のように組んで敵を迎え撃つやりかただった。攻撃の際には、たいてい「豚楔」と呼ばれる楔形の隊列を用いて敵の楯の防壁陣を突破しようとした。自軍の楯の防壁陣が崩れて撤退しようとするときがもっとも危険である。このとき、背を見せて逃げ出す敗者に勝者は多大な損害を負わせることになるからだ。ヴァイキングは戦術の改革者で

はなかった。彼らの用いた兵器（→**武器と防具**）や戦術は、当時、ヨーロッパ北部に住むその他の人びとが使っていたものと変わらなかった。彼らを迎え撃とうとする者に対するヴァイキングの優位性は、その機動性にあった。速くて喫水の浅いヴァイキングの船は、沿岸の集落を奇襲したり、川伝いに内陸部の奥深くへと軍勢を運ぶのにうってつけだった。陸上では、ヴァイキングは騎馬歩兵の戦術で戦った。奪い取った馬ですばやく長距離を移動し、戦闘ではつねに馬からおりた。ほとんどの場合、現地の部隊が反撃にじゅうぶんな勢力を結集したときには、ヴァイキングは戦利品を持ってすでに去っていた。

　ヴァイキング軍の規模をはかるのはきわめて難しい。当時の年代記編者は、襲来したときの船の数でその規模を説明しようとした。フランク王国、イングランド、アイルランドの文献では、どれも840年代に船の数が急増している。それまで3-35隻の船団だったのが、それ以降は100-350隻になっている。こうした史料が体系的にヴァイキングの**艦隊**の隻数を誇張したという証拠はほとんどないため、この数字はおおむね正確だろう。にもかかわらず、その解釈は困難である。というのも、船の大きさや乗員の数がわからないからだ。船に馬、必需品、女性や子供も載せていたら、戦闘員の数はそれほど多くなかったはずだ。9世紀の**ゴクスタ船**——乗組員は30名以上——など、知られているロングシップの大きさと、ヴァイキングの敵軍の情報——たとえば**ウェセックス**は900年頃、約3万人の武装兵を結集できた——を

デンマークのトレレボーにあったヴァイキングの兵舎として用いられた、広間のある建物を復元。

海外遠征に旅立つ準備をするヴァイキングの兵士たち。800年頃のゴットランド島の絵画石碑より。

考慮し、そのほかの中世初期の軍隊との類推から、9世紀の主要なヴァイキングの軍勢の規模は数千（数万に達することはない）だったと思われる。スヴェインとクヌートルの傭兵部隊も大きく上回るものではなかっただろう。ヴァイキング軍は遠征先で土地のものを食べて暮らさなければならなかったため、戦場に長期にわたって大勢がとどまることはできなかった。どんな場所でも基地を置いて長く留まるときには、数百人単位のより小さな部隊にわかれて、もっと効率的に襲撃や略奪をおこなっていた証拠が見つかっている。だが、スカンディナヴィアから大量のヴァイキング兵が遠征に出ていたわけではなかった。ヴァイキングは特定の時期に特定の場所に集中していた。879-892年にかけて、**フランク王国**がひんぱんに襲撃されていた期間、イングランドと**アイルランド**への襲撃はやんでいた。892年にヴァイキングが海を渡ってイングランドへやってくると、フランク人への襲撃は減少した。一時期に、ひとつの戦地にいるヴァイキングの大軍はひとつかふたつでそれ以上であることはほとんどなかった。ヴァイキングの兵士の数は実のところ、かなり限られていたのである。

P. Griffith, *The Viking Art of War* (London, 1995).

グングニル
Gungnir

　スカンディナヴィアの**異教**の主神**オージン**が持つ槍。ドワーフ族らが彼のためにつくった。グングニルは世界に戦争を起こすために使われた。けっして的を外すことは

なく、投げることで戦いの結果を左右する力を持っていた。このことから、ヴァイキングが戦いを開始するときに敵の軍勢の真上に矢を放つという習慣が生じたのかもしれない。

結婚と離婚
marriage and divorce

　ヴァイキング時代の**異教**のスカンディナヴィア人の結婚は、基本的に2つの家のあいだのビジネス契約だった。結婚は2つの段階を踏んでおこなわれた。婚約と婚礼である。主導権は男性かその父親にあった。男性側が女性の父親、もしくは後見人に結婚の申し込みをする。女性側が同意したら、花婿側は婚資（ムンドル）を支払う約束をする。**アイスランド**では、最低でも銀8オンスを支払わなければならなかった。ノルウェーの最低金額は12オンスだった。その代わりに花嫁の父親は婚礼の際に持参金を渡すことを約束する。ムンドルと持参金のどちらも結婚後、花嫁の財産となる。両家の男性2人は証人の前で合意の握手を交わし、婚礼の日取りを決める。通常は1年以内だった。女性の承諾が求められることもあったが、必ずしも必要ではなかった。未亡人の場合は独身**女性**よりもずっと簡単で、再婚の前に自分の父親の承諾を得るだけでよかった。**キリスト教**の導入からずいぶんたった12世紀になってようやく結婚の際に女性の同意が必要になった。婚礼は祝宴（→**饗宴とごちそう**）の形でおこなわれ、たいていは花婿の**家族**の家で開催された。結婚は法的な拘束力を持つものとみなされ、最低6人の証人によ

って新婚夫婦が新床に入るのを確認した。

　あまり頻繁にあったとは思われないが、結婚生活が不幸だと、離婚に終わることもあった。表面上は、離婚は簡単な手続きだった。離婚を望む側が証人を呼んで離婚を宣言するだけだった。だが財産の問題が関わると、現実にはもう少し複雑であったかもしれない。妻の不貞は深刻な問題で、地域によっては不貞行為を見つけた夫は妻とその恋人を殺害する権利を持っている場合もあった。夫は愛人をつくったり、妻以外の女性とのあいだに子供をもうけたりしても罰は受けなかった。高い社会階級ではごく一般的で、キリスト教改宗後も変わらなかった。国外では、ヴァイキングの男性がその土地の女性を捕らえて愛人にすることはよくあった。おそらくはこのような内縁関係が広くおこなわれていたことから11世紀のブレーメンのアダムをはじめ、部外者のなかにはスカンディナヴィア人が一夫多妻の習慣を持つと非難する者が現われたのだろう。しかし、実際は一夫一婦が基本であり、異教徒の婚姻契約でも法的な妻として認められるのはひとりに限られていた。

ゲフィユン
Gefion

　北欧神話に出てくる**アース神族**の女神のひとり。伝説によればデンマークのシェラン島をつくった。**オージン**に新たな土地を見つけるように命じられたゲフィユンは、**スウェーデン**のギュルヴィ王のもとを訪ねると、耕せるだけの土地を与えると言われる。彼女は自分の息子である4人の**巨人**を牛に変えると、鋤につないでひかせた。土が掘られてスウェーデンから切り離され、そのままデンマークまでひかれた土地はシェラン島となり、島のレイレにゲフィユンは住んだ。

ゲーム、娯楽、スポーツ
games, pastimes and sports

　ヴァイキング時代、ほとんどのスカンディナヴィア人の生活は年間の農事サイクルに支配されていた。1年のうちで畑を耕し、種をまき、干し草をつくり、収穫をする時期はとても忙しかったが、残りの時期は小自作農とその家族はかなりの余暇を享受していた。屋内、屋外を問わず、幅広い娯楽を楽しんでいたのである。駒を用いるボードゲームやサイコロを使ったゲームが人気だった。もっともよく知られているのがフネヴァタフル（「王のテーブル」の意）という将棋で、相手の王を包囲すると勝利になる。ゲームの駒は**ガラス、象牙、琥珀**などでつくられ、ヴァイキングの遺跡発掘でわりとよく出土する。ヴァイキング時代後期になると、チェスとバックギャモンが広く人気を博した。歌や、ハープや笛の演奏、物語り、詩の朗唱、謎解きはみな、人びとが暗い冬の夜を室内の火のまわりで過ごす恰好の娯楽だった。首長の住居の広間では、道化師や曲芸師、手品師などがダンスやショーをするための空間があった。徒競争、跳躍、水泳、格闘技が夏の人気のアウトドアスポーツで、冬にはスキーやアイススケートを楽しんだ。そのほか、バットやボールを使うゲームも凍った湖の上でおこなわれていたようだが、ルールなどは知られていない。狩猟や釣りは自分の楽しみである

と同時に、追加の食料源（→食べものと飲みもの）にもなった。鷹狩りは裕福な人びとのための野外スポーツだった。また、実践的な武術、剣術、やり投げ、弓矢のほか、石投げなどの力技を競うスポーツもおこなわれていた。弓矢はヴァイキング時代後期のノルウェーで、競技としての体裁がとくによく整えられていた。観戦スポーツでいちばん人気があったのは、競馬と闘馬（とうば）だった。闘馬は、繋がれている雌馬をめぐって雄馬2頭が戦う競技である。ヴァイキングはたいてい負けたときに往生際が悪く、ボードゲームや球技、闘馬の勝敗をめぐる多くの喧嘩が**サガ**には出てくる。子供のゲームについてはあまり知られていないが、その多くは大人のゲームや活動をまねたものだったと思われる。

アイルランドのバリンデリーで発見されたヴァイキングのボードゲーム、フネヴァタフルで使うボード。

ケヴァル [888年没]
Cerball mac Dúnlaigne（古北欧語 Kjarval）

アイルランド中南部のオソリー（アイルランド語ではオスライゲ）の王（在位842-888年）。ケヴァルはヴァイキングの侵略者に実利的に対応した。必要なときには彼らと戦い、アイルランドの敵と戦うときには彼らと手を組んだ。つかのまだが、ケヴァルがみずからの小国をアイルランドの重要国におしあげたのは、859年、ダブリンのノルウェー系支配者**イーヴァル**と**オーラヴル**と同盟を結び、強大な南ウィ・ネイルの王マーイル・セヒナイルに抗したときだった。他のヴァイキングとも戦い、それなりの勝利をおさめた。862年、彼は当時のロイギスの王とともにバロー川のダンラリーにあった**ロングフォート**を打壊した。864年には、リーフリンの修道院の襲撃後のヴァイキング軍を撃ち破っている。だが869年のバラ島沖の海戦では、ヘブリディーズのヴァイキングに敗北を喫した。ケヴァルは娘のひとりをオーラヴルに、別の娘をヘブリディーズのヴァイキングだったスカンディナヴィア人のエイヴィンドルに嫁がせている。エイヴィンドルの息子であるやせっぽちのヘルギは**アイスランド**の最初の入植者のひとりだった。『**植民の書**』によると、アイスランド人の多くがこうした結婚を通じて自分がケヴァルの子孫であることを誇りにしていた。ケヴァルの孫であるドゥフタハ（古北欧語Dufthak）は自身がアイスランドの一族（→家族）の始祖とされる。

ゲルマン鉄器時代
Germanic Iron Age

　ヴァイキング時代の直前にあたる400年から800年にかけての、デンマークの先史時代の約400年間をさす。通常、前期ゲルマン鉄器時代（400-550年）と後期ゲルマン鉄器時代（550-800年）に分けられる。その前期ゲルマン鉄器時代にジュート人とアングル人がユラン半島からブリテン島に移住したのをのぞくと、大体においてデンマークは当時のヨーロッパのほとんどの地域で生じていたような国の分裂はまぬがれていた。さまざまな考古学的証拠から、後期ゲルマン鉄器時代にデンマークで中央集権化が強化されたことがわかっている。たとえばリーベの市場の創設、サムセー島のカンハウエ運河や、ユラン半島の付け根を横断するダーネヴィアケ建設の第1段階などが、中央集権強化を示している。この中央集権化への過程こそが、この時代が終わるとヴァイキングの襲撃が勃発した大きな要因のひとつなのである。

言語
language

　ヴァイキング時代のスカンディナヴィア人が話していた言語を、自分たちは「デーン人の言葉（dönsk tunga）」と呼び、現代の言語学者は共通スカンディナヴィア語と呼ぶ。ここから今日スカンディナヴィアで話されている言語が発達した。スカンディナヴィアの言語は英語、ドイツ語、オランダ語と同じゲルマン語派に属する。西暦500年までにゲルマン諸語はゲルマン祖語からの分化をはじめていたと考えられ

る。スカンディナヴィア語の最古の形であるスカンディナヴィア祖語は、450年頃から700年にかけてのわずかばかりの短枝ルーン碑文によって存在が知られている。これらは当時の他のゲルマン語諸方言にいまだとてもよく似ているが、8世紀に生じた大きな音声の変化により、ヴァイキング時代の共通スカンディナヴィア語の出現につながった。共通スカンディナヴィア語が存在したという直接的な証拠は、約2500のルーン碑文に見ることができる。その大半は短いもので、完全文を含むものもほとんどない。ヴァイキング時代に詠まれたスカルド詩は、のちの中世アイスランドの作者たちによって書きとめられたが、後世の言語的影響がないとは断言できない。共通スカンディナヴィア語はかなり統一されていたが、ヴァイキング時代末期には方言に明らかな違いが見られるようになっていた。ノルウェーと大西洋の入植地の方言（西 - 北欧語）と、デンマーク、スウェーデンで話されていた方言（東 - 北欧語）である。中世を通じて、共通スカンディナヴィア語は分化していく。西 - 北欧語から古ノルウェー語、古北欧語（または古アイスランド語）が派生し、古デンマーク語と古スウェーデン語は東 - 北欧語から発達した。中世末期には、これらの言語がノルウェー、スウェーデン、デンマークで話されるなかで、低地ドイツ語から受ける影響の差によって、相違がいっそう顕著になっていく。いっぽう、アイスランドとフェロー諸島は隔離された環境にあったため、より保守的なスカンディナヴィア語が保たれていく。オークニー諸島とシェトランド諸島

で話されていたスカンディナヴィア語の一方言であるノルン語は古北欧語によく似ていた。

　ヴァイキング時代初期、共通スカンディナヴィア語は今日のデンマーク全域、ドイツのシュレスヴィヒ゠ホルスタイン州の北部、スウェーデン南部および中部、ノルウェーから遠くはロフォーテン諸島にいたる地域で話されていた。ヴァイキング時代の間にスカンディナヴィア諸語を話す社会が**イングランド北東部**、**ノルマンディー**、**アイルランド**、**スコットランド**、エストニア、フィンランド、**ロシア**、**フェロー諸島**、**アイスランド**、**グリーンランド**に構築された。ヴァイキング時代末期になると、入植者が先住民に同化していくにつれて、これらの地域の大部分でスカンディナヴィア語は失われはじめていた。グリーンランドでは1500年頃に北欧系入植地が消滅するまで、スカンディナヴィア語は存続していた。オークニー諸島とシェトランド諸島では、ヴァイキング時代には先住民のケルト語にかわってスカンディナヴィア語が使用されていたが、1750年までには英語におきかわっていた。ヴァイキングの伸展により、唯一スカンディナヴィア語が定着、拡張したのが、北欧人による入植が始まるまで誰も定住していなかった地域である、アイスランドとフェロー諸島と、19世紀までスウェーデンの政治的支配が続いていたために少数のスウェーデン語話者が現在も居住するフィンランド南東部である。

E. Haugen, *The Scandinavian Languages: An Introduction to their History* (London, 1976).

ケンジントン・ルーンストーン
Kensington Stone

　有名な捏造遺物。1898年、ミネソタ州ケンジントンの近くでスウェーデン生まれの農夫が発見したとされる。石碑には、ルーン文字で8人の「ゴート人」（スウェーデン人）と22人の**ノルウェー人**が1362年に**ヴィンランド**からミネソタに旅した、と刻まれている。碑文には9世紀から11世紀にかけて使用されていたさまざまな**ルーン文字**が混ざっており、創作された字体も含まれている。使われている言語は特徴的なスウェーデン゠ノルウェーの方言で1890年代にミネソタに居住していたスカンディナヴィア人が話していたものである。日付はアラビア数字で記されているが、14世紀のスカンディナヴィアでは使われていなかった。根っからのロマンチストのなかには、このルーン石碑が本物だと信じている人もいるかもしれないが、研究者はすぐさまこれを偽造されたものとみなした。おそらく地元のスカンディナヴィア人定住者が冗談でつくったのか、ひょっとすると何らかの民族的な敬意をしめす手段だったのかもしれない。

子
children

　中世初期のヨーロッパのほとんどの例にもれず、ヴァイキング時代のスカンディナヴィアでも、子供時代は短いものだった。多くの文化と同様に、子供たちは大人の世界を反映したおもちゃを持っていて、こまなどのおもちゃと一緒に、ミニチュアの船や家畜、道具、武器などで遊んでいた。文

ロシア、スタラヤ・ラドガで出土したヴァイキングの子供用のおもちゃの剣。

小さな子供用の靴。ヴァイキング時代のヨークでつくられた。

献からは、いろいろな球技をしていたこと
もわかっている。正式な教育制度などは普
及していなかった。ほとんどの親にとって、
子供は経済的に必要な労働力で、**アイスラ
ンドのサガ**には、子供のない夫婦が養子を
とる話が出てくる。幼い頃から、子供たち
は**家族**の活動のなかで労働を求められた。
農民、職人、商人のどの家庭でも同じだっ
た。最初は単純な仕事を与えられ、子供た
ちはその性別にあった技術を徐々に学んで
いく。たとえば、女の子は糸をつむいだり、
機織りをし、男の子は畑を耕したり、金属
の細工をする。10代のはじめには、少年
も少女も完全に大人の世界に仲間入りす
る。王族や貴族の社会では、少年は10代
半ばから政治や戦争に積極的に参加するこ
とができた。**ハラルドル苛烈王**は1030年、
わずか15歳のときに異父兄の**オーラヴル・
ハラルズソン**のもとで**スティクレスタの戦**
いで見事な武者ぶりを発揮した。この階級
の少女は、政治的な同盟を結ぶために若く
して嫁いだ。

　異教の時代、望まない子供を中絶したり、
捨てたりすることが容認されていた。新生
児が養育されることは、親から認められ、
生きる権利を与えられることを意味してい
た。初期のキリスト教時代には、深刻な奇
形がある場合をのぞいて嬰児を捨てること
は法で禁じられた。それでも遺棄の風習が
続いたのは、主に経済的な理由からだった。
子供が誕生するとささやかな贈りものが与
えられる習慣があった。最初の歯が生えた
ときにも同じく、ちょっとした贈りものを
した。子供の死後についての異教の信仰は
まったくわかっていない。**デンマーク**の異

教徒の墓地では、子供が埋葬された墓は見
つかっていない。ヴァイキング世界のほか
の地域でも同じで、あってもごくわずかで
ある。また、子供を記念するルーン石碑も
見つかっていない。いうまでもなく、キリ
スト教の墓地では子供の埋葬は一般的であ
る。

交易
trade

　考古学的証拠から、スカンディナヴィア
と東ヨーロッパおよび西ヨーロッパとの交
易を通した接触が8世紀に増えはじめた
ことがわかっている。そうした交流は、ヴァ
イキングの勢力拡張を促す役割を果たし
たかもしれない。交易の旅を続けるスカン
ディナヴィア人は、西ヨーロッパ沿岸部を
よく知るようになっただろうし、豊かで無
防備な修道院や**町**についても詳しくなった
だろう。毛皮の取引の増大は、スウェーデ
ン人が**ロシア**北部に入植し、その河川系を
探検するきっかけになった。さらには、**ア
ラブ人**や東ローマ帝国の人びとと接触する
機会を求めるようにもなっていく。交易だ
けでなく、略奪や貢納による富の流入がは
じまると、ヴァイキング時代のスカンディ
ナヴィアの経済活動も増加していく。イス
ラム世界の銀鉱山が枯渇すると、ヴァイキ
ング時代末期には中東への交易路は廃れて
しまう。そのいっぽうでスカンディナヴィ
アと西ヨーロッパの交易は、中世を通して
増えつづけた。

　おそらく、高価な贅沢品や**奴隷**がもっと
も長い距離を運ばれたことだろう。だが、
ヴァイキング時代のスカンディナヴィア人

アラブのすばらしい青銅や銀製の器や陶器。ロシアのスカンディナヴィア人定住地で見つかった。黒海やカスピ海への交易の旅から持ち帰ったもの。

ワインの瓶とガラスの杯。ラインラント製。スウェーデンのビルカに輸出された。

ルンドで出土した絹製の琥珀織の断片。高価な贅沢品で、おそらく東ローマ帝国から輸出されたものだろう。

がつくっていた商船は、安価な日用品など
を箱詰めにして大量に積み込むこともでき
た。穀物や木材、鉄を自給自足できないアイ
スランド人、フェロー諸島のアイスランド
人、北欧系グリーンランド人にとって、
こうした生活必需品の交易は不可欠なもの
だった。ヴァイキングの海賊行為と交易の
あいだの線引きははっきりしないことが多
かった。ひじょうに高価な物品の多くを、
暴力をちらつかせたり、実際に暴力を用い
て入手していたからだ。スカンディナヴィ
アに流れた銀の大半は、もともとは略奪や
貢納で獲得したものだった。ヴァイキング
の奴隷売買は、**アイルランド**や西ヨーロッ
パ各地を襲撃して捕虜にした人びとや、**ル
ーシ人**がスラヴ人に強要した貢納で成り立
っていた。スラヴ人は、蠟や蜂蜜で支払う
こともあった。ノルウェー人、スウェーデ
ン人、ルーシ人は、徴 貢のための遠征を
行ない、**サーメの人々**や**フィンランド人**か
ら毛皮を徴収していた。そのほかにスカン
ディナヴィア人商人がとりあつかった重要
な商品には、セイウチの牙（→**象牙**）や皮、
アザラシの皮、**石鹼石**、鷹、塩漬けや干も
のの魚が含まれた。商品と引き換えに、ヴ
ァイキングは東方の絹や銀、西ヨーロッパ
製の**武器**、**ガラス製品**、見事な**陶器**などを
求めた。ヴァイキング時代のスカンディナ
ヴィア人のなかには交易商人を生業にして
いる者もいただろうが、たいていの商人は
交易だけでなく、農業や手工業、海賊行為
などもおこなっていた。890 年頃、**アルフ
レッド大王**の宮廷を訪れたノルウェー人**オ
ホトヘレ**もそんな商人のひとりだった。
　ヴァイキングがひじょうに長い距離を船

でわたって商売をしたことや、その意義
を、実際以上に大げさに言いたてるのは簡
単だ。スカンディナヴィア商人のなかには、
バグダードやカナダ北極圏まで出かけた者
がいたことを示せばことたりる。だが現実
には、ほとんどの交易は近距離だった。ス
カンディナヴィアやバルト海沿岸周辺に無
数にある小さな港湾や交易地のあいだを行
き交っていたのである。異国の品々は長距
離を旅したかもしれないが、それらも商人
の手から手へと渡っていたに過ぎない。た
とえば、バルト海の**ゴットランド島**で大量
のアラブの貨幣が発見されているが、ゴッ
トランドの住民が直接中東で取引したとい
う証拠にはならないのである。それよりも、
バルト海を渡るルーシ人やスラヴ人などの
仲介者から入手した可能性のほうが高い。
ヘゼビューや**ビルカ**など、少数の国際的な
交易拠点に、**イングランド**、**フリジア**、ド
イツ、さらにはバグダードやスペインの商
人たちが集まった。王たちは町をつくり、
海賊から商人を守るかわりに通行税などの
税を徴収し、交易の促進と統制を求めた。
このように、ヴァイキング時代のスカンデ
ィナヴィアでは、交易は王権の成長に重要
な役割を果たしていたのである。

航海術
navigation

　ヴァイキングがその船をどのように操縦
していたかはよくわかっていない。可能な
場合は、ただ海岸に沿って航海した。浅瀬
や礁から安全な距離を保ち、海岸にある
目立つ目印を頼りに船を進めた。**イングラ
ンド**や**フランク王国**を襲ったデーン人の大

半はこの方法で航海していたはずだ。だがヴァイキング、なかでもノルウェー人ヴァイキングは、大西洋を横断する大海原の航海では、何日も陸を見ないこともあった。こうした航海を、おそらく航法計器の助けを何ら借りずに行なったのだ。磁気コンパスはもちろん知られていなかったし、水晶でできていて、曇っていても太陽の位置を確認できるとされた「**太陽石**」を使用したという話も伝説にすぎまい。**グリーンランド**で木製の円盤の破片が見つかっている。放射線状の線がついていて、原始的な太陽コンパスのようなものだと考える者もいるが、一般に広く認められているわけではない。

ヴァイキングの航海士は、正午の太陽高度や星の位置で緯度を導き出していた。目的地の緯度がわかっているときにこの方法は役立った。ヴァイキング時代の**アングロ・サクソン人**の間では水深を測るために測鉛が広く用いられていた。おそらくバルト海のヴァイキングの航海士も使っていただろうが、大西洋の深い海では使用できないことは明らかだ。航海において何よりも重要な情報は、いにしえの時代から口伝えで受け継がれてきた海や天候にまつわる実用知識だった。雲の形は水平線の向こうの陸地が存在することを告げているのかもしれなかった。海鳥の飛ぶ方向を観察して陸地の情報を得ることもできた。嵐のなかを航海しているときに暴風雨が少し弱まったら、船は島の風下を進んでいて雲や雨、暗闇で島が見えないという可能性もあった。座礁する危険があるため、ヴァイキングの航海士は夜間に海岸沿いに進むのを避けた。やむをえず航行するときも、熟練した航海士は船腹に返ってくる反射波の強さから岸までの距離を感じとっていた。海図は使われなかったが、それなりに正確な航路が口伝えで伝えられていた。

とはいっても、悪天候のなかではヴァイキングの船乗りはほとんど針路を定めることはできなかった。難破の危険はつねにあった。風で針路をそれて見知らぬ海岸に漂着することもあった。**アイスランド**、グリーンランド、北アメリカ大陸を発見した北欧人船乗りはすべてそうだった。だが、**ボーンホルム島**で、ハッルヴァルズルという

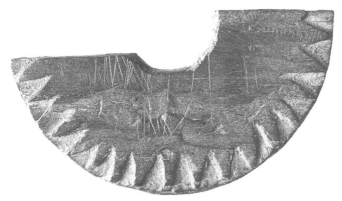

グリーンランド、ガルザルで見つかった木製の円盤。原始的な太陽コンパスではないかと考えられている。

船乗りを追悼した 11 世紀のルーン石碑が見つかっているが、彼の運命がより一般的だっただろう。「サッスルは父親ハッルヴァルズルを追悼してこの石碑を建立する。彼は乗組員全員と海に没した。キリストよ、彼の魂に永遠の救いを与えたまえ。彼の記憶とともにこの石が立ちつづけんことを」

甲鉄のビョルン [860 年頃活躍]
Björn Ironside

9 世紀のヴァイキングの首領。彼についてはじめて言及したのは、11 世紀のノルマン人著述家のウィリアム・オヴ・ジュミエージュである。おそらく彼は、同時代のフランク王国の資料から 858 年にセーヌ川で活動していたヴァイキングの首長ビョルンと同一人物とみなしていた。ウィリアムによると、ビョルンはロズブローク王——伝説的なラグナル・ロズブロークと思われる——の息子で、教育係の**ハステイン**とともに父親から追放されている。ビョルンとハステインは、859-862 年に**フランク王国**と**地中海**を襲撃した。その後 2 人は別れて、ビョルンはスカンディナヴィアに戻ったのちに**フリジア**に行き、そこで死去した。ビョルンは「甲鉄」の異名をとるが、これは母親が彼に与えた魔法の飲み薬のおかげで、どんな**武器**にも耐えられたからだといわれている。

行動規範
conduct, rules of

ヴァイキング時代のスカンディナヴィア社会でもっとも称賛されたのが、戦士にふさわしいふるまいだった。勇敢さを備えた肉体と危険や死に直面したときにも平静さを失わない心、自己を鍛錬する習慣、社会的忠節、物惜しみしない気前の良さが尊ばれた。地位に関係なく、このようにふるまう者には名誉と尊敬が付いてきた。名誉は貴重な財産であり、名誉を傷つけられた者は戦いによって取り戻そうとすることが当然とされた。ヴァイキング時代のスカンディナヴィア人の大部分は戦士というより農民であり、『詩のエッダ』（→『**エッダ**』）のなかの箴言『高き者の言葉』のなかに表現されたような実利主義にこそ価値をみていた。『高き者の言葉』は経験から得られる分別や一種の常識的な知恵をこそ奨めている。友情を育むこと。もてなしを当然と思わないこと。贈りものには贈りもので返す。不必要に敵をつくったりいたずらに争いをしかけない。飲みすぎるな。さもなきゃ理性を失うぞ。何を話していいかわからないときは口を閉じていること。黙って聞いているほうがいい。商売では用心して、裏切られたり騙されたりしないよう注意を怠るな。いつでも誠実にふるまえ。ただし敵といるときは別である。何なら彼らを欺いてもよい！　だがここでも、戦士の英雄的美徳が認められることもある。『高き者の言葉』は戦いを避ければ長生きできるなどと考えるような臆病者を愚かな、と唾棄する。そして、輝かしい名声こそけっして消えることのない唯一のものである、と教える。戦士や農民にとって最大の罪は**家族**や友人を裏切ることだった。裏切り者は「変節漢」と呼ばれ、無価値な追放者とされた。

コーク
Cork

アイルランド南西部にある港市で、もともとは7世紀に勢力のあった修道院が中心となって盛えた村だった。821年と839年にヴァイキングの襲撃を受けた。848年からはヴァイキングのロングフォートとなったが、その首領のグニヴベオルが殺害された867年にはその役割を失った。910年代に、ヴァイキングがアイルランドで襲撃を全面的に再開すると、913年にコークはふたたび襲撃され、その後まもなく再占領された。11世紀までには周辺のアイルランド王の支配に下ったとはいえ、その後1174年に最後のノルウェー系の王ギルバート・マクターガーがアングロ・ノルマン人との海戦で殺害されるまで、コークは自分たちの独自の町の統領をもちつづけた。ヴァイキング時代のコークにまつわる考古学的証拠はいまだほとんど発見されていない。

ゴクスタ船葬墓
Gokstad ship burial

1880年にノルウェー、ヴェストフォル県のサンダルに近接するゴクスタで発見された船葬墓。浅い溝に1隻の船が置かれ、木製の墓室がマストの後部につくられていた。遺骨は、副葬品とともに墓室内のベッドに横たえられていた。船のなかや周囲にも副葬品が並べられ、墳墓のなかに船が埋葬された。墓室をつくるのに使用した木材は、年輪年代学から900-905年のものと判明している。ヴァイキング時代の大工は通常、生木を用いたので、埋葬はその後ま

もなくおこなわれたと思われる。

埋葬船は鎧張りでつくられ、片側の舷側に16列の外板がある。全長23.3メートル、幅5.2メートル、深さ2メートルですべてオーク材で建造されている。推進力は、1枚の横帆と16対のオールから得られた。突出した巨大な竜骨から、この船は水深の深い地域を航行するためにつくられた可能性が高い。舷縁板の盾掛けには、それぞれのオール受けのあいだに2つの盾を掛けるようになっている。これは、この船がオールの数の2倍の64人を乗せられることを示唆している。放射性炭素年代測定法によると、この船は895年頃-900年のあいだに造られた。それより前に埋められたオーセベリ船と対照的に、このゴクスタ船には装飾がいっさいされていない。その美しさは船体の優美な曲線にある。レプリカがいくつかつくられ、そのうちの1隻は大西洋を横断している。海上試運転から、耐航性があり、風上に航行する能力のある船だとわかっている。しかし、高速で危険なほど不安定になりかねないため、航行には技術を要する。ゴクスタ船はカルヴィ型輸送船の典型だとみなされている。サガ文学に出てくる、首長やその家族が個人的に航海するための船である。

墓からは3隻の小舟も見つかっている。そのほかにも12頭の馬、6匹の犬、クジャク1羽、いくつかのベッドと調理器具も埋められていた。おそらく、これはもともとの副葬品のほんの一部と思われる。遠い昔のある時期に墓が盗掘されているためだ。墓室で発見された人骨から、埋葬された人物が60-70歳くらいの男性でリウマ

ゴクスタ船葬墓　155

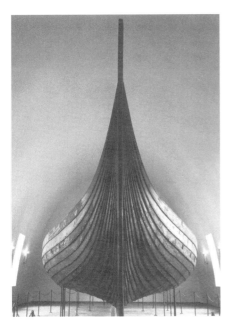

ゴクスタ船。ノルウェーの首長の船で895年頃‐900年に建造された。

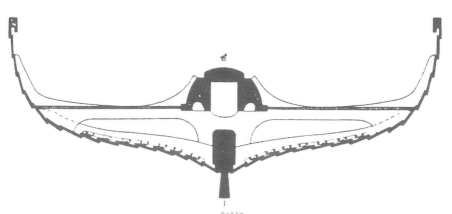

ゴクスタ船の船体中央部の横断面図。大きく突き出た竜骨(りゅうこつ)がノルウェーのヴァイキング船の際立った特徴である。

チを患っていたことがわかっている。彼が誰であれ、副葬品の質の高さからみて首長か王族だったと思われる。

ゴジ
goði

アイスランドにおけるある地域の首長。文字どおりの意味は「神官」で、デンマークではその意味で使用された記録が残っている。アイスランドのゴジ（複数形は「ゴザル〈goðar〉」）は、世俗的な地域の指導者としての役割を担っていた。アイスランドの最初のゴジは、入植期（870年頃-930年）の主要な諸家族のメンバーだった。当初は36人だったが、965年には39人に、1005年には48人に増えた。ゴジ権は通常、世襲制だったが、絶対的なものではなく、世襲が途絶えたり、新たな者が入ってくることもあった。国の長や中央行政府が存在していなかったため、アイスランドを事実上支配していたのはゴジだった。自由民は誰でも全島の立法議会アルシングに出席できたが、投票権を持つのはゴジだけだった。法による裁決をする判事を選出するのもゴジだった。ゴジはまた地域のシング（民会）も管轄した。意思決定は合意に基づき、支持者であるシングメンの意見も考慮する必要があった。というのは、自由民として、彼らは希望すればゴジとの関係を解消して、もっと自分たちの利益を守ってくれそうな別のゴジを支持することも可能だったからだ。実際に、ゴジの支持者が広範にわたるにともなって、こうした鞍替えはひんぱんに生じた。そのため、アイスランドの首長権は領土的というよりも、政治的な性質のものだった。ゴジたちの富と地位がおおむね等しければ、この政治体制はうまくいった。しかし、13世紀に少数の抜きんでたゴジ（「大ゴジたち」と呼ばれた）が現われると、権力闘争や内乱が起こり、1263年にノルウェーの介入を許すことになった。その後まもなくゴジ権は廃止された。

ゴットランド島
Gotland

バルト海に浮かぶゴットランド島は、ヴァイキング時代は独立国家、または首長の連合だった。文献にはじめてゴッドランドが登場するのは9世紀末のこと、オロシウスの著書の古英語訳で、商人ウルフスタンのバルト海の航海についての記述のなかに出てくる。当時、島民はスウェーデン人に貢納金を支払っていた。そして、ゴットランド島は徐々にスウェーデン王国に組み込まれていく。11世紀、ゴットランド島はスウェーデン王の保護とその王国を自由に旅する権利の見返りとして、年に銀60マルクの支払いに同意した。12世紀になると、そこに兵役の義務がくわわり、13世紀にはスウェーデンの税制度がこの島にも適用された。

ヴァイキング時代のゴットランド島の文化は、多くの点でスウェーデン本土の文化とは異なっていた。ヴァイキング時代末期まで、スカンディナヴィアでは石材彫刻はほぼ知られていなかった。だが、ゴッドランド島ではヴァイキング時代を通して、死者を追悼する絵画石碑が建立されていた。宝飾品の様式も異なっていた。当時のゴッ

トランド島はかなり繁栄していたと思われる。ヴァイキング時代の埋蔵銀が700近く見つかっている。ごく限られた地理的領域のなかで驚異的な数である。銀の大半は東方からきたものでアラブの硬貨、スラヴの宝飾品、またはロシアの銀塊(ぎんかい)だった。バルト海の中央に位置していたため、ゴッドランド島は交易で栄えた。島の沿岸周辺に多数の小さな港や揚地(ようち)が確認されていることから、ゴットランド島の農民の多くは商人でもあったことがわかる。12、13世紀まで時代が下がると、ゴットランド島の住民は、ロシアと毛皮の取引をさかんにおこなうようになるが、ピルゴールズのルーン石碑には、5人のゴットランド島民がロシアに旅したことが記されているものの、ヴァイキング時代の交易のほとんどは隣のエーランド島や、バルト海南東部のスラヴ人とのあいだでおこなわれていた。海賊行為にも都合のよい場所にあった。ゴットランド島で見つかっている大量の埋蔵宝は自分たちの略奪の成果か、戦利品だっただろう。その反面、逆に攻撃の対象にもなりやすかった。なぜゴットランド島民が財産を埋めることに熱心だったか、そして、その多くがなぜ掘り返されなかったのかの説明もつく。

ゴドレッド・クロヴァン（アイルランド語クロブ・バーン〈「白い手」〉）[1095年没]
Godred Crovan（Irish crov bán）

マン島と諸島の王(在位1079-1095年)。マン島の伝承ではオリー王とも知られる。ダブリン王（1091-1094年）。マン島初のスカンディナヴィア人王ではないが、多くが知られている最初の王である。ゴドレッ

ゴットランド島で発見された珍しい円筒形のブローチ。ブロンズ製で金と銀の装飾がほどこされている。

ドは青年期をマン島で過ごしたが、もともとはヘブリディーズ諸島のアイラ島出身かもしれない。1066年、彼は**ハラルドル苛烈王**(ハルドラジ)の**ノルウェー軍**と**スタンフォード・ブリッジ**で戦ったのち、当時のマン島の王グズローズル・シヒトリクソン（1070年没）のもとへ身を寄せた。なぜ、またどのようにしてかわからないが、ゴドレッドは軍隊と船団（→**艦隊**）を招集し──おそらくヘブリディーズ諸島から集めたのだろう──1079年にマン島に侵攻した。2度撃退されたのち、ついにラムジー近くのスカイヒルでの戦いに勝利する。そこではじめてマン島の人びとは、ゴドレッドを王として認めた。その後、短期間の中断はあったが、ゴドレッドの子孫が1265年までマン島を統治した。ゴドレッドはマン島とヘブリディーズ諸島をひとつの王国として統一し、一時的にダブリンも支配して、ギャロウェイに貢納金を課した。マン島と諸島の王国は5つの行政区に分かれていて、年に一度、32人の代議員がマン島の**ティンワルド**に集まった。1095年にゴドレッドがアイラ島で死去すると、内乱が勃発。1098年に王国は**ノルウェーのマグヌス裸足王**にやすやすと掌握される。そして1113年頃にようやくゴドレッドの息子オーラヴルが王国を復活させた。

琥珀
amber

半貴石(きせき)の化石樹脂。ユラン半島の北海沿岸からバルト海南岸で収集される。琥珀(こはく)は、古くは紀元前2000年の昔からスカンディナヴィアとバルト海の諸島から輸出され、ヴァイキング時代にもスカンディナヴィアの輸出品としても文献にひんぱんに現われる。柔らかくて加工しやすいため、数珠(じゅず)やお守り、ゲームの駒、その他の装飾品をつくるのに用いられた。琥珀が加工されていた証拠は、ほぼすべてのヴァイキング時代のスカンディナヴィアの町々、また、**ダブリン**や**スタラヤ・ラドガ**といった北欧外のスカンディナヴィア人入植地でも見つかっている。

マン島のスカイヒル。1079年、ゴドレッド・クロヴァンがマン島の軍勢に勝利した場所。

ゴルムル老王 [958年没]
Gorm the Old

　デンマーク王（在位936年頃-958年）。11世紀のドイツの歴史家ブレーメンのアダムの若い写本によると、ゴルムルはハルデゴン（ハルザクヌートル）・スヴェインソンの息子。ハルデゴンは「ノルマン人の国」（ユラン半島北部、ノルウェーまたはノルマンディーの可能性も）の統治者で、10世紀初頭にデンマークを支配していたスウェーデンのオーラヴル王の一門を倒した。ゴルムルの王国がどのくらいの広さにおよんだかは定かではないが、少なくともユラン半島全域が含まれていたと思われる。ゴルムルは異教徒で、ハンブルグ゠ブレーメンの大司教ウンニが、936年にデンマークで新たに布教活動をおこなう許可を求めたが、非友好的に対応したとされる。

琥珀でできたチェスの駒。ソール神をかたどったものと思われる。デンマーク、シェラン島から出土。

ユラン半島のイェリングにあるルーン石碑。ハラルドル青歯王が両親ゴルムル王とテューレ王妃を記念して建立した。

ゴルムルの後継者は息子の**ハラルドル青歯王**で、彼は父親が死ぬ数年前から共同統治者だった。

　ゴルムルは立派な墳墓に埋葬された。その墓は今日もユラン半島の**イェリング**に見ることができる。年代年輪学から、彼の墓室をつくるのに使用された木材は958年に伐採されたことがわかっている。この年が彼の没年である可能性が高い。ゴルムルの遺体はその後、墳墓から移され、おそらくキリスト教徒の息子ハラルドルによって、イェリングに建てた**教会**に埋葬しなおされている。現存する遺骨から、ゴルムル老王の身長は約172センチメートルで、背下部の変形性関節症を患っていたことがわかっている。死去したときはおそらく40代だった。

コンスタンティノープルの条約
Constantinople, treaties of

　ルーシと東ローマ帝国のあいだで907年、911年、945年に締結された一連の条約。907年と945年の条約は、おそらくルーシのコンスタンティノープル襲撃が失敗に終わったあとに結ばれたもので、一方、911年の条約は、907年の条約の単なる追認だったとも考えられる。907年の条約では、ルーシの商人にコンスタンティノープルで6か月まで補給を受ける権利が認められた。1か月の飲食、入浴、錨、帆、その他の船の供給品が与えられた。城壁内で生活することはできず、市内にいかなる**武器**ももちこんではならなかった。また、市内に入る際は、必ず官吏が同行する必要があった。**キエフ**から来たルーシ商人は、

それ以外の交易地から来た者よりも優遇措置が受けられた。911年の条約では、ルーシは東ローマ帝国の船を略奪しないこと、難儀している東ローマ帝国の船を見つけたらどの船でも救援することに同意した。ほかの条項では、東ローマ帝国の領域内でルーシが犯した犯罪、捕虜の**身代金**、逃亡奴隷の返還、ルーシが東ローマ帝国**軍**に加わることを望む場合の条件などに関する規定が定められている。この最後の規定は、帝国の精鋭のヴァイキング傭兵**ヴァリャーギ親衛隊**の起源とみなされている。945年の条約では、ルーシ商人が購入できる**絹**の量が明記されている。また、ルーシがドニエプル川河口のベレザーニで冬営することを禁じている。これは、黒海に彼らが常住することを防ぐためだった。そのほか、商人はコンスタンティノープルに到着する前に正式文書を携えておかねばならなかった。書類をもたずに来た者は敵とみなされた（文書が重視されているのは、ルーシのあいだで読み書きが浸透しつつあったことを意味する）。945年の文書では、キエフにキリスト教徒の共同体が存在することや、**ブルガル人**に対抗するための軍事協力の提供も記されている。ひじょうに興味深いのが、ルーシ側の条約調印者らの名前が残されているのだが、907年と911年にはほぼすべてがスカンディナヴィア人だったのに対し、945年の条約ではスラヴ系の名前が多くなっている。これは、この頃までにルーシがどの程度スラヴ文化に同化していたかをしめしている。

コンスタンティノープル——ヴァイキングはミクラガルズル(「偉大な城塞都市」)と呼んだ——は、傭兵や商人を引き寄せる場所だった。

コンスタンティン1世 [877年没]
Constantine I

　スコットランド王(在位862-877年)。ケネス・マカルピンの息子。コンスタンティンは、ピクト人と**ストラスクライド**のブリトン人に対するヴァイキング襲撃の恩恵を受け、**スコットランド**での地位を強化した。彼の妹は**ダブリン王オーラヴル**に嫁いだとも考えられている。875年、コンスタンティンはドラーでおそらく**ハールフダン**率いるデーン人の軍勢に大敗を喫する。その後、877年にファイフでヴァイキングとの戦闘中に戦死したとされる。

コンスタンティン2世 [952年没]
Constantine II

　スコットランド王(在位900-943年)。彼の治世下で、スコットランド王国の権力が固められた。治世のはじめ、彼はノーサンブリアのティーズ川の北側すなわちバーニシア側のノーサンブリア人たちと同盟を結び、ヨークのヴァイキングに対抗した。彼らは914年と918年の2度、コーブリッジで**ラグナルド**と戦っている。最初は敗北し、2度目は引き分けた。その治世の後半、コンスタンティンは力を増しつつあった**ウェセックス**にヴァイキングよりも注意を向けるようになる。937年、彼は義理の息子の**ダブリン王オーラヴル・グズフリズソン**と**ストラスクライド**のブリトン人との

162　コンスタンティン2世

連合軍でイングランドに侵攻するが、ブルーナンブルフでエゼルスタンに惨敗する。

943年、コンスタンティンは退位し、余生をセント・アンドルーズで修道士として過ごした。

さ 行

サガ
saga

　サガとは、中世アイスランドの散文物語文学を指す用語である。アイスランド語で「話されたこと」や「語られたこと」を意味し、サガという文字形式が発達するなかで、口伝えによって物語られることがいかに重視されていたかを示唆している。サガは12世紀に発達し、14世紀を最後に作られなくなった。1150年頃にさかのぼる最初期の作品は、もっぱら宗教的な散文テクストであり、ラテン語で書かれた聖人伝や使徒伝を、誰の手によるかは不明だが、翻訳したものだった。これらを模範にしたサガ文学は、4つのジャンルに区別される。

　まず、「王のサガ」は歴代の王たちの歴史的伝記で、そのほとんどは1190年から1230年にかけて書かれた。スカルド詩はこうした作品の重要な典拠であり、作品のなかで長々と引用されることも多い。もっとも重要な王のサガはスノッリ・ストゥルルソンの大部『ヘイムスクリングラ』で、1177年までのノルウェー諸王の歴史がサガ文学の形式でまとめられている。もっと

『フラート島本』より。挿絵をふんだんに盛りこんだノルウェーの王たちのサガ集である。

も有名なサガのジャンルが、作者不詳の「ア
イスランド人のサガ」と呼ばれる一連の作
品群で、ヴァイキング時代のアイスランド
の実在人物や、アイスランドで起こった出
来事をもとに一族（→家族）の歴史を語る、
とはいえ13世紀に成立した——実質的に
は——歴史小説である。13世紀のアイスラ
ンドは政治的暴力に起因するさまざまな問
題が増加しつつある状況にあり、「アイス
ランド人のサガ」は、いにしえの「黄金時代」
の復活を願う現実逃避主義者の願望をさぞ
や満たすものであったろう。よくあるテーマ
は、ときには何世代にもわたって続いた血
讐による問題の解決である。たとえば『ニャー
ルのサガ』では、善良で平和を好む男
性ニャールが親族の絆、忠誠心と友情から
他人の争いに容赦なく巻きこまれ、最後は
非業の死を遂げる。「アイスランド人のサガ」
の作者たちは運命の導きをかなり気にかけ
ているが、描かれる登場人物たちは自分の
運命をきりひらき、みずからの失敗で最期
を迎えることになる。当時ヨーロッパで人気
だった騎士道物語と比べると、『アイスラン
ド・サガ』は簡明で人の心をつかむ語り口と、
登場人物の生々しい心理描写から、現代の
作品かと思うほど文学作品として際立って
いる。なかでも『ニャールのサガ』『エギル
のサガ』『ラックス谷の人々のサガ』は、ヨ
ーロッパ文学の傑作に位置づけられる。
「騎士のサガ」は、西ヨーロッパの騎士道
物語をアイスランド人向けにしたてたもの
で、そのほとんどは文学作品としては二流
とみなされている。「古代のサガ」は英雄
伝説と想像力豊かな冒険物語だ。前者でも
っとも重要なのが「ヴォルスンガ・サガ」

でファーヴニル殺しのシグルズルすなわち
竜退治の英雄の物語である。後者の代表と
なるのが『徒のフロールヴルのサガ』で、
サガの主人公である英雄がロシアまでロマ
ンスと魔法に彩られた旅をする物語であ
る。「古代のサガ」のほとんどは14世紀
に書かれた。

サクソ・グラマティクス[1150年頃-1220年頃]
Saxo Grammaticus

　デンマークの歴史家で詩人。グラマティク
ス（「学者」の意）という添え名は、そ
の抜群の学識に由来する。サクソの生涯に
ついてはほとんどわかっていない。おそら
くシェラン島出身の代々兵士の家系に生ま
れた。教会執務に通じていることから、彼
は聖職者だったことが示されている。だ
が、おそらく修道士ではなかっただろう。
1185年以前のある時期に、彼はロスキレ
司教アブサロン（のちのルンド大司教）の
もとで働いていた。アブサロンの勧めで彼
はデーン人の歴史について書きはじめる。
これがラテン語の大著『デーン人の事績』
である。

サーメの人々
Saami

　今日はノルウェー、スウェーデン、フィ
ンランドの最北部、ロシアのコラ半島にの
み居住するサーメの人々だが、ヴァイキン
グ時代はスカンディナヴィアとロシアのも
っと広範な地域に住み、南はスウェーデン
中部、西はノルウェー、東はオネガ湖、ラ
ドガ湖にいたった。サーメの人々の話す言

語はフィン＝ウゴル語派で、フィンランド語とエストニア語の遠い同族にあたる。今日はトナカイの狩猟で知られているが、ヴァイキング時代はトナカイは役畜で、その乳をとったり、ほかのトナカイを狩るためのおとりにもされていた。当時のサーメの人々はおもに狩猟、**漁業**、採集を営んでいた。狩猟はたいてい冬におこなわれた。動物の毛がいちばん良好な状態になるためだ。夏は漁業、季節によって遊牧生活を送り、限られていたが穀類を栽培してヤギやヒツジを飼育していた。彼らは、クマを信仰し、獣皮や湖、岩などを聖なるものとしてあがめるシャーマニズムに従っていた。ヴァイキング時代のスカンディナヴィア人は、サーメの人々は危険な魔力を持っていると信じていた。9世紀の商人オホトヘレは、最北の地への旅行について**アルフレッド大王**に語ったが、サーメの人々がテン、クマ、カワウソの毛皮、トナカイの皮、ク

ジラのひげ、海鳥の羽毛が入った袋、セイウチの皮でつくった船のロープ、防水服をつくるためのアザラシの革をノルウェー人に貢納していたと述べている。リスの冬の毛皮である高価な灰色のミニバーで支払われることもあった。これは豪華な衣服の装飾品として需要が高かった。直接の**交易**もさかんにおこなわれていた。ヴァイキング時代の青銅や銀製の**宝飾品**、鉄の道具や武器、そのほかのスカンディナヴィアに由来する品々がサーメの人々の遺跡から見つかっている。毛皮と取引されたのだろう。11世紀後半には、利益の多い毛皮の交易はノルウェー王が独占するようになっていた。

サン＝カンタンのデュドン [960年頃-1043年頃]
Dudo of St-Quentin

ノルマンディー公の歴史を物語る『ノル

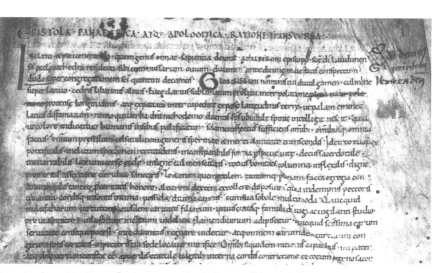

サン＝カンタンのデュドンの『ノルマンディー公の歴史』。12世紀の写本より。

マンディーの初めの諸公らの作法と務めについて』を著したフランス人修道士。デュドンはノルマンディー公リシャール1世（リシャール無怖公）の宮廷をよく訪れており、994年、リシャールは彼にノルマンディー公の歴史をまとめるよう依頼した。デュドンはおそらく1015年頃にこれを完成させ、さらに1030年頃には増補もおこなったと思われる。痛々しいほどもったいぶった、回りくどい文体で書かれており、韻文で書かれた章がいくつもある。序章と4巻で構成され、第1巻はトロイの伝説にさかのぼる神話上のデーン人の祖先と、9世紀半ばに各地を襲撃したデーン人のヴァイキング行について物語られる。残りの3巻でロロのデンマーク追放、イングランドとフランドルにおけるロロの活躍、ロロのノルマンディー定住、リシャール1世の死（996年）までのノルマンディーの歴史が綴られる。デュドンの作品の信憑性は疑わしいが、ノルマンディー初期の歴史を内部から記した現存する唯一の作品であることを考えると、無視できない価値がある。

Dudo of St Quentin: History of the Normans, trans. E. Christiansen (Woodbridge, Suffolk, 1998)

サン゠クレア゠シュル゠エプトの条約 [911年]
St-Claire-sur-Epte, treaty of

ヴァイキングの首長ロロと西フランク王シャルル単純王が結んだ協定。ノルマンディー公国の創設につながった。シャルルはロロにルーアンのほか、タルー、コー、ル

ーモアを含むセーヌ川下流の土地を与えた。そのかわりにロロはシャルルに忠誠を誓い、ほかのヴァイキング侵入者からそれらの地域を守ることに同意した。一般に、このときシャルルはロロにルーアン伯の称号を授け、その伯領を王室から受け継ぎ、王の臣下として統治する権利を与えたとされている。この協定に言及した最初に記録は918年までくだる。

サンドウィッチの戦い [851年]
Sandwich, battle of

イングランドの歴史上、記録として残る最古の海戦。サンドウィッチの港に停泊していたヴァイキング船団（→艦隊）が、ケント王エゼルスタンと太守エアルヘレ率いるアングロ・サクソン軍の船団に襲撃された。戦いに敗れたヴァイキング軍は9隻を失った。生き残ったヴァイキングは撤退するが、一時的なものにすぎなかった。翌年、ヴァイキング軍はケントに襲来、サネットの戦いにおいてエアルヘレが敗死した。

太鼓腹揺らしのエイナル [980年頃-1050年頃]
Einar Tambarskelve（古北欧語 Einar Eindriðason þamdarskelfir 'paunch-shaker'）

ウップランドの有力な首長で、11世紀初期のノルウェーの政治的なやりとりの場において主導的な役割を果たした。サガでは射手として有名である。スヴォルズの海戦では、オーラヴ・トリュッグヴァソンの側について、ラーデのヤール、エイリークルと戦った。その後、エイリークルとス

スヴォルズの海戦の太鼓腹揺らしのエイナル（サンバルスケルヴィル）。19世紀に刊行されたスノッリ・ストゥルルソンの『オーラヴ・トリュッグヴァソン王のサガ』の挿絵より。

ヴェイン・ハーコナルソンの兄弟の忠実な味方となる。そして、彼らの妹のベルグリョートと結婚した。1015年、エイナルはスヴェインとともにネスヤルでオーラヴ・ハラルズソンと戦い、敗北してスウェーデンへ亡命した。1022年にオーラヴ王と和解するが、翌1023年にはイングランドへ行き、クヌートルと会ったのち、ローマへ巡礼に出る。1028年、クヌートルはオーラヴを追放し、エイナルに領地を約束する。だが、その約束が果たされることはなく、1030年にオーラヴが戻ってきたときには、彼と戦うことを拒んだ。スティクレスタの戦いでオーラヴが死去したあと、エイナルはオーラヴ王を聖人と認めた最初のひとりとなった。1034年、エイナルはロシアへ行き、オーラヴの息子マグヌス善王をノルウェーに呼び戻す。翌年、マグヌスが即位すると、エイナルは王がもっとも信頼する相談役に数えられた。マグヌスの後継者のハラルドル苛烈王（ハルドラジ）とエイナルの関係は最初からうまくいかなかった。彼の独立不羈の姿勢とトロンデラーグにおける強大な影響力が原因だった。王の裁定によって殺されるところだった配下の者のひとりを、エイナルが救い出したことから、ハラルドルはトロンヘイムで彼を暗殺した。

シーエン
Skien

　カウパングの西にあったヴァイキング時代の小さな定住地。2つの湖に挟まれた地峡に位置し、オスロ・フィヨルドから船で

たやすくいくことができた。内陸のテレマ
ルクから運んできた鉄や砥石（といし）を輸出するた
めの港湾として用いられていたと考えられ
る。

司教区
bishoprics

　スカンディナヴィアにおける教区組織の
始まりは 948 年、ドイツ王オットー 1 世
がデンマークの王国内のリーベ、オーフス、
シュレスヴィヒに宣教司教を赴任させたこ
とによる。オットー 1 世の目的はおもに
政治的なものだった。**教会の組織化**を利用
して、デンマークにおけるドイツの影響力
を確固たるものにしようとしたのだ。988
年までには、同じくデンマークの**オーデン
セ**にも司教区が設けられ、新たな司教区は
ハンブルク＝ブレーメン大司教区の管轄下
に置かれた。ハンブルク＝ブレーメン大司
教区は 830 年代に教皇グレゴリウス 4 世
から、デンマークと**スウェーデン**における
布教活動の指揮権を与えられていた（1053
年にはスカンディナヴィア全域に拡大され
た）。初期の司教が実際に裁治権を行使す
るような司教管轄区をもっていたという証
拠はない。デンマークで通常の司教管区制
度が導入されるのは**クヌートル 2 世**（在
位 1019-1035 年）の時代からだ。クヌー
トルはデンマークの教会にドイツの影響力
をおよぶことを嫌い、1022 年、カンタベ
リー大司教によって叙任された司教が**ロス
キレ**に置かれる。だが、すぐにハンブル
ク＝ブレーメン大司教区の管轄下に強制的
に組み込まれることになる。1060 年まで
には中世デンマークの 8 つの司教区すべ

て——オーフス、ボーグルム、**ルンド**、オ
ーデンセ、リーベ、ロスキレ、シュレスヴ
ィヒ、**ヴィボー**——が創設されている。ノ
ルウェーとスウェーデンでは、ノルウェー
王**オーラヴル・ハラルズソン**の司教グリム
ケッルをはじめ、司教は 11 世紀に入って
もなお王室附きの同行説教師以上のもので
はなかった。ノルウェーに通常の司教区が
最初にが設けられたのは 1029 年の**トロン
ヘイム**で、1100 年頃には**ベルゲン**にも置
かれた。スウェーデンの最初期の司教区は
1014 年頃に**スカーラ**に、1060 年頃に**シグ
トゥーナ**に設置された。しかし、スウェ
ーデンの教区組織は 1170 年頃まで完全に
は整備されなかった。**アイスランド**の最初
の司教区は 1056 年に**スカールホルト**に設
けられ、次いで 1106 年に**ホーラル**に置か
れた。**フェロー諸島**の司教区は 1100 年頃
に**チシュボールウル**に、**グリーンランド**で
は 1124 年に**ガルザル**にそれぞれ設置され
た。同時代のアイスランドの**『植民の書』**
によると、それ以前にグリーンランドのあ
る司教が 1121 年に**ヴィンランド**への航海
に出たと言われているが、彼の司教区がど
こに置かれていたかは知られていない。ス
カンディナヴィアにおける影響力が低下す
ることを嫌った**ハンブルク＝ブレーメン**大
司教区とドイツ王家の猛反対にもかかわら
ず、1103 年か 1104 年に**ルンド**が大司教
区に格上げされ、スカンディナヴィアは独
自の教会管区となった。12 世紀に入ると
新たな大司教がノルウェーとスウェーデ
ンに置かれた。12 世紀半ばまで、スカン
ディナヴィアの司教のほとんどはドイツ人
かイングランド人だった。

司教区　169

最果ての地にあったノルウェー系の司教座。グリーンランドのガルザル。

アイルランド製の司教杖。スウェーデン、ヘルヨーより出土。

シグヴァトル・ソールザルソン [1043年頃没]

Sighvatr Thórðarson

アイスランド出身のスカルド詩人。1000年頃、代々詩の伝統を受け継いできた家族におそらく生まれた。魔法の魚を食べて、詩の才能を得たという言い伝えもある。まだ10代のうちに、彼はオーラヴル・ハラルズソンのスカルド詩人となり、1015年のネスヤルの戦いでともに戦った。1017-1018年、オーラヴルは彼をヴェステルヨートランドのヤール、ログンヴァルドルへの使節として派遣する。1020年代にはイングランドへ渡り、クヌートルのノルウェーに対する考えをさぐるためにひそかに情報を集めた。1028年にオーラヴルが亡命すると、シグヴァトルはローマへ巡礼に行く。帰国後、彼はクヌートルの息子でノルウェーの名目上の統治者スヴェイン・エルフイヴソンに仕えるのを拒んで、オーラヴルの未亡人とスウェーデンへ向かった。彼の詩は完全なものは残っていないが、どのスカルド詩の作品よりも語り継がれている。シグヴァトルの作品の大半は、スノッリ・ストゥルルソンの著した『聖オーラヴのサガ』に記録されている。このサガは、詩人シグヴァトルの生涯を知るうえで情報源でもある。彼の詩は流麗でユーモアにすぐれている。スカルド詩によく見られる、異教神話に基づく詩的表現はほとんど用いられないが、これはオーラヴル・ハラルズソンがキリスト教徒だったためだろう。

シグトゥーナ

Sigtuna

スウェーデン中部、メーラレン湖の北岸に、970年頃、創設された町。王の拠点として、行政、教会、商業の中心となったシグトゥーナは、この頃に放棄されたビルカの代わりとなる町だった。建物は中央の大通りに沿って整然と配置されていた。通りの両側に面した長くて細い家屋が100ほど並んでいた。中央の囲いのなかに王の居館のために塀で囲われた区域があった。シグトゥーナはスウェーデンで最初の造幣所がつくられた場所、また、一流の工芸品が集まる場所でもあった。教会の中心地としての役割は、995年頃、オーロフ・ショットコヌングが発行した貨幣の銘「神のシグトゥーナ」からも、教会が7つも建設されていることからも強調されているのは明らかだ。近隣にあるウプサラが異教信仰の中心地として11世紀末まで繁栄を続けていた時代のことである。11世紀、シグトゥーナには短期間、司教座（→司教区）が置かれていた。

シグフレズル [882-887年]

Sigfred（古北欧語 Sigfröðr, Sigurðr）

フランク王国のヴァイキングの首長。882年、マース川沿いのアスクローハ（位置は特定されていない）〔監訳者注：アッセルトであるとする説あり。シャルル肥満王の項参照〕でシャルル肥満王に包囲されたヴァイキング軍を率いていた。仲間の首長グズローズルとオルムルとともに交渉にのぞみ、金銀2400ポンドの支払いとキリスト教改宗を条件に撤退することに同意し

た。885年、シグフレズルはヴァイキングの軍勢を引き連れてセーヌ川を遡って要塞橋ポン・ド・ラルシュを破壊する。ブルゴーニュ攻撃のために上流へ向かおうとしたが、パリで阻止されたためにパリを包囲するも失敗に終わる。887年、**フリジア襲撃**中に殺された。

シグムンドル
Sigmundr

　伝説の王であり戦士。ヴォルスングルとその妻リョーズルの長男。2番目の王妃ヒョルディスとのあいだに、ファーヴニル殺しのシグルズルをもうけた。シグムンドルは、シグルズルが誕生する少し前の戦いで**オージン**が彼の剣を折った直後に倒れた。

シグルズル、ファーヴニル殺しの（ヴォルスング族のシグルド）
Sigurðr Fáfnisbani (Sigurd the Volsung)

　有名な伝説上の英雄で『ヴォルスンガ・サガ』の中心人物。シグルズルは英雄シグムンドルの死後に生まれた息子である。養父レギンはシグルズルに**オッタル**の賠償金（→**身代金**）の話をし、黄金を守っている竜ファーヴニルを殺すよう促す。レギンは、その後シグルズルを殺害する心づもりだった。ファーヴニルを殺害したシグルズルはレギンの悪巧みを知り、彼も殺して、黄金を手に入れる。だが、黄金にはもともとの持ち主である**ドワーフ**のアンドヴァリの呪いがかけられていた。シグルズルの運命は決まった。偉大な戦士であることを証明したシグルズルは、**ヴァルキュリア**の**ブリュンヒ**ルドルと結婚の約束をする。だが王妃グリ

ームヒルドルに魔法の薬を与えられた彼は、ブリュンヒルドルのことを忘れて王妃の娘グズルーンと結婚してしまう。グズルーンの兄グンナルはブリュンヒルドルの館を取り囲む魔法の炎を越えられず、シグルズルに協力を求める。シグルズルとグンナルはお互いの姿をとりかえて、シグルズルが義理の兄のためにブリュンヒルドルに求婚する。その後、自分がだまされたことを知ったブリュンヒルドルは怒りにかられてグンナルにシグルズルを殺すよう言う。グンナルは兄弟のグットルムルを説得してシグルズルを殺害させるが、グットルムルも死んでしまう。傷心のブリュンヒルドルはシグルズルを火葬していた薪（まき）の上に身を投げる。シグルズルの物語は、ヴァイキング時代後期の彫刻師たちに人気の高い主題で、木や石にいろいろな場面が彫られた。有名なものは10世紀の**マン島様式の十字架（マンクス・クロス）**、ランカシャーのホールトンにある、北欧様式が認められる十字架、スウェーデンのいくつかのルーン石碑、ノルウェー、ヒュレスタにあった12世紀のスターヴ**教会**の入口装飾の木彫などである。

シヒトリク・カエフ（「やぶにらみの」）
[927年没]

Sihtric Cáech ('squinty')

　ダブリン王（在位917-921年）。ヨーク王（在位921-927年）。ダブリン王イーヴァル1世の孫。914年、兄弟のラグナルドとともに、**ウォーターフォード**に上陸した大船団（→**艦隊**）を率いたひとりだった。彼らの目的は、ヴァイキングが**アイル**ランドでふたたび支配権を確立することに

ノルウェーのヒュレスタのスターヴ教会の入口装飾(ポータル)より。ファーヴニル殺しのシグルズルの物語が描かれている。シグルズルがファーヴニルの心臓を火で炙(あぶ)る場面(上)。シグルズルが指についた血をなめると、鳥の言葉がわかるようになった。2羽の鳥からレギンの裏切りを告げられたシグルズルは彼を殺害する(下)。

シヒトリク絹鬚王（シヒトリク・オーラフスソン）[1042年没]
Sihtric Silkbeard (Sihtric Olafsson)

ダブリン王（在位989-1036年）。抜け目のない支配者としてシヒトリクは勢力を増すアイルランドの諸王に対し、結局は失敗に終わるものの、ダブリンの政治的自立を維持するために苦心した。989年、ウィ・ネイルの上王マーイル・セヒナイル2世の支配の下、オーラヴル・シヒトリクソンの息子として、ダブリンの王位（→王権）を継承する。997年、マンスターのブライアン・ボルとマーイル・セヒナイルがアイルランドを両者のあいだで分割。ダブリンはブライアンの宗主権のもとに置かれた。自治権を失うことを恐れたシヒトリクは、999年にレンスターと同盟を組む

あった。917年、シヒトリク・カエフはダブリンをアイルランド軍から奪回、919年にはアイランドブリッジの戦いでアイルランド軍の反撃を撃退、ウィ・ネイルの王ニヤル黒膝王（グルーンドゥブ）のほか5人の王を敗死させる。921年、彼はラグンヴァルドル1世からヨーク王位を引き継ぎ、ダブリン王位を兄弟のグズフリズルに譲る。926年、タムワースでウェセックス王エゼルスタンと和議を結び、洗礼を受け入れて、エゼルスタンの兄妹エアドユースとの結婚に同意する。翌年、シヒトリクが死去したとき、エゼルスタンはヨークを併合してしまい、王位（→王権）を継ぐためにダブリンからヨークに来ていたシヒトリクの若い息子たち、オーラヴル・シヒトリクソンとグズフリズルを退けた。

ダブリン王シヒトリク絹鬚王の硬貨。彼はアイルランドで貨幣を鋳造した最初の王だった。

が、ブライアンに大敗してダブリンを占領される。シヒトリクは降伏し、属国の王として復位、ブライアンの娘のひとりと結婚した（ブライアンはシヒトリクの母親のゴルムフライスと結婚したばかりだった。つまり、彼はすでに義理の父だった）。1012年、シヒトリクはレンスターのマーイル・モールダとともに反旗を翻し、翌年、ブライアンはダブリンを攻囲するが失敗に終わった。1014年、シヒトリクはマーイル・モールダとオークニーのヤール、太っちょのシグルズルに同盟を組ませて、クロンターフでブライアンと戦わせるが、敗北する。ブライアンは勝利するも、みずからの命を落とした。これによりアイルランドにおけるマンスターの覇権は崩れたが、シヒトリクにはほとんど益にならなかった。なぜなら翌1015年にマーイル・セヒナイルがふたたびダブリンの支配権を主張したためである。シヒトリクはアイルランド王国の内紛で十分な役割を果たしつづけた。彼の軍は勝利もしたが、同じくらい敗北もした。1036年に甥のエヒマールカフ・マック・ラグナイルを後継者にしたときには、ダブリンは弱小国となっていた。997年、シヒトリクはアイルランドで貨幣を発行した最初の王となった（貨幣はイングランドの硬貨を模していた）。敬虔なキリスト教徒だったシヒトリクは1028年にローマを訪れ、1030年にはダブリンにクライストチャーチ大聖堂を建造したとされる。彼の娘のひとりは修道女となっている。1042年、シヒトリクはローマへの2度目の旅の途中で殺害された。

社会階級
social classes

　ヴァイキング時代のスカンディナヴィア社会は、自由民と非自由民（奴隷制参照）に分かれていた。自由民は、地域のシングで武器を携帯し、話をする権利を持っていた。彼らは法に守られていた。だが、スカンディナヴィアの社会は平等主義ではなかった。社会の不平等は、殺人を犯した際に支払われる賠償金の額にも反映されていた。被害者が裕福で、影響力ある者であればあるほど、加害者から被害者の家族に支払われる賠償金の額も大きくなった。この点に関しては、アイスランドでのみ、すべての自由民は平等に扱われた。法廷で判決が出ても、その施行は当事者の責任でおこなわなければならなかったため、貧乏な自由民には不利だった。そのため彼らは族長などの有力者の支援を得て、加害者に判決を守らせた。こうした支援はもちろん、高くついた。地位もまた法的な意味を持っていた。デンマークとスウェーデンでは、陪審員となれるのは土地所有者だけだった。ノルウェーでは、土地所有者の宣誓は土地を持たない人びとのものよりも重視された。ただし、明らかな例外があった。女性の地位は夫の地位によって決まった。女性の法的な権利は男性よりも少なく、政治的権利はなかった。ヴァイキングの社会は階層社会だった。だが、固定されたものではなかった。野心や能力のある者、大胆なものは海賊行為や交易、あるいは王に仕えて富と地位を得ることができた。

　自由民でもっとも多くを占めるのが農民だった。自由土地保有者は小作人と

は区別され、オーザルボーンディ（オーザル〈完全私有地〉より派生）と呼ばれ、ノルウェーではホルドゥルという言葉が使われた。また、農場経営者層はブリューティと呼ばれた。彼らはおそらく、もともとは奴隷（どれい）だったが、ヴァイキング時代末期には王や貴族に使えるブリューティは高い地位と富を享受できた。自由民よりは尊敬され、貴族よりも低い地位にいる人びととはドレングル（文字通りには「若者」の意）あるいはセイン（「豪士」）と呼ばれた。自由民のなかで土地も借地ももたない者は農場労働者として働いた。そのほか、建物や船を建造したり、金属加工を生業とする職人などもいたが、ほぼ完全な農業社会ではその割合はごくわずかだった。農業社会では、ほとんどの人が何でも屋だった。詩人、弁護士、医師、司祭、石の彫刻職人、そして戦士や商人の大半はみな、本業は農業だった。

世襲の貴族は地域にかなりの影響力を持ち、地方や地域のシングで指導的役割を担った。その権力は土地所有者であることと、力の劣る人びとに政治的・軍事的な支援を与える見返りとしての貢納（こうのう）から成り立っていた。ノルウェーではヘルシルと呼ばれるような、地方の豪族は貴族の最下位に属していたが、のちにはレンドゥルマズル（「土地持ちの者」）と呼ばれるようになり、彼らは、王の代理として権力を振るい、ヒルスのなかで高位を占め、戦時には、軍事的に地域の指揮官となった。彼らが殺されたり、傷つけられたりすれば、その家族にはさらに高額の賠償金が支払われなければならなかった。異教の時代の豪族の長たちは、信仰上の祝祭が正しく執り行われているか

を監督する役目を担っていた。**キリスト教改宗**後は、彼らは地元に**教会**を建て、管理した。アイスランドでは、地方の首長（ゴジ）が13世紀まで社会の指導者だった。だがスカンディナヴィアでは、ヴァイキング時代の王権の成長にともない、ゴジの自治は失われていった。そのほか、スカンディナヴィアにはヤールという称号で呼ばれる数少ない有力者がいた。もともとはただ「貴人、傑出した人物」という意味だったと思われる。ノルウェーでは、ヤールを殺したり、傷つけたりすれば、その賠償金はふつうの族長の2倍、王の半額となっていた。ノルウェーや**オークニー諸島**のラーデのヤールのように、もっとも強大なヤールは独立した統治者として、広大な領土に王権のような力を行使していた。王権の中央集権化に対するラーデのヤールたちの抵抗は、ノルウェーをひとつの王国として統一する過程で深刻な障害であった。**王権**も参照。

シャルル単純王（シャルル3世）[879-929年]

Charles the Simple

西フランク族の王（在位898-922年）。彼の治世はフランク王国へのヴァイキングの襲撃が激化していた最後の時期にあたる。彼は**シャルル禿頭王**（とくとうおう）の孫で、893年に**オドー**（在位888-898年）王に対立する形で戴冠（たいかん）した。だがオドーとの争いに敗北して897年に主張を撤回する。翌年にオドーが死去すると、今度は反対もなく王位を継承した。911年、シャルルはセーヌ川のヴァイキングに勝利し、ヴァイキングの

15世紀のフランスの写本。自分の娘をヴァイキングの首長ロロと結婚させるシャルル単純王。

首長ロロにルーアンを含む地域を所領として与える。ここに、のちのノルマンディー公国がはじまり、セーヌ川におけるヴァイキング侵略に終止符が打たれた。922年、王権の強化をはかったシャルルは、廃位に追い込まれる。彼は投獄され、929年に殺害された。彼のあだ名の「単純王」は、愚かという意味ではなく、「一途な」という意味である。

シャルル禿頭王 [823-877年]
Charles the Bald

西フランク族の王（在位843-877年）。神聖ローマ皇帝（875-877年）。ルイ敬虔王の2番目の妃の末息子で、3人の異母兄らに相続権を脅かす存在として疎まれていた。843年のヴェルダン条約により、ルイ敬虔王の死後に勃発した内乱が終結、シャルルは生き残った兄弟のロタール1世とドイツ人王ルートヴィヒ2世から西フランク王と認められた。

その治世を通して、シャルルは第1に兄弟間での争い、第2に封臣たちの反乱、第3にもっとも激化した時期のヴァイキングの襲撃に対処せねばならなかったのだが、そうした問題に彼が示した対処の優先順位も、大体この順番どおりだった。この優先順位に現代の学者の多くは当惑したが、シャルルにとっては玉座を守ることが何よりも大切だった。そう考えると、ヴァイキングに対する彼の政治的処も理解できる。ヴァイキングの襲撃はたしかに破壊

をもたらしたが、兄弟や臣下から退位させられたり、投獄されること（あるいはもっと悪いことも）と比べれば、そこまで重要ではなかった。845年以降、シャルルはたびたび貢納金を支払った。長期的に見れば、さらなるヴァイキングの襲撃を招いただけだったとはいえ、短期的に見れば、彼の権力を脅かすもっと深刻な問題に対処するための貴重な時間をつくったのである。城や城壁の建設を許可しなかったのも意地が悪いとみなされがちだが、それもじゅうぶんに根拠のある懸念に基づいていた。臣下がヴァイキングに対してだけでなく、自分に対抗するために使うのではないかと恐れたのだ。ヴァイキングを優先したときですら、反乱によってシャルルが効果的に行動できないことも多かった。たとえば、858年にシャルルがセーヌ川のオワセルの中洲でヴァイキングを攻囲していたときのことだ。臣下が反旗を翻し、シャルルの兄のドイツ人王ルートヴィヒ2世を招いて侵攻させて、シャルルを退位に追い込もうとしたため、彼はヴァイキングの包囲を解くことを余儀なくされた。家臣の忠誠があてにできないということは、軍隊に頼ることもできないことを意味していた。シャルルの軍がヴァイキングに対峙して何もせずに逃走したことも一度ではなかった。だがときには、ヴァイキングが障害ではなく助けになることもあった。848年、ヴァイキングによるボルドーの略奪を、アキテーヌ公ピピン2世が阻止できなかったとき、ピピンの臣下たちはシャルルに従順ではなかった彼を追放して、かわりにシャルル自身の臣従となったのである。

860年代に入るまでには、その治世の悪い状況もピークを過ぎ、シャルルは家領が集中していたイル＝ド＝フランスをヴァイキングから守ることに力を注げるようになった。862年、シャルルはセーヌ川の**ポン・ド・ラルシュ**と、いくつかの河川に要塞橋を築くよう命じる。建設は大幅に遅れたものの、最終的にはこの地域はヴァイキングの襲撃を長期にわたって免れることになった。873年、ロワール川で活動していたヴァイキングとアンジェで激しく戦い勝利した。だが、彼の目はすでにもっと重要なことに向けられていたため、追撃戦によってその勝利を確実にすることはできなかった。870年、ロレーヌを獲得したシャ

西フランク族の王シャルル禿頭王。同時代の写本より。

ルルには**カロリング朝神聖ローマ帝国**を統一し、領土すべてを単独で支配するという可能性が現実味を帯びてきた。875 年、シャルルはローマで皇帝として戴冠される。翌 876 年に兄のルートヴィヒ 2 世が死去。だが、その王国を掌握するという試みは失敗し、最大の夢を果たすことはできなかった。翌年、臣下による反乱のさなか、シャルル自身も死去。息子のルイ吃音王があとを継いだ。

J. L. Nelson, *Charles the Bald* (London and New York, 1996)

シャルル肥満王 [839-888 年]
Charles the Fat

　フランク人皇帝（在位 881-887 年）。ドイツ人王ルートヴィヒ 2 世の末息子で**カール大帝**の孫。876 年、父の死にともないシュヴァーベンの王となる。879 年に兄のカールマンの譲位を受けて、イタリア王にもなった。イタリアにたびたび侵入してくるサラセン人の撃退に失敗し、統治者として無能であることを証明したにもかかわらず、881 年には教皇からローマ皇帝として戴冠される。東フランク王国（ザクセン、882 年）と西フランク王国（884-885 年）を相続し、つかのまだが分裂していた**カロリング朝神聖ローマ帝国**を単独の統治者としてふたたび統一した（ただしプロヴァンスはのぞく。ここはカロリング朝以外の者が王としてが支配していた）。シャルルは、ヴァイキングとの戦いでも無能であることを証明した。882 年にマース川のアッセルト〔監訳者注：『フルダ年代記』の記述にあるアスクローハをアッセルトだとする説を採

る。**シグフレズル**の項参照〕にあったヴァイキングの宿営地を攻撃できず、フリジアをグズローズルというヴァイキングの首長に与えた（882-885 年）。886 年、1 年におよぶパリ包囲から解放されたのち、シャルルはヴァイキングに貢納金を支払い、ブルゴーニュの略奪を許した。不忠なブルゴーニュの人びとを罰する意図だったと思われるが、フランク王国の貴族らにとっては我慢の限界だった。887 年 11 月、シャルルは野心的な甥の**アルヌルフ**に退位させられる。こうしてカロリング帝国崩壊の最終段階がはじまった。シャルルはこのあとすぐに死去し——おそらく殺され——た。

住居
houses

　ヴァイキング時代のスカンディナヴィアおよび国外のスカンディナヴィア人定住地域でもっとも一般的な住居は**ロングハウス**だった。これはひとつ屋根の下に人間と家畜が住む農場（動物がセントラルヒーティングの役割を担う）で、幅 5-7 メートル、長さは 15-83 メートルと所有者の富や地位によってさまざまだった。必ず 3 つの区域が設けられ、2 列の木の柱が屋根の重みの大部分を支えていた。居住部分は木製の仕切りでいくつかの部屋に区切られていた。通常、牛小屋は家のもっとも低い部分に置かれ、肥料は居住部分から離れた方へと流れるようになっていた。中央部に炉が据えられ、煙は屋根や軒下の穴から排出された。多くのロングハウスの壁はわずかに湾曲していた。中央部を両端よりも広くするためだった。また、ほとんどの農家が母

住居 179

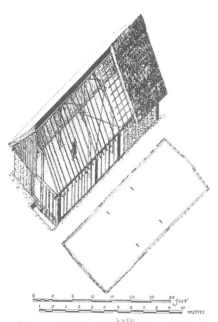

ヘゼビュー、編み枝と泥の漆喰を塗った家屋の復元図。

スウェーデン、ヴァッルハーガル。ヴァイキング時代の館の石の土台跡。木製の壁や柱を湿気から守っていた。

屋よりも小さい建物を多く備え、貯蔵所や作業場として使っていた。そうした付属の建物は概して、沈床式（ちんしょうしき）の小屋で、地中に半分埋まっていた。断熱性が高く、冷たく保つ必要があるものを貯蔵するのに使われていたと思われる。町の建物は家畜小屋や穀物の貯蔵所が必要なかったため、田舎の農場よりも小さかった。ヘゼビューの家屋は長方形で幅5メートル、長さ12メートルくらいで、3つの部屋に分かれていた。中央が居間で、端がそれぞれ仕事場や店になっていた。家屋の外側の壁には、屋根の重みを支えるための補強柱が斜めにたてかけられていた。王族や貴族の館もロングハウスと同じような造りだったが、もっと大きく、いっそう豪奢なものだっただろう。デンマークでは、長さ40メートルもの曲がった壁をもつ、幅10メートルにいたる館が知られている。レイレの館やフュアカト、トレレボーの要塞跡などだ。こうした大きな家屋の壁ははすに渡した木のたる板で強化され、屋根の重みを支えた。住居の大きさに関係なく、窓があったという証拠はない。床はたいてい土を踏み固めただけだったが、板張りの高床になったものもあった。

建材はその土地の環境を反映していた。ノルウェーやスウェーデンの深い森林地帯では、住居はたる板を垂直にはめ込んでいるか、丸太を水平に重ね、端の接合部に刻み目を入れて、組み木細工のように丈夫に接合してあった。それよりも森林の少ない地域、ユラン半島などでは木組みに編み枝としっくいを塗った壁にわらぶきの屋根だった。木材は地面に直接建てられることも

あれば、石の土台の上に置いて湿気と腐敗を防ぐこともあった。アイスランドやヘブリディーズ諸島のように樹木のない地域では、石と芝生が使われた。ヴァイキング時代の住居は湿気が多く、煙が充満していて、健全に住める場所というわけではなかった。住民はとくに胸の病に罹りやすく、一酸化炭素中毒になることすらあった。

宗教
religion

埋葬習慣、改宗、キリスト教への、異教を参照

集落・農村集落
villages and rural settlement

ヴァイキング時代のスカンディナヴィアでは、農村集落の形態はおもに環境条件によって決まった。デンマークとスウェーデン最南部は、耕地に適した肥沃な土地が広がるスカンディナヴィア最大の地域で、すでにヴァイキング時代初期から村落が集中する集村という形態が一般的だった。スウェーデン中部のウップランドとヴェステルヨートランド地方では、ヴァイキング時代後期にもともとあった農場が分割されて、より広い豊かな土地に集落が発展しつつあった。それ以外のスウェーデンやノルウェーの肥沃な場所は、ほとんどが険しい土地の小さな地域に限られていて、集村にはまったく不向きだった。こうした地域の集落形態は農場が点在する散村となる。ヴァイキング時代を通して、スカンディナヴィアの人口は増加の一途をたどった。既存の集落でも農場でも豊かな土地が求められ、新

たな農場や入植地を開墾・創設し、地域の拡張が見られた時期である。ヴァイキング時代につくられた入植地はたいてい地名で特定できる。デンマークでは thorp (「外辺にある農場」の意) が最後につく。スウェーデンとノルウェーなら ryd (「林間地」) だ。デンマークでは、村落の住民は数百メートル先の新たな場所に周期的に移動し、それまでの村落を放棄した。だが 11 世紀に限っては、集落の移動は見られなかった。たとえば、ユラン半島の**ヴォアバッセ**は最初の 1000 年で 7-8 回の移動をくり返し、1100 年頃にようやく現在の集落地跡の場所に落ち着いた。その大きな要因として、11 世紀の牧畜農業から耕作農業への移行が挙げられるかもしれない。これは、撥土板付きの鋤の導入の結果と考えられている。1000 年以前の集落は、湿地牧野の近くにつくられていた。しかし 1000 年以降は、耕作に適した肥えた土壌の周辺に形成されるようになる。これは人口増加によって土地が「埋まっていった」こと、王政が伸張したこと、教会組織も整っていったことなども、定住地の固定化につながる要因であったろう。**アイスランド、フェロー諸島**、スコットランド諸島、**イングランド北西部**のノルウェー系入植者は、ヴァイキング時代のノルウェーによく見られた散村の形態を復活させた。だが、より人口の密集する**ノルマンディーやイングランド東部の デーンロー**地域ではスカンディナヴィア人入植者がどのように適応したのかはよくわかっていない。

巡礼
pilgrimage

　巡礼とは、功徳を得たり、悔悛の秘跡をおこなうための聖地をめぐる宗教的な旅で、中世のキリスト教圏で俗人のおこなう宗教的に重要な要素だった。その慣習は**キリスト教**とともにスカンディナヴィアに持ち込まれ、記録されている最初のスカンディナヴィア人の巡礼は 1000 年のすぐ後だった。初期の巡礼者には**オーラヴ・ハラルズソン（聖オーラヴ）**も入るだろう。彼は 1013 年頃、スペインのサンティアゴ・デ・コンポステーラにある人気の高い聖ヤ

スウェーデン人エイステインを記念したルーン石碑 (U136)。彼はエルサレム巡礼から戻る途中、ギリシアで死去した。

コブの聖堂を訪れている。**イングランド王クヌートル**も1027年にイングランドからローマへ旅しているが、彼のいちばんの目的はコンラート2世の戴冠式（たいかんしき）に臨席することだったと思われる。詩人の**シグヴァトル・ソールザルソン**は**アイスランド**からローマへ旅した最初の巡礼者となった。1099年に十字軍が占領したあとは、エルサレムもスカンディナヴィア人の巡礼の対象となった。デンマークのエイリークル常善王はロシア経由でエルサレムへ向かったが、1103年に道中で死去した。ノルウェーの「十字軍戦士王」シグルズル・マグヌスソンは、1107-1110年に**ノルウェー**から聖地に出航し、**オークニー**のヤール、ログンヴァルドル・カーリが50年後にシグルズルと同じ道をたどった。どちらも完全武装した従士軍を同行させ、サラセン人と戦った。スカンディナヴィアで巡礼が広くおこなわれる宗教的行為のひとつとしてじゅうぶんに確立されるのは中世後期まで待たねばならなかったとはいえ、11世紀後半以降になると、**トロンヘイム**の聖オーラヴの墓をはじめ、一般の人びとによるさまざまな巡礼が記録されている。ドイツのライヒェナウ島の修道院では、11-12世紀にローマへ行く途中に滞在した4万人以上の巡礼者の名前が訪問者名簿に残されている。そのなかに700人近くのスカンディナヴィア人の名が含まれ、ほとんどは**デーン人**だが、ノルウェー人やアイスランド人の名も少数確認されている。

錠と鍵
locks and keys

扉や頑丈な箱、入れ物につける 錠（じょう）や鍵（かぎ）はヴァイキング時代の遺跡でよく見つかる遺物である。南京錠（なんきん）を含め、錠にはいくつかの種類がある。シンプルな安全錠がよく使われていたが、11世紀には特徴的な錠がスカンディナヴィアで用いられるようになる。鉄製の板バネに鍵をスライドさせるタイプで、**イングランド**、**アイスランド**、**グリーンランド**にも広がった。スカンディナヴィアでは、鍵を管理するのはその家（→家族）の主婦で、鍵をかけてそのなかに保管していた。鍵と錠つきの箱は女性の墓に多い副葬品だった。ヴァイキング時代の錠は開けるのがかなり容易だったが、錠は所有をしめす強力な象徴だった。

『植民の書』
Landnámabók

アイスランドの発見と入植にまつわる最古の書。その内容は詳細にわたり、400人以上の主要な入植者の名前、彼らの出生と略歴、土地の所有権の主張や子孫について記されている。この書には3500人以上の人名と1500もの農場名が出てくる。『植民の書』はおそらく1097年から1125年頃のあいだに書かれたものであり、アリ・ソルギルスソンと彼の同時代人で年長者のコルスケッグルが中心となって口承で伝播されていた家族の伝承をまとめたものと考えられている。さらに、後世の写字生らによって情報が大幅につけ加えられた。『植民の書』の最古の編纂写本はストゥルラ・ソールザルソンによって13世紀に書かれ

『植民の書』 183

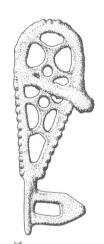

青銅で鋳造した鍵。鍵つきの箱のもの。

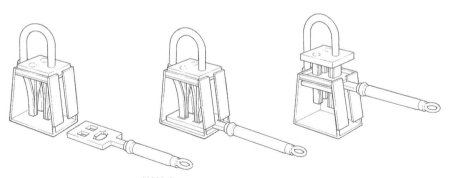

断面図から、ヴァイキング時代の南京錠の仕組みがわかる。

た「ストゥルラ本」に見られるが、18世紀に失われてしまった原本から17世紀に写された写本1冊が現存するのみである。不完全ではあるが、中世にまとめられた異なる編纂内容を含む写本に「ホイクル本」（1306年頃-1310年）と「メーラル本」（15世紀初頭）がある。『植民の書』によれば、アイスランド入植者の大部分はノルウェー西部からの移住者だった。だが、かなりの数の入植者がノルウェー南部と、アイルランドとスコットランドの北欧系入植地からやってきたこともわかっている。デンマークとスウェーデンからの移民も数は少ないがいた。アイルランド人かスコットランド人の解放奴隷のなかには、所有者から農場を与えられて、一族の開祖となった者もいた。スコットランドやアイルランドからの移住者にはキリスト教徒もいたが、アイスランドではキリスト教はすぐに消えていった。

The Book of Settlements: Landnámabók, trans. H. Pálsson and P. Edwards (Winnipeg, 1972).

女性
women

　ヴァイキング時代のスカンディナヴィア社会は男性社会だった。とはいえ、女性も当時のヨーロッパのほかの地域に比べると優遇されていた。社会面でも経済面でも、男女の役割ははっきりと定められていた。男性は畑を耕し、狩りをし、魚を捕り、交易し、戦った。手工や細工も大部分は男性の領分だった。女性の生活はふつうは家庭と家族の農場のなかに限られていた。粉をひき、パンを焼き、ビール（エール）を醸造し、毛糸を縒り、布を織り、衣服をつくり、繕い、牛の乳を搾り、バターを撹拌し、病人の看病をして、子供たちの世話をした。異教の時代には、こうした役割分担は死後の世界も続くと考えられていた。そのため、男性は武器や商売道具とともに埋葬された。女性の墓には宝飾品や裁縫道具、機織りの用具、家庭用品が副葬された。

　独身女性の結婚は通常、将来の夫と花嫁の父親か後見人のあいだの交渉で取り決められた。だが未亡人はその点でもっと自由だった。既婚女性は結婚後も財産を保持する権利を有していた。花嫁の持参金や「ムンドル」（→結婚と離婚）はどちらも花婿によって支払われ、花嫁の財産となった。

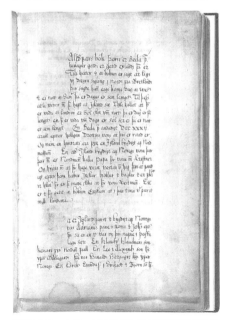

『植民の書』から、アイスランドに最初に定住した400人以上の入植者の名前と出生を知ることができる。

結婚生活がうまくいかなかったときには、妻には離婚する権利があった。女性は財産を相続することができたが、男性の相続人が生きていれば、平等に分けあうことは期待できなかった。公の場で女性が公共の役割を担うことはなかった。法的な手続きに女性が関わったという証拠もない。だが、アイスランドの**サガ**が語るように、意志の強い女性は実際的な影響力や権力を大いに享受していたことがわかっている。家庭内では、既婚女性は奴隷や使用人に権力を振るった。家や金庫の鍵を管理するのも女性の役目だった。家族の幸せを左右するような大きな決断を下す時には、夫は妻に相談した。夫が不在のときは、夫が帰ってくるまで家や農場経営の責任はすべて妻にあった。未亡人なら、再婚しない限り、夫の役割も果たさなければならなかった。家族の名誉を守ることにかけては、女性も男性と同じくらい熱心だった。アイスランドのサガ文学、たとえば『ニャールのサガ』では、女性はしばしば血讐をけしかけている。デンマークの異教徒の墓は、女性の地位が年齢とともに高くなることを示唆している。若い男性の副葬品は、年老いた男性より豪華であるが、女性の場合はその逆となる。

北欧の異教神話には、**ヴァルキュリア**などの超自然的な乙女の戦士が登場するが、ただの人間の女性が戦士として戦ったという信頼できる証拠は見つかっていない。しかし、9世紀に**イングランド**と**フランク王国**を略奪したヴァイキングの**大軍勢**にくわわった戦士のなかには、妻ばかりか子供まで同行させた者が少なくともいたことはたしかである。こうした女性は調理したり、病人やけが人の世話をしたりして、大軍勢のなかで大事な支えを果たした。その存在が最初から不可欠な**アイスランド**や**グリーンランド**への入植では、女性が重要な役割を担っていた。**ヴィンランド**への航海における女性の存在はサガの記述からだけでなく、ニューファンドランド島ランス＝オ＝メドーの北欧人入植地跡から紡錘車（機織りで糸を紡ぐときに使う）が出土したことからも裏づけられている。また、**ロシアの**ヴァイキング時代の墓には、スカンディナヴィアの女性特有の工芸品が埋葬されていた。これは、**ルーシがスカンディナヴィア人女性を東方への旅に同行させていた**ことをしめしている。ただし、同時代のアラブの史料では、ルーシの大半は現地の女性を娶ったとしている。おそらく、先住のスラヴ系住民にすぐにとけこむためだろう。

J. Jesch, *Women in the Viking Age* (Woodbridge, Suffolk, 1991); J. Jochens, *Women in Old Norse Society* (Ithaca and London, 1995).

シング（民会）
things

ヴァイキング時代のスカンディナヴィアでもっとも重要な行政機関が、自由民の集会、シング（民会）だった。地域ごとにシングがあり、地区集会と呼ばれていた。また、すべての自由民が出席し、話をする権利をもっていたことから、全員集会と呼ばれることもあった。地区集会で話しあわれるよりももっと大きな議題は、地方集会で議論された。**デンマーク**の地方集会やノルウェーの法集会などがこれにあたり、地域

集会から選ばれた議員が出席した。この集会はさまざまな役割を担っていた。新しい法律をつくる場所であり、法廷であり、相続や土地取引、奴隷の解放など公の宣言が証人の前でおこなわれる場だった。政治的な討論の場であり、社交、ビジネスの場でもあった。異教の時代にはその信仰にまつわる祝祭もとりおこなわれた。さらに上級の集会では、王が提示した法案を承認したり、拒否したりする権利を有していた。集会は野外で開催された。たいてい溝に囲まれた低い台地でおこなわれた。地域の首長や王が手続きをとりしきり、賛成の意を表するときには武器を振り回した「武器を手に取る」と呼ばれた。海外のスカンディナヴィア人入植地にもシングは設立された。そうした集会がおこなわれていた場所は、たいてい地名からわかる。ティンウォルド（マン島）、ディングウォール（サザランド）、シングウォール（チェシャー）などだ。いちばん有名なのはシングヴェッリルで、アイスランドの全島集会アルシングが開催されていた場所である。

シングヴェッリル（集会の平原）
Thingvellir (Thingvöllr)

アイスランドのアルシングの開催地である、広大な集会場所「集会の平原」の意。オクサル川流域の、レイキャヴィークの48キロ東に位置する。集会は野外で開催された。人びとは仮小屋を建てたり、テントに寝泊まりして、集会に参加した。アルシングは、2つの異なる場所でおこなわれた。「法の岩」と「立法法廷」である。アルシングの開催地は1799年にレイキャヴ

ィークに移った。

「深慮の」アウズル [9世紀後半活躍]
Aud the Deep-Minded（古北欧語 Auðr djúpauðga）

アイスランドでもっとも有名な女性入植者。ラクス川谷の名門の一族（→家族）の始祖である。アウズルは、9世紀半ばにヘブリディーズ諸島を支配していた鼻ぺちゃのケティルの娘で、アイルランドのノルウェー人統治者のオーラヴル白王の妻だった。夫と父の死後、アウズルはケイスネスに居た息子赤毛のソルステインのもとに身を寄せるが、彼がスコットランド人に殺されると、従者らとアイスランドに移住する。道中、オークニー諸島とフェロー諸島で、自分の孫娘たちのために条件の良い縁組をまとめた。アウズルにとって、アイスランドの魅力は何といっても敵意をもった先住民がいないために、女性がそこで土地の所有権を得たうえに、確実に保持するのが可能なことだった。彼女はアイスランド西部のブレイザフョルズルに入植し、従者や解放された奴隷たちに土地を分け与えた。アイスランドの伝説では、アウズルは入植期の主要人物のひとりとされ、13世紀の『ラックス谷の人々のサガ』の冒頭の数章の主要な登場人物のひとりでもある。

スィアツィ
Thjazi

北欧神話に登場する巨人。ワシに変身してロキをさらい、自分への身代金としてロキに永遠の若さをもたらすリンゴを要求する。ロキの手引きでスィアツィはイズンとリ

ンゴを手に入れる。リンゴがなくなって、神々は若返ることができず、年老いていく。神々から命を脅かされたロキは、鷹に変身してイズンをスィアツィの館から救い出して、アースガルズルへ連れ帰る。スィアツィは逃げるロキを追いかけるが、神々に翼を燃やされ、地上に落ちたところを殺された。

スヴェーア人
Svear

　スウェーデン中部に居住する主要な部族。1世紀から知られている。ローマの歴史家タキトゥスは、スヴェーア人はその漕ぎ船（→船と造船）の大船団（→艦隊）で有名だと記録している。スヴェーア人にとってメーラレン湖とウプサラ周辺は中核地域だった。**ヴァルスイェルデ、ヴェンデル、ウプサラ**にある壮大な王侯の墓は、6、7世紀にスヴェーア人の強力な王朝が出現したことを裏づけている。半伝説的な**ユングリンガ王朝**の可能性もある。ユングリンガ王朝はアングロ・サクソンや後世のスカンディナヴィアの史料で知られている。ヴァイキング時代のスヴェーア人の政治的な発展については、ほとんど知られていない。だが、近接する**ヨート人**と密な、おそらくは支配的な関係を築いていたと思われる。スヴェーアの王**オーロフ・ショットコヌング**（在位995-1022年）はヨート人を支配した最初のスヴェーア人統治者として知られている。その後、この2つの部族は同じ王をいただき、1172年に正式に統合した。

スヴェイン、アースレイヴァルソン
[1171年没]
Svein Asleifarson

　昔ながらのやり方で略奪を続けた、最後のヴァイキングのひとり。80人ほどの戦

スウェーデン中部のガムラ・ウプサラは、スヴェーア人の異教信仰の中心地だった。

士を率いて、ヘブリディーズ諸島、アイルランド、ウェールズを広く略奪して回った。その拠点は変わらずオークニー諸島のゲアセイ島だった。『オークニーの人々のサガ』によると、彼は1年に2回、襲撃に出かけた。彼が遠征に出るのは、1年のなかで農業が忙しくない時期だった。「春の旅」は種蒔きと初夏の干し草づくりのあいだで、「秋の旅」は穀物の収穫が終わって真冬が来るまでのあいだにおこなわれた。スヴェインは家族の血讐に関わったために1136年頃に法外追放され、そこから彼の無法者としての人生がはじまる。オークニー諸島のヤールたちに「殺し屋」として重宝されることもあった。1171年、アングロ・ノルマン人からダブリン奪回を試みて失敗するなかで、スヴェインは殺された。

スヴェイン・エストリズソン（スヴェイン・ウールフスソン）[1074年没]
Svein Estrithson（Svein Úlfsson）

　デンマーク王（在位1047-1074年）。治世下に大規模なイングランド侵攻を率いた最後のスカンディナヴィア人王。クヌートルのおい（スヴェインの母親がクヌートルの妹エストリズ）として、1042年にマグヌス善王にデンマーク摂政に任命される。彼はすぐさま反旗をあげるが、スウェーデンに追放を強いられる。その地で1044年にハラルドル苛烈王と同盟を組む。ハラルドルは、マグヌスのノルウェーおよびデンマーク王国の分割を求めて東方から帰国していた。だがマグヌスは、ハラルドルとノルウェーを共同統治することでスヴェインとの同盟を崩壊させる。スヴェ

インはその後も抵抗を続けた。マグヌスが死ぬと、スヴェインはただちにデンマークで権力を掌握した。それからの16年間、ノルウェーを単独統治していたハラルドルにスヴェインは敗北を重ねるが、あきらめることはなかった。結局、1064年にハラルドルはデンマークをあきらめ、スヴェインをデンマーク国王として認めた。1069-1070年、スヴェインと息子のクヌートル（後のクヌートル2世）はウィリアム征服王に対するイングランドの反乱を支援する。北欧からは200隻（→船と造船）以上の大軍だったが、彼らはウィリアムと直接対決することをよしとせず、ほとんど何の戦果も成し遂げなかった。スヴェインのあとを継いだのは息子のハラルドル3世である。

スヴェイン・エルフイヴソン [1014年頃-1036年]
Svein Alfivason

　ノルウェー王（在位1030-1035年）。クヌートルと内縁の妻エルフイヴの息子。1018年にクヌートルがエマ・オヴ・ノーマンディーと結婚すると、スヴェインは母親とともにデンマークへ送られる。1030年、クヌートルはスヴェインをノルウェー王に任命し、母親をその摂政とした。スヴェインは新たな税を導入し、デーン人をノルウェー人よりも優先したため人気がなかった。だが、彼はまだ幼かったため、批判されるとしたら母親のエルフイヴだろう。1035年にオーラヴル・ハラルズソンの息子マグヌス善王が亡命先のロシアから帰国すると、スヴェインはデンマークへ逃

がれ、1036年はじめにその地で死去した。

スヴェイン双髭王（スヴェイン・ハラルズソン）[1014年没]
Svein Forkbeard (Svein Haraldsson)

　デンマーク王（在位987-1014年）。1013年から1014年にかけての5週間だけイングランド王でもあった。スヴェインは987年、父親のハラルドル青歯王のあとを継いで権力を掌握する。その治世は、イングランドへのヴァイキング襲撃が再開した時期にあたる。彼自身も991年（？）と994年に襲撃を率いている。次の5年間、スヴェインはノルウェーのオーラヴル・トリュッグヴァソンの権力掌握への警戒に心を向けていた。彼は自分の養い子であったスヴェーア王オーロフ・ショットコヌングと同盟を組んで、親デンマーク派であるラーデのヤール、エイリークルをオーラヴルに立ち向かわせるために支援した。結果、1000年、スヴォルズの海戦でエイリークルがオーラヴルを破り、スヴェインの計略が功を奏した。1003-1004年、スヴェインはイングランドへの襲撃を率いた。のちの中世の史料によると、1002年の聖ブライスの日の虐殺の際に姉を殺された報復だった。1006-1007年にもイングランドを襲い、どちらのときも莫大な額のデーンゲルドを獲得している。スヴェインが次にイングランドに戻るのは1013年で、今回、彼の頭にあったのはデーンゲルドではなく征服だった。それに先立つ4年間、のっぽのソルケルの執拗な攻撃を受けつづけ、イングランドの防御体制はますます崩壊しつつあった。スヴェインがこのタイミングで征服をしたのはたんにイングランドの弱り目につけこんだだけだったのかもしれない。しかしながら、また一方、ソルケルの

デンマーク王スヴェイン双髭王の貨幣。彼は数週間だがイングランド王でもあった。

ようなすぐれた軍事指導者が、今やデーン
ゲルドで大変な金持ちになったわけだが、
最後に帰国を果たしたら、いったい何をす
るだろうかと、スヴェインが本気で心配を
したというのも、同じくらいありえそうな
ことである。ソルケルの支援があったにも
かかわらず、イギリス軍の抵抗はスヴェイ
ン到着後、急速に崩れていく。その年の終
わりまでには、イングランド王エゼルレッ
ド2世はノルマンディーに逃亡し、スヴェ
インがイングランド王として認められて
いた。だが、スヴェインの勝利も長くは続
かなかった。1014年2月、彼はリンカン
シャーのゲインズバラで病気になり、急死
した。イングランド人はエゼルレッドを亡
命先から呼び戻した。

　スヴェインのたび重なる軍事遠征は、統
治者としてデンマークで揺るぎない地位を
確立していたからこそ可能なことだった。
彼は父親が国内に築いた防御設備(→要塞)
を放っておくことすらできた。スヴェイン
はまた、自分の名を刻んだ貨幣を発行した
スカンディナヴィアで最初の統治者だっ
た。彼のあとにデンマークを継承したのは
息子のハラルドル2世(治世1014-1018
年)で、イングランドは末息子クヌートル
が継いだ。

スヴェイン・ハーコナルソン [1015年没]

Svein Håkonsson

　ラーデのヤール(在位1015年)。ヤー
ル、エイリークル・ハーコナルソンの弟。
1015年、エイリークルがクヌートルのイ
ングランド侵攻に参加したため、ノルウェ
ーを単独で統治した。同年4月にネスヤ
ルの戦いでオーラヴル・ハラルズソンと戦
い、敗北して亡命した。夏にはヴァイキン
グを率いてロシアを襲撃、その後スウェー
デンに行き、そこで病気に倒れて死亡した。

スウェーデン王国

Sweden, kingdom of

　スウェーデンは、スカンディナヴィアの
王国のなかで統一国家として発展したのが
いちばん遅かった。ヴァイキング時代のス
ウェーデンには大きく2つの民族が存在
していた。スヴェーア人とヨート人である。
スウェーデン(現代スウェーデン語スヴェ
ーリエ Sverige)という国名はスヴェーア
人に由来している。彼らはメーラレン湖と
ウプサラの周辺地域に住み、もういっぽう
のヨート人はそれよりも南のヴェーネルン
湖とヴェッテルン湖周辺に居住していた。
ヴァイキング時代がはじまる頃には、両者
はすでに深いつながりを持っていた。800
年頃、ヴェステルヨートランドを支配して
いたアルリークルをはじめ、ヨートの王の
なかにはスヴェーアの王族もいた。またス
ヴェーア王のなかにもヨート人に起源をも
つ者が含まれていた。スヴェーア人とヨー
ト人の双方を統治した最初の王がオーロ
フ・ショットコヌング(在位995-1022年)
である。だが、スウェーデンが完全にひと
つの国家として統一されたのは1172年だ
った。スウェーデンでは、キリスト教化も
ほかのスカンディナヴィア諸国より遅かっ
た。キリスト教をはじめて積極的にとりい
れたのはオーロフ・ショットコヌングだっ
た。1014年、彼はスカーラにスウェーデ

ン最初の司教座（→司教区）を置く。しかし、ウプサラを中心に異教信仰は11世紀末まで根強く続き、スウェーデンが完全にキリスト教化されるのは12世紀の終わりのことだった。

スヴャトスラフ1世 [972年没]
Svyatoslav I

キエフ・ルーシ最後の異教徒の君主（在位945-972年）。スラヴの名前を持った最初の統治者でもある。大公イーゴリ1世と、恐るべきその妻オリガの息子で、偉大な戦士のリーダーだった。父が徴貢の遠征中に襲撃を受けて殺されたため、まだ幼少のうちに大公位を継いだ。成年に達するまでは母が有能な統治者として手腕を発揮、その後も、母が死ぬ969年まで、スヴャトスラフは侵略的な外交政策に集中したいときには、キエフ大公国の内政問題を母に任せていた。964-965年、彼はハザール王国に勝利し、ヴォルガ川下流の首都イティルを破壊した。これを皮切りに、ヴォルガ・ブルガルを967年に攻撃し、969年までには首府ブルガルを攻略した。東ローマ帝国の後押しを受け、彼は967年にドナウ・ブルガルを攻撃、969年までには征服した。ドナウ川のペレヤスラヴェツ（現在のペレヤーラウ＝フメリヌィーツィキー）にみずからの帝国の新たな首都をつくることを公言。それが東ローマ帝国との戦争を避けられないものとした。彼らはブルガルに続いてルーシの脅威にさらされる気はなかっ

971年、ブルガリアに侵攻したスヴャトスラフ1世率いるルーシの騎馬隊。東ローマ帝国の写本より。

た。971 年、スヴャトスラフは、ペレヤスラヴェツの激戦で東ローマ皇帝ヨハネス1世ツィミスケス率いる東ローマ軍に敗北し、ブルガルの支配権を手放すことを余儀なくされた。972 年春、少数の従者を連れてキエフに戻る途中、彼はペチェネグ人の待ち伏せにあい、ドニエプル近くで襲われて殺された。ペチェネグ人はスヴャトスラフの頭蓋骨を盃にしたという。彼の死後、息子のウラジーミルが大公位を継ぐが、まもなくスヴャトスラフの征服した地域の大半は失われた。

スカルド詩
skaldic verse

　古北欧語の神話を歌ったものではない韻文詩。(『エッダ』参照)。スカルドという呼称は、「詩人」を意味する古北欧語に由来する。スカルド詩は口頭で詠まれ、語り継がれてきた。書かれたものとして現存するのはひとつの詩のみ——スウェーデンのエーランド島のカルレヴィに残るルーン石碑——で、ヴァイキング時代に書かれたものである。スカルド詩のほとんどは、ヴァイキング時代末期以降に書かれたサガやその他の散文文学のなかに引用された形で残っている。基本的に8行からなり、装飾的な韻律を用いる。もっとも重要なのが「宮廷律」と「強拍詩歌」である。どちらも変化に富む頭韻詩行の間に行内韻と子音韻が用いられる。また、ケニングという技法を大胆に用いた比喩表現をおこなう。たとえば henregn (「骨の雨」)は「血」を意味する。スカルド詩人はたいてい男性だったが、女性のスカルドも数は少ないが知

られている。スカンディナヴィア社会で、スカルド詩人はかなりの名声を得ていた。そのなかには、エギル・スカッラグリームスソンやコルマークル・オグムンダルソン (970 年没) など、サガの題材に取り上げられるような人物もいた。スカルド詩のジャンルもいくつかある。なかでも重要なのが頌歌で9世紀から13世紀末まで、シグヴァトル・ソールザルソンなどの宮廷詩人が王や首長を讃えて詠んでいた。こうした詩は、対象とする人物の勝利や英雄的なおこないを、たいてい (現代の感覚からいうと) 飽きもせず長々と血なまぐさい描写とともに列挙して、その寛大さや勇敢さを褒めちぎる。頌歌はほとんどの場合、祝祭などの公の行事の場で、臣下たちの前で朗誦するためにつくられた。葬儀の際に詠まれるスカルド詩は、対象者が死んだ後に彼の子孫を讃えるという間接的な方法で詠まれた。純粋な歴史的見地からいうと、頌歌はもっとも重要なスカルド詩である。ヴァイキング時代のスカンディナヴィアで起きた出来事の唯一の同時代の記録であることが多いからだ。だが偏見や誇張の可能性がありうることも考慮しなければならないだろう。詩人が彼のパトロンの栄光に最大の光をあてようとするためだ。口伝えで語り継がれたものの信憑性という問題もある。スカルド詩が書きとめられるまで、数世紀にわたって詠み継がれてきたものもあるからだ。そのほかに、「楯の詩」(楯に描かれたものを説明する)、恋愛歌、英雄物語、断片詩、日常のその時々の題材を歌う詠詩があった。アイスランドでは、恋愛歌は法で禁じられていた。呪文が含まれる可能

性があったためだ。

L. M. Hollander (trans.), *The Skalds: A Selection of Their Poems, with Introduction and Notes* (2nd edition, Ithaca, 1968)；E. O. G. Turville-Petre, *Scaldic Poetry* (Oxford, 1976).

スクレーリング
Skraelings

　北米とグリーンランドの先住民に対する古スカンディナヴィア語の呼称。ネイティヴ・アメリカンや**イヌイット**といった先住民をさす。現代のノルウェー語の skrælna に関連する言葉で、「縮む」という意味になる（イヌイットはスカンディナヴィアの史料で背が低く描かれているため）。現代のアイスランド語で、スクレーリングは、「野卑な男」や「無愛想な、育ちの悪い人」を意味する。

スクレレウ船
Skuldelev ships

　デンマーク、ロスキレ・フィヨルドのスクレレウで発見された 11 世紀のヴァイキング船 5 隻。船は大きな石を積んで故意に沈められていた。フィヨルドへの侵入を妨げる妨害物の役割を果たしていたと思われる。1960 年代のこれらの船が発見され、ヴァイキングの造船に関する知識を一変させた。船の種類はそれまで考えられていたよりずっと多様性があったことが分かった。すべて鎧張（よろい）りで鉄の鋲（びょう）が使われていた。船首と船尾が同様の舳先（へさき）をもつ船体、片側に舵（かじ）があり、帆柱が 1 本で、船首は曲線を描いていた。5 隻のうち、2 隻が軍船、2 隻が商船で残る 1 隻は多目的用の大型船だった。

　スクレレウ 1 号船は頑丈で幅の広い、遠洋航海用の商船で、**サガ**文学でクノールと呼ばれる種類の船だった。全長 15.9 メートル、幅 4.8 メートル、深さ 2.2 メートルで貨物の積載能力は 24 トンと推定された。マツ、オーク、リンデンを使っていた。おそらく**ノルウェー**で建造されたと思われる。スクレレウ 1 号船のレプリカ戦が 1984-1986 年に世界周航している。

　スクレレウ 2 号船は大型のロングシップ（最初は 2 隻と思われていた）で、全長約 30 メートル、幅 3.7 メートル、深さ 1.6 メートル。30 対の**オール**がついていたと思われる。檣根座（しょうこんざ）があることから、海に出たら帆柱を下げて戦いに備えることができた。**アイルランド**東部のオーク材が使用されている。おそらく**ダブリン**でつくられ、修理にはデンマーク産のオークが用いられた。造船期間のほとんどはスカンディナヴィアで費やされたと考えられる。年輪年代学から船は 1060 年頃のものと判明している。スクレレウ 2 号はおそらくヴァイキングの軍船で最大級のもので、サガ文学でドラッカルと呼ばれる種類の船である。

　スクレレウ 3 号船はオーク製で全長 13.85 メートル、幅 3.6 メートル、深さ 1.3 メートル、積載量 1.5 トン。7 対のオールを備え、オールは港の出入りで船を操作するときに使われた。5 隻のなかでもっとも完全な形で残っていて、もともとの木材の 75 パーセントが現存している。レプリカ船の海上試運転で、この船が航海に適

194　スクレレウ船

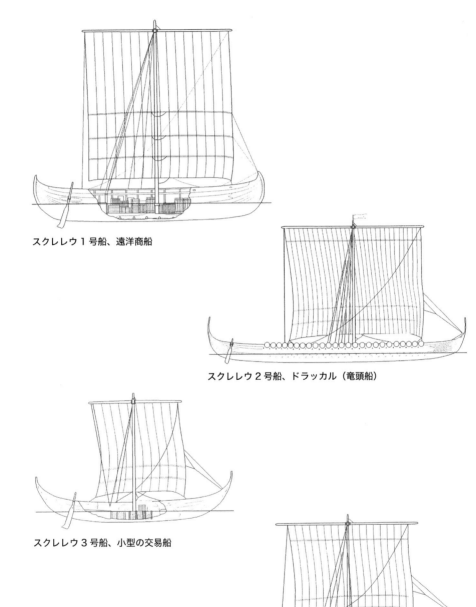

スクレレウ1号船、遠洋商船

スクレレウ2号船、ドラッカル（竜頭船）

スクレレウ3号船、小型の交易船

スクレレウ5号船、小型の軍船

していて、かなり速いことがわかった。

　スクレレウ5号船（4号船は2号船の一部だと判明した）は小型のロングシップで、12か13対のオールがついていた。全長17.2メートル、幅2.6メートル、深さ1.6メートル。ほとんどがオークでできているが、船体の外板の一部にトネリコとマツが使われている。年輪年代学から、オーク材はデンマークのもので、伐採されたのが1030年頃から1040年にかけてと判明している。この船は長く使用され、何度も修理されていた。地方の豪族が、湾岸の防衛に用いていたと考えられている。レプリカ船の試運転から、スクレレウ5号船は、荷物を最大限に積んでもわずか50センチしか沈まないことがわかっている。これは浅いバルト海やセーヌ川、ライン川をさかのぼって襲撃するのに最適の船だったが、船体が狭く、乾舷が低いため、荒波を受けたら浸水は避けられなかっただろう。天候が良ければ、帆を張って約9ノット、5対のオールで約5ノットで進んだ。

　スクレレウ6号は、大型ボートである。全長11.6メートル、幅2.5メートル、深さ1.16メートル。もともとは外板は片側に6条列あったが、乾舷を増やして、耐航性を高めるために7列めがのちに加えられた。船体の板材はマツが使われ、竜骨はオーク、枠はハンノキ、マツ、カバノキでできていた。小型の商船（→交易）、または漁船で**ノルウェー**のソグネ・フィヨルドでつくられた。**海上障壁**、**船と造船**も参照。

O. Olsen and O. Crumlim-Pedersen, *Five Viking Ships from Roskilde Fjord* (Copenhagen, 1978).

スコットランドのヴァイキング
Scotland, Vikings in

　最初に記録されたスコットランドへのヴァイキング襲撃は795年、**アイオナ島**の修道院だった。このような海賊行為は13世紀初期まで続くが、9世紀半ばまでにスコットランドに来るヴァイキングの大半は略奪よりも入植の方に興味を移していた。900年までには、**オークニー**、シェトランド、ヘブリディーズの各諸島、ケイスネス本島、スコットランド西岸諸地域や、さらに南西部のギャロウェイに至るまで、ノルウェーから移住してきた人びとは地歩を固めていた。デーン人もギャロウェイや隣接するダムフリーズに入植していた。オークニー諸島とシェトランド諸島では、先住のケルト人は追い出されたかもしれないが、北欧人の文化と言語を吸収して同化した可能性が高い。ヘブリディーズ諸島とギャロウェイでは、北欧人はケルト人との結婚を通してケルト文化と言語を部分的に自分たちのものとした。アイルランド人はこの地域に住む彼らをガッル・ゲゼル（Gall-Gaedhil：「異邦のゲール人」の意）と呼んだ。ギャロウェイの名はこれに由来する。この地域の北欧人の多くが900年までに**キリスト教**に改宗したのもケルト人からの影響である。オークニー、シェトランド諸島に入植した北欧人は11世紀まで異教徒のままだった。

　北欧人入植地の政治組織についてはわかっていない。だが**アイスランド**と同様に、**鼻ぺちゃのケティル**のような豪族が人びとをまとめていたと思われる。ケティルは850年代にヘブリディーズ諸島を支配し

ていた。900年までには、ノルウェー王の
ゆるやかな宗主権のもと、オークニー諸島
にヤールによる支配が確立していた。**太っ
ちょのシグルズル**（在位985年頃-1014
年）の時代には、オークニーのヤールの版
図は最大に達し、スコットランドの北欧人
が居住する地域の大部分を支配していた。
11世紀後半になると、オークニーのヤー
ルたちはヘブリディーズ諸島の支配権を失
いつつあり、北欧人の支配圏としてライバ
ル関係にあった、より南の**マン島**の王に奪
われる。**マグヌス裸足王**は1098年にオー
クニーのヤールの版図とマン島王国を事実
上ノルウェーの支配下に置く。これがスコ
ットランドにおける北欧系の勢力の絶頂
期だった。1156年、マン島の王権は、ヘ
ブリディーズ諸島の大半の支配権を**ソマー
レッド**に奪われる。ソマーレッドは北欧人
とスコットランド人を祖先に持つアーガ
イルの首長だった。1160年頃にはスコッ
トランド人がギャロウェイを征服、1199-
1202年のあいだにロス、ケイスネス、サ
ザランドも支配下におさめた。ノルウェー
王ハーコン4世（在位1217-1263年）は
スコットランドにおける北欧人勢力の弱体
化をとどめようと、1263年に「大艦隊」
で西域諸島に向かう。ラーグズでのスコッ
トランド軍との戦闘で勝敗はつかず、病に
冒されたハーコンはオークニー諸島まで退
却し、そこで死去した。彼の跡を継いだ
マグヌス6世は国内でさまざまな問題を
抱え、1266年にマン島と島嶼部をスコッ
トランドに譲渡し、4000マルクと年間配
当金を手に入れた。オークニーとシェトラ
ンド諸島のスカンディナヴィア的性格は

1469年にデンマークからスコットランド
に譲渡される以前から、すでにスコットラ
ンドの影響で徐々に薄れていた。

スコットランドの歴史にヴァイキングが
与えた影響は大きかった。**イングランド**の
場合と同じく、9世紀のヴァイキング襲来
により、既存の権力構造が崩壊した。西暦
800年、今日のスコットランドは4つの
民族のグループに分かれていた。ハイラン
ド地方のピクト人、ダルリアダ（アーガイ
ル）のスコット人、**ストラスクライド**のブ
リトン人、**ノーサンブリア**の**アングロ・サ
クソン**人である。ハイランド南部のピクト
人の王国フォルトリウは839年にヴァイ
キングに敗北してひどく弱体化した。北部
モレイのピクト人は北方諸島を拠点とする
ヴァイキングの襲撃を受けていた。ストラ
スクライドは870-871年に**オーラヴル**と
イーヴァル率いる**ダブリン**のヴァイキング
にダンバートンにあった首府を攻略されて
同じく国力が低下していた。ノーサンブリ
アも同様で、866年にデーン人に首都ヨ
ークを占領されて国力が衰えていた。ダル
リアダ王国の支配権をヴァイキングに奪わ
れていたとはいえ、スコットランド人は近
隣諸国の弱体化で恩恵を被ることができ
た。840年代に彼らの王ケネス・マカルピ
ン（在位840年頃-858年）がフォルト
リウを占領。その後継者たちがピクト人を
完全に制圧し、ストラスクライドとロジア
ン（ノーサンブリアの一部）を10世紀に
掌握し、スコットランド王国をつくった。
スコットランドにヴァイキングがいたこと
は、ヘブリディーズ諸島の**ユーダル**、オー
クニー諸島のバーセイ、シェトランド諸島

スコットランドのヴァイキング 197

準環状ブローチ。スコットランドで最大のもの。オークニー諸島のスケイルで見つかったヴァイキングの埋蔵銀より。

スカイ島、ヴァイキング時代の運河。海から入ってきた船を内陸部の湖に保護するためにつくられた。

のヤールスホフなどの定住地跡の発掘調査から確認されている。また、地名からもそれが裏づけられている。オークニー、シェトランド諸島、ケイスネスの地名はほぼすべてが古北欧語を起源とし、スカンディナヴィア人の密集した定住地があった証拠である。西岸地域とヘブリディーズ諸島の地名からも古北欧語の強い影響がみてとれる。Grimista（「グリムルの土地」の意）は staðir で終わる地名に由来し、同様に Isbister（「東の農場」の意）は bólstaðr で終わる地名、Papadil（「司祭の谷」の意）は dalr、Askival（「トネリコの山」の意）は fjall で終わる地名に由来するなどは典型的だ。スコットランド南西部のダムフリーズとギャロウェイでは、ノルウェー人とデンマーク人の両方の影響を受けた地名が集中して見られる。

B. E. Crawford, *Scandinavian Scotland* (Leicester, 1987)；J. Graham-Cambell and C. E. Batey, *Vikings in Scotland* (Edinburgh, 1998)；A. Ritchie, *Viking Scotland* (London, 1993).

スタラヤ・ラドガ
Staraja Ladoga

　ヴァイキングにはアルデイギュボルグと呼ばれた。ロシア北西部のラドガ湖にほど近いヴォルホフ川沿いにあり、市場と手工業の中心地だった。8世紀半ばに創設され、9世紀にノヴゴロドとキエフが台頭するまでロシア北部のヴァイキングの交易拠点として栄えた。成立当初から、スカンディナヴィア人、スラヴ人、フィン人が居住していた。町の周辺に数多くある墓地で見つ

かった証拠から、さまざまな民族集団による住み分けができていたことがわかっている。発掘調査から、広範な手工業が営まれていたことが明らかになった。宝飾品やガラスの製造、鍛冶、青銅の鋳造、琥珀や骨（→枝角、骨、角）の加工がおこなわれていた。そうした手工芸品はフィン人の毛皮と交換され、毛皮はさらにアラブの商人に売られた。イスラム教世界との交流は早くからはじまっていた。780年代のディルハム貨の埋蔵宝が見つかっている。都市のほとんどは860年代の――おそらく激しい攻撃を受けた際に――火事で焼失した。

スタンフォード・ブリッジの戦い
[1066年9月25日]

Stamford Bridge, battle of

　ヴァイキング時代のイングランドにおける最後の大きな戦い。エドワード懺悔王が死去すると、ハロルド・ゴドウィンソンがイングランド王に選ばれる。だが、ノルマンディーのウィリアム征服王と、ノルウェー王ハラルドル苛烈王も王位継承権を主張する。亡命していたハロルドの弟トスティを味方につけ、ハラルドルは300隻からなる船団を率いてイングランドに侵攻、9月20日にヨークに近いフルフォード・ゲートでマーシアのアール、エドウィンとノーサンブリアのアール、モルカールの連合軍を破った。このとき、ハロルドはすでに強行軍で北に向かっていた。9月25日、彼はヨークの南約10キロに位置するスタンフォード・ブリッジで野営していたヴァイキング軍を奇襲、壊滅させる。ハラルドルもトスティもこの戦いで命を落とした。

『アングロ・サクソン年代記』によると、無事に帰還したのはわずか24隻だけだった。その損失はあまりに大きく、ノルウェー王がふたたび国外で権力を振るえるようになるのは次の世紀になってからだった。スタンフォード・ブリッジの戦いの2日後、ハロルドはウィリアムの侵攻を知り、疲れきった軍を率いて南下し、10月14日にヘイスティングズでウィリアムと対峙、敗死する。ノルマン人にとっても楽な戦いではなかった。ウィリアムが侵攻する前にハロルドの軍が力を取り戻していたら、おそらくイングランド軍が勝利していただろう。スタンフォード・ブリッジの戦いは、イングランドとヨーロッパの歴史においてきわめて重要な戦いだったのである。

スティクレスタの戦い [1030年7月29日]
Stiklestad, battle of

1028年、ノルウェーの有力な貴族たちはクヌートルを王と認め、オーラヴル・ハラルズソンを追放した。1030年、オーラヴルはスウェーデンで480人を集めて挙兵。ノルウェーで3000人近い支援者がオーラヴルの軍に加わった。ノルウェーの豪族たちは農民兵1万4000人からなる軍勢で、オーラヴルを迎え撃つ準備を整える。両者はトロンヘイムの北東約80キロのところにあるスティクレスタで対峙した。数で劣るオーラヴル軍は惨敗し、オーラヴルも敗死した。この戦いの前後から、オーラヴルにまつわる奇跡が報告され、オーラヴルはすぐに列聖された。

ストラスクライド
Strathclyde

スコットランド南西部にあったブリトン人(すなわちウェールズ語を話していた民)の王国。ブリテン諸島からローマ人が撤退したあと5世紀にその礎が築かれていた。7世紀のノーサンブリアによる攻撃も耐え抜いたが、870-871年にダブリンのノルウェー系の王オーラヴが王都ダンバートンを攻略した後は、徐々にスコットランドの支配下に入っていった。ウェールズ語を話した最後のストラスクライド王オウェイン豪胆王が1018年に殺され、1124年に王国はついにスコットランドに吸収され、この地のウェールズ語は数十年後死滅した。

海浜襲撃
strandhögg

浜辺の小規模な襲撃。とくに牛や食料を略奪するのが目的で、海賊や船乗りが、ヴァイキング時代を通してスカンディナヴィアで広くおこなっていた。経済的な破綻を招くこともなく、必ずしも暴力があったわけではないが、被害者にとっては悩みの種で、王権も10、11世紀には本格的な取り締まりに乗り出し、こうした海賊行為は徐々に減少した。

大墳丘船葬墓
Storhaug ship burial

知られている最古のノルウェーの船葬墓。1885年にノルウェー西部、カルモイのアヴァルズネスで発見された。発掘当初は9世紀のものと考えられていたが、船

に使われている木材の放射性炭素年代測定により、埋葬はおそらく7世紀におこなわれたと示された。その豪華な副葬品には、金の腕輪、**武器**、**ガラス**や**琥珀**でできたゲームの駒などが含まれており、埋葬されたのは有力な豪族だったと思われる。船自体の保存状態は悪く、おそらく全長20メートルほどの大型の漕ぎ船と考えられる。

ストング
Stöng

アイスランド南東部のヴァイキング時代の農場跡。ストングはアイスランド入植の初期の時代から居住地として用いられ、1104年にヘクラ山の噴火で火山灰の層に埋まり、放棄された。芝生と石でできた壁が灰のなかで保存されていたおかげで、農場をある程度細部まで再現することが可能になった。農場は石造りの長い建物で2つの部屋からなっていた。芝生の壁と屋根は断熱のために木材で裏打ちされ、中世アイスランドの住居とよく似ていた。どちらの部屋でも寝台兼腰掛けが中央の炉のまわりに並べられていた。2つの小さな離れは、羊毛の加工に使われていた。家畜舎のついた独立した牛小屋にくわえて、現地の沼鉄鉱を加工する鍛冶場に納屋、家畜の囲い地もあった。

スネッケ（「蛇船」）
snekke ('snake')

スカンディナヴィア文学や詩で、ロングシップをさす言葉としてやや不正確に使われている。この用語は、後期ヴァイキング時代の壮麗な王の軍船（それらは「ドラッカル」と呼ばれた）を指すときには用いられず、むしろ細長くて船足の速い、**オール**で漕ぐ軍船を想起させるものであるが、だからといって特定のタイプや大きさをもつロングシップの種類を指すというわけでもな

ヴァイキング時代の裕福な農家を復元したもの。アイスランド、ストングにて。

かった。似たような語彙に、おそらく古北欧語に由来する「エスネッカ」があり、こちらはノルマンコンクエスト以後のイングランドで、オールで漕ぐ軍船を指すときに用いられた。

スネービョルン・ガルティ [978年頃]
Snæbjørn Galti

　アイスランドの航海者で、978年頃にはじめてのグリーンランド入植を試みた人物。スネービョルンの一行は、荒涼としたグンビョルンの岩礁（がんしょう）に植民地をつくろうとする。グンビョルンの岩礁は、その50年以上前にグンビョルン・ウルフ＝クラークソンが見つけたグリーンランドの氷で覆われた東岸沖にあった。入植直後から、入植者たちはひとり、またひとりと減っていき、厳しい冬を乗り越えた後、スネービョルンは殺害され、入植地は放棄された。

スノッリ・ストゥルルソン [1179年頃-1241年]
Snorri Sturluson

　中世アイスランドでもっとも傑出した詩人で歴史家。『ヘイムスクリングラ』と『エッダ』という2つの傑作を著した。『ヘイムスクリングラ』はノルウェー諸王の歴史を綴った壮大なサガで、詩の教本『散文のエッダ』はスカンディナヴィアの異教の神話に関する情報がふんだんにちりばめられている。彼はおそらく『エギルのサガ』の作者でもある。10世紀のアイスランドのスカルド詩人エギル・スカッラグリームソンの生涯を描いた作品である。スノッリは当時、アイスランドでもっとも裕福で影響力を持っていた一族（→家族）に生まれた。スノッリは、政治の世界の権力争いで積極的な役割を果たし、そうした混乱がアイスランドの共和国の終結につながった。彼はアルシングの法の宣言者を3期にわたってつとめた。スノッリは、自分や友人たちの野心をかなえるために法的な知識を濫用することをいとわなかった。若い頃の彼は、ノルウェーの君主や有力者を讃える詩をつくって送っている。1218-1220年と1237-1238年にはノルウェーの宮廷を訪れている。不運なことに、反逆を起こしたヤール・スクーリと近しい関係にあったことでノルウェー王ハーコン4世の不興を買い、1241年9月22日、レイクホルトの屋敷で暗殺された。

中世アイスランドの偉大な著述家スノッリ・ストゥルルソン。

スラヴ人
Slavs　ヴェンド人を参照

スレイプニル
Sleipnir

　北欧神話に登場する8本脚の馬。主神オージンが所有する。もっとも速く走ることができ、どんな障害物も飛び越えられた。空中でも水の上でも、地面をかけるように走ることができた。スレイプニルは雌馬に化けた**ロキ**と雄馬スヴァジルファリのあいだに生まれた。スヴァジルファリは**アースガルズル**の壁をつくっていた**巨人**の馬で、ロキはスヴァジルファリを主人から遠ざけるために誘惑したのだった。そのため巨人の仕事は遅れて、神々は彼への報酬の支払いを拒んだのである。オージンの息子**ヘルモーズル**は、スレイプニルに乗ってヘルのもとへ行き、バルドルを復活させようとした。

性
sex, attitudes to

　スカンディナヴィアでは性に関する二重基準が見られた。**キリスト教改宗**の前と後である。男性の性的関心は、手に入る**女性**（通常は男性よりも社会的地位が低かった）によって満たされることもあった。女性の場合は**家族**を産むこととされ、可能であれば性欲は抑えられた。だからといって、女性の性的欲求が無視されたわけではなかった。性は結婚の中心であり、男性が女性の性的な期待に沿うことができないときは、離婚の理由となった。

　ヴァイキング時代のスカンディナヴィアの男性は、同時代のヨーロッパ人からも性道徳の観念が緩い連中とみなされた。11世紀のドイツの歴史家ブレーメンのアダムは、デンマーク王**スヴェイン・エスト**

オージンの8本脚の馬スレイプニル。ゴットランド島の絵画石碑に描かれたもの。

リズソンの性的なだらしなさを批判しつつ
も、なんとか受け入れようとした向きもあ
った。デーン人や隣人のスウェーデン人に
は生まれつきそのような欠点があるとみな
していたためだ。奴隷の少女や後見人の男
性がいない自由民の女性は、行きずりの情
事や長期にわたる婚外の性的関係をもつの
に都合のいい存在だった。920年代にルー
シ人と出会ったアラブの著述家イブン・ファ
ドラーンは、ルーシ人が奴隷の少女とす
ぐに交わり、さらには人前で交わることも
ある、と述べている。ヴァイキング時代末
期のアイスランドの法では、奴隷の少女を
売買する際に、美しい少女は価格が割り増
しになると定めている。とはいえ、性的関
係が、既婚女性や娘、養女、姉や妹、母親
や義理の母親に至ることはなかった。そう
した関係は家族の名誉を汚すとして非難さ
れ、現行犯で捕まった男性は死に至るので
あった。独身女性に男性が直接言い寄るの
も好まれず、その後に結婚の公式な申込み
の手順を踏まない場合、もし性交がおこな
われたと疑われたならば、少女の父親や後
見人が血の復讐を求めることもあり得た。
独身女性は結婚するまで処女でいることが
求められた。だがヴァイキングの格言にあ
る「結婚したときに処女なら褒めよ」とい
う言葉は、つねにそうとは限らないという
ことを逆に示してもいる。サガの記述によ
ると、少なくともアイスランドでは、父親
の認知訴訟は珍しくなかった。同性愛行為、
近親相姦、獣姦は男女を問わず、処罰に値
する罪とされた。

税
tax and tribute

　ヴァイキング時代、スカンディナヴィア
に一般的な課税制度があったという証拠は
ない。だが末期には、ひょっとするとそれ
以前から、王たちは領地をあちこち回って、
臣下からもてなしや供給を受けたりする権
利を享受していた。町や交易から得られる
税は、王にとってもっとも実入りのよい税
源だった。11世紀後半には、デンマーク
の多くの町が、彼らの「庇護者」である王
に「炉税」を支払っていた。王は商人や
旅人から通行料や税を徴収した。たとえ
ば、9世紀後半にノルウェーのハラルドル
美髪王は銀5オンスのランドアウラルを
課している。制度化された徴貢も王だけ
でなく、首長の重要な財源だった。10世
紀後半のアングロ・サクソンの史料による
と、ノルウェーの豪族で商人でもあったオ
ホトヘレは、ノルウェー北部を年に1度
をまわってサーメの人々から毛皮を貢納
させていた。また同時代のアラブの著述家た
ちは、ルーシ人が定期的に奴隷から貢物を
徴収し、スラヴ人からもさまざまな品物を
取り立てていたと記録している。9世紀に
は、スヴェーアの王たちが貢納を求めてバ
ルト海を襲撃した。貢納金目的の遠征でも
っとも成功をおさめたのが、10世紀後半
から11世紀はじめにかけてのイングラン
ドへの遠征だろう。オーラヴル・トリュッ
グヴァソンやスヴェイン双髭王は軍勢を率
いてイングランドを襲撃し、途方もない額
のデーンゲルドの支払いを強要した。オー
ラヴルはそれらを資金源にノルウェー王位
を手に入れ、スヴェインはさらに軍勢を集

収税吏のところへ行く。アイスランドの『ヨーンの書』より。

めてイングランドを征服した。

聖アンスガル（アンスカル）[801年頃-865年]

Ansgar, St（Anskar）

「北方の使徒」としても知られる。アミアン近くで生まれ、フランス北部のピカルディ地方のコルビー修道院で教育を受けたのち、ドイツのコルヴァイの修道士になる。826年、ルイ敬虔王（ルートヴィヒ1世）の宮廷でハラルドル・クラックの洗礼を授けると、王に同行してデンマークに赴き、布教活動をはじめた。1年後にハラルドルが追放されると、アンスガルはスウェーデンへ行き、そこで国王ビョルンの許しを得て、ビルカに教会を建てた。そして、スウェーデン国内での布教活動をガウトベルトに託し、自身はデンマークでの伝道に専念した。831年、アンスガルはハンブルク初代司教となる。翌年には、スカンディナヴィアおよびスラヴ人に対する宣教の教皇特使に任命された。だが、その布教活動は厳しい挫折に苦しめられた。ガウトベルトは到着した数年後にビルカから追放された。845年、ハンブルグはデーン人に略奪される。847-848年にハンブルクとブレーメンの2つの司教区が併合され、アンスガルはハンブルク＝ブレーメン初代大司教になる。851-852年、アンスガルはふたたび宣教団を率いてスカンディナヴィアに赴く。シュレースヴィヒ（ヘゼビュー）とデンマークのリーベに教会を建て、ビルカの教会も再建している。865年、アンスガルはブレーメンで死去、その数年後に列聖された。アンスガルの尽力にもかかわらず、9世紀のスカンディナヴィアでのキリスト教伝道はなかなか進まなかった。アンスガル自身の著作もわずかに現存するが、彼の後継者であるブレーメン大司教リムベルトの著した『聖アンスガル伝（Vita

Anskarii）』が、アンスガルの生涯や業績のみならず、9世紀のスカンディナヴィアの様相を知るうえでも貴重な史料となっている。

C. H. Robinson (trans.) *Anskar, the Apostle of the North, 801-65: Translated from the Vita Anskarii by Bishop Rimbert, His fellow Missionary and Successor* (London, 1921)

聖遺物箱
reliquary

　聖遺物、とくに聖人の遺骨などを保管したり、見せたりするための容器。聖遺物は奇跡をもたらす力があるとみなされ、聖遺物崇拝は中世ヨーロッパでは人びとの信仰心の篤さを示す重要な表現であった。ヴァイキング時代が始まる頃までには**教会や修道院**の多くで聖遺物箱を目にすることができた。その中身がもつ宗教的意味の重要さから、聖遺物箱はたいてい貴重な金属や宝石でふんだんに飾られていた。つまり、ヴァイキング襲撃者にとっても魅力的な品物だったのである。ヴァイキングの手に渡った聖遺物箱の運命は、ほとんどが壊されて溶かされるか、**宝飾品**につくり変えられた。9世紀にスカンディナヴィアの埋蔵宝や墓から見つかった、アングロ・サクソンやケルトの小さな金属装飾品はもともと、ヴァイキングが略奪した聖遺物箱の一部だったものが多い。ときには無傷のままスカンディナヴィアの地に渡り、残ったものもある。そのうちのひとつが、ランヴァイクの小匣（その底部に**ルーン文字**で Ranvaik という女性の名前が刻まれていることからこう呼ばれている）で、8世紀後半のスコ

ットランドかピクトの聖遺物箱である。宝石箱として使われたことから、原形のまま残ったのだろう。だが、中世**ノルウェー**で聖遺物箱を使用することは、初期に**キリスト教**に改宗したスカンディナヴィア人から入手した可能性もある。キリスト教が根づくと、スカンディナヴィアでも聖遺物箱がつくられるようになる。そのうち 11 世紀の見事な小匣が、ポーランドのカミエン（現在は失われた）、ドイツのバンベルクで見つかっている。どちらもマンメン様式の装飾がふんだんにほどこされている。

聖ウィリブロルド［658-739 年］
Willibrord, St（St Clement）

　スカンディナヴィアへの最初のキリスト教宣教を率いた人物。ノーサンブリアに生まれ、690 年に**フリジア**伝道にくわわった。695 年にユトレヒト大司教に任命され、その後 714 年から 719 年のあいだに、異教徒のフリジア王ラドボドにユトレヒトを追放されるが、彼の宣教活動は多大な成功をおさめた。725 年頃、ウィリブロルドは宣教団を率いて**デンマーク**王アンガンチュールのもとを訪れる。王は丁重にもてなし、キリスト教徒として育てるために奴隷の少年 30 人を買うことを許したが、彼自身は改宗しなかった。**アルクィン**がウィルブロルドの『聖ウィルブロルド伝』を著している。**聖エドマンド**を参照。

聖オーラヴ
Olaf, St Olaf Haraldsson **オーラヴル・ハラルズソン**を参照

スウェーデンで発見された12世紀の真鍮製の聖遺物箱。そのデザインは同時代のスターヴ教会に発想を得たと思われる。

スウェーデン、ヴァルボーで出土。ビザンツの小さな聖遺物箱。

性的暴行
rape

　一般的に、ヴァイキングは性的暴行と略奪にふけっているようなイメージがあるが、(略奪までいかない)性的暴行の証拠を見つけるのはかなり困難だ。殺害、略奪、放火、捕虜、恐喝はヴァイキングの活動に関する同時代の記述に当たり前のように出てくる。だが性的暴行の記述はないことでかえって目立っている。これに関して重要なことがある。830年から881年までのフランク王国の歴史を記した9世紀の『サン=ベルタン年代記』に、キリスト教徒が性的な暴行をおこなったという記述が2か所出てくる(そのうちの1件は修道女に対してだった)が、ヴァイキングが性的暴行をおこなったという記述はひとつもない。当時の著述家たちが、女性の捕虜に対するヴァイキングの性的暴行があまりに当たり前のことで、わざわざ言及することもないと考えたのかもしれない。だが、少なくともこの点に関して、ヴァイキングが当時の誰よりも最悪だったとはみなされていなかったという可能性のほうが高い。もちろん、奴隷の女性は、所有者が彼女たちで性的欲求を満たそうとしたら、逃れる術はなかっただろう。スカンディナヴィア本国では、性的暴行は厳しく罰せられた。11世紀のブレーメンのアダムの記録によれば、処女に性的暴行をおこなえば死刑に値した。

聖ブライスの日の虐殺
St Brice's Day Massacre

　1002年の聖ブライスの日(11月13日)、イングランド王エゼルレッド2世が国内に居住するデーン人の大量殺害を命令した。エゼルレッドの暗殺を企てたというのがその名目だった。特許状に記された証拠から、オックスフォードに居住するデーン人が殺害されたことはわかっているが、ほかの場所でも虐殺があったのか、どのくらいの死者が出たのかなどは不明である。殺害されたデーン人のなかに、デンマークの**スヴェイン双髭王**の妹のグンヒルドルがいたという噂があった。彼女はちょうど人質としてイングランドに捕われていたのだった。その噂が真実なら、1003年にスヴェインがイングランドに侵攻したのは、報復の意味もあったのかもしれない。

聖ポッポ [960年頃]
Poppo, St

　ドイツ人宣教司教。デンマークの公式な

キリスト教の力を証明するために試練を受けるドイツの宣教者ポッポ。ユラン半島のタンドルップ教会の祭壇飾りより。

キリスト教への改宗に深く関与した。おそらくは皇帝オットー1世にデンマークに派遣された彼は、真っ赤に焼けた鉄を素手で運んでも傷ひとつ負わなかったことで、キリスト教の神のすばらしい力を示して、965年にハラルドル青歯王をキリスト教に改宗させたとされる（のちの中世の図像で、鉄は真っ赤に焼けた鉄の手袋をはめることになっていた）。ポッポがどのような人物だったのかはわかっていない。10世紀後半のドイツには同じ名前の司教が何人もいるためだ。ヴュルツブルクの司教ポッポ（961-984年）がもっともその可能性が高いと考えられている。

石材彫刻
stone-carving

スカンディナヴィアでは、ヴァイキング時代の末期まで石に彫刻したり、石の彫像をつくったりする慣習はあまりなかった。平らな石の表面にただ紋様や絵を刻むだけのシンプルなものだった。**スウェーデン**にある10-11世紀のルーン石碑や、浅浮き彫りの彫刻作品、**ゴットランド島**の7-8世紀の絵画石碑のほか、**デンマーク、イェリング**の王家の壮大な墳丘墓にある10世紀のルーン石碑などが挙げられる。いずれの場合も、鮮やかな色彩でデザインが強調されていた。立体的な彫刻が見られるようになるのは12世紀のことである。

ブリテン諸島に移り住んだスカンディナヴィア人は、石の彫刻の長い伝統をもつ人びとと接触することになった。**キリスト教**に改宗した入植者のなかには、先住民族の石の彫刻家のパトロンとなるものも出てき

た。彫刻家たちは先住民族とスカンディナヴィア人、**異教**とキリスト教のモチーフや形の様式をあわせもつ墓の記念碑やクロスをつくりだした。スカンディナヴィア人入植者たちが直接、石の彫刻をおこなったかどうかはわからない。だが、10世紀の**ノルウェー系彫刻家ガウトル・ビョルンソン**の名が**マン島**の遺物から知られている（**マン島様式の十字架**参照）。ブリテン諸島で、スカンディナヴィアの影響が色濃いヴァイキング時代の彫刻は、ヨークシャーと**イングランド北西部**に多数見つかる。だが、なかでもすばらしいのはカンブリアのゴスフォースにある十字架石碑である。キリストの磔刑と復活の場面と、異教の**ラグナロク**の到来を描いた場面が象徴的な対照をなしている。また、ヴァイキングのロングハウスに似た特徴的な形の墓石、**ホグバック**も広く見られる。スカンディナヴィアの**美術様式**は12世紀初期までイングランドの彫刻に影響を与えつづけた。ヴァイキングの入植地がない地域でも、その影響が見てとれる。

石鹸石
soapstone

または凍石。滑石を主成分とするケイ酸マグネシウムの鉱物。石鹸石の鉱脈が**ノルウェー、スウェーデン西部、シェトランド諸島**に多く、ヴァイキング時代には広範にわたって採掘がおこなわれていた。柔らかくて彫刻のしやすい石鹸石は、調理用の鍋やランプ、紡錘車、織機の錘、漁網の錘、鋳型などに用いられた。石鹸石の器は西方のスカンディナヴィア人入植地にわたるス

石鹼石　209

シェトランド諸島のヤールスホフより出土。石鹼石でできた椀。

石鹼石の鋳型。機を見て便に乗じる鋳工が、キリスト教と異教（ソール神の槌）の両方の護符をつくるのに使ったのだろう。

カンディナヴィア全域に輸出されていた。丈夫で洗いやすく、熱の通りもよく、素焼きの陶器と違って食べものの匂いも移りにくかったため、料理に好んで用いられた。石鹸石の椀はポーランドやドイツにも輸出された。キリスト教導入後のノルウェーの教会、なかでもトロンヘイムの教会で、見事な装飾をほどこした彫刻作品に広く用いられた。

セームンドル・シグフースソン
Sæmundr Sigfússon

　アイスランドの聖職者で学者。「賢者」セームンドルと呼ばれた（1056-1133年）。アイスランドにおける歴史書執筆の創始者とされる。フランク王国で数年間学んだのち、1076年にアイスランドに帰国すると司祭に叙品された。ノルウェー諸王の歴史やスカルド詩集などを著した。彼の著作は現存していないが、後世の作品で資料としてひんぱんに言及されている。

セルクランド
Serkland

　ヴァイキング時代のスカンディナヴィアで、中東のイスラム教徒の土地をさす言葉として使われていた。セルクランドという呼称はシルクランド（シルクの得られる土地、ラテン語の sericum より派生）か、サラセンに由来するとされ、一般的には前者の説のほうがよく知られている。

船形列石
ship settings

　石を船の形に配置したもの。青銅器時代

からキリスト教が導入される1000年頃まで、スカンディナヴィア、なかでもスウェーデンとデンマークで見られた。ヴァイキング時代のより大きな船形列石は、おそらく信仰の場所として用いられた。小さな穴が掘られていて、火葬した捧げものや木炭が入っていることも多い。現在知られている船形列石で最大のものはデンマーク、シェラン島のレイレにある、長さ80メートルほどのものである。大きな船形列石は墓になっていることもある。デンマーク、フュン島のグラーヴェンドルップの60メートルの列石の内部は、ヴァイキング時代の小さな墓地になっていて、船首のところにはルーン石碑が建っている。それよりも小さな船形列石は、個人の墓である。どれも火葬されていて、おそらくほんものの船のかわりとなる象徴だったのだろう。ユラン半島オールボー近くのリンホルム遺跡にもそうした墓が多数並んでいる。だが、ノルウェー、ローガランのモーレンとオールボールで見つかったヴァイキング時代の2つの墓は、火葬した船葬墓の外形を描くのに石が使われている。

舟葬
boat burial　船葬を参照

船葬墓
ship burial

　舟やボートを死者をおさめる棺として副葬品とともに埋葬した墓。船を副葬品に用いることは、古代エジプトをはじめ、ほかの文化でも知られてなくはないが、船葬墓は異教時代のアングロ・サクソン人とスカ

ユラン半島、リンホルム遺跡。墓地跡にはヴァイキング時代の小さな船形列石が数多く見つかる。

バルト海のゴットランド島にて。青銅器時代の美しい船形列石。

ンディナヴィア人によるヨーロッパ北部の風習である。スカンディナヴィアでは、すでに中石器時代から丸木舟を棺代わりに使った例が見られた。しかし、船葬墓の慣習が発達するのは西暦紀元の初め頃で、1000年頃のキリスト教の導入の時期まで続いた。現在知られている船葬墓の大多数は、ヴァイキング時代のものである。男女どちらのケースもある。だが、その慣行はつねに少数の限られた人びとに限られていた。たとえば、デンマークのボーンホルム島のスルーセゴアにあるローマ鉄器時代の墓地は100-250年に使われたものだが、467基のうち、船葬墓はわずか43基だった。船の形に石を配して、象徴的にほんものの船の代わりとする方法も広くおこなわれていた。船葬墓と船形列石が同時に見られる珍しい例もある。スウェーデンのヴェンデルやヴァルスイェルデで発見されたような、豪華な副葬品のある船葬墓は6-7世紀にかけてのもので、ヴァイキング時代のスカンディナヴィアで中央集権化がはじまり、王朝が出現した何よりも説得力のある証拠である。

ヴァイキング時代の船葬墓はノルウェーだけでなく、スウェーデンとデンマークでも知られていて、さらにはフィンランド、スコットランド、マン島、ロシア北部のスカンディナビア人入植地でも見られる。ブルターニュ沿岸沖のグロワ島でも唯一の船葬墓が見つかっている。いくつかの文献にアースムンドル・アトラソンというアイスランドの入植者が船のなかに埋葬されたとする記述が出てくるが、アイスランドでは船葬墓はこれまでのところ、発見されてい

ない。樹木のない彼の地では、貴重な木材を使っている船は埋めてしまうわけにはいかなかったのかもしれない。

ヴァイキング時代の船葬墓では、死者は船の中央部に安置され、その周りに副葬品が置かれた。とてもぜいたくなものばかりで、ときには人間も一緒に埋葬された。ノルウェーのゴクスタ、オーセベリ、トゥネ、デンマークのラドビーの有名な墓のように、船や副葬品は墳丘の下に埋められることもあった。通常は埋葬の前に火葬された。船葬墓かどうかを見分ける唯一の方法は、船体に使われる板を留めている何百という鉄の鋲の存在だった。火葬された船葬墓でもいちばん有名なのが、グロワ島のものである。10世紀のアラブの旅行家イブン・ファドラーンは、ヴォルガ川でそうした埋葬を目撃している。複雑な儀式に続いて、ルーシ人首長の遺体が船のなかに横たえられる。そして、ひとりの生贄の奴隷の少女とともに火葬されたという。8世紀の古英語叙事詩『ベーオウルフ』でも船葬墓のひとつのやり方が描写されている。デンマーク王シュルド・シェーヴィングの遺体は海岸まで運ばれ、船のマストのかたわらに横たえられる。周りを武器や甲冑、財宝に囲まれて。それから船は出帆し、「海に引き渡される」のである。スノッリ・ストゥルルソンの『ユングリンガ・サガ』でも、伝説的なスウェーデン王ハキの葬儀について記されている。ここでは火を放たれた船が燃えながら海を流れていく。理由はわかっていただけるだろうが、この習慣を確かめる考古学的証拠が見つかる可能性はかなり低い。

船葬墓 213

オークニー諸島ラウゼイのウェストネスで見つかった小さな船葬墓。埋葬されていたのは戦士で、自分の剣、楯、矢のほか、農具が副葬されていた。盾には戦場で使った痕跡があった。

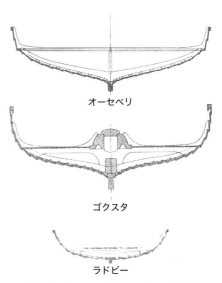

3種類のヴァイキング船の断面図。上からオーセベリ船（820年頃）、ゴクスタ船（895年頃‑900年）、ラドビー船（10世紀半ば）。

小型の商船。デンマーク、ロスキレにあるヴァイキング船博物館のスクレレウ3号船。

船葬の宗教的、象徴的な意味はよくわかっていない。時代や場所によって異なる多種多様な信仰や風習がおこなわれたのかもしれない。ひとつだけ明らかなのは、船は死者の国への魂の旅、むしろ文字通り、魂をそこへつれていく運搬船の象徴なのだ。しかしながら北欧神話にこの信仰を伝える話はひとつもない。船葬は豊穣の神**ニョルズル**と**フレイル**の崇拝と関係している可能性を指摘する声もある。このふたりが海と船に関わりがあるからだ。埋葬する前に船と副葬品を燃やす習慣は、バルドル神の殺害に関する神話にその類型を見ることができる。バルドルは彼の船フリングホルニに乗せられ、火葬された。別の見方をするなら、船は単に地位をあらわす象徴なのかもしれない。故人はもちろん、その家族の富と権力を公に誇示しているとも考えられる。その場合、死者があの世で使うための武器や甲冑、**宝飾品**といった副葬品の数々が豪華なことも頷ける。船葬墓は、異教徒の**埋葬習慣**について教えてくれるが、ヴァイキングの**船と造船**について知るためにも重要な情報源である。

象牙
ivory

数はひじょうに少ないが、ゾウの象牙から作られた製品がヴァイキング時代に遠くスカンディナヴィアまで届いた例も確かにある。しかし、ほとんどの象牙製品にはセイウチの牙が使われていた。セイウチの牙の産地はおもに**ノルウェー**北部や白海で、1000年頃からは**グリーンランド**でも取引されるようになった。セイウチの牙は象牙よりも劣るとされたが、9世紀から1300年頃にかけて西ヨーロッパ諸国、なかでも**イングランド**、フランドル、ラインラントに大量に輸出された。その後はアジアの象牙が広く用いられるようになっていく。象

12世紀のルイス島のチェス駒。セイウチの牙を彫ったもの。

牙は宗教的な彫像をつくるのに用いられたほか、くしやベルトのバックル、ゲームの駒なども象牙から加工された。とくに有名なのが12世紀にルイス島でつくられたチェス駒である。

創世神話
creation myth

　ヴァイキングは世界を漠然と3つの領域からなりたっているととらえていた。いちばん高いところにある領域が神々の住む**アースガルズル**で、真ん中に人間の住む**ミズガルズル**と巨人の世界**ヨートゥンヘイム**、その下にくるのがニヴルヘイムという氷に覆われた死者の国である。そして、宇宙を支えている偉大な不動のトネリコの樹**ユグドラシル**の根が3つの世界をつないでいる。ミズガルズルとアースガルズルは、ビフロストという虹の橋でも結ばれている。宇宙のどこか——ニヴルヘイムの南——に、炎の世界**ムスペッル**がある。

　宇宙創世物語は、エッダ詩『**巫女の予言**』とスノッリ・ストゥルルソンの『**散文のエッダ**』（→『**エッダ**』）で語られている。最初は、ムスペッルとニヴルヘイムのほかは何もなかった。そのあいだにギンヌンガガプと呼ばれる巨大な空隙があった。そのなかで南の熱と北の氷がぶつかり、氷が溶けはじめた。溶けた氷から、霜の巨人ユミルと雌牛アウズムラが生まれた。ユミルの脇の下と脚から巨人族が生じた。塩気のある氷を舐めて、アウズムラが第3の生き物を出現させた。始祖の神ブーリである。女巨人によってブーリはボルという息子をもつ。ボルは**オージン**、ヴィリ、ヴェ

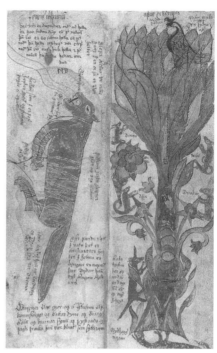

17世紀のアイスランドの写本。不動のトネリコの樹、ユグドラシルが描かれている。この木は宇宙を支え、神々や人間、巨人、死者の世界とつながっていた。

ーの父となった。この3人の神がユミルを殺したとき大量の血が流れ、ベルゲルミルとその妻以外のすべての巨人が溺れ死んだ。神々はユミルの遺体をギンヌンガガプの中心に運び、彼の肉を使って大地をつくり、その骨で岩を、その血で湖と、新たな世界を取り囲む海をつくった。それからユミルの頭蓋を天蓋とし、その脳で雲をつくった。ムスペッルの赤々とした火の粉から太陽、月、星がつくられた。神々は世界を二つに分けた。ヨートゥンヘイムの冷たい山がちな地域を巨人たちに与え、暖かく肥

沃な、壁に守られた場所をミズガルズルと呼んだ。オージンとその兄弟たちは、海岸に流れ着いたトネリコとニレの木を見つけた。そのトネリコから最初の人間の男性アスクルがつくられた。ニレから最初の女性エムブラもつくられた。彼らの住む場所としてミズガルズルが与えられた。そして最後に、神々は自分たちのために、ミズガルズルのはるか高くに、アースガルズルの強大な城壁を創建したのである。

ソクールの戦い [881年]
Saucourt, battle of

ヴァイキング軍と西フランク王ルイ3世がフランス北西部アブヴィル近くで交えた戦い。この会戦に関して同時代のフランク王国の史料は矛盾する記述を与えている。『サン＝ベルタン年代記』によると、ヴァイキング軍に多大な損失をもたらしたにもかかわらず、フランク軍は突然崩壊し、逃走した。『フルダ年代記』では、戦いはフランク軍の大勝利で、ヴァイキングの騎兵9000人が殺されたとなっている。おそらく、『サン＝ベルタン年代記』の記述のほうが真実に近いだろう。ヴァイキング軍はこの年、カンブレ、ユトレヒト、ケルン、ボン、プリュム、コーンエリミュンスター、スタヴロ、マルメディ、アーヘンの宮殿を襲撃しているからだ。アーヘンではヴァイキングたちが礼拝堂を馬小屋として使ったとされている。この戦いは、中世古高地ドイツ語で作られた頌歌『ルートヴィヒの歌』の主題となっている。

ソマーレッド [1164年没]
Somerled

ゲール人と北欧人の混血のアーガイルの首長。1140年頃、**マン島**の王オーラヴルの娘ラグンヒルドルと結婚した。1156年1月、ソマーレッドはオーラヴルの息子で後継者のゴドレッド2世をアイラ島沖の海戦で破り、ヘブリディーズ諸島南部の支配権を手に入れる。1158年にはマン島を掌握、ゴドレッドは**ノルウェー**へ亡命した。ソマーレッドは、宗主権はノルウェー王にあることを認識していた。彼はスコットランド王マルコム4世と衝突し、1164年、スコットランド低地地方を襲撃中にレンフルー近くで殺害された。1年後にゴドレッドがマン島の王に復位したが、ヘブリディーズ南部はソマーレッドの子孫が1249年まで支配した。ソマーレッドが生きた時代は、マン島とヘブリディーズ諸島のノルウェー系人入植者が先住のゲール人と同化する兆しが見えはじめた時期だった。

ソール
Thor（古北欧語 Þórr）

身体的力、誓言、雷、稲妻、雨、天候をつかさどる神ソールは、ヴァイキング時代のスカンディナヴィアの異教の神でもっとも人気のある神だった。とくに農民や戦士に崇拝された。ソールの鎚をかたどったペンダントは、ヴァイキング時代のスカンディナヴィア人が幸運のお守りとしてよく身に着けていた。その大鎚ミョルニルを使って、ソールは巨人たちの破壊的な力から神々と人間を守った。そのほかに、力を2倍にすることができる魔法の帯と、1組の

ソール 217

ソール神像。北欧人のもっとも有名な異教の神。アイスランドより出土、1000年頃。

ゴットランド島の絵画石碑。ソール神がミズガルズ大蛇ヨルムンガンドルを釣りあげる場面が描かれている(上、左下)。フェンリルを縛るテュール神(下中央)。

鉄の手袋ももっていた。ソールはヤギのひく戦車で移動した。ソールの妻は、金でできた髪をもつシヴだった。さまざまな意味で恐れられ、気まぐれだった主神オージンとちがって、ソールは人間に好意を抱き、短期だがすぐに落ち着いた。なぜか間抜けとされることもあり、彼にまつわる数多くの神話がその腕力の限界をユーモラスに際立たせている。

　ソールの功績は巨人や女巨人との戦いに関するものが多い。あるとき、巨人スリュムルがソールの鎚を盗み、返すかわりに美しい女神フレイヤとの結婚を要求する。鎚を取り戻すために、ソールはしかたなくフレイヤに女装し、花嫁のヴェールで顔を隠してヨートゥンヘイムのスリュムルの館へいった。結婚の祝祭（→饗宴とごちそう）で鎚が手渡されると、すぐさまソールは変装を捨て、スリュムルと招待客を殺害した。数は少ないが、ソールを負かした巨人もいる。そのうちのひとりがウートガルザ＝ロキだった。彼はソールを魔術で欺き、力比べでソールに勝ったと信じこませた。ソールの最大の敵はミズガルズ大蛇ヨルムンガンドルである。ソールは巨人のヒュミルとともに海でヨルムンガンドルを釣り上げようとする。牛の頭を餌にし、ヨルムンガンドルが餌に食いついたが、その恐ろしい姿を見てパニックになったヒュミルが釣り糸を切ってしまい、逃げられてしまう。激怒したソールは巨人を海に突き落として溺れさせた。ラグナロクのとき、ソールはついにヨルムンガンドルを殺害する。だが、彼自身もその毒によって命を落とすのである。

ソルフィンヌル、侠気の（ソールズルの息子）[11 世紀初頭]

Þorfinnr Karlsefni (Þórðarson)

　裕福なアイスランドの商人。レイヴル・エイリークソンがヴィンランドを発見したあと、グリーンランドに到着した。グリーンランドで彼は、レイヴルの弟でヴィンランド遠征で殺されたソルステインの未亡人グズリーズと結婚した。侠気のソルフィンヌルはヴィンランドへの大規模な遠征隊を率いたが、2 度の冬を越してグリーンランドに戻ってきた。ネイティヴ・アメリカンの敵意にさらされたのが原因だった。ヴィンランドでグズリーズは息子スノッリを生む。アメリカ大陸で生まれた最初のヨーロッパ人である。グリーンランドに戻った後、侠気のソルフィンヌルとグズリーズルはノルウェーに交易に行き、最後はアイスランド北部に落ち着いた。

ソルフィンヌル・シグルザルソン（大立て者のソルフィンヌル）[1000 年頃 -1065 年]

Thorfinn the Mighty (古 北 欧 語 Þorfinnr Sigurðarson inn ríki)

　北欧人の伝承でもっとも偉大なオークニーのヤール（在位 1020 年頃 -1065 年）として記録されている。父親のオークニーのヤール、太っちょのシグルズルが 1014 年にクロンターフの戦いで殺されたとき、ソルフィンヌルは 5 歳だった。ヤール領はソルフィンヌルの兄のスマルリジ、ブルシ、嘘つきエイナルに分割され、ソルフィンヌルはスコットランド王の庇護のもと、サンドウィックのソルケル・アームンダソ

ンに育てられた。スマルリジが死ぬと、エイナルとブルシは気が進まないながらも、ヤール領をソルフィンヌルにも分け与えた。エイナルとソルフィンヌルはつねに緊張関係にあった。結局は暴力に終わり、ソルケルが1020年頃、エイナルを殺害した。ソルフィンヌルとブルシは平和裡にヤール領を分割統治し、1030年頃–1035年にブルシが死んだあとは、ソルフィンヌルがオークニーすべてを統治した。ソルフィンヌルは多大な労力をかけて、オークニーのヤールの勢力をヘブリディーズ諸島へと拡張した。また、歴史上唯一この戦いにのみ姿を現わすカール・フンダソンが率いるスコットランド軍の、ケイスネスとサザランドを北欧人から奪い返そうとした試みを、1030年頃–1035年頃、トルフネス（現イースター・ロスのターバト・ネス）の戦いで負かして打ち砕いた。戦いのあと、ソルフィンヌルはスコットランドを広範にわたって略奪し、ロスも手中におさめたと思われる。1042年にはイングランド北西部を襲撃した。

　1037–1038年、ブルシの息子ログンヴァルドルが亡命先ノルウェーから帰国し、ソルフィンヌルにヤール領の割譲を求める。ソルフィンヌルはログンヴァルドルにヤール領の3分の1を譲り、平穏な統治が続いたが8年後、ログンヴァルドルはさらに3分の1を要求する。マグヌス善王の支援を受けながらも、ログンヴァルドルはペントランド海峡の海戦でソルフィンヌルに敗れ、ノルウェーに逃げ帰った。ログンヴァルドルは精鋭を集めた軍勢を率いて真冬に戻り、ソルフィンヌルの館を急襲

し、火を放った。ソルフィンヌルは命からがら逃げだし、すぐさま報復を果たす。1046年、クリスマスの少し前にパパ・ストロンセイでログンヴァルドルに奇襲を仕掛けて、殺害した。その後は亡くなるまで単独でオークニーを統治した。オークニーのヤールとしての地位が確立すると、ソルフィンヌルは襲撃をやめて、領土の行政機構と教会制度の統一をはかることに力を注いだ。キリスト教徒として育った最初のオークニーのヤールとして、ソルフィンヌルは、当時はまだ多くが異教を信じていたオークニーの北欧人入植者に対して、積極的にキリスト教を奨励した。1050年頃、ソルフィンヌルがローマへの巡礼から戻ると、バーセイ（→ブロッホ・オ・バーセイ）の館に司教座（→司教区）を置いた。

ソルフィンヌル、頭骨破りの [963年頃没]

Thorfinn Skullsplitter（古北欧語 Þorfinnr hausakljúfr）

　オークニーのヤール。トルフ＝エイナルの息子。弟のアルンケッルとエルレンドゥルとオークニーのヤール職を共同統治するが、954年にヨークを追放されたエイリークル血斧王とともに、兄弟はスタインモアで殺害される。エイリークルの未亡人グンヒルドルとその息子たちはオークニー諸島へ逃げた。その後、彼らはソルフィンヌルからヤール領の支配権を奪い、数年後、グンヒルドルと息子たちはデンマークへ移った。ノルウェーで権力を掌握するためにハラルドル青歯王に支援を頼むのが目的だった。ソルフィンヌルはふたたび支配権を得

オークニー諸島のノース・ロナルドセイ島。頭骨破りのソルフィンヌルの故郷である。

る。彼の息子で後継者となったアルンフィンヌルはグンヒルドルの娘ラグンヒルドルと結婚した。偉大な戦士として名を残したが、ソルフィンヌルは床の上で死に、ノース・ロナルドセイ島に埋葬された。

た行

大軍勢
Great Army

　865年にイングランドに侵攻したデーン人の大軍をさす。だが、この言葉が使われた『アングロ・サクソン年代記』——大軍 micel here（後に here という語彙には「北欧からの侵略軍」が含意されていく）——では単なる記述にすぎず、固有の呼称を意図するものではなかった。大軍勢の襲来は、アングロ・サクソン諸王国に壊滅的な結果をもたらした。866年にヨークが大軍勢に攻略され、ノーサンブリア王国は崩壊する。イースト・アングリア王国は869年に征服された。874年、マーシア王国に傀儡の君主が置かれる。870年のウェセックス王国への急襲は撃退されたものの、875年の2度目の侵攻で危うく滅びるところだった。大軍勢を率いていたのは複数の王たちだったが、王国領土は誰ももってはいなかったようだ。ハールフダン、イーヴァル、ウッビ、後年にはバグセッジ、グズルム、アースケル、オヌンドルだけが『アングロ・サクソン年代記』で名前が言及されているが、ほかにも名の知られぬ王がいたことはわかっている。たとえば戦いの死傷者として何名の王が死んだという記録がある。大軍勢の規模はよくわかっていない。だが、その衝撃からして、少なくとも数千はいたと考えるのが妥当だろう。現代の学者のなかには、ほんの数百人だったと主張する者もいるが、レプトンにある冬営地の墓地から男性の骸骨が大量に発見されていることからも、それほど少なかったとは考えにくい。イングランドに定住して勝利の恩恵を享受するようになると、軍の勢力は弱くなったようだ。これがウェセックスが侵略を免れる助けとなったのだろう。だがもちろん、その成功が長年にわたってどれだけ多くの新兵をひきつけ、軍がどの程度増強されたかはわからない。最初の大規模な入植がおこなわれたのは、ノーサンブリアのヨーク周辺で875年、マーシア東部が876年だった。878年のエディントンの戦いでアルフレッド大王が勝利すると、大軍勢に残った者たちはグズルムの下でイースト・アングリアに定住した。彼らが入植したそのような地域はのちにデーンローとして知られるようになる。

太陽石
sun stone（古北欧語 sólarsteinn）

　航海に使用する道具。『ホイクル本』をはじめ、中世のアイスランドの文献に登場する。アイスランドやノルウェーで一般的に見られる鉱物で、光の偏光性をもつ長石または方解石でつくられる。そのために

雲に覆われていても太陽の位置を特定できるとされた。だが、偏光効果は雲のない空でしか見られないため、太陽石は曇りの日には使えず、晴れている日には使う必要がなかった。太陽石が使われたという記述は、唯一オーラヴル・ハラルズソンにまつわる伝説に見つかる。**航海術**も参照。

ダーネヴィアケ
Danevirke

　ドイツ、シュレスヴィヒ近くのユラン半島の地峡を横切る全長約 30 キロメートルの塁壁と濠の組み合わさった防衛線。ユラン半島を南北に走る主要な道「ヘアヴェイエン軍用道路」が、**ヘゼビュー**の近くでこの塁壁を横切る。ドイツからの侵攻よりユラン半島を守るという明らかな目的をもつとはいえ、ダーネヴィアケはヴァイキング時代のデーン人領域の南端をなすものではなかった。アイダー川の約 20 キロメートル南に位置するこの防塁は、数段階にわけて造営された。もっとも古い段階は、北壁、主壁、東壁からなり、年輪年代測定から 737 年にさかのぼると推定される。『フランク王国年代記』は、808 年にデンマーク王グズローズルがユラン半島の地峡に壁を建設したと記録している。出入りするために設けられた唯一の門によって破壊される結果となった。グズローズルの壁は特定されていないが、主要部の南につながる塁壁で、ダーネヴィアケのなかで唯一現在確認されている門を含むコーヴィアケではないかと思われる。建設の第 3 段階は 9 世紀半ばにはじまった。主壁を 10 メートルの高さに増強しつつ、ヘゼビューの港も半円形の壁で防備強化を図ったうえで、主壁にそのヘゼビューの防壁をつなげる接続壁がつくられた。接続壁は、年輪年代測定から 968 年の部分と、951 年頃 -961 年の部分があることが推定されている。つまりこの段階の建設は、**ハラルドル青歯王**（在位 958 年頃 -987 年）の命令でおこなわれた可能性が高い。

　ダーネヴィアケは、見るからに、侵攻を防ぐための効果的な障害ではなかったようだ。フランク王**ルイ敬虔王**は 815 年にユラン侵攻に成功している。また、974-983 年頃にはドイツ人に奪取、占領されていた。この塁壁と壕は 11、12 世紀のあいだに何度が延長されている。ドイツ人とスラヴ人の侵攻に対する防衛線とされ、デンマーク王ヴァルデマー 1 世（在位 1157-1182 年）のもとで最終段階に達し、塁壁はレンガで再建された。13 世紀の国境地域の再編にともない、ダーネヴィアケの重要性は弱まり、1864 年に**デンマーク**と**プロイセン**との戦争で使われたのが最後となった。

ダブリン（ディフリン）
Dublin（古北欧語 Dyflin）

　アイルランドで発展した、最初の本当に賑わう**町**であり、どこにも隷属しない北方人の王国であった。ダブリンはもともと、841 年にヴァイキングの襲撃拠点、奴隷市場として築かれた**ロングフォート**だったが、10 世紀には裕福な商人や製造業の中心地に発展した。ヴァイキングのロングフォートがあった正確な場所はわかっていないが、ポドル川とリフィー川の合流点の近くだったと考えられている。リフィー川の

ダーネヴィアケの防塁。ドイツ人とスラヴ人の侵攻を防ぐためにつくられた。ユラン半島を横切って30キロメートルにものびる。

発掘された木材の年輪年代測定から、ダーネヴィアケの防塁は737年にさかのぼると考えられている。

上流 3 キロにあるキルメイナムの大きな墓地が、850 年頃にダブリンにスカンディナヴィア人が常住していたことを裏づけている。ダブリンの創設者はノルウェー人だが、851 年に**デーン人**に奪取された。853 年、ノルウェー人の**オーラヴル（アムライブ）**がデーン人を追放、ダブリン王国の事実上の創始者となった。オーラヴルはアイルランドの政治と権力闘争に巻き込まれ、オソリーの王**ケルヴァル**など先住の統治者と同盟を組んだ。873 年にオーラヴルの後継者の**イーヴァル**が死去すると、短命の王が続いて政治的に不安定となった。893-894 年にかけての内乱で王国は弱体化し、902 年にアイルランド人によって北欧人たちは追放された。

917 年、**シヒトリク・カエフ**率いる北欧人たちはダブリンを奪回する。919 年、ダブリン奪還を試みるアイルランド軍をシヒトリクがアイランド橋で撃破したのち、再建されたダブリン王国は短期間、それなりには強国のひとつにまでなった。しばしばヨークを支配下に置いたが、けっして安定した支配ではなかった。940 年代には、アイルランド人に敗北を重ね、ノルウェー系ダブリン王国の力は衰退していく。独立を保つために、アイルランドの統治者たちに貢納金を支払わなければならないこともしばしばだった。997 年、ダブリンはマンスターの王で強大な勢力をもった**ブライアン・ボル**の支配下に入る。ダブリンの**シヒトリク絹鬚王**はレンスターと**オークニー**のヤールとの間に同盟を結ばせて、ダブリンの独立を保とうと試みるが、その同盟軍は 1014 年に**クロンターフの戦い**で敗北する。だが、彼自身は戦闘には参加しなかった。そのため敗北したものの、ダブリンは最悪の結果は免れた。しかし 1036 年にシヒトリクが退位するころには、ダブリンは強力な艦隊を擁しながらも、その艦隊はアイルランドやスコットランド、ウェールズの統治者に雇われるような小国となっていた。シヒトリク治世下の 997 年、ダブリンにアイルランドで最初の造幣所がつくられ、1030 年には司教座が置かれた。この頃には、ダブリンの北方人たちはアイルランド文化に部分的ながら同化し、スカンディナヴィア人と区別して**「オストマン」**と呼ばれていた。続く 1 世紀のあいだ、ダブリンはしばしばアイルランドの直接支配を受け、1130 年代には北方人はつかのまの復活を遂げる。ノルウェー系最後のダブリン王は、トルキルの息子アスガッルで、1169 年、アングロ・ノルマンの野心家リチャード・ド・クレア（通称「ストロングボウ」）によって追放される。だが 1171 年、アスガッルは**マン島**と北部諸島の同盟軍とともに戻ってくる。そのなかにはオークニーのヴァイキング、**スヴェイン・アースレイヴァルソン**も含まれていた。しかし大敗を喫し、アスガッルは捕えられ、処刑された。これが北方人の**軍勢**がアイルランドで戦った最後となった。同年、**イングランド王ヘンリー 2 世**がダブリンにて御前会議を開いた。

1960 年代からはじまった大規模な発掘調査で、917 年にヴァイキングがダブリンに戻ってきた後、定住地はポドル川とリフィー川のあいだの低い隆起地点に移った。この定住地を守っていた低い土塁と矢来の

ヴァイキング支配下のダブリンの遺跡から出土した日用品の数々。食器、スプーン、紡錘車(ぼうすいしゃ)、貨幣、ピン、彫骨品など。この都市の広範な工芸活動を物語っている。

ヴァイキング時代のダブリンの職人の住居。編み枝と泥、漆喰(しっくい)でできた壁が水に浸かった状態で保存されていた。

うち、矢来は950年頃に編み枝の上に杭を突き立てたものに替えられた。土と木でできたこの防衛施設は、1100年頃に石壁に置き換えられた。定住地は長方形の区画に分けられて、編み枝の柵で囲われていた。そのなかに編み枝製の壁をもつ、角が丸い長方形の建物が建てられていた。裕福な人びとは、その住居の大きさや豊かな遺物ですぐに区別がついた。彼らは、洪水の被害にあう危険の少ない高台に住んでいた。水に浸かっていた有機物質は最適な状態で保存されていて、ヴァイキング時代のダブリンにおける日常生活のさまざまな証拠を見せてくれる。木や骨（→枝角、骨、角）、黒玉、琥珀の彫刻、革細工、機織りをはじめ、幅広い手工業が営まれていた。ダブリンは造船の中心地でもあったと思われる。というのはデンマークのスクレレウで見つかったヴァイキング船のうちの1隻がアイルランドのオーク材でつくられていたためだ。1169-1171年のアングロ・ノルマンの征服後、その居住地域はリフィー川沿いの湿地帯の干拓によって大きく拡張され、ダブリンはアイルランドの主要都市として繁栄をつづけた。

食べものと飲みもの
food and drink

ヴァイキング時代のスカンディナヴィア人の食生活は、肉、魚、乳製品、穀類を基本としていた。さまざまな種類の肉を食べていた。牛肉、子牛、馬肉、豚肉、羊、子羊、ヤギ、ガチョウ、地域によっては鹿肉、アザラシ、クジラ、狩猟鳥も口にしていた。ほとんどの肉は茹でたり、煮たりした。鉄や石鹸石の大釜を使ったが、水をはった穴のなかに火で焼いた真っ赤な石を入れて調理することもあった。火の上に焼き網を置いて串焼きにする場合もあった。肉の風味づけには、杜松の実、クミン、マスタード、ホースラディッシュ、ガーリックをはじめ、いろいろなハーブを使った。血や臓物は腸詰めにしてソーセージのような形をしたプディングをつくった。肉と魚は干したり、塩漬けや酢漬けにした。防腐剤として氷も使っていた。牛乳も飲まれていて、撹拌してバターにしたり、凝乳（カード）にしてそのまま食べたり、チーズをつくったりした。乳清は飲んだり、すっぱくなるとピクルスをつくるのに使った。バターは大量に塩漬けにして保存した。オート麦で粥をつくった。大麦とライ麦で種なしパンをつくり、丸い平鍋に入れて熱い灰の上で調理した。ヴァイキング時代末期になるまで、スカンディナヴィアではパンを焼くためのかまどはひじょうに珍しかった。小麦パンは裕福な人びとのぜいたく品だった。大麦麦芽でエールを醸造し、大量に飲んでいた。そのほかによく飲まれたのが蜂蜜酒で、蜂蜜から醸造したワインである。ブドウのワインはぜいたくな高級輸入品だった。野菜は食生活の大きな部分を占めてはいなかった。キャベツ、玉ねぎ、豆類がもっとも一般的だった。野生の果物や木の実も季節ごとに食べられていた。

ヴァイキング時代のスカンディナヴィア人は、通常、1日2食だった。早朝に朝食（「昼の食事」の意）を食べて、夕方に夜食（「夜の食事」の意）を食べた。食器類は必要最小限のものだけだっ

台所用品と貯蔵容器。9世紀のオーセベリ船葬墓より。

た。料理は丸や四角い木の大皿にもって出された。木か石鹸石でつくった椀の場合もあった。肉はナイフでカットした。シチューやスープ、粥は木や角（→枝角、骨、角）でつくったスプーンで食べた。飲みものは木製、裕福な家なら銀製や輸入もののガラスのカップ、角でできた杯で飲んだ。角杯は、おもに祝宴（→饗宴とごちそう）や社交行事などで用いられた。置くと中身がこぼれてしまうため、注いだら飲み干さなければならない。すぐに酔っ払うのも当然だ。

チェオルウルフ２世 [879年没]
Ceolwulf II

マーシア王国の最後の王（在位874-879年）。『アングロ・サクソン年代記』によると、**ブルグレド王**が退位、追放されたのち、デーン人が任命した王家の血の入っていない傀儡王だった。877年、デーン人はマーシアをこの傀儡王と分割し、東側の地域を自分たちの定住地とした。チェオルウルフ２世の死後、**ウェセックス**によるマーシア支配が加速していく。

地中海とスペインのヴァイキング
Mediterranean and Spain, Vikings in, the

840年代にロワール川に定住したヴァイキングは、当然のように、さらに南下してイベリア半島の可能性を探るようになる。実際に行ってみると、現地の抵抗は失望するほど強固なものだった。844年、100隻からなるヴァイキングの船団がロワール川から出撃し、スペイン北部のキリスト教王国ガリシアとアストゥリアスを襲撃、その

後南下してリスボン、セビーリャ、カディス、アルヘシラスといったコルドバの王国や、モロッコのアシラーを略奪した。この遠征は最悪の結果に終わった。コルドバの首長がセビリア近くのグアダルキビール川でヴァイキングの船団を捕捉。30隻の艦船を破壊、1000人のヴァイキングを殺害したのだ。400人以上が捕らえられ、その多くは処刑された。その後、ヴァイキングの襲撃は859年までなかったが、ハステインと甲鉄のビョルンが62隻の船団を率いて、ロワール川からジブラルタル海峡を抜けて地中海地域を襲った。ほぼ2年間とどまってスペイン、モロッコ、プロヴァンス、イタリアの沿岸部を略奪してまわった。その強さと見事な操舵術で有名だったが、この遠征もやはり失敗で、多大な代償を払うはめとなった。ヴァイキングがジブラルタル海峡を抜けて帰国するとき、スペインのムーア人の艦隊がビョルンとハステインを捕らえ、ロワール川に無事に帰還できたのはわずか20隻だけだった。その後、ヴァイキングは2度と地中海に姿をあらわさなかった。また、スペインのキリスト教徒やイスラム教徒が大規模な襲撃を受けることもなかった。ただし、11世紀初期に海賊の襲撃がいくつか記録されている。

血のワシ
blood eagle

　オージン神へ捧げるおぞましい人身供犠の儀式。背骨の両側の胸郭を切り開き、まだ生きている生贄の肺を引きずり出して、ワシの翼の形に見立てるという方法からこの名がついている。この儀式がおこなわれていたことは、アイスランドのいくつかの文献で確認されている。もっとも古いのが、1038年頃にシグヴァトル・ソールザルソンが書いた詩「クヌートル頌歌」で、それより約200年前にラグナル・ロズブロークの息子たちがエッラを殺害したときの記述に出てくる。典拠が後世のものであることから、歴史学者の多くは、血のワシを実際の慣習とは考えていない。詩に描かれる戦場での殺戮のシンボルであったワシから着想を得た文学的な創作とみなそうとしている。だが、スカンディナヴィアの異教徒が生贄の儀式をおこなっていたのはまぎれもない事実であり、ヴァイキングが自分らの敵に残虐な拷問を課せられなかったと考えるのも曲論だろう。先に述べたように、血のワシは、反逆者の首を吊り、はらわたを取り出し、四つ裂きにする古いイギリスの刑罰と残虐さでは変わらないのである。

チメリョヴォ（ボリショエ・チメリョヴォ）
Timerovo（Bolsoe Timerovo）

　10世紀後半の入植地と墓地跡。ロシアのヴォルガ川上流のヤロスラヴリ近くに位置し、485人の墓が見つかっている。フィンランド人、スカンディナビア人、スラヴ人が居住し、フィンランド人住民がいちばん多かった。地中海や中東からの輸入品が出土していることから、海外で取引（→交易）をしていた住民もいたと思われる。スカンディナヴィア人男女の墓が発見されていて、少数の戦士の墓も含まれる。おそら

く地方の豪族の護衛だったのだろう。

長蛇号
Long Serpent (Ormrinn Langi)

　おそらくヴァイキング時代のもっとも有名な船である。ノルウェー王オーラヴル・トリュッグヴァソンが999-1000年にヴェンド人討伐の遠征のために建造したドラッカル（竜頭船）。ふんだんに装飾をほどこした長蛇号は、当時では並はずれて大きな船だった。『フラート島本』によれば、長さ72エル（約39メートル）の竜骨をもち、68人の漕ぎ手に500人以上の戦士を乗せることができた。珍しいことだが、船の棟梁の名前も知られている。ソルベルグル・スカヴホッグ（「斧で難なく切る者」の意）で、長蛇号がどれほどすばらしい船だったかを物語っている。長蛇号はオーラヴル王の旗艦で、1000年にスヴォルズの海戦で最期を遂げたときに乗っていた船である。戦いに勝利したラーデのヤール、エイリークルが戦利品の一部として船を手に入れたが、その後、どうなったかは不明である。

ディース
dísir

　女神や名もない精霊のような超自然的な女性の総称。ヴァイキング時代のスカンディナヴィアでは、通常は個人的に崇拝され、生贄を捧げられていた対象であるが、スウェーデンとノルウェーの一部では公に崇拝されていた。女神フレイヤと同様に、動物の多産や穀物の豊穣をつかさどり、出産を助けるとされた。豊作や家族の幸せもディ

ースの気持ちしだいだった。ディースの怒りを買わないことは重要だった。というのも、彼女たちは恵みを与えることもあったが、ときに害悪を与えることもあった。怒らせると不幸をもたらすだけでなく、死をもたらすことさえあった。

デイル川／デイレ川の戦い [891年]
Dyle, battle of the

　ベルギー、ルーヴァン近くのデイル（オランダ語デイレ）川でアルヌルフ王率いる東フランク軍が、890年にセーヌ川からフランドルへやってきたデーン人ヴァイキングの軍勢を惨敗させた戦い。デーン軍は湿地帯の好位置にある防備を固めた野営地に陣取った。フランク軍の騎馬隊は馬から降りて、徒歩で野営地を攻撃。フランク軍の突撃を受けて、パニックに陥ったデーン兵は川へと逃げ出し、数百人がおぼれ死んだ。身元不詳の2人のデーン人王シグフレズルとゴズフレズルもその死者のなかに含まれていた。生き残った者とその家族はブローニュへ撤退し、892年に船でイングランドに向かった。『フルダ年代記』によると、この戦いで戦死したフランク人はたったひとりだけだった。

ディルハム貨
dirhem

　イスラム時代初期でもっとも重要な貨幣。ペルシアで鋳造された硬貨をアラブ人が模したものである。薄くて平らな銀貨で、直径約29ミリ、重さは2.9-3.0グラムほど。年代や発行場所に加え、ディルハム貨には聖句が刻印される。最古のものは

ヒジュラ暦紀元79年（西暦698-699年）で、14世紀まで鋳造された。780年頃には、アラブ人商人によってロシアにも導入され、流入しはじめる。9世紀半ばまでにはゴットランド島とスウェーデン本土にも少量のディルハム貨が持ち込まれている。910年以降、おもに中央アジアのサーマーン朝ペルシア内から大量のディルハム貨がスウェーデンとゴットランド島に流入しはじめる。デンマークへの流入はほとんどなかったが、ノルウェーへの流入はそれよりもさらに少なかった。965年から20年間、その流入は途絶える。983年以降に規模は小さくなるもののふたたび流入しはじめ、1015年には完全になくなった。中央アジアにおける銀鉱脈の枯渇が原因である。スカンディナヴィアに到達したディルハム貨のほとんどは、銀塊（ぎんかい）にするために溶かされた。だが、ヴァイキング時代の埋蔵宝として8万5000枚ほどの貨幣が見つかっていて、そのうち8万枚がスウェーデンとゴットランド島で出土した。バルト海南岸沿いのスラヴ地域でも数千枚が発見されている。スウェーデンとゴットランド島でディルハム貨が大量に出土するのはアラブ世界との交易がさかんだった証拠であると受けとられてきたが、その多くはバルト海東部を襲撃したときに獲得した貢納金だった可能性があるのだ。

ティンワルド（集会の平原）
Tynwald（古北欧語 Thingvöllur）

ノルウェー系の、マン島と諸島の王国のシング開催地。この青空議会は、マン島のセントジョンズで開かれた。今日もなお、マン島の議会ハウス・オヴ・キーズは年に1度、7月5日にティンワルドで開催され、前年に通過した法律を公布する。

ティンワルドの丘。マン島におけるシングの開催地だった。

鉄加工
ironworking

金や銀ほど高級ではないけれども、鉄はヴァイキング時代のスカンディナヴィアで使われていたもっとも重要な金属だった。農業、建設、造船、戦争に不可欠だった。鉄はおもに沼鉄鉱（しょうてっこう）から得られていた。沼や湿地で生成される腐敗した植物性物質と酸化鉄（さんかてつ）の塊である。ヴァイキング時代末期に鉄鉱石が発掘されていた可能性もある。鉄は小さな塊鉄炉（かいてつろ）で生産されていた。中世初期のヨーロッパを通して広く使用されていた炉で1000-1300度の温度になった。この温度で、鉄のなかの不純物が融解され

てスラグ（鉄滓）となって炉の底から流れ出る。残ったかなり純度の高い塊鉄はふたたび熱せられ、金敷きの上でハンマーで打って、残っている不純物をなるべく除去する。そして基準の大きさと形の棒に整えられて鍛冶工に売られる。この方法で1回に5-20キログラムの鉄が生産できた。ローマ鉄器時代から中世盛期を通して、鉄の需要は着実に増加し、鉄工はノルウェーやスウェーデンの高地の沼沢地に移住し、新たな沼鉄鉱床を探した。製鉄遺跡から見つかったスラグの量から計算すると、スウェーデンのスモーランドおよびイェストリークランド地方の各地でヴァイキング時代に約1万トンの鉄がつくられていたことがわかっている。

ほとんどの鉄は釘や鋲、農耕や木工に使う道具、大釜や錠といった日用品をつくるのに使われた。もっとも洗練された鍛冶職人の技術は見事な武器をつくるのに活かされた。質の高い剣、斧、槍の穂先は品質の異なる鉄の細片を一緒に成型してつくられた。この技術は霞打ちと呼ばれる。数本の鉄片を打ち延ばしたり、曲げたりして柔軟だが頑丈な層状の薄板をつくる。これが刃の核となった。硬くした鋼の刃を核と溶接し、鋭いがもろくない武器ができあがる。この製法でつくった刃は磨くと特徴的な大理石紋様があらわれ、質の高さを物語っていた。その仕事の重要性から、熟練した鍛冶職人は高い社会的地位を与えられ、かなり裕福だった。彼らの墓はすぐに見分けがつく。異教の時代、仕事道具とともに埋葬されたからだ。それらの道具は、今日の鍛冶職人が使っているものとほとんど変わらない。鍛冶職人の地位が高かったことは、スカンディナヴィアの伝説からもすぐにわかる。レギンなどの鍛冶は主要な役割を担い、魔法のような武器をつくりだす能力を備えている。また、ソール神は鍛冶職人のいちばん大事な道具である鎚を振るう。

神話の一場面。鍛冶レギンが英雄シグルズルの剣を鍛えているところ。ノルウェーのヒュレスタにある12世紀のスターヴ教会の木彫。

テットノールの戦い [910年8月5日]
Tettenhall, battle of

909年、エドワード長兄王がウェセックスとマーシアから軍を送り、ヨークを略奪した。その報復として、910年にデーン人がマーシアへ侵攻。マーシアとウェセックスの連合軍は8月5日に、スタフォードシャーのテットノール近くのウェンズフィールドでデーン人と対峙、彼らを惨敗させた。デーン人の戦死者のなかには、古英語

の名しか知られていないエオウィルス、ハールフダン、イーヴァルの3人の王と11人のヤールが含まれた。この惨敗によりデーン人のヨークでの指揮系統は麻痺し、その隙をついてダブリン王シヒトリク・カエフの兄弟ラグナルドがヨークを奪取したのである。

テュール
Tyr

　北欧神話に登場する軍神。父親は主神オージンとも、海の巨人ヒュミルともされる。巨狼フェンリルに餌をやる勇気があるのはテュールだけだった。あるとき、神々はフェンリルを拘束することにした。テュールはふたたび解放される保証として、自分の腕をフェンリルの口に差し入れる。いましめを解かれないことに気づいたフェンリルは、テュールの手を食いちぎった。**ラグナロク**のとき、テュールは魔犬ガルムルを殺すが、ガルムルに噛まれた傷で相討ちになる。テュールは北欧神話のなかでも謎に包まれた存在である。ゲルマン神話のティワズにあたるが、北欧神話のなかではずっと目立たない存在になっている。ヴァイキング時代に、テュールの属性は同じく軍神のオージンに吸収されたためと考えられる。

テューレ [950年頃]
Thyre

　ゴルムル老王の妻。ゴルムルは**イェリング**に彼女を讃えるルーン石碑を建立している。息子は**ハラルドル青歯王**。生前の彼女についてはほとんど知られていないが、美しさと貞操、知恵と清廉さにおいて、死後その名声が高まった。また、事実とは異なるが**ダーネヴィアケ**を建設したのは彼女だと言われてきた。

デーンゲルド
Danegeld

　エゼルレッド2世（在位978-1016年）の時代に平和の代償としてイングランド人がデーン人に支払った貢納金をさすときに、現代の歴史学者に通常用いられる用語。またしばしば、9世紀にフランク人が支払った貢納金を含め、より一般的にヴァイキングへの支払いをさすのに用いられた。実際、デーンゲルドという言葉はノルマンコンクエスト（1066年）以後まで文献に現われない。このときにもヘレゲルド（「軍税」）の説明で用いられたのである。このヘレゲルドは1012年にエゼルレッドが導入した、年ごとの実質的な地租で、のっぽのソルケルの傭兵部隊（ようへい）への給料支払いにあてられた。これに先立ち、デーン人を退去させるための貢納金（当時はガヴォルと呼ばれていた）にあてるため、エゼルレッドは991年、994年、1002年、1007年、1008年に徴税を課している。莫大な金額が貢納金としてあてられたのにさほど国民からの抵抗がなかったことは、行政者としてのエゼルレッドの能力の高さを証明するものであり、**アングロ・サクソン**時代後期の**イングランド**の豊かさを物語っている。デーン人のイングランド征服ののち、**クヌートル**は引き続きヘレゲルドを取りたてて、自分の**ハスカール**や**艦隊**のための支出にあてた。ノルマンコンクエスト以降は、軍事行動の資金にするための税金に発展し

た。デーンゲルドの徴収は 1162 年まで続いた。

デーン人
Danes

　デーン人が最初に文献に登場するのは 6 世紀。ゴート人の歴史家ヨルダネスが 551 年に、30 年前の情報を引き合いにして「ダーニ」すなわちデーン人は背が高く、獰猛な人びとでスカンディナヴィア南部を支配している、と述べている。575 年からほどなくして、トゥールのグレゴリウスが著書『フランク史』で、520 年代にライン川下流でダーニによる襲撃があったと記している。デーン人の起源についてはよくわかっていないが、ヨルダネスは彼らの起源がスウェーデンだと示唆している。ヴァイキング時代、デーン人は現在のデンマーク全域に居住していた。さらに、今日のスウェーデンのハルランド、ブレーキンゲ、スコーネ地方、ドイツのシュレスヴィヒ゠ホルシュタイン州のアイダー川の北部（現在もデンマーク語を話す少数集団が居住している）にも広がっていた。デーン人ヴァイキングはイングランド南部および東部、フリジア、フランク王国北部でもっとも精力的に活動していた。デーン人はかなりの数がイングランド東部に移住した一方（デーンロー参照）、より小さな規模であったが、ノルマンディーにも一定数のデーン人が移り住んだ。アングロ・サクソンの著述家たちはノルウェーから来たことが当時わかっていたヴァイキングも含めて、すべてのヴァイキングを「デーン人」と呼ぶ傾向がある。フランク王国の著述家も「北方人」と

書換可能な同義語としてこの言葉を使っている。

デーン人オジエ（オジエ・ド・ダヌマルシュ）
Ogier the Dane (Ogier de Danemarche) ホルゲア・ダンスケを参照

『デーン人の事績』
Gesta Danorum ('The Deeds of the Danes')

　1200 年頃、デーン人の歴史家サクソ・グラマティクスがラテン語で著した『デーン人の事績』は、16 巻からなり、伝説時代から 12 世紀の終わりまでのデーン人の国史である。中世における国史執筆の伝統はすでに確立しており、サクソの著作はそれに則ったものだった。彼はベーダの『英国民教会史』や、サン゠カンタンのデュドンによるノルマンディー人の歴史を知っていたのは確実で、ヨルダネスのゴート史やジェフリー・オヴ・モンマスのブリトン人の王たちの歴史などを意識していたかもしれない。ウェルギリウスの『アエネーイス』も知っていたようで、ウェルギリウスがローマ人にしたように、デーン人の初期の歴史を賛美しようとした。全 16 巻のうち、前半の 9 巻が 10 世紀半ばにいたるまでの約 2000 年の歴史であり、神話や伝説からの題材が豊富で、シェイクスピアの『ハムレット』の原型とされる「アムレズル」の物語も含まれる。サクソは異教のスカンディナヴィアの神々にいっさい共感を表わしていない。彼らを、害をなす貪欲な人間として描き、まんまと神になりすましたペテン師とみなしている。これは、同時代のア

イスランドの著述家**スノッリ・ストゥルルソン**が『**エッダ**』のなかで、神々を人間の英雄として扱い、その偉業のために神とみなされるようになったとしているのと対照的である。サクソが記録した伝承のなかに歴史的真実がどれほど含まれているかを特定するのは不可能である。8巻の終わり、**ゴトリク（グズローズル）**の物語でようやく歴史的根拠の確実な内容に触れはじめる。別の史料によればゴトリクは**カール大帝**と同時代の人物で、フランク帝国への初期のヴァイキング襲撃を何度か率いたことがわかっている。9巻ではおもに伝説的なヴァイキング、**ラグナル・ロズブローク**の事績を取りあげ、最後は**ゴルムル老王**の死で終わっている。ゴルムルは**デンマーク**で最初のキリスト教徒の王となった**ハラルドル青歯王**の父親である。後半の7巻では、サクソ自身が生きた当時に至るまでの有史時代が扱われている。現在、『デーン人の事績』が評価されるのは、主にデンマークの伝説時代に関する歴史的伝承が記録されているからであり、また史料としての独立した価値も、1134年頃から1187年にかけての歴史を綴った最後の3巻のみが認められている。1514年に活字本として初めて出版されるまで、この作品はほとんど影響力をもたなかったが、1575年に最初のデンマーク語版が出版されて、デンマークの古い時代に関するサクソの見識が広く知られるようになった。19世紀には、デンマークの数多くのロマン派詩人にインスピレーションを与えた。そして、サクソのラテン語の飾り立てた文体は翻訳版であっても読みにくいのだが、今日もなお多くの人びとに読みつがれている。

Saxo Grammaticus: The History of the Danes, Books I-X, ed. H. Ellis Davidson, trans. P. Fisher (Woodbridge, Suffolk, 1996).

サクソ・グラマティクスの『デーン人の事績』のもっとも古い版の表紙。

デーン人ハヴェロック
Havelok the Dane

中英語ロマンスで、9世紀にデーン人が定住した**イングランド東部地域**のリンカンシャーで1200年頃に書かれた『デーン人ハヴェロックの歌』の主人公。ハヴェロックは**デンマーク**の正統な王だったが、王位を簒奪されてイングランドに追われる。数々の冒険を経て、彼はイングランドの王位継承者の姫と結婚し、自身の王国を取り戻す

とともに彼の治世下でイングランドとデンマークは統一される。話のモデルとなったような明確な史実は知られていない。だが、デーンローの成立と**クヌートル**支配下におけるイングランドとデンマークの統一を反映している。偉大な文学作品というわけではないが、物語としては楽しめる。『デーン人ハヴェロックの歌』は、この時代からいまに受け継がれる数少ない英文学作品のひとつである。

デンマーク王国
Demnark, kingdom of

「Denmark」という言葉の最古の使用は、890年代に書かれたオロシウスの『異教徒に対する歴史』古英語訳の序文のなかの、古英語「Denemearc」である。『プリュム修道院長レギノの年代記』は908年までの年代記録だが、そのなかに「Denimarce」という言葉が確認されている。スカンディナヴィアで知られている最古の用例は、10世紀半ばにさかのぼり、**ゴルムル老王**が妻テューレを記念してイェリングに建立したルーン石碑のなかの「tanmarkaR」、もしくは「Danmarkar」という言葉である。とはいえデンマーク王国の成立は、それよりも数世紀前と考えられる。

デンマークはスカンディナヴィアの近隣諸国に比べて、耕作に適した土地が格段に多い。そのため、ヴァイキング時代はもっとも豊かな国であり、いちばん人口も多く、政治的にもスカンディナヴィア人の王国のなかでもっとも進んでいた。デンマークにおける中央集権化のはじまりは、**ローマ鉄器時代**（西暦1年頃-400年）と続く**ゲル**マン鉄器時代（400-800年）に認められる。名前が知られている最古のデンマーク王は**アンガンチュール**で、8世紀はじめの統治者である。だが、その王国の規模はよくわかっていない。**ダーネヴィアケ**の防塁、サムセー島の運河、リーベの市場はすべて8世紀につくられたと推定されており、アンガンチュールがおこなった可能性がある。9世紀初頭までには**デーン**人は、（**ボーンホルム島**をのぞく）現代のデンマーク全域とドイツ北部の一部、今日のスウェーデンのスコーネ、ハルランドを含む領地をもつ王国をおそらくは形成していた。中世初期、スコーネとハルランドはデーン人の辺境地帯すなわち「マーク」と呼ばれる領域を形成しており、それが国全体をさすようになったのかもしれない（そのほかに、ユラン半島のドイツと南の国境をなすことに由来するという説もある）。デンマーク王は、**ノルウェー**のヴェストフォルを何らかの形で支配していた。だが、その領有はけっして安定したものではなかった。810年にデンマーク王**グズローズル**が死去すると、20年にわたる内乱や継承争いで荒廃する。830年代に**ホリック1世**が単独で王位につき、20年にわたって平和をもたらしたが、854年に一族の造反によりホリック1世が王位を追われた。その後ほぼ1世紀にわたってデンマークは文献史料から実質上消える。王国は小国の乱立状態が続き、少なくとも900年頃-936年には一部がスウェーデンの**オーラヴル王の一門**に支配される。

10世紀半ば、ゴルムル老王が新たな勢いのある王朝を開く。その息子の**ハラルド**

ル青歯王がデンマークを統一し、トレレボーの要塞をつくり、王国のすべての地域を王権の直接支配下に置いた。さらには、ノルウェーにふたたびデンマークの影響力を確立した。965年にキリスト教に改宗し、臣下にキリスト教を積極的に奨励する最初のスカンディナヴィアの君主となった。1000年頃までには、デンマークは実質的にキリスト教国となっていた。ハラルドル青歯王は息子のスヴェインに王位を追われる。スヴェイン双髭王はデンマークにおけるみずからの地位を強固なものとするため、貢納金目的で、実入りのよいイングランド襲撃を開始する。そして、1013年にイングランドを征服するが、わずか数か月後に死去。デンマークは、スヴェインの息子クヌートル（在位1019-1035年）の治世で絶頂期に達し、イングランド、ノルウェー、スウェーデンを含む一大帝国をつくりあげる。クヌートルの帝国は彼の死後崩壊し、デンマークは短期間、ノルウェーの支配下におかれる（1042-1047年）。その後、スヴェイン・エストリズソン（在位1047-1074年）が即位して、デンマークの家系が復活する。11世紀、デンマークはヘレスと呼ばれる行政単位に区分けされ、地域ごとのシング（民会）が設けられていた。ヴァイキング時代末期（1100年頃）になっても、デンマークはつねに国内の不安定さを抱えていた。王は選出制で決まるやり方が継続され、ひんぱんに内乱や継承者をめぐる争いが生じていた。あるひとつのとくに明確でない争いから、1156年には短期間だが3つに国が分裂したこともあった。

E. Roesdahl, *Viking Age Denmark* (London, 1982).

デーンロー
Danelaw

　テムズ川とティーズ川に挟まれた、9世紀にデーン人が征服・定住したイングランド東部地域の名称。デーンローでの法廷で施行される慣習法は、デーン人の法慣習が大きく影響した。デーンローという言葉は古英語の Deone lage（「デーン人の法」の意）に由来する。Deone lage という語の現在わかっている文献初出例は1008年の特許状である。ヴァイキング時代のデーンローの正確な境界はわかっていない。だが12世紀には、ヨークシャー、ノッティンガムシャー、ダービーシャー、レスターシャー、リンカンシャー、ノーサンプトンシャー、ハンティンドンシャー、ケンブリッジシャー、ベッドフォードシャー、ノーフォーク、サフォーク、エセックス、ハートフォードシャー、バッキンガムシャー、ミドルセックスの15の州が定義付けられている。イングランド内のデーン人が支配する地域では異なる法慣習が普及していることを記したもっとも古い文書は、886-890年に交わされた、アルフレッド大王とイースト・アングリア王グズルムが結んだ平和条約だった。このデーン人の法の優勢はウエスト・サクソン征服以降も続き、約200年間にまで及んだ。970-974年には、エドガー王がデーンローに対して正式に法的な自治権を認めた。

　地名をみてもわかるが、デーン人はデーンロー全域に集中して居住していたわけで

はなかった。おそらく、ほとんどの地域では少数派集団だったと思われる。大多数を占めるイングランド人にとってかわることはなかったが、王室や貴族の領地を次々と引き継ぎ、新たな社会・政治的エリートをつくりあげて現地の慣習に長期にわたる影響を与えた。地方行政においては、イングランドの司法行政の基本単位である「ハンドレッド」のほとんどが「ワペンテイク」と呼び換えられる一方、農民一家族が食べていくために必要な土地面積の単位である「ハイド」も「プラウランド（古英語 plogesland）」すなわち「耕地」という名で呼ばれた。デーンローの法は、イングランドの法とは、法の手続き方法において、また「王の平和」と呼ばれた、特定の地域や人々に与えられた王の保護を破った者への重い罰金が科せられることにおいて、さらに、当時のイングランドの法律には存在しなかったが、ワペンテイクで開かれる裁判では、容疑者の起訴をはじめるための告白に、宣誓をした貴族の陪審員が同席するという点において、違いがあった。その頃のイングランドの法律ではもっとも重い犯罪行為は神明裁判で裁きが決せられる場合もあったが、デーンローでは決闘裁判が一般的だった。デーンローの土地所有についても大きな違いがあった。ノルマン・コンクエストの頃、デーンロー内の土地を保有する農民すなわち「ソークマン」の数は、イングランドのほかの地域と比べてひじょうに多かった。リンカンシャーでは人口の50パーセント近くに達し、デーンロー内の他の多くの州でも3分の1くらいにはなった。ソークマンたちの多くはノルマン時代に農奴に引き下げられた。

C. Hart, *The Danelaw* (London, 1992)．

ノースヨークシャーのミドルトンで発見された石の十字架。ヴァイキングの戦士が彫られている。現地の彫刻家が、デーンローの統治者に気に入られようとスカンディナヴィアの様式をとり入れたのだろう。

ドイツのヴァイキング
Germany, Vikings in　フランク王国のヴァイキングを参照

陶器
pottery

　ヴァイキング時代のスカンディナヴィアでは陶器はあまり使用されていなかった。デンマークの町ヘゼビューでのみ、大規模な陶器製造が営まれていた証拠が確認されている。一般的には調理の際には石鹸石の

鍋の使用が好まれ、貯蔵には木の容器が広く用いられていた。ろくろがスカンディナヴィアで使用されるようになるのは1200年頃なので、陶器のほとんどは手で直接こねて成型され、通常は粘土を巻いて器の形につくりあげていた。粘土に砂粒を混ぜてこねると、たいてい粒が飛び出て、鍋の表面にでこぼこをつくりだす。陶器は低温の火で、炉に置かれるか、盛土のなかに埋めて焼かれた。地域によってさまざまな特徴が見られる。装飾は、あったとしてもごくシンプルなものだった。ユラン半島では丸底の陶器が好まれた。スカンディナヴィアのそのほかの地域では平底の陶器が多く使用されていた。1000年以降、スカンディナヴィアではスラヴの影響が色濃く見られる陶器の様式が人気となる。質の高い陶器は、ヴァイキング時代を通してラインラントからスカンディナヴィアに輸入されていた。

9世紀後半のヨークの陶製の料理鍋。

凍石

steatite 石鹼石を参照

トゥネ船葬墓

Tune ship burial

　10世紀初期の船葬墓。1867年に、ノルウェー、エストフォル県のロルヴソイのハウゲン近くのトゥネの墳墓で発見された。オーセベリやゴクスタの船葬墓に比べると保存状態は劣り、船体の下部、内竜骨、マストの断片が残っているだけだった。船は同時代のゴクスタ船の構造とよく似ていたが、船体はもっと浅く、外に広がり、乾舷も低かった。船の大きさは全長20メートル、幅4.5メートル、深さ1.3メートルと推定されている。船から見つかった副葬品には、剣、楯、鞍などが含まれ、保存状態はきわめて悪い。年輪年代学から、船の建造に使われた木材が伐採されたのは910年頃だとわかっている。埋葬室に使用された木は910年頃から920頃に切られたものだった。

トゥルゲイス（ソルゲストル、ソルギルス）

Turgeis（Thórgestr, Thórgils）

　840年代にアイルランドで活動したヴァイキング首長。844年にシャノン川を遡り、リー湖に基地を築いたヴァイキング船団（→艦隊）を率いたひとりだったと思われる。トゥルゲイスはアイルランドの中心にあるこの基地を拠点に、コナハトやミーズを略奪した。845年、彼は上王マール・セヒラインに捕えられ、オーウェル湖（ウェストミーズ州）で溺死した。死後、彼は

半伝説的な存在となり、異教徒のヴァイキングのあらゆる悪行の象徴とみなされるようになった。そして、さまざまな華やかな物語が彼の名で語られた。それによると、彼は841年にダブリンを創設したヴァイキングだった。アイルランドのすべてのヴァイキングの王でもあった。アイルランドのキリスト教の中心地であるアーマーを攻略し、修道院長を追放して、みずからが異教の司祭長となったとされる。さらに、彼の妻オタ（古北欧語アウズル）はクロンマクナス修道院の主祭壇で魔術を使ったことになっている。そして、彼にふさわしい最期を迎える。マーイル・セヒラインの娘への欲望を利用されて、死へと誘われるのである。王は娘をトゥルゲイスに会わせることに同意し、15人の美しい乙女を同行させると約束した。喜んだトゥルゲイスは、15人の貴族とともに待ち合わせ場所に出かける。だが、アイルランドの乙女たちは、顎ひげをそり落とし、女性の衣服をまとった若い男性だった。彼らはトゥルゲイスと同行者たちと抱きあったときに、隠し持っていた短剣で刺し殺したのである。

トゥルーソ
Truso　エルブロンクを参照

道路
roads

　都市部をのぞいて、ヴァイキング時代のスカンディナヴィアには人工の道路はごくわずかだった。ユラン半島北部からドイツ国境にいたる古代の道ヘアヴェイエン（「軍道」または「牛の道」）のような主要な道路でも地表に車輪のあとが残ったもので、並行する幅の広いわだちが続いているにすぎなかった。こうした道路は自然にできた通り道で、できるだけ低湿地を避けて流域沿いに道なりに進んでいた。スウェーデンでは、エスカーをたどる場合が多かった。エスカーは水はけのよい砂礫の長い峰で、氷河時代の水流によって形成された地形である。真の意味で道路建設がおこなわれたのは湿地だけだった。そうでなければ車輪のついた乗り物が通れないからだ。結局のところ、道路建設といっても、単に沼地に枝を敷きつめて地面を固くするだけだった。しかし、もっと手の込んだ技術が用いられることもあった。デンマーク、シェラン島のリスビューに残るヴァイキング時代後期の道路のように、石を立てて並べた縁石のあいだに砂利を敷いた道をつくり、石で舗装した道もあった。ノルウェーでは、木材を何キロにもわたって並べた乗馬道が1000年頃から1200にかけて湿地帯につくられていた。丸太を半分に切ったものや厚板で舗装した道路を建設するやりかたは都市部でよく見られた。その好例がダブリン、ヘゼビュー、ヨークで発掘されている。編み枝で舗装した小道もあった。渡りやすいように浅瀬に道がつくられることもあった。スウェーデンのスレーブローのニュショーピング川の浅瀬には、長さ50メートルの道が設けられている。ヴァイキング時代後期には、川に木の橋が架けられた。キリスト教の導入にともない、道路や橋、土手道が建設されるときには、記念のルーン石碑が建立されることが多かった。これは、道路建設は公共の事業ではなく、建設者が

宗教上の理由からおこなう慈善行為だったことをしめしている。そうした建設者のひとりがリヴステインだった。彼は「自身の魂のために、妻インゲルンと息子たちの魂のために」ネースに2本の土手道を建設した。ルーン石碑は完全に実用的なもので冬に地面が雪で覆われたときに、道なりをしめす役割を担っていた。

ヴァイキング時代後期の道路。石で舗装されている。デンマーク、シェラン島のリスビューにて。

土地所有
landownership

　ヴァイキング時代のスカンディナヴィアにおける土地所有についてはほとんど知られていない。かつては、ヴァイキング時代のスカンディナヴィア人は土地を持つ自由農民だったと広く信じられていたが、現在では、土地所有にかなりの格差があったことが明らかになっている。農民の一家（→家族）はたいてい完全私有の土地（オーザル）の絶対的所有権を持っていた。王族や貴族階級の土地所有者は広大な地所で小作人を働かせていた。**デンマーク**と**スウェーデン**の11世紀のルーン石碑ではそうした土地所有者の多くが確認されている。スウェーデンのヤーラバンキという名のひとりの地主は、彼の地方の行政区域（ヘルス）にあるすべての土地を自分が所有していると自慢している。その居住者全員とまではいかなくても、多くが彼の借地人だっただろう。借地人（ブリューティ）という言葉もルーン石碑から知られていて、多くの農民が小作人だったことを裏づけている。デンマークの**ヴォアバッセ**にあるヴァイキング時代の集落遺跡の発掘からも、多くの農民が借地人だったことをしめす証拠が出ている。この村落は歴史のなかで幾度となく完全に区画の再構築がされている。これは、その居住者が自由所有権保持者だったらまず不可能だっただろう。さらに村に7つある農場のうち、ひとつがほかよりもずっと大きかったことから、この共同体全体がひとりの裕福な土地所有者に管理されていて、そのほかは彼の小作農だったとも考えられる。土地所有がもっとも一般的だったのはデンマークだったと思われる。中世盛期には、自由農民が所有していた土地はわずか15パーセントほどだった。同時期の**ノルウェー**とスウェーデンでは50パーセント近く、ヴァイキング時代の数字はもっと高かったはずだ。中世盛期にスカンディナヴィアの農民の多くは、重い課税と兵役の義務から逃れるために土地所有をあきらめた。

トムライル・エレル（ソーリル・ヤール）
[848年没]
Tomrair erell (Thórir jarl)

　アイルランドのヴァイキング首長。アイルランドの史料では、「ライフリンの王の後継者」とされている。ヘブリディーズ諸島か北部諸島、もしくは**ノルウェー**西部の、北欧人の王国とみなされたロホランの異名である。彼は明らかにアイルランドに自分の王国を築こうとしたようだ。しかし、848年にシーア・ネヒタン（キルデア州のキャッスルダーモット近辺）の戦いでマンスター、レンスター両王に敗死する。1200人近い彼の兵士もみな殺された。

度量衡
weights and measures

　秤と錘は、スカンディナヴィアや海外のスカンディナビア人入植地のヴァイキング時代の遺跡からよく出土する遺物である。これらは、おもに銀の重さをはかるために使われていた。銀はヴァイキング時代のスカンディナビアでもっとも重要な交換媒介物だった。**貨幣**も流通していたが、金塊や銀塊の一種とみなされ、硬貨の価値は重さと純度で判断されていた。ヴァイキング時代後期には、重量の単位1モェルク（現代のマルク）は8アウラル（単数エイリル、現代のオーレ）、さらに、24オェルトガル（単数オェルトグ）に相当し、240ペニンガル（単数ペニング、現代のペニー）と同価とする度量衡の基準が流通していた。この流通制度でもっとも古い単位がエイリル（ラテン語の「金の」意アウレウスに由来）で、ローマ鉄器時代（1-400年）に発達した。この重量はもともと金本位に基づき、ヴァイキング時代の最初期は26.4グラム（約1オンス）ほどだったが、徐々に減って末期には24.5グラムになっていた。エイリルに続いて、約8グラムのオェルトグが使われるようになる。最初から銀本位を基本としていて、おそらくトレミシスという4世紀後期のローマの貨幣に由来する。ペニングはアングロ・サクソンの同名の硬貨、フランク王国のドゥニエ貨、アラブの**ディルハム貨**の半分と同程度の重さに相当した。硬貨は重量不足や品

スウェーデンのビルカで発見された商人の秤。銀の重さを計るのに使われた。

質低下があり得るので、ペニングは重量の
場合と個数の場合で価値に違いがあった。
いちばん新しい単位がモェルクで、9世紀
後期にはじめて重量の単位としての記録が
現われる。スカンディナヴィアが起源で、
イングランドでも広まり、のちにドイツに
も普及した。この呼称は、竿秤の棒の部
分の刻みの目盛に由来する。ヴァイキング
時代のスカンディナヴィア人が長さや容積
を測る単位をもっていたかどうかはわから
ない。10世紀後半のデンマークのトレレ
ボーの要塞は、ローマンフィート（29.5
センチメートル）にほぼ相当する尺度に合
わせて建設されたが、ものさしの類はこれ
までのところ確認されていないことから、
どのくらい普及していたかも不明である。
容積の測定についてはいっさい不明であ
る。

トルフ＝エイナル [910年頃没]
Torf-Einar

　オークニーのヤール（在位895年頃~910
年）。ノルウェー西部のメーレのヤール、
ログンヴァルドルの非嫡出の末息子。地方
の北欧人農民たちを海賊から守ることがで
きなかった兄のハッラズルが退位すると、
その後を継いでオークニーのヤールとなっ
た。『オークニーの人びとのサガ』によると、
ノルウェーのハラルドル美髪王の息子で、
エイナルの父親を殺害した長脛のハールフ
ダンがオークニーのヤール領を狙うが、海
戦でエイナルが勝利する。捕まったハール
フダンは血のワシの儀式でオージンに捧げ
られたという。「トルフ」という異名は、
樹木のまばらな北部諸島のこの地域で、最

初に泥炭（「トルフ」）を燃料として用いた
北欧人入植者だったことに由来する。

奴隷制
slavery

　ヴァイキング時代のスカンディナヴィア
と、スコットランドのヘブリディーズ諸島
をはじめ、この時期にスカンディナヴィア
人が入植していた海外の地域では、奴隷制
は一般的だった。奴隷のほとんどは国外で
捕まった人びととか、代々奴隷だった人び
とである。スカンディナヴィア人は犯罪や借
金のために奴隷になることもあれば、戦争
で捕まえられることもあった。負債から奴
隷になった人は、たいてい期間が決められ
ていた。法律では奴隷（スレール：古北欧
語 thræll）は所有物だった。家畜と同じ
で、売買したり、借金の支払いに使われた
りした。キリスト教の時代になるまで、主
人が奴隷を傷つけたり、殺したりしても罪
に問われることはなかった。とくに女性の
奴隷は、墓への埋葬を含め、捧げものにさ
れることがあった。アラブの記録によると、
ルーシ人商人の主人は性的満足を得るため
に奴隷の少女をひんぱんに使っていたとい
う。誰かの奴隷を殺したときは、市場価格
に応じた額をその所有者に賠償金として支
払わなければならなかった。奴隷が犯罪を
犯した場合は、その所有者が賠償金を支払
う責任を負っていた。奴隷は自由民の労働
者や職人、女性たちと同じような仕事につ
いていたと思われる。市場に売られに行く
奴隷の扱いはぞんざいなものだった。聖ア
ンスガルの宣教団は、9世紀にヘゼビュー
を訪れた際に、首を鎖でつながれた奴隷た

ちを目撃している。だが、技術があったり、王族の一員だった場合は、尊敬されて快適に暮らすことができた。彼らは自由を得るために働くことすら許された。**キリスト教**導入後は、奴隷の法的な立場はいくらか改善された。たとえば**アイスランド**では、四旬節（じゅんせつ）のあいだ、主人が奴隷を殺すのは禁じられていた。教会は、敬虔なおこないとして、奴隷の解放を奨励したが、制度そのものを非難することはなかった。スカンディナヴィアにおける奴隷制は 12-14 世紀のあいだになくなった。**奴隷貿易**も参照。R. Karras, Slavery and Society in Medieval Scandinavia (New Haven, Connecticut, 1988).

奴隷貿易
slave trade

ヴァイキングの交易において、奴隷は主要な商品のひとつだった。ヴァイキングが奴隷貿易にかかわっていたことは、同時代のアイルランド、アイスランド、アラブの史料でじゅうぶんに裏づけられている。いっぽう、イングランドやフランク王国の史料ではほとんど証拠は見つからない。奴隷目的の襲撃はアーマーで 869 年、895 年、921 年、933 年に記録されている。9 世紀のフィンダンという修道士が祝祭（→**饗宴とごちそう**）のときにヴァイキングに捕えられ、売られ、転配され、最後は**オークニー諸島**で逃げ出したとされる。また、アイルランドの史料にムルヒャドと呼ばれたアイルランド人に関するユーモラスな記述がある。彼はヴァイキングに捕まり、ノーサンブリアの女子修道院に売られた。すべ

ての修道女を誘惑したあと、彼はまたしてもヴァイキングに捕まってザクセンの未亡人に売られ、ここでも彼女を誘惑したのである。さまざまな冒険を経て、ムルヒャドは帰国し、家族のもとへ戻った。だが『**植民の書**』やアイスランドのさまざまな文献によると、ヴァイキングに捕まったアイルランド（とスコットランド）の奴隷の大半は、たいてい**ノルウェー**か**アイスランド**でその生涯を終えることになった。さまざまな場所でヴァイキングに捕まった人々が**アイルランド**に集められたが、どのように市場で売られたのかはわかっていない。860 年代に**地中海**を襲ったヴァイキングが「青黒い人」と呼ばれるムーア人奴隷をアイルランドへ連れ帰っている。また、870 年にヴァイキングがブリテン諸島を襲撃した際も、イングランド人、ウェールズ人、ピクト人が奴隷として**ダブリン**に連行された。バルト海でも奴隷目的の襲撃がおこなわれた。1075 年頃の**ブレーメンのアダム**の記録によると、シェラン島のデーン人はハラルドル 3 世から、奴隷と略奪のために**ヴェンド人**を襲撃する許可を得ていた。シェラン島の住民はこの許可を悪用し、デーン人も捕まえ、売買していたという。10 世紀の**アラブ人イブン・ファドラーン**とペルシア人イブン・ルステエの詳述から判断すると、ヴァイキングの奴隷貿易がもっとも活発だったのは東ヨーロッパである。ルーシ人は毛皮とともに、大量の奴隷をヴォルガ川沿いの市場でアラブ人やブルガル人商人に売り、銀を得ていた。奴隷も毛皮もその大半はスラヴ人や**フィン人**との平和的な交易で入手したものだった。あとは**キエフ**

やノヴゴロドのスカンディナヴィア人君主から貢物として得たり、奴隷貿易で売買されたりした。**フランク王国やイングランド**で、ヴァイキングによる奴隷目的の略奪がおこなわれたという証拠が乏しいのは、アイルランドや**ロシア**と比べて、これらの地域がずっと裕福だったからかもしれない。捕虜を奴隷として売るよりも**身代金**を得たほうがずっと実入りがよかったためだ。**奴隷制**も参照。

ドレスタット
Dorestad

レク川とライン川の合流近くに位置する戦略的な要衝。ドレスタット（現在のオランダ、ナイメーヘン近郊のウェイク・バイ・ドゥールステーデ）は、中世初期のヨーロッパ最大の**交易拠点**のひとつだった。この地域にはじめて人びとが定住したのは7世紀で、630年にはすでにフランク王国の造幣所が置かれるほど重要な場所になっていた。最盛期の8世紀には、少なくとも40ヘクタールの地域に広がり、人口は1000-2000人だった。発掘調査により、織物、金属加工、宝飾、彫骨、かご編み、造船をはじめとする広範な商業・産業活動の証拠が発見された。遺物の多くはラインラント中部からの輸入品で、**陶器**、引き臼用の丸い溶岩石、**ガラス製品**、金属細工だった。そうした品々の多くは再輸出されたのであろう。外海から100キロ以上も離れていたため、フランク王国の沿岸防備が綻びはじめた834年まではヴァイキングの襲撃を受けたことはなかった。たび

造幣人マデリヌスがドレスタットで鋳造した金貨。

重なる内乱で 835 年、836 年、837 年にもヴァイキングは襲来した。フランク王国の年代記は大規模な殺害、略奪、放火があったと伝えているが、これら初期のヴァイキング襲撃はドレスタットの繁栄にそれほど大きな影響をおよぼさなかった。これは、838-840 年に鋳造量がピークに達したことからもわかる。ドレスタットは 847 年にデーン人に占拠される。850 年に西ローマ皇帝ロタール 1 世が、ドレスタットの町と**フリジア**の他の地域をヴァイキングの首領**ロリック**に封土として与えた。ロリックがドレスタットを守るはずだったが、857 年と 863 年にふたたび略奪を受け、その後は史料から姿を消す。考古学的証拠から、ドレスタット占領は 10 世紀まで続かなかったと思われる。ドレスタット衰退の決定的な要因は、ひんぱんなヴァイキングの襲撃というよりも、ライン川の流れの進路が変わったためだろう。そのために地理的な利便性が失われただけで、ヴァイキング襲撃は短期的な影響をおよぼしたにすぎなかったものと考えられる。

トレレボーの要塞
Trelleborg forts

シェラン島のトレレボー、ユラン半島のフュアカトとアッゲルスボー、フュン島のノンネバッケン、スコーネ（**スウェーデン南部**）のトレレボーの 5 か所に 10 世紀に建設された円形要塞跡が残っている。これらの遺跡は、10 世紀後半の**デンマーク**で王権の中央集権化がはじまった紛れもない証拠である。9 世紀にフランク人が低地諸国に建設した**環状砦**を手本にした可能性もある。要塞はどれも完全に円形で、4 等分した東西南北にそれぞれ門が設けられていた。軸上を走る通りが内部を 4 区画に等分していた。フュアカトとトレレボー（シェラン島）では、各区画に 3 つの部屋のある弓なりの壁をもつ木造の建物が 4 つ、正方形状に配置されていた。アッゲルスボ

デンマーク、シェラン島にあるトレレボーの要塞跡。ハラルド青歯王が、王権を強固にするための計画の一環として建設した。

ーは直径240メートルで、ほかの要塞の倍の広さだった。12の建物が3つの正方形をつくっていた。それぞれの正方形の中央には、それよりも小さな木造の建物が建っていた。土塁の内部には道路が環状に走り、並んだ木が登るのをより困難にしている。要塞の周囲には溝がめぐらされていた。これらの要塞の配置が驚くほど似ているのは、ユラン半島、デンマークの島々、スウェーデン南部を支配していたひとつの中央権力がすべてを建設したからにほかならない。

その整然とした配置は、この要塞が軍事施設だったと思わせる。11世紀初頭に**スヴェイン双髭王**がイングランド侵攻のために集めた**軍**の兵舎だったと考えられていた。だが、年代年輪学からフュアカトとトレレボーの要塞の建物に使用されている木材が980年頃伐採されたものだと判明している。**ハラルドル青歯王**の時代である。フュアカトの建物のさらなる調査から、いくつかは住居として建てられたが、ほとんどは作業場や家畜小屋、店だったことがわかっている。土塁の外側にある墓地からは、成人男性だけでなく、**女性**と子供の遺骸も見つかった。そのため、現在では、これらの要塞が**税金**の徴収をおこなう王室の行政機関で、地域住民を制御する防衛拠点としての砦だったと考えられている。実際に使用されたのは20-30年ほどだった。中央集権体制が確立すれば、もう必要なかったからだ。

トロンヘイム
Trondheim

アイスランドの**サガ**によると、トロンヘイムは997年にオーラヴ・トリュッグヴァソンに創立された。遺跡発掘調査から、これ以前に定住地があったという証拠は見つかっていない。11世紀に入ると、トロンヘイムは王室と教会の中心地として重要な都市となっていた。1029年には司教座（→**司教区**）が置かれる。1030年に聖オーラヴ（オーラヴル・ハラルズソン）が殉教すると、トロンヘイムはその信仰の中心地となった。1075年、聖オーラヴの墓の上に最初の**教会**が建てられる。今日の壮麗な大聖堂になったのは12世紀で、建設を手伝うために**イングランド**のリンカンから石工が呼び寄せられた。1152年には、トロンヘイムは司教座から大司教座に昇格。

いにしえの中心地だったトロンヘイムと聖オーラヴの大聖堂。

1050年頃には造幣所も設けられている。11世紀後半から干し魚の交易拠点となり、14世紀にドイツのハンザ同盟がとりしきるようになるまでその交易で栄えた。16世紀まで、トロンヘイムはニーダロスと呼ばれていた。

ドワーフ
dwarves

　ドワーフは体が小さく、狡猾である。またしばしば意地悪で、貪欲な、地下に住む者として北欧神話に登場する。そのいっぽうで彼らは腕の立つ職人で、金属や宝石のほか、神々の秘宝の多くをつくった。そのなかには**オージンの槍、ソールの鎚、フレイルの船、フレイヤの首飾り**も含まれる。また、「詩の蜜酒」をつくり、癒しをはじめ、いくつかの魔法の力をもっていた。すべて男性で、有性生殖はできない。彼らは土から形づくられた、あるいは、巨人たちの血から生じたとされる。

な 行

ナグルファル（「爪の旅船」）
Naglfar ('nail-farer')

　北欧神話に出てくる船で、死者の伸びた爪でつくられている。ラグナロクのとき、ムスペルにそれまで係留されているとみられるナグルファルは、もやいを解かれ、巨人フリュムルを載せて大津波とともに、神々との最後の戦いに出撃するとされる。そのため、埋葬の際に死者の爪は切っておくことが望ましい。爪がナグルファルを完成させる材料となるからだ。神々と人間は、船の完成ができるだけ遅れることを願うのであった。

ナドッドゥル [860年頃活躍]
Nadoddr

　アイスランドを訪れた2番目の北欧人と考えられている。ナドッドゥルはノルウェー人ヴァイキングで、多くの敵がいたため身の安全をはかり、フェロー諸島へ移り住むことにした。ノルウェーを出航後、風に流されて針路を外れ、アイスランドの山がちな東部海岸にあるレイザルフォルズルに上陸した。山に登って集落や煙が見えないか探したが何も見つからなかった。吹雪のなかを出発し、この新たな土地をスネーランド（雪の国）と呼んだ。だが、フェロー諸島に着いたときにはその土地を褒めて

いる。

ニヴルヘイム
Niflheim

　北欧神話の地下の世界。病気や老衰で死んだ者の魂が向かう場所。暗くわびしい氷と霧の世界で、周りを高い壁に囲まれている。ひとつしかない壁の出入り口は強固に見張られ、生者と死者を隔てている。ニヴルヘイムには12の河川が流れている。この世界をつかさどるのは女神ヘルで、彼女は世界樹ユグドラシルの根のあいだに住んでいる。この根を、死者の肉を食べる恐ろしい大蛇ニズホッグル（「死体を引き裂く者」の意）が齧っている。ニヴルヘイムの周りには大きな淵が口を開けていて、人間が住むミズガルズルとつなげる唯一の音の鳴り響く橋には見張り番の女巨人がいて、橋を渡ろうとする者に挑む。〔監訳者注：筆者は橋の名をギャッラルブルーとする説を採っていて、ギョッル「騒がしい、音がする」という意味の言葉が付いているため、このように解説する〕

ニーダロス
Nidaros　トロンヘイムを参照

ニヤル黒膝王 [870年頃-919年]
Niall Glúndubh ('Black Knee')

　北ウィ・ネイル（オニール）のエーレフの王（在位896-919年）。アイルランド上王（在位916-919年）。ニヤル黒膝王はドニゴールで兄弟のドムナルとエーレフを共同統治した。915年にドムナルが死去。ニヤルはミーズとコナハトにひんぱんに軍事遠征に出て、アイルランド中北部で確固たる地位を築いた。916年、彼は上王として南ウィ・ネイルのフランド・シンナの後を継ぐ。ヴァイキングがウォーターフォードをふたたび占領すると、ニヤルは917年に軍隊を率いて南へ向かう。だが、カシェル近くでの戦闘も勝敗がつかず、何も得るものはなかった。ニヤルはレンスター軍を促し、ケン・フアイト（ウォーターフォードから25キロほど内陸に位置していた）の宿営地にいる北欧系の王シヒトリク・カエフを攻撃するよう仕向ける。だがレンスター軍は完敗し、年内にシヒトリクはダブリンを奪回した。919年9月、ニヤルはシヒトリクをダブリンから追い出そうとするが、アイランドブリッジの戦いで大敗を喫し、ニヤルとアイルランドの王5人が殺された。

『ニャールのサガ』
Njáls saga

　「アイスランド人のサガ」のなかでいちばん長く、もっともすぐれた作品。作者未詳で、1275年頃-1290年のあいだに成立した。その簡潔な語り口と心理的リアリズムは現代の作品かと思われるほどで、とくに西ヨーロッパで当時人気を博していた騎士道物語と比べるとよくわかる。時間と場所

14世紀の『ニャールのサガ』。頑丈で実用的な木製の表紙がついている。

が広範におよび、入植の時代から 1014 年のクロンターフの戦いにいたるまでの、アイスランドからスカンディナヴィア、ブリテン諸島にかけての物語が綴られている。このサガの主題はニャールとその友人グンナルとの友情である。ニャールは裕福で平和を愛する農夫で、英知と法律の知識を備えたひじょうに影響力をもつ男性だった。彼とグンナルとの友情は、グンナルの妻ハッルゲルズルによって試される。ハッルゲルズルは人を操ることに長けていて、誠実さに欠け、悪意に満ちていた。あるとき、彼女はニャールの妻ベルグソーラと仲たがいをする。ニャールとグンナルは妻たちにそそのかされても争いを拒んだが、結局は一連の報復殺人に巻きこまれることになる。妻たちの反目にもかかわらず、ニャールとグンナルの友情は変わらず争いは起きなかった。だが、グンナルは別の血讐（けっしゅう）に関わって追放されることになる。ニャールは国を離れるよう助言するが、グンナルはそれを断り、敵の手にかかって英雄的な最期を遂げた。グンナルという抑止力を失い、両家の反目が再燃する。和解を願うニャールの試みもむなしく、流血の応酬が続く。このサガのクライマックスはニャール一家が敵によって家に火を放たれ、生きたまま焼かれる場面である。ニャールの義兄弟で、猛火のなかから唯一脱出したカーリは火を放った者たちを追いつめ、殺していく。そして、サガはカーリと焼き討ちをおこなった一党のリーダーで、最後の生存者となったフロシの和解で幕を閉じる。

Njal's Saga, trans. M. Magnusson and H. Pálsson (Harmondsworth, 1960).

ニョルズル
Njord（古北欧語 Njörðr）

　北欧神話に登場する神で、豊穣と海をつかさどる神。風を支配し、船乗りを守護した。**ヴァン神族**の神で**巨人スィアツィ**の娘スカジと結婚した。ニョルズルの子供は**フレイル**と**フレイヤ**である。

農業
agriculture

　北極圏ノルウェーのハロガランドを含む、ヴァイキング時代のスカンディナヴィアの全定住地域の主な農業活動は畜産だった。スカンディナヴィアの農夫は牛、ヒツジ、ヤギ、豚を育てていた。そうした動物のほとんどが今日の家畜よりも小さかった。一方、その軽い骨が考古学的発掘で出土することはめったにないが、さまざまな文献から知られていることは、ニワトリと、とくにガチョウが大量に飼育されていた。このように牧畜農業が中心だったため、スカンディナヴィア人が**フェロー諸島**や**アイスランド**、**グリーランド**の荒涼とした住みにくそうな地域でも好んで入植したのもうなずける。彼らは穀物のための肥沃な土壌よりも牧草地を求めていたのであり、たとえ草が乏しくても土地が広ければ問題なかった。高地では移牧がおこなわれ、夏の数か月間はセーテルやエルギと呼ばれる仮小屋に住み、山で牛やヒツジを放牧した。夏の重要な仕事が干し草作りで、冬のあいだの牛の飼料として蓄えられた。アイスランドなどの冬の厳しい地域では、冬のあいだに牛 1 頭につき約 2500 キロもの干し草が必要になる。中世初期のヨーロッパでは他

左：ヴァイキング時代の農業の様子。11世紀の写本より。

でもあるように、冬のはじめに弱った牛を殺して解体し、肉を乾燥させたり、塩漬けや燻製にして保存した。ヒツジとヤギは通常、冬のあいだは屋外で放牧されたが、アイスランドでは荒天のときには屋内に入れることもあった。スカンディナヴィアでいちばん肥沃な土壌に恵まれていた**デンマークとスウェーデン南部**では、農耕も重要な活動だった。北極圏ノルウェー、アイスランド、グリーンランドでさえ、ある種の穀物や野菜を育てていた。主な作物は大麦、ライ麦、カラス麦、エンドウや豆、キャベツだった。食用以外の大切な作物が亜麻で、リネンにした。季節に応じて野生の果物や木の実も集めていた。スカンディナヴィア全体で畜産物が余剰に生産され、デンマークではおそらく余剰穀物もあった。北極圏ノルウェーとその周辺およびスウェーデンの高地では、狩猟が食生活に大きく入り込んでいた。沿岸地域では**漁業、捕鯨、アザラシ狩り、海鳥捕り**が広くおこなわれていた。

ヴァイキング時代の初期には、耕作は従来の簡単なひっかき犂でおこなわれていた。これは表土をひっかくだけのものだった。10世紀までには、デンマークで、車輪のついた鋤に撥土板が取り付けられるようになる。土壌を砕くと同時に掘り起こすことができ、収穫量が激増した。ただし、ひっかき犂では牽引する動物は1、2頭ですんだのに対し、撥土板を取り付けた鋤には最大8頭が必要だった。ほとんどの農夫にはその余裕はなく、ヴァイキング時代末期のデンマークでは、共同体として農業をおこない、より大きな耕地をつくる方向へと移行していく。

ノヴゴロド（ホルムガルズル、「島の町」の意）

Novgorod（古北欧語 Holmgard, 'island town'）

　ロシア北東部のヴォルホフ川に位置する。ノヴゴロド（「新しい町」の意）の定住地は930年頃に創設された。スカンディナヴィア人とスラヴ人が、2キロ南にあった要塞化された島リュリコーヴォ・ゴロジシチェから移り住んだのがはじまりとされる。西岸の城塞周辺に商人と職人が密集して住む地域ができ、異国の商人の居住

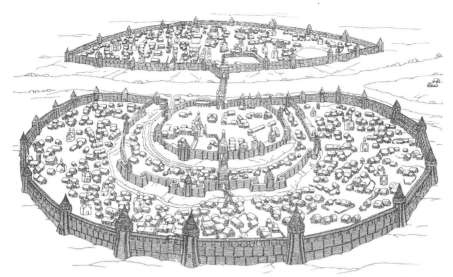

中世のノヴゴロドの復元図。西から見たところ。「市場側」は商人で占められ、ヴォルホフ川東岸から離れたところに位置していた。

地は東岸の王宮周辺に発展した。11世紀にはノヴゴロドは交易、王室、教会の中心地として繁栄していた。18世紀に入る頃には、ロシア北東部でもっとも重要な都市になった。大規模な遺跡発掘調査がおこなわれてきたが、水に浸っていたことで有機物質が理想的な状態で保存されていた。キリル文字を使った古ロシア語で白樺の樹皮に書かれた11世紀（とそれ以降）の商人の書簡や文書などが出土している。スカンディナヴィア特有の遺物も発見されているが数が少なく、ノヴゴロドの住民はほとんどがスラヴ人だったことを意味している。

ノーサンブリア王国
Northumbria, kingdom of

アングロ・サクソン人の王国。600年頃に対立する2つの王国、デイラ王国（ハンバー川とティーズ川のあいだ）とバーニシア王国（ティーズ川とフォース湾のあいだ）が統合されて成立した。ノーサンブリア王国は7世紀半ば、エドウィン（在位633-641年）とオズウィ（在位641-670年)の治世下で最盛期を迎える。7、8世紀、ノーサンブリアは文化の「黄金期」を享受していた。書物の彩飾、石の彫刻、文学の分野で驚くべき発展を遂げていた。ジャロウやリンディスファーンの修道院、教会の重要な拠点ヨークなどの存在から、ノーサンブリアはヨーロッパにおける文化の中心地となっていく。こうした繁栄から、修道院は知られている最古のヴァイキング襲撃の標的となった。793年のリンディスファーン修道院に続き、翌794年にはジャロウ修道院も略奪された。844年には、ノーサンブリア王レドウルフがヴァイキングと

の戦闘で殺されるが、860年代まではそれほど深刻な損失を被ることはなかったと考えられている。致命的だったのは、デーン人の**大軍勢**が**イングランド**へ侵攻したとき、ノーサンブリアは内戦に突入していったことだ。866年、**ハールフダン**と**イーヴァル**率いる**デーン人**がヨークを難なく攻略する。翌867年3月、敵対していた2人の王**エッラ**と**オズベルフト**は団結してヨークに攻撃をかけるが撃退され、2人とも殺害されて王国は崩壊した。876年までにはヨークはデーン人の王国の首都となり、デイラ王国の大部分を占めていた。だが、バーニシア王国はバンバラを拠点に、同系の王統のもとで独立を守っていた。927年、最後のノーサンブリア人王アルドレッドが退位し、バーニシア王国は**ウェセックス王国**に併合された。とはいえ、ノーサンブリア人のアイデンティティは11世紀に入っても根強く保たれていた。

のっぽのソルケル [1023年以降没]
Thorkell the Tall

1009年に**イングランド**に侵攻したヴァイキングの大軍勢の統率者。その後3年にわたってイングランド南東部を略奪してまわった。そのなかには**オーラヴル・ハラルズソン**とエイラーヴル率いる部隊も含まれていた。ソルケルの軍勢のほとんどは**デンマーク**からきていた。だが、スウェーデン人とおそらくノルウェー人もいた。1010年5月、ソルケルはノーフォークのリングミア（場所は不明）で**イースト・アングリア**のアール、ウールヴキュテルに大勝する。イングランド軍の死者のなかには、エゼルレッド2世の義理の息子もいた。1011年、ソルケルはカンタベリーを略奪、多数の貴族と高位の聖職者を捕まえた。そのうちのひとりがカンタベリー大司教**エルフヘアハ**だった。その後のエルフヘアハ殺害に彼は反対だったようだ。1012年、彼は45隻の船団とともにエゼルレッド王の配下に入る。このとき、彼は銀1万2000ポンドの支払いを受けている。すでに**デーンゲルド**として4万8000ポンドを奪っていたのだが。1013年には、ロンドンの人びとを支援し、**スヴェイン双髭王**を撃退している。その後、エゼルレッドは**ノルマンディー**に逃亡した。エゼルレッドの死後は、**クヌート**に仕え、彼が1016年にイングランド王になると、イースト・アングリアを封土（ほうど）として授けられた。だが、クヌート

『リンディスファーンの福音書』。698年頃、リンディスファーン修道院で製作された。ノーサンブリア王国でもっとも偉大な文化的業績である。

ルと争いになり、追放される。1023年に和解すると、クヌートルはソルケルをデンマークの摂政(せっしょう)に任命。その後、彼の消息は知られていない。

ノルウェー王国
Norway, kingdom of

　国名がその部族の名に由来するデンマークやスウェーデンと異なり、ノルウェーは「北の道」という意味である。ノルウェーの沿岸に見られるような「小島や岩礁(がんしょう)の連なり」を古北欧語では sker-garðr (スケール・ガルズル)というが、英語の「岩礁警護(スケリー・ガード)」のように聞こえる。小島や岩礁の間を縫うように航海するノルウェーの海岸線はまさに「北へ向かう守られた航路」と呼ぶにふさわしいだろう。ノルウェーに王国が発展した最古の証拠は、ヴェストフォルのボッレとオーセベリで見つかった8世紀後半の富裕者の墓である。ヴァイキング時代初頭、ノルウェーには10以上の首長国や小国が群立していた。南部のいくつかの国はデーン人の支配下にあった。デーン人の影響力は9世紀には低下し、885年頃-890年にヴェストフォルのハラルドル美髪王(びはつおう)がハヴルスフィヨルドの戦いで勝利し、ノルウェーのほぼ全土を支配下に置く。その偉業から、ハラルドルはノルウェー統一王国の創始者とみなされてきたが、実際は地方の豪族たちが変わらず勢力を振るっており、完全に統一されるまでには1世紀以上かかっている。トロンデラーグの強力なラーデのヤールらはハラルドルの後継者らが推し進めた中央集権化に抵抗した。970年、ハラルドル灰衣王がラーデのハーコン・シグルザルソンとデンマーク王ハラルドル青歯王(せいしおう)の連合軍

ノルウェー、ゲイランゲルフィヨルド。このように深く守られたフィヨルドは、ヴァイキング時代のノルウェーでもっとも重要な航路だった。

との戦いで殺害され、ノルウェーは名目上デンマークの支配下に入る。ハーコンがノルウェーの実質的な支配者になるが、995年にハラルドル美髪王の子孫の**オーラヴル・トリュッグヴァソン**に倒される。オーラヴルはノルウェー全土に権力をふるった最初の王となり、積極的に**キリスト教化**をすすめた。が、わずか5年の統治ののちにハーコンの息子**エイリークル**とデンマーク王**スヴェイン双髭王**との戦いで殺される。エイリークルとスヴェインは両者のあいだでノルウェーを分割する。だが1016年、同じくハラルドル美髪王の子孫である**オーラヴル・ハラルズソン**（**聖オーラヴ**）がふたたびノルウェーを統一する。オーラヴルはノルウェーのキリスト教化を完成させるが、統治者としてはまったく人気がなかった。1028年、**クヌートル**が彼を追放し、ノルウェーはまたもやデンマークの支配下に入る。1030年にオーラヴルは帰国するが、**スティクレスタの戦い**で命を落とす。デンマークによる支配は嫌われ、1035年の反乱でオーラヴルの息子**マグヌス善王**が権力を掌握。彼とその後継者たちが王権を強固なものとし、11世紀末には安定した統一王国となっていた。中世のノルウェー王国は13世紀半ばに最盛期を迎え、**オークニー諸島**のヤール領、フェロー諸島、アイスランド、グリーンランドも支配した。

ノルマンディー公国
Normandy, duchy of

　フランス北部の地域で、10世紀にヴァイキング支配下に入った。ノルマンディーという呼び名は、Nordmannia（「北の人間の土地」の意）に由来する。その起源はヴァイキングの大軍がセーヌ川に襲来した885年にさかのぼる。890年、ヴァイキング軍の大半はフランドルへ移動し、さらに**イングランド**へ移ったが、なかにはセーヌ川に残って、その流域で略奪を続けた者たちもいた。911年、セーヌ川のヴァイキングはシャルトル包囲に失敗し、首長**ロロ**はフランク王**シャルル単純王**と**サン＝クレア＝シュル＝エプト**で和睦を結んだ。忠誠のしるしとして、ロロはキリスト教に改宗し、ほかのヴァイキングの侵略者からセーヌ川を守ることを約束、ルーアンを伯領として与えられた（ノルマンの統治者たちが「ノルマンディー公」の称号を用いるのは1006年になってからだった）。ノルマンディーの創設は、このあと歴代のフランス王にいくつもの大きな問題をもたらしたが、この条約でセーヌ川への脅威を恒久的に終わらせるというさしあたっての目的は達成された。924年、ロロはさらにバイユー周辺地域を与えられ、彼の息子の**ウィリアム長剣公**が933年にコタンタン半島を領地にくわえる。だが、東へ領土を拡張しようとする試みは、権勢あるフランドル伯たちによって挫かれた。942年にウィリアム長剣公が殺害され、10歳の息子**リシャール無怖公**が後を継ぐと政治危機が訪れる。だが、946年までにはノルマンディー存続の危機はすでに回避されていた。リシャール無怖公とその後継者の**リシャール善良公**のもとで、ノルマンディーは西フランク王国（フランス）の政治生命を握る存在として着実に成長を遂げていく。

　ノルマンディーはその創設と名前こそヴ

ァイキングに由来するが、長期的に見てヴァイキングの影響はほとんど受けていない。地名から、スカンディナヴィア人定住地はフェカン、ルーアン、カーン、コタンタン半島の周辺地域に密集していたことがわかる。それ以外の地域ではまばらに見られるだけで、ノルマンディー全体としてもスカンディナヴィア人入植者は少数だったことがわかる。地名から見て、ほとんどの入植者がデーン人だったと思われる。その多くは以前に**イングランドのデーンロー**に住んでいた可能性もある。コタンタン半島のそのほかの定住者はアイルランド経由のノルウェー人だった。スカンディナヴィア人定住地の考古学的証拠はほとんど見つかっていない。これは、定住者がすぐにフランク人の物質文化や**埋葬習慣**をとりこんでいったことを示唆している。もっとも重要な遺物のひとつが、ピトルで出土した女性の墓である。副葬品が豊富で、**アングロ・サクソン**の様式の剣がいくつか発見されている。これは、イングランド経由で移住したという説の裏づけとなっている。942年頃、異教徒移住者が大量に流入した。彼らを率いるトゥルモッドのもとで短期的に**異教信仰**が復活するが、入植者の大部分は、少なくとも名目上はキリスト教徒になっていた。ジュミエージュ修道院をはじめ、前世紀に放棄されていた修道院も再建された。その後、960年代はじめに最後の異教

徒のヴァイキング戦士が押し寄せ、短い混乱が生じている。交易によるスカンディナヴィアとのつながりは重要ではなく、11世紀初頭には廃れていた。この頃までにはノルマンの**貨幣**がスカンディナヴィアの埋蔵宝から見つかることはなくなっていた。スカンディナヴィア語はおそらく11世紀初期までは存続していた。1025年に宮廷にノルウェーの詩人がいたことから、彼の言葉が理解できる人間がいたことをしめしている。**ウィリアム征服王**が1066年にイングランドに侵攻したときには、ノルマン人はすでにフランスの文化と言語を完全に吸収していた。

D. Bates, *Normandy before 1066* (London, 1982).

ノルン
Norns（古北欧語複数形 nornir）

　異教の北欧神話に出てくる超自然的な女性の存在。人間や神ひとりひとりの、そして全世界の運命を決定する役目を担っている。宇宙でもっとも強大な力を象徴している。詩のなかで、彼らは糸を紡いだり、木に印をつけたりして運命を決めている。新たな子供が誕生すると、ノルンが訪れて、その生涯を決める。ノルンの決定はかなり気まぐれなこともあるが、絶対であり、変えることはできない。

は行

パヴィーケン
Paviken

　ゴットランド島のヴェステルガルン近く
の奥まった潟にあるヴァイキング時代の交
易地跡。8世紀から交易は行なわれていた
が、11世紀に、おそらく港に堆積した沈
泥のために、放棄されたと考えられる。発
掘調査から造船、鉄加工、ビーズ製作、金
細工その他の手工業が営まれていたことが
証拠づけられいる。漁業が重要な活動だっ
た。アラブの硬貨（→貨幣と貨幣鋳造）や
錘も出土しており、東方と接触があった
ことがうかがえる。近くに墓地はなく、お
そらく季節的な拠点として居住されていた
と思われる。

ハヴェロック
Havelok デーン人ハヴェロックを参照

ハヴルスフィヨルドの戦い
Hafrsfjord, battle of

　ハラルドル美髪王が、ノルウェー内の小
国の王侯貴族の連合軍に勝利した海戦。こ
の勝利により、ハラルドルはノルウェーの
ほぼ全土を統一した最初の王となった。海
上でおこなわれたという以外、詳しい流れ
はわかっていない。ハラルドルはフィヨル
ドに侵入してきた敵の艦隊を攻撃し、続く
白兵戦で甲板上の敵を一掃した。勝敗の決
め手となったのは、敵軍の勇士、ベルセル
クルのハクラングルの死だった。この重要
な戦いがいつおこなわれたのかはわかって
いない。ハラルドルの在位期間がいつから
いつまでか定かではないためだ。現代の学
者の大半は885年頃-890年と考えてい
る。

ハーコン・シグルザルソン（ハーコン大公）[995年没]
Håkon Sigurdsson

　ラーデのヤール（在位963年頃-995年）
で、ノルウェーの最後の異教徒の統治者で
ラーデのヤール、シグルズルの息子。父を
殺害したハラルドル灰衣王と戦い、968年
頃にデンマークに亡命を余儀なくされる。
デンマークのハラルドル青歯王の支援を受
けてハラルドル灰衣王の失墜を図り、青歯
王とノルウェーを分割した。ハラルドル青
歯王はノルウェー南部を統治し、ハーコン
はハラルドルの封臣としてノルウェー西域
を支配、また彼自身の領地としてトロンデ
ラーグを統治した。当初は忠実にハラルド
ルを支え、975年にドイツの皇帝オットー
2世と戦っている。だが、その後ノルウ
ェーをキリスト教化しようとしたハラルド
ルに反旗を翻す。オーレスン近くのヒョル

ンガヴォーグの戦いで、反乱を抑えようとしたデーン軍を撃退したのち、ハーコンはノルウェーの完全な支配権を得る。晩年、ハーコンは支持者を失ったようである。そして 995 年にハラルドル美髪王の子孫オーラヴル・トリュッグヴァソンがノルウェーに侵攻したとき、ハーコンは逃亡を強いられ、その後まもなく自分の家来のひとりに殺害された。

ハーコン善王（ハーコン・ハラルズソン）
[920 年頃 -960 年]

Hákon the Good (Hákon Haraldsson)

ノルウェー王（在位 936 年頃 -960 年）。ハラルドル美髪王の息子の 1 人。イングランド王エゼルスタンの宮廷でキリスト教徒として育てられたため、「エゼルスタンの養子」とも呼ばれた。935 年頃、ハーコンはイングランドからノルウェーに帰国し、異母兄エイリークル血斧王に挑む。強力なラーデのヤール、シグルズルの援助を受けてハーコンは勝利し、936 年頃、トロンデラーグで王位を宣言する。ハーコンが南下してウップランドとヴィーケンに入ると、エイリークルは国外へ逃亡する。ハーコンはノルウェーの王位を宣言したが、その権力は王国の南西部に限られていた。彼の甥のトリュッグヴィ・オーラフソンとグズローズル・ビャルナルソンが南東部を統治し、ヤールのシグルズルが事実上独立した支配者としてトロンデラーグを統治していた。

ハーコンは公正な統治者として評判だった。彼は地域のシングを再編し、王の代理機関としての性格を強くさせ、協議をより容易にした。またレイザングルの創設も彼の功績とされる。これは陸海軍の徴集兵制度で、沿岸地方は艦船徴用地域としていくつも区分され、各地区は法律で定められた数の船と船員を提供するために持つべきだとされた。また、あらゆる攻撃に警告を発するための狼火のシステムも導入された。ハーコンは半ば成功を諦めつつも、イングランドから宣教団を招いてノルウェー人へのキリスト教布教を試みた。強固な抵抗にあい、その試みはすぐに断念したため、彼の死を弔う詩歌「ハーコンの言葉（*Hákonarmál*）」のなかで彼は異教の擁護者と歌われた。とはいえ、これは単にハーコンがキリスト教を放棄したというより、自分の権力の限界を知っていたのかもしれない。955 年頃、エイリークル血斧王の息子たちがデンマークの支援を受けてノルウェーを攻撃。960 年頃、フィットヤルの戦いで致命傷を負い、その後まもなく死去し、異教徒として弔われた。ハーコンの後を継いだのはエイリークの息子のハラルドル灰衣王だった。

ハザール
Khazars

中央アジアのテュルク系民族。7 世紀までにはロシア南部のステップに定住していた。740 年頃、ハザールのカガン（最高統治者）がユダヤ教に改宗したが、ハザール・カガン国は宗教に寛容で異教信仰を認めていた。キリスト教とイスラム教も栄えていた。ハザールの首都はヴォルガ川河口に近いイティル（アストラハン）で、ヴァイキング時代には重要な交易拠点だった。スカ

ンディナヴィアとスラヴ地域の北部、中東との交易で税を徴収し、豊かだった。ハザールは第2の都市サルケルでドン川下流地域も管理していた。また、黒海やコンスタンティノープルに行き来する**ルーシ**商人から通行税も徴収していた。912年、カガンはルーシの海賊船団（→**艦隊**）がヴォルガ川を航行するのを許可する。その見返りとして、彼らがカスピ海周辺のイスラム教徒の土地を略奪した際の戦利品の半分を要求した。ルーシの残虐行為が知られると、カガンのイスラム教徒の臣下たちは激怒した。そこで913年、カガンは帰国するヴァイキングを攻撃し、好都合なことに略奪品のすべてを手に入れたのである。964-965年、**キエフ・ルーシ**の大公で領土拡張主義者の**スヴャトスラフ1世**がイティルとサルケルを攻略、ハザールを征服した。11世紀初期までにはハザール王国は消失していた。

橋
bridges

ヴァイキング時代の後期まで、スカンディナヴィアで橋の建設は知られていなかった。スカンディナヴィアで最古の橋として知られているのが、ユラン半島のイェリング近くのラウニング草地でヴェイレ川を越えて行くヘルヴェイエン（文字通りには「軍の道」の意）を渡す橋である。この橋はオーク材を使っていて、年輪年代学で978年頃にさかのぼることがわかっている。長さ700メートル、幅5.5メートルで、1500本以上の巨大なオークの杭(くい)で支えられている。橋が修復されたという証拠もない。おそらく使用されたのは15年未満にすぎなかっただろう。橋は**ハラルドル青歯王**(おう)に建てられた可能性が高い。彼は同じ時期に**トレレボー**の**要塞**(ようさい)を建設している。この橋は王の住む町イェリングへの壮大な入

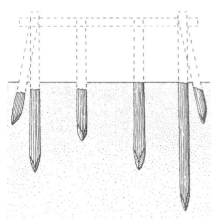

ユラン半島で、10世紀にラウニング草地(エンゲ)橋が建設された。

スウェーデンの土地所有者ヤルラバンキが建立したルーン石碑。スウェーデン、ウップランドの湿地に堤道をつくった功績をほめ讃えている。

口にするつもりだったのかもしれないが、また は橋の通行料の徴収が目的だったのかもしれない。同時期の**デンマーク**の橋としては、シェラン島のリスビューとヴァルペレウ、ユラン半島のファルゴーがある。**スウェーデン**では、ヴァイキング時代後期に建設されたいくつかの橋と堤道が知られている。もっとも有名なもののひとつが、ウップランド地方のテビーにあるヤルラバンキの堤道だ。沼地の窪地につくられたこの堤道は全長 150 メートルで、幅 6.5 メートルの道の両側に石碑が立っていた。両端に 1 対ずつ立つルーン石碑は、ヤルラバンキの功績をたたえている。交易がさかんになり、教会へ通う者や王権の下で働く官吏の交通手段を向上させる必要があったことが、ヴァイキング時代後期に橋の建設への関心が突然に高まった主要因だと考えられる。スカンディナヴィア人はバルト海南岸に住む**ヴェンド**人から必要な技術を学んだのだろう。その地域では何世紀も前から大規模な橋の建設がおこなわれていたからだ。**道路**および**陸上交通**も参照。

ハスカール
housecarls（古北欧語 húskarlar）

　ハウスカールとも。11 世紀のデンマーク人**イングランド王**の近衛隊。スカンディナヴィアの**ヒルス**に相当する戦士集団を形成していた。彼らは護衛であると同時に、王室の**軍隊**の中核を担う常備軍でもあった。ハスカールの制度は 1016 年に**クヌート**によって導入された。彼らはヘレゲルド（「軍税」の意）による給料支払いを受けていた。**アングロ・サクソン人**の最後

の 2 人の王エドワード懺悔王、ハロルド・ゴドウィンソンまでハスカール制度は続いたが、1051 年以降、ハスカールは王の館に住まなくてもよくなり、給料を支払う代わりに土地を分配されて招集がかかったときに戦うようになった。ハスカールは本来、もっと一般的な意味で雇い人をさす言葉として使われていた。

ハステイン（ヘステン、ヘイスティング、アンスティグン）[859 年頃 -892 年活躍]
Hastein (Hæsten, Hasting, Anstign; 古北欧語 Hásteinn)

　9 世紀のヴァイキングの首領。ロワール川、**地中海**と**イングランド**で活躍した。11 世紀初頭、ノルマン人の著述家サン゠カンタンのデュドンがぞっとするような言葉でハステインを描写している。残酷で無情、破壊的、手に負えぬほど野蛮、残忍で貪欲、無法者、死神をもたらす者、傲慢、不信心者、その他の悪口雑言があてはまる、いうなれば、あらゆる点で「悪の権化」であり、人びとがイメージする典型的なヴァイキングの首領そのものだった。ハステインは 859-862 年に地中海西部周辺を略奪してまわった有名なロワール川のヴァイキングの遠征を率いていた。彼らは、スペインのアルヘシラス、モロッコのマツィムマ、フランスのナルボンヌ、ニーム、ヴァランス（ローヌ川から 200 キロメートル近く内陸にある）とアルル、イタリアのピサ、フィエーゾレ、ルナをはじめ、多くの地域を襲撃した。デュドンの興味深い、だが明らかに伝説的な記述がある。ハステインはイタリアの町ルナをローマと勘違いして、

攻略することにした。その防備には攻めあぐむと判断した彼は策略を用いて入り込むことにした。ヴァイキングの使者たちが住民に近づいて、自分たちは亡命者で、病気の族長のための食料や避難する場所を求めている、と告げる。その後もう一度戻ってきて、使者らは住民に族長が死んだので、町に入ってキリスト教徒として埋葬する許可を求めた。住民たちは許可を与え、族長の棺を担いだヴァイキングの行列が墓へ向かった。もちろんハステインは生きていて、完全に武装して棺から飛びだすと司教を殺害した。混乱に乗じてヴァイキングたちは町を蹂躙した。自分が占拠したのは実はローマではなかったと聞かされたとき、ハステインはひどく失望して、ルナに住む男性をひとり残らず虐殺したという。この話は、後世の数多くのノルマン人の著述家にくり返し語られ、策略を用いた人物もロベルト・グイスカルド、ターラント公ボエモン、シチリア伯ルッジェーロ1世といったノルマン人の首領になった。ハステインは、スペイン北部のパンプローナを略奪して、その地中海遠征を締めくくった。そしてロワール川へ戻ると、ブルターニュ人とフランク人の悩みの種となった。彼はブルターニュ（866年）、ブールジュ（867年）、オルレアン（868年）、アンジェ（872-873年）を襲撃したヴァイキングの首謀者だったのではないかと考えられている。869年、ブルターニュ公サロモンはブドウの収穫時期を安心して過ごすために、ハステインに500頭の牛を支払った。西フランク王ルイ3世の攻撃で壊滅する可能性に直面し、882年にハステインはロワール川から去

ることに同意して、イギリス海峡沿岸へ移動した。890-891年をフランドルで活動し、892年には80隻の艦隊を率いてテムズ川河口にあらわれた。翌年、エセックスのベンフリートにあるハステインの砦がアルフレッド大王率いるウェスト・サクソン人に急襲された。ハステインは略奪の遠征に出ていて不在だった。ハステインの妻と2人の息子が捕虜として捕えられ、彼の船は破壊されるか、奪取された。アルフレッドはハステインに家族を返した。息子のひとりの名づけ親だったからだ。もうひとりの子の名付け親はマーシア領主エゼルレッドだった。こうした洗礼の際の関係から、ハステインがイングランドを訪れたのはこれが最初ではないことがわかる。11世紀後半のノルマン人著述家ウィリアム・オヴ・ジュミエージュによると、ハステインはノルマンディーでその生涯を終えた。

機織り
weaving

　機織りに関連する遺物、たとえば紡錘車や織機の錘などはヴァイキング時代のスカンディナヴィアの定住地の遺跡調査でよく出土する。これは、家庭生活のなかで機織りが重要な位置にあったことをしめしている。スカンディナヴィアでは中世後期まで、糸を紡ぎ、機を織るのは女性の仕事だった。ほとんどの主婦は自分の衣服は自分でつくっていた。機織りが——女王でもする——立派な仕事だと思われていたことは、オーセベリ船葬墓に織機が副葬されていたことからもわかる。羊毛がいちばん重宝されたが、デンマークでは亜麻糸も使わ

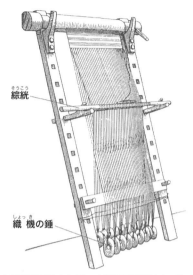

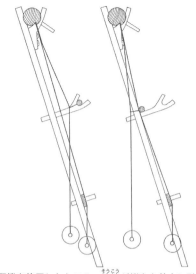

中世初期のスカンディナビアで使用されていた種類の竪機。

竪機を使用したところ。綜絖が縦糸を前方に引っ張ったり、後方に押すことで、横糸を通せるようにしている。

れていた。羊毛は紡ぐ前に絡まりをくしでほぐす。弾み車の効果を生み出す紡錘車を使うことで糸紡ぎは高速になった。紡錘車はふつう円錐状で焼成粘土でつくられていたが、なかには石や枝角、骨、ガラス、鉛、琥珀でできているものもあった。できあがった糸は竪機で布に織られた。ドーナツ型の粘土の錘が縦糸（竪機の垂直の糸）に重みをかけて、織っているときにぴんと張ったままにするために使用された。スカンディナヴィア南部では、水平織機の登場で11世紀に錘は使われなくなる。だが、ノルウェーとフェロー諸島では近代まで竪機が使用されていた。

ハックシルバー
hacksilver

　ヴァイキングが襲撃で奪った銀器や宝飾品などの銀製品を切って分割したもの。銀

ゴットランド島、スネッカルヴェから出土したハックシルバーの断片。

は分割されることで、ヴァイキングたちの
あいだで重さを計って分けあうのも、溶か
して銀塊にするのも容易になった。ハック
シルバーはヴァイキング時代の埋蔵宝に含
まれる一般的な財貨だった。

鼻ぺちゃのケティル [855年頃活躍]
Ketil Flatnose

　ヘブリディーズ諸島のヴァイキング首
長。同時代のアイルランドの資料にも、ガ
ッル・ゲゼル（「異邦のゲール人」の意）
のリーダーとして登場する。彼らはヘブリ
ディーズ諸島の北欧系ゲール人の子孫で、
857年にアイルランドを襲撃した。アイ
スランドのサガでは、ケティルは**ハラルド
ル美髪王**のために西方への軍事遠征に出て
いるが、850年代にはおそらくまだハラル
ドルは生まれていないため、ヘブリディー
ズ諸島の征服はケティルが単独で率いたと
思われる。彼の死後、ケティルの家族はヘ
ブリディーズ諸島でその地位を維持できな
くなり、**アイスランド**へ移住した。彼の娘
の**「深慮の」**アウズル、息子の「東方の」
ビョルンとヘルギ・ビョーランと義理の息
子の「豪の者」ヘルギはみな、アイスランド
の北欧系入植地で主要な人物として有名
である。

ハラルドル・クラック（ヘリオルドゥ
ス）[852年?没]
Harald Klak (Heriold)

　デンマーク王（在位812-813年、819-
827年）。812年の内乱で権力を掌握し、
兄弟のラグンフロズルとともにデンマーク
の共同統治者となった。813年、2人はノ

ルウェーのヴェストフォルで起きた反乱を
鎮圧するため遠征に出る。同時代の『フラ
ンク王国年代記』によると、ヴェストフォル
は当時デンマーク王国の一部だった。ハ
ラルドルとラグンフロズルに、**カール大帝**
の臣下だった兄弟のヘミングルが加わって
共同統治となるが、これが反乱を招き、**ホ
リック**とその兄弟によってデンマークを追
放される。ハラルドルら兄弟はフランク王
国に庇護を求め、814年、その後見のもと、
王国を取り戻そうと試みる。が、失敗し、
ハラルドルとヘミングルはカール大帝の後
継者**ルイ敬虔王**につかえることになった。
ラグンフロズルは殺された。だが、ハラル
ドルは王位を取り戻す望みをまだ捨ててい
なかった。ルイの援助を受けて、彼は819
年にホリックら兄弟とデンマークの共同統
治者として受け入れられる。826年、ハ
ラルドルはルイの宮廷で洗礼を受ける。**フリ
ジア**を封土として与えられ、**アンスガル**の
キリスト教布教団とともにデンマークへ送
られる。ルイの援助があったにもかかわら
ず、翌年にはハラルドルは失墜し、ふたた
びルイのもとへ避難する。828年にも王位
奪還を試みるが失敗し、その後の運命はわ
かっていない。同時代の『フルダ年代記』
によると、852年に反逆の疑いでデンマー
ク国境の見張りの兵たちによって処刑され
た。いくつかの資料に、841年に皇帝ロタ
ール1世がハラルドルというデーン人の
海賊の首長にワルヘレン島を封土として与
えたという記述が見られる。ハラルドルは
異教徒でキリスト教徒の迫害者と記されて
いるため、彼がハラルドル・クラックであ
ったとは言い難い。

ハラルドル青歯王（ハラルドル・ゴルムスソン）[988年頃没]
Harald Bluetooth

　デンマークで最初のキリスト教徒の王（在位958-987年）。父親の**ゴルムル老王**が958年に死去する数年前から共同統治者となり、その後は単独の統治者となった。当初、その権力はユラン半島に限定されていたと思われるが、治世の終わりにはデンマークをひとつの王国として統合していた。それ以前のデンマークの統治者は従属する首長を通して間接的に権力を行使していた。**トレレボー**のような**要塞網**をうち立て、軍隊を駐屯させることで、ハラルドルは王国全土を直接支配することを可能にした。970年、ラーデのヤール、**ハーコン・シグルザルソン**との同盟を通して、ハラルドルは**ノルウェー**へその版図を広げた。ハラルドルは965年にドイツの宣教者聖ポッポによって**キリスト教**に改宗している。ユラン半島のイェリングには、キリスト教化の功績をたたえる見事なルーン石碑が建立されている。ハラルドルは、臣下にキリスト教を積極的に奨励する最初のスカンディナヴィア人王となった。治世の後年、ハラルドルは王座をイェリングからシェラン島の**ロスキレ**に移した。974年、デーン人がドイツ北部を襲撃。真偽はともかく、神聖ローマ皇帝オットー2世はハラルドルが背後にいると考え、報復としてデンマークへ侵攻した。ヤールのハーコンの支援もむなしく、975年、ハラルドルはオットーに服従を余儀なくされる。その後7年にわたって、ヘゼビューはドイツ人による占拠が続いた。ブレーメンのアダムによると、987年、ハラルドルの息子**スヴェイ

ドイツ人の宣教者ポッポより洗礼を受けるハラルドル青歯王。ユラン半島、タムドルップ教会の祭壇飾り。

祭壇の前で祈りを捧げる誠実な改宗者ハラルドル。タムドルップ教会の祭壇飾りの別のレリーフ。

ン双髭王が率いる反乱で王位を奪われただ
けでなく致命傷を負ったハラルドルはユム
ネ（ポーランドの**ヴォリン**）に逃れ、その
後まもなく死去した。

ハラルドル灰衣王 [935年頃-970年頃]
Harald Greycloak

　ノルウェー王（在位960年頃-970年）。
エイリークル血斧王の息子。父親の死に
ともない、**デンマーク**へ向かう。叔父のデ
ンマーク王ハラルドル青歯王の支援を受け
て、兄弟とともに幾度となくノルウェーへ
侵攻、ついに960年頃、叔父の**ハーコン
善王**をフィットヤルの戦いで殺す。ハラル
ドルは統一ノルウェー王国の再建を切望
し、反対者には容赦なく対応した。オスロ
周辺地域の2人の小王と、ラーデのヤール、
シグルズルも殺害した。好戦的なキリスト
教徒であった彼は、**異教**の神を公に崇拝す
ることを禁じたために民衆の反感が高まっ
た。かつての協力者ハラルドル青歯王もつ
いには彼を厭うようになった。ハラルドル
の行動はノルウェー内のデンマークの影響
力を危うくしていたためである。青歯王は
ラーデのシグルズルの息子ハーコン・シグ
ルザルソンの支持にまわった。ハラルドル
はデンマークへ誘出され、ユラン半島内リ
ムフィヨルドのハルスで数に優る敵軍の待
ち伏せにあい、殺された。970年頃のこと
である。ノルウェーは青歯王とハーコン・
ヤールのあいだで分割された。

ハラルドル苛烈王 [1015-1066年]
Harald Hardrada

　ノルウェー王（在位1046-1066年）。

ハラルドルの華々しい──大部分は失敗に
終わったが──経歴のなか、当時ヴァイキン
グが知っていた世界のほぼ全域に彼は足
跡を残した。それゆえにハラルドルが最後
の偉大なヴァイキングの長と広く認じられ
ているのだ。その経歴はスノッリ・ストゥ
ルルソンが13世紀に著した『ヘイムスク
リングラ』の彼のサガによっておもに知ら
れている。1030年、15歳のハラルドル
は異父兄オーラヴル・ハラルズソン王に味
方して**スティクレスタ**で戦う。敗戦後、ハ
ラルドルはスウェーデンへ逃がれ、それか
らノヴゴロドのキエフ大公、**ヤロスラフ賢
公**のもとへ行く。3年間、傭兵としてヤロ
スラフに仕えた後、コンスタンティノープ
ルで東ローマ皇帝の**ヴァリャーギ親衛隊**に
加わる。同時代のギリシアの資料から見る
と、スノッリのサガはハラルドルの重要性
を誇張しているきらいもあるが、彼はまち
がいなく戦士として名をはせ、親衛隊にい
るあいだにひと財産を築いた。1044年、
ハラルドルはスウェーデンへ帰国する途中
の**ロシア**でヤロスラフの娘エッリシフ（エ
リザヴェータ）と結婚する。ハラルドルは
その地でスヴェイン・エストリズソンと同
盟を結び、ノルウェーおよびデンマーク王
だった甥の**マグヌス善王**に権力割譲を迫っ
た。1046年にマグヌスがノルウェーの共
同統治を申し出ると、ハラルドルはスヴェ
インとの協力関係を断つ。翌年、マグヌス
が死去すると、ハラルドルはノルウェーの
単独統治者となるが、**デンマーク**ではスヴ
ェインが権力を掌握する。数年にわたって
激しい戦争をくり広げたが、ハラルドルは
デンマークからスヴェインを追い出すこと

はできなかった。戦いにはすべて勝利していたにもかかわらず、1064年、ついにハラルドルはスヴェインをデンマーク王と認める。ノルウェーでも頻繁にハラルドルの支配に対する反乱が生じていたため、権力を守るために容赦ない手段をとったことから、苛烈王（ハルドラジ）（「厳しい統治者」の意）という異名で呼ばれるようになった。ハラルドルは、1013年にマグヌスと**クヌートル**の息子の**ハルザクヌートル**が結んだ条約を理由にイングランドの王位継承権を主張していた。1066年、**イングランド王エドワード懺悔王**（ざんげおう）が死去すると、これを絶好の機会ととらえ、同年9月に300隻の**艦隊**でハンバー川河口に侵入、イングランド軍をフルフォード・ゲートの戦いで破り、**ヨーク**を奪取する。わずか数日後、イングランド王**ハロルド・ゴドウィンソン**率いるイングランド軍がノルウェー軍を奇襲する。この**スタンフォード・ブリッジの戦い**でノルウェー軍は壊滅、ハラルドルも戦死する。この戦いで大損失を被り、ノルウェーは一世代にわたる弱体化を招いた。ハラルドルの後を継いだのは、息子のマグヌス2世だった。

King Harald's Saga: Harald Hardradi of Norway, trans. M. Magnusson and H. Pálsson (Harmondsworth, 1966).

ハラルドル美髪王（ハーラル1世）[930年頃没]

Harald Fairhair

ノルウェー王（880年頃-930年頃）。ノルウェーを統一した最初の王とされているが、正確な統治期間などを含めて、その治世について確かなことはほとんどわかっていない。今日では、即位は880年前後、没年は930年頃と推測されている。**スノッリ・ストゥルルソン**の『**ヘイムスクリングラ**』の彼のサガによると、ハラルドルは、ヴェストフォル（オスロ・フィヨルドの西側半分）の王である父親**ハールフダン黒王**の跡を10歳のときに継いだ。伝承では、ノルウェー統一という大志を抱き、実現するまでは髪をとかすことも切ることもしないと誓ったという。ここから、「美髪」を意味する hárfagri という綽名がついた。885年頃-890年、ハラルドルは**ハヴルスフィヨルドの戦い**で、地方の豪族の連合軍を破り、ノルウェーのほぼ全土を支配下に置いた。ハヴルスフィヨルドからスコットランド近海のブリテン島嶼地域へ敗走した者たちがノルウェーを襲撃、ハラルドルは

ハラルドル苛烈王（ハルドラジ）は東ローマ皇帝のヴァリャーグ親衛隊にくわわり、名を成した。東ローマ帝国の歴史家ヨハネス・スキュリツェスの写本の挿絵に親衛隊の衛兵が描かれている。

討伐のために遠征し、その地域も掌握した。ハラルドルは、自分の死後に複数の息子たちが王国の領土とそこからの租税収入を分割できるよう御膳立てした。スノッリによると、長男ではなかったが、いちばんのお気に入りの息子**エイリークル血斧王**が息子たちのなかで上王となるように図った。だが、その取り決めは長くは続かず、息子たちは相続をめぐって争いをはじめる。誰もが自分こそが単独の王位（→**王権**）継承者であると譲らなかった。

　ハラルドルの治世は、アイスランドの歴史伝承において重大な位置を占める。スノッリによれば、ハヴルスフィヨルドの戦いに勝利したあと、ハラルドルはすべての**オーザル**を専有しようとした。それは土地所有自由民に王の小作人になれと命じるのに等しく、それが**アイスランド**に最初の入植者が移住することになったきっかけとされる。だが、アイスランド植民はハヴルスフィヨルドの戦いが起きるよりかなり以前、870年にはすでにはじまっていたため、ハラルドルの政策がひきがねになったとは考えにくい。現代の学者たちは、ハラルドルがブリテン島嶼地域への軍事遠征をおこなったことにもかなり懐疑的であり、アイスランドの初期入植者の多くがブリテン諸島からやってきたわけを説明するために考え出されたのだろうという議論もみられる。

パリ包囲 [885-886年]
Paris, siege of

　カロリング帝国分裂を決定づけた遠因のひとつ。845年、パリははじめてヴァイキングの襲撃、略奪を受ける。その後857年、861年、865年にもヴァイキングが来襲した。**ポン・ド・ラルシュの要塞橋**が建設されると、しばらくヴァイキングのパリ襲撃はやむが、885年にデーン人のとてつもない**大軍勢**がやってきて要塞橋は破壊された。ヴァイキング軍はセーヌ川をのぼって11月後半にパリを攻囲した。当時のパリの町はシテ島がそのほとんどを占めていた。この島はセーヌ川右岸と石橋でつながっていて、橋の両端には砦が築かれ橋を護っていた。島と左岸のあいだにかかる木の橋も、同じく両端を砦で護られた。パリ包囲については、この出来事を目の当たりにしていたサン＝ジェルマン＝デ＝プレの修道士アッボがその詩のなかでありありと描写している。サン＝ジェルマン＝デ＝プレ大修道院長のジョスリンと、パリ伯オドー率いる200人の守備隊がこれを迎え撃った。数では**デーン人**にとうていおよばなかったが、攻囲軍は総勢4万人、船700隻とするアッボの見積もりはあまりにも誇張しすぎだろう。中世初期に、それだけ大規模な軍隊を1年近くも維持できたはずがない。1月、デーン軍はパリを平和裡に去るかわりに、上流への自由な航行権を求めるが、これはにべもなく拒絶された。2月、ヴァイキングが木の橋を攻撃して破壊し、川の上流へ航行できるようにするが、パリは変わらず包囲されたままだった。3月、ザクセン侯ハインリヒによるパリ解放の試みは失敗に終わる。だが、デーン人を率いる**シグフレズル**はパリ包囲が何の利益もない時間の無駄だとして、4月にわずか銀60ポンドで撤退に応じた。しかし、デ

ーン軍は彼に従うのを拒否した。その後すぐにジョスリンが死去し、10月にようやく**シャルル肥満王**の大軍が到着し、包囲が解かれたのである。だが、デーン軍を攻撃するかわりに、シャルルは彼らが望んでいた上流への航行権を与え、ブルゴーニュの彼に反抗的な臣下の地を略奪できるようにしたのである。887年春、シャルルはさらに銀700ポンドを支払った。デーン軍を撃退したパリの英雄的な行為の後では、このシャルルの行動は**フランク人**には臆病風に吹かれたものと映った。彼の権威は致命的なまでに低下し、結果として888年の退位、カロリング帝国の最終的な分裂を招いたのである。

ハルザクヌートル [1020年頃-1040年]
Harthacnut

デンマーク王（在位1035-1042年）、イングランド王（在位1040-1042年）クヌートルとその王妃**エマ・オヴ・ノーマンディー**（→ノルマンディー公国）の息子。クヌートルはハルザクヌートルにデンマークとイングランドの両方を継がせるつもりだったが、両国で反対が巻き起こった。クヌートルが死ぬと（実際にはその直前とはいわないまでも）、ノルウェー人はデンマーク王の宗主権を拒み、**オーラヴ・ハラルズソン**の息子**マグヌス善王**を王に選んだ。1036年、マグヌスはデンマークに侵攻して、ハルザクヌートルに自分をノルウェー王と認めさせた。ハルザクヌートルがデンマークにいることを余儀なくされているあいだに、腹違いの兄**ハロルド兎足王**（とそくおう）がイングランドで権力を掌握した。1040年にハロルドが死ぬと、ようやくハルザクヌートルはイングランド王と認められた。が、2万1000ポンド以上という増税をおこなったためにすぐさま嫌われた。これは、16隻から62隻に増やした王室艦隊の給料の支払いのためだった。おそらくマグヌスに対する軍事行動が頭にあったのだろう。さらに、ハルザクヌートルは誓いを破る者という評判を得た。護送中だったノー

ハルザクヌートルの貨幣。彼の治世はデンマークの権力が急速に衰退しはじめた時期にあたる。

サンブリアのアール、エアドゥルフを暗殺
したためだ。ハルザクヌートルのあまりの
評判の悪さに、異父兄のエドワード懺悔王
（エマとエゼルレッド2世の息子）が亡命
先のノルマンディーから帰国し、彼の後継
者として認められるようになった。1042
年、ある婚礼の祝宴の最中にハルザクヌー
トルは発作で急死する。エドワードが後継
者となり、イングランドにおけるデンマー
ク支配の歴史が幕を閉じる。デンマークで
はマグヌス善王が王位を継いだ。

バルト人
Balts

　バルト海南東部沿岸地域に住んでいた民
族。インド・ヨーロッパ語族のスラヴ語派
に近い言語を話す彼らの起源は、紀元前
1800年頃にさかのぼることができる。「バ
ルト人」という名称は19世紀の造語で、
海の呼称に由来している。ローマ時代、彼
らは「アエスティ族」と総称されていた。
今日バルト人という呼称はリトアニア人と
ラトビア人（レット人とも呼ばれる）を指
すが、中世にはプルーセン人（18世紀ま
でにプロイセン人としてドイツ人に吸収さ
れた）、クールニア人（16世紀までにラト
ビア人に同化）、セミガッリア人とセロニ
ア人（16世紀までに消滅）も含まれていた。
　ヴァイキング時代のバルト人は、政治の
中央集権化からほど遠いところにいた。い
くつかの部族に分かれていて、戦時でさえ
協力しあうことはまずなかった。バルト人
は強固な土の防塁をつくり、その道具と武
器は北ヨーロッパ各地で使われていたもの
とほとんど同じだった。大部分は自給自足

の農民だったが、琥珀、奴隷、毛皮、蠟、
はちみつなどを銀と交換していた。ヴァイ
キングはバルト人を襲撃するいっぽうで、
彼らと交易した。スカンディナヴィアの商
人は、8世紀半ばまでにクールラント（ラ
トビア）のグロービンに、9世紀にはプロ
イセンのエルブロンクに港をつくった。『聖
アンスガル伝』によると、9世紀半ばには
スヴェーア人が貢納金を徴収するためにこ
の地域の襲撃をくり返していた。10世紀
にゴットランド島とスウェーデン本土に大
量に流入したアラブの銀の大半は、バルト
人が貢納金として支払ったものだと考えら
れている。だが、バルト人もいつまでもヴ
ァイキングに隷属したわけではなかった。
1100年までには、彼ら自身が海賊となり、
財産と奴隷を求めてスウェーデンの沿岸部
を襲撃した。997年から、バルト人をキリ
スト教化する試みがはじまったが、彼らは
強く抵抗し、異教信仰をやめた最後のヨー
ロッパ人となった。リトアニア人は1386
年まで改宗しなかった。

M. Gimbutas, *The Balts* (London, 1963).

バルドル
Balder（Baldr）

　北欧神話に登場する光の神で、オージン
とフリッグの息子。スノッリ・ストゥルル
ソンの『エッダ』によると、バルドルは優
しく美しく、人気の高い神で、アースガル
ズルの誰からも愛されていた。ただし、唯
一の例外が邪神ロキだった。フリッグが万
物にバルドルを傷つけないことを誓わせた
ため、神々はよくバルドルに飛び道具を投
げつけて、気晴らしに楽しんでいた。何を

投げてもバルドルを傷つけることはできないとわかっていたからだ。ところが、ロキはフリッグがヤドリギとは契約しなかったことを知る。そして、バルドルの兄弟のひとりで盲目の神ホズルの手にヤドリギの小枝を渡し、彼に的を教え投げさせると、ヤドリギは刺さって彼を殺した。バルドルは、嘆きのあまりに死んだ妻ナンナとともに彼の船フリングホルニに載せられた火葬台で荼毘に付せられた。オージンは副葬品として魔法の腕輪ドラウプニルを薪の上に置いた。バルドルのもうひとりの兄弟の**ヘルモーズル**が馬で死者の国へ行き、ヘルにバルドルを生き返らせるよう頼む。ヘルは、すべての生者と死者が彼の死を悲しみ、泣いたならという条件で連れ帰ることを認めた。しかし、年寄りの女巨人に化けたロキだけが嘆き悲しむことを拒んだため、バルドルは冥界にとどまることになった。**サクソ・グラマティクス**が著したこの神話でも、バルデルスはホゼルスに殺されるが、2人はナンナをめぐるライバルだったという話になっている。

ハールフダン [877年没]
Halfdan

ヨーク王（在位876-877年）。兄弟のイーヴァルとウッビ（おそらく彼も兄弟）とともに、865年にデーン人の**大軍勢**を率いてイングランドに侵攻した。870年には**ウェセックス**に侵攻するが、すぐに撤退を余儀なくされた。この頃、彼はロンドンで自分の名を刻む**貨幣**を鋳造させた。873年から874年にかけて**レプトン**で越冬したのち、大軍勢が分裂すると、ハールフダンは部下を率いてヨークへ向かい、そこからバーニシア（ノーサンブリアのティーズ川の北側）、ロジアン、**ストラスクライド**を襲撃する。876年、彼は部下たちとともにデイラ（ヨークシャー）内に定住し、農業をはじめる。それからまもなく、アングロ・サクソンの資料からハールフダンは姿を消

バルドルの死。17世紀のアイスランドの写本より。

デーン人のヨーク王、ハールフダンの貨幣。

す。12世紀のノーサンブリアの歴史家シメオン・オヴ・ダラムによると、ハールフダンとイーヴァルは878年にデヴォン襲撃の際、ウエスト・サクソン人に殺害されたことになっている。だが同時代の『アングロ・サクソン年代記』では、この遠征を率いたのは彼ら2人の兄弟すなわちウッビとされている。それよりも可能性が高いのは、ハールフダンを、ダブリン王**オーラヴル**の息子エイステインによって殺されたデーン人首長アルバンと同一視する説だ。アイルランドの資料によると、彼は877年、ストラングフォード・ラフの戦いで殺された。ハールフダンはのちに伝説的なヴァイキング、**ラグナル・ロズブローク**の息子のひとりとみなされるようになった。

ハールフダン黒王 [880年頃？没]
Halfdan the Black

先史時代のノルウェー王。スノッリ・ストゥルルソンをはじめとする中世アイスランドの歴史家たちが伝えるハールフダンの生涯にまつわる伝承の大部分は、そのほとんどがもっぱら民話や伝説に基づいている。ハールフダンは18歳でノルウェー南部のアグデルの王になり、その後、ヴェストフォルなどの領土を獲得したとされる。40歳のときに、凍った湖の氷のなかに落ちる事故で溺死した。2番目の妻ラグンヒルドルは、ノルウェーをはじめて統一した**ハラルドル美髪王**を産んだ。ハールフダンの異名はその黒髪に由来する。

ハロルド・ゴドウィンソン（ハロルド2世）[1020年頃-1066年]
Harold Godwinson

イングランド最後のアングロ・サクソン王（在位1066年）。ケントおよびウェセックスのアール、ゴドウィンと、その妻で、クヌートルと姻戚関係にある高貴な生ま

イングランドの王冠をいただくハロルド・ゴドウィンソン。バイユーのタペストリーより。

れのデンマーク人女性ギューザとの息子。1044年、ハロルドは父親の後見を受けて**イースト・アングリアのアール**になる。ゴドウィンがエドワード懺悔王に追放されると、ハロルドは軍を率いて王に父の復位を迫った。1053年に父が死去すると、ハロルドはそのアール職とその領地を引き継いだ。宮廷の最有力者となり、1057年までの間に弟たち、トスティとガース、レオフウィネがアールとして治めるべき領地を用意した。1063年、ハロルドは**ウェールズ**への討伐遠征を成功させて、軍事的な能力の高さを示した。1066年に世嗣のないままエドワードが死去すると、ハロルドが王に選出される。だが、ノルマンディーの**ウィリアム征服王**とノルウェーの**ハラルドル苛烈王**も王位を主張した。また、弟のトスティとも敵対関係にあった。1065年にアールとして治めていたノーサンブリアを追われていたトスティが、今やヴァイキングを率いてイングランド沿岸地域を襲撃していたのである。1066年9月、ハラルドルがイングランドに侵攻すると、トスティは彼に合流した。だが、ハロルドが急襲し、ヨーク近郊スタンフォード・ブリッジの戦いで、彼らを破り、トスティとハラルドルは戦死した（9月25日）。数日後、ウィリアムが南部の海岸に上陸すると、ハロルドは疲れきった軍隊を率いて今度は南に急行し、ノルマン軍と対峙した。ヘイスティングズの戦いの1日中続いた激戦の末（10月14日）、イングランド軍は崩壊し、ハロルドは弟のガースとレオフウィネとともに戦死した。クリスマスには、ウィリアムはイングランド国王と認められていた。ハ

ロルドがイングランド軍に**スタンフォード・ブリッジの戦い**から回復する時間をどうして与えなかったのか、なぜ援軍で増強しなかったのかはわかっていない。ノルマン軍の略奪行為から一族の土地、ウェセックスを守りたい一心だったのかもしれない。さらに可能性が高いのは、イングランド内の政敵が、自分に反旗を翻すためにウィリアムと同盟を組む機会を与えたくなかったということだ。

ハロルド兎足王（ハロルド1世）[1040年没]

Harold Harefoot

イングランド王（在位1035-1040年）。クヌートルと正式に結婚していなかった妻**エルフイヴ**とのあいだの息子。父親の死後、ハロルドは**マーシアのアール、レオフリッチ**と王室艦隊の支持を受け、イングランドの摂政となる。彼の異母弟で正当な後継者の**ハルザクヌートル**はデンマークにいた。クヌートの未亡人**エマ・オヴ・ノーマンディー**、ウェセックスのアール、**ゴドウィン**（ハロルド・ゴドウィンソンの父親）の反対があったが、ハルザクヌートルのためにエマがウェセックス領を所有することで話がまとまった。だが、翌年ゴドウィンが立場を翻し、ハロルドが王国のすべてを掌握し、エマは亡命する。1040年にハロルドがロンドンで死ぬと、その跡を継いだハルザクヌートルはハロルドの遺体をテムズ川へ投げ捨てた（遺体は支持者たちに回収され、ふたたび埋葬された）。

美術様式
art styles

　ヴァイキング時代のスカンディナヴィアの美術はおもに、様式化された動物を基本とした活気あふれる紋様による装飾に表現されている。いちばん人気が高く、長く用いられたモチーフのひとつが「握り獣」だ。その手足が近くにあるものを握っていることからこう呼ばれる。これは8世紀から10世紀にかけて変わらぬ流行を誇った。組紐紋様と植物のモチーフは西ヨーロッパとの接触によってとり入れられたもので、ときに流行した際にはつねにスカンディナヴィア人の好みにあうようにアレンジされた。スカンディナヴィアの美術様式は、ヴァイキング時代に先立ち、ゴットランド島のブロア様式などの様式が8世紀には存在していた。そうした初期の様式からヴァイキング美術へと発展する流れのなかで、一連の6つの特徴的な様式が認められている。オーセベリ（800-875年）、ボッレ（850-950年）、イェリング（900-975年）、マンメン（950-1025年）、リンゲリケ（1000-1075年）、ウルネス（1050-1150年）だ。様式の時期に重なりがあるのは、新たな様式が出てきても前の様式がすぐに消えるわけではないからである。12世紀半ばまでには、動物をもとにした装飾はすっかり時代遅れとなり、ヨーロッパのロマネスク美術がとってかわった。金属細工でも、木やイッカク、セイウチの牙——ヴァイキング時代後期までは石も——の彫刻でも、素材を問わず同じ様式が用いられたため、美術様式はヴァイキング時代の工芸品の年代を知るうえで重要な助けとなってい

イェリング様式の銀線細工のブローチ。スウェーデン、エーケトルプ出土。

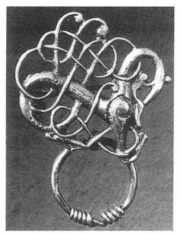

ウルネス様式の優美な銀製ブローチ。デンマーク、リンホルム遺跡出土。

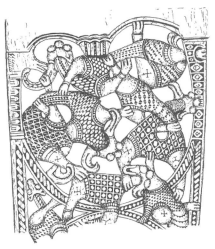

オーセベリ様式の特徴的なモチーフ「握り獣」。

ノルウェー、ボッレ出土。ボッレ様式で表面に金箔がかぶせてある。

儀礼用の斧。マンメン様式の金銀象嵌細工が施されている。デンマーク、ユラン半島より。

る。絵画的場面展開や象徴的芸術表現のもっとも重要な例が、ゴッドランド島で発見された絵画石碑とオーセベリ船葬墓の副葬品のタペストリーである。

『ヒストリア・ノルベジエ（ノルウェー史）』
Historiae Norvegiae

ラテン語で書かれた短く、おそらくは未完のノルウェーの歴史記録。1211 年か、そのすぐあとにノルウェーで書かれたと思われる。現存する部分は伝説の時代から、聖王オーラヴル・ハラルズソンの 1016 年の即位までの歴史が綴られている。この歴史書は、現在は失われたもっと古い時代のラテン語の年代記をもとにしていると考えられているが、ブレーメンのアダムの 11 世紀の『ハンブルグ司教事績録』を含め、そのほかの史料も典拠とした。

人質
hostages

ヴァイキング時代の北ヨーロッパでは、人質交換は外交の重要な要素だった。これは子供の交換という形でひんぱんにおこなわれていた。たとえば、クヌートルとのっぽのソルケルは 1023 年に相手の息子のひとりを自分の養子にすることで、争いを終わらせた。こうして養育される子供は大切に扱われ、養父が偉大な人物で、和議が結ばれていれば、かなりの恩恵を被ることもできた。和平合意の保証として敗北した敵に大勢の人質を要求することも多かった。こうした一方的な場合、和平が破られると人質は容赦なく扱われた。たとえば 1014

年、スヴェイン双髭王が死去したとき、エゼルレッド無策王に亡命先から帰国するようイングランド人が求めたため、その前にスヴェインのもとに送られていたイングランドからの人質は、スヴェインの息子クヌートルの命令で、みんな足と鼻を切り落とされた。

ビャルニ・ヘルヨールフソン [985 年頃活躍]
Bjarni Herjólfsson

知られるかぎり北アメリカ大陸を目撃した最初のヨーロッパ人。アイスランドの商人で航海士だったビャルニは、985-986 年にノルウェーに渡った航海から故郷に帰ってみると、自分の父親が赤毛のエイリークとともにグリーンランドに入植するためにアイスランドを離れて出立した後だった。グリーンランドに関して知っていることといえば、氷河に覆われた山がちな土地で、よい放牧地があり、樹木がないという程度だったが、ビャルニは父を追って出航した。しかし悪天候に見舞われて航路を外れ、気がつくと森林の低地が広がる海岸の沖まで流れついた（ラブラドール）。そこから北へ進むと、山がちで氷河に覆われている不毛な地が見えた（バフィン島か？）。ビャルニは東へ船を進め、グリーンランドに上陸して農夫として暮らした。見つけたときに調査しなかったことで彼の生きていた当時はずいぶん批判されたが、彼を責めるわけにはいかないだろう。ビャルニは探検家ではないし、自分の船と乗組員を危険にさらしたくはなかったはずだ。

ヒュエラーク（クロキライク）[516年頃-534年活躍]

Hygelac（ラテン語 Chlochilaich）

6世紀のデーン人、またはイェーアト人（ヨート人）の王。スカンディナヴィアの海賊の襲撃でもっとも早くに記録された首領のひとり。516年から534年のあいだのある時期にヒュエラークはライン川下流を襲撃、撃退されてフランク人に殺害された。この襲撃は、トゥールのグレゴリウスが6世紀に著した（一般的には『フランク史』として知られる）『歴史第十巻（*Historiarum Libri X*）』や8世紀の古英語英雄叙事詩『ベーオウルフ』をはじめ、複数の異なる資料に記録されている。

ビュルフトノス [991年没]

Byrhtnoth

エセックス太守（エアルドルマン）（956-991年）。991年、イースト・アングリアの防衛隊の指揮官だった彼は、モールドンの戦いでオーラヴル・トリュッグヴァソン率いるヴァイキング軍に殺害された。その死は、感動的な古英語の叙事詩の傑作『モールドンの戦い』でしのばれている。

病気

disease 医術を参照

ビルカ

Birka

スウェーデン、メーラレン湖のビョルク島にあるヴァイキング時代の港湾市。8世紀後半に発達し、10世紀末まで繁栄したが、近接するシグトゥーナが好まれて放棄された。ビルカの町は島の西側に位置し、最大で約13ヘクタールに広がった。居住地域の堆積物はスヴァルタ・ヨールデン（「黒土」の意）と呼ばれ厚さ2メートルにもなり、考古学上の史料としてビルカの建物や日常生活に関する豊富な情報を提供してきた。10世紀のビルカは塁壁（るいへき）に囲まれる丘上集落という構造に守られていた。そして、木製の防柵が主要港への出入りを制限していた。町は両側に溝が沿う通路で隔てられた区画に分けられていた。各区画は1、2戸の住居と、作業場や貯蔵所として使われていたいくつかの離れを含んでいた。建物は木造骨組みで、編み枝に塗られたしっくいの壁、屋根は木かわらぶきで、芝生が使われることもあった。居住者の多くは商人だったが、金属、宝石（→宝飾品）、毛皮の加工職人や戦士もいた。アラブの貨幣が大量に発見されていることから、ビルカの主要な交易相手は東方だったと思われる。とくに900年以降はそれが顕著だった。だがラインラントの陶器やグラス（→ガラス）、フリジアの毛織物の切れ端なども見つかっていて、西方とのつながりもあった証拠である。アングロ・サクソンの貨幣がいっさい出土していないことから、エゼルレッド無策王（むさくおう）がヴァイキングに莫大なデーンゲルドを支払うようになった990年代には、すでにビルカは放棄されていたと思われる。ビルカの周辺にある墓地には、3000基以上の墓がある。そのうち1100基ほどが発掘されている。埋葬はたいてい火葬で、副葬品の豊富さは量、質ともに類を見ない。

聖アンスガルは829-830年にビルカを

訪れている。小規模なキリスト教徒の共同体を築いたが、数年後に聖職者が追放され、司祭のひとりが殺害された。851-852年に、アンスガルの働きによってキリスト教徒がふたたびビルカに暮らすようになる。さらなる伝道活動がブレーメン大司教ウンニによって行なわれ、936年に彼は同地で死去した。だが、**キリスト教**はほとんど受け入れられなかった。ビルカは長期にわたってスウェーデンの**法律**に影響を与えた。中世のスウェーデンの町々はビルカ法によって統治されていた。また、中世のノルウェーの自治体の法である『**ビルカ島の法**』もビルカの名にちなんでいる。

ビルカの砦(とりで)の内部。背景に「黒土」の居住地域が見える。

『ビルカ島の法』
Bjarkeyjar réttur (Bjarkøy laws)

知られているかぎりノルウェーにおける最古の自治区域法である。ヴァイキング時代後期の商人や航海者たちを律する規約から発達し、最初に文書として記録されたのが12世紀後半であった。わずか2つの断片が現存している。どちらも1250年頃にさかのぼる、**トロンヘイム**の町用に改訂された法典である。この法はスウェーデンの**町**、ビルカの名にちなんでいる。

ヒルス
hirð

ヴァイキング時代後期、ヒルスはスカンディナヴィアの王国の君主や貴族に随行する戦士の親衛隊で、**リズ**に似た兵隊である。この言葉は「**家族**」や「**一家**」を意味する古英語のヒレド（hired）に由来する。ヒルスのメンバーは主人の住居の一部に住み、相互に義務を負う誓いはもはや「契約」と呼ぶにふさわしい関係性によって主人と結びついていた。その契約は主人の死をもって解かれた。ヒルスはそのメンバーの法廷および王の助言機関としての機能ももっていた。ヒルスは、中世後期には1つの貴族組織へと発展していく。

五城市(ファイヴ・バラ)
Five Boroughs

イングランドのミッドランド東部のダービー、レスター、リンカン、ノッティンガム、スタンフォードの5つの城市は、877年に**大軍勢**がこの地方に侵入したときから、デーン人の勢力の拠点となっていた。『アングロ・サクソン年代記』で最初に五城市が出てくるのは942年の記述だ。エドワード長兄王(ちょうけいおう)がデーンローを征服すると、917年か918年、五城市は**ウェセックス**の支配下に入る。940年には、ヨーク王オーラヴ3世に攻略されるが、942年にイングランドが再征服している。か

つては、五城市はデーン人が877年の入植後にその慣習法を適用するために創設した、とくに要塞化された町だと考えられていた。けれども遺跡発掘から、デーン人の支配下に置かれたとき、五城市はすでに安定した、重要な地域の居住地だったことがわかっている。デーン人が要塞化したという決定的な証拠はないが、ダービー、リンカン、レスターではローマ時代の城壁を再利用できた。ノッティンガムとスタンフォードではデーン人が奪取する前から防衛線で囲まれていたという証拠がある。いずれにしても、ヨークのようにスカンディナヴィア人の人口が多かったという証拠も見あたらない。唯一ノッティンガムに、スカンディナヴィア人が存在したという明白な考古学的証拠が残っており、2人のヴァイキング戦士の墓が見つかっている。またリンカンだけがデーン人が支配していた時期に町が発展したという証拠を提供している。ただし、成長が大きかった時期は、デーン人が支配した時代以後だったのではないかと思われる。つまり、五城市は基本的に、その地域に住むスカンディナヴィア人のための防衛拠点だった。とはいえ、10、11世紀に五城市で鋳造された硬貨には、スカンディナヴィア起源の名前をもつ**貨幣鋳造者**の名がひんぱんに見られることから、多数ではないにしても、デーン人が地域住民に影響力をもつ富裕層を形成していたと考えられる。

R. A. Hall, 'The Five Boroughs of the Danelaw: a review of present knowledge', in *Anglo-Saxon England* 18 (1989), pp. 149-206.

ファーヴニル
Fafnir

北欧神話に登場する。ファーヴニルはフレイズマルの息子で、**レギン**と**オッタル**の兄。父フレイズマルが息子オッタルを殺害された賠償としてロキから受け取っていた**アンドヴァリの宝**を奪うためにフレイズマルを殺したのちに竜に変身する。レギンの助けを借りて、英雄**シグルズル**がファーヴニルを殺す。その血をなめたシグルズルは鳥の言葉を理解できるようになる。

シグルズルが竜のファーヴニルを殺す場面。ノルウェー、ヒュレスタにあるスターヴ教会にて。12世紀の木彫。

フィン人
Finns

ヴァイキング時代、フィン人はヨーロッパ北部の広大な地域に居住していた。大ま

かに言うと、現代のフィンランドの南側4分の1と、**ロシア北部の西はカレリア地**方から**ノヴゴロド**、東のウラル山脈にいたるまでの帯状の地域におよんだ。そのテリトリーの南部は、北上してきたスラヴ人に侵入され、現代まで移住は続いている。今日のロシアでは、ごく限られた少数のフィン人の集団が居住するだけである。フィン人はフィン＝ウゴル語を話す。エストニア語に似ていて、近隣のスラヴ人やスカンディナヴィア人の言語とはまったくつながりがない。ヴァイキング時代のフィン人は、スカンディナヴィア人やスラヴ人と比べると、社会・経済においてまだ初歩的な発展段階にあった。フィンランドの恵まれた土地では定住農業もおこなっていたが、大部分は原始的な焼畑農業だった。牛、馬、ヒツジ、豚を育てていて、毛皮を得るための狩りは重要な活動だった。毛皮はスカンディナヴィアと西ヨーロッパに輸出され、銀や**武器**と交換されていたようだ。ヴァイキング時代末期には、フィンランド南西部に交易拠点としてトゥルク（オーボー）やタンペレといった町が発展していた。毛皮は、ノルウェーやスウェーデンの諸王、**ルーシ**による貢納徴収の対象だった。ヴァイキング時代にフィン人の王国が存在したという証拠はない。しかし、男女を問わず豊かな装飾品をともなう墓や、石や木の塁壁を備えたヒルフォート（丘状砦）が見つかっており、首長の存在と政治の中央集権化がはじまっていたことを示唆している。フィン人の**異教信仰**では、動物が重要な役割を果たした。なかでもクマはあがめられ、その足、歯、脂肪は治癒的な特性をもつと信じられていた。ヴァイキング時代のスカンディナヴィア人のあいだでは、フィン人による魔術や妖術はよく知られていた。11世紀にはフィンランドで**キリスト教**が確立していたが、フィン人が完全にキリスト教化するまでには数世紀かかった。**スウェーデン**と近接していたにもかかわらず、ヴァイキング時代のスカンディナヴィア人の文化的な影響は限られていた。武器や装飾の様式に見られる程度である。スカンディナヴィア人の影響力が強くなるのは12世紀、フィンランド南西部がスウェーデン人によって制圧され、入植がはじまったときである。

フェーラグ（同士団）
félag (fellowship)

　戦士の一団（従士隊）、商人の組織、船などの資産の共同所有者といった集団では、同士団を形成することができた。フェーラグのメンバーは相互の責任を果たさなければならない。**リズ**の同士団員たちはお互いに対しても、**主**に対しても忠誠を負っている。**主**は王のこともあれば首長のこともある。女性がフェーラグに入っていたという証拠は見つかっていない。

フェロー諸島
Faroe Islands

　山の多い雄大なフェロー諸島はアイルランドの修道士によって発見された。神のためにみずから追放の航海に出る「巡礼」のなかで見つけたとされる。そのうちの少数が隠修士として半永久的に定住した。遠く**アイスランド**までの船旅の中継地点とし

て利用した者もいただろう。花粉が発見されたことから、オート麦の栽培が7世紀初期におこなわれていた可能性がある。9世紀はじめには、北欧人はフェロー諸島に到来していた。アイルランドの修道士ディクイルが825年頃、北欧人が隠修士を追い出したと不平を訴えている。『**フェロー諸島の人々のサガ**』によると、フェロー諸島に最初に入植した北欧人はグリームル・カンバンだった。フェロー諸島の言い伝えでは、入植地はエストゥロイ島にある静かな入り江、フンニンガーだったとされる。彼の姓はゲール語に起源をもつため、フェロー諸島に移住する前に**アイルランド**か**ヘブリディーズ諸島**で過ごした時期があったと思われる。入植者の大半は、ノルウェー西岸のアグデル、ローガラン、ソグンから直接やってきた。入植者の初期の歴史はほとんど知られていない。アイスランドと同じく、少数の**豪族**（→**家族**）が支配し、その部下たちに土地が分配されていた。年に1回、ティンガネス（現在のフェロー諸島の首都トースハウン）で**シング**が開催され、争いごとを解決していた。9世紀後期になると、ノルウェー諸王が統治権を主張しだすが、1180年頃まで、その主権は果たされなかった。その頃には、フェロー諸島の住民はみずからの**言語**とアイデンティティを発展させていた。1100年頃、キルクシュボアに**司教区**が創設される。ノルウェー王がフェロー諸島における権力を強化するための政策の一環だった。1152年には**トロンヘイム**の大司教座の管轄下に入った。

北欧人入植者にとって、フェロー諸島の最大の魅力は牛やヒツジの放牧に最適な土地だった。大麦も育ったが、自給自足には程遠かった。島には森林資源も鉄もなかっ

フェロー諸島の最初の入植地跡、フンニンガー。創設者はグリームル・カンバン。

たので、交易が不可欠だった。おもな輸入品は羊毛、織り布、毛皮だった。漁業、捕鯨、アザラシ狩りのほか、海鳥を捕ったり、その卵を採取したりした。これらは貴重な食糧（→食べものと飲みもの）だった。

『フェロー諸島の人々のサガ』
Faereyinga saga

1200年頃成立。10-11世紀のフェロー諸島の首長の確執、彼らと**ノルウェー諸王**との関係、フェロー諸島の住民の**キリスト教改宗**を主題としている。このサガの完全な写本は現存していない。さまざまな著者が作品に引用した部分をつなぎあわせて再構築したもので、もっとも長い部分は『フラート島本』に残っている。

The Faroe Islanders' Saga, trans. G. Johnston (Ottawa, 1975).

フェンリル
Fenrir

北欧神話に出てくるオオカミの怪物。ロキと女巨人アングルボザの子。神々はフェンリルを魔法の紐グレイプニルで縛った。ラグナロクには自由になって、主神オージンを殺すが、その後オージンの息子ヴィーザルに殺される。

武器と防具
weapons and armour

ヴァイキング時代、スカンディナヴィアの戦士の武器は、中世初期のヨーロッパ人が戦いで用いたものとほとんど変わらなかった。**ノルウェー**と**デンマーク**でもっとも好まれたのが両刃の長剣だった。これは敵を突き刺すというより、たたき切るために使われた。フランク人の剣はとくに質が高く、珍重されたが、スカンディナヴィアの鍛冶職人も高度な技術をもっていて、紋様入りの刀心をもち、より強く柔軟な剣をつくった。柄と鞘も、銀の象眼や金箔をかぶせた青銅の複雑に装飾されているものが多かった。ヴァイキング時代のスカンディナヴィアでは、戦うことがもっとも名誉ある行動とされていたため、美しく仕上がった武器は戦士が自分の富と地位を誇示するための重要な手段だった。見事な剣に対する称賛から、剣そのものに名前がつくことも

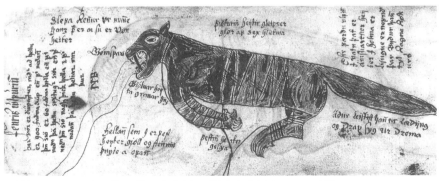

17世紀のアイスランドの『エッダ』の写本より。縛られたオオカミのフェンリル。

よくあった。ヴァイキング時代のスカンディナヴィアでは、槍も一般的な武器だった。とくに**スウェーデン**で好んで使われたようだ。ヴァイキングの槍は通常、長さ2-3メートルで、受け口のついた鉄製の槍頭（穂）は長さ20-60センチだった。柄にはトネリコの木材が使われていた。軽くて刃の細い穂先のついた槍は投げるための槍だった。重くて刃の幅の広いものは、突き刺すためにつくられた。ヴァイキング時代後期には、穂先が重く柄の厚い槍が好まれた。武器としての格では槍は剣にはおよばないとされていたが、それでも入念につくられていた。刃は紋様の入った焼きが見られるのが一般的だったが、穂先の受け口はたいてい銀の象眼模様の装飾がほどこされていた。穂先に鉤矢尻のついたフランク人の槍アンゴンもヴァイキング時代初期のスカンディナヴィアに輸入されていた。標的を外した場合、敵から投げ返されるのを防ぐため、柄の上部についた留金は投げる前に取っていた。地面からやりを引き抜こうとすると、柄から穂先がはずれるというわけだ。『**エイルの人々のサガ**』によると、**オージン**に勝利を求めて敵の頭上に1本の槍を投げてから戦いを開始する風習があった。戦斧はヴァイキングの武器として人びとがもっともイメージすることの多い武器だろう。いくつかの種類があり、軽い手斧は片手でも振ることができる。人気のあった刃が厚くて重い斧は、両手で使った。斧は剣の安価な代用品とみなされることも多かっただろうが、銀の象眼装飾がほどこされたものも見つかっている。イチイやニレの木でできた弓もよく用いられた。とくに

海戦で多く使われ、弓の名手として名をはせたノルウェー人**太鼓腹揺らしのエイナル**をはじめ、貴族戦士も用いていた。とげがついていたり、木の葉の形をした鉄の矢尻が使用されていた。**フランク王国**を襲撃するなかで、ヴァイキングは破城槌や射出機といった攻囲戦に用いる武器を使用したり、製造することを学ぶ。

ヴァイキング時代のスカンディナビアでもっとも重要な防具と言えば、楯だった。ヴァイキングは平らで丸型の楯を用いていた。直径1メートルほどで、顎から膝までが隠れるようになっていた。楯は鮮やかな彩色がなされることも多かった。10世紀の**ゴクスタ船葬墓**からは、黄色と黒の楯が出土している。9世紀末の**スカルド詩**「ラグナル頌歌」に描写される神話の場面が描かれることもあった。楯は木製で、革で補強されていた。鉄の縁取りをしたものもあった。楯裏側中央の握り部分は表側の鉄の突起によって守られるかたちになる。突起もそれ自体が武器となった。11世紀には、バイユーのタペストリーに描かれているような凧型の盾がスカンディナビアでも使用されるようになるが、ヴァイキングのように徒で戦うスタイルには適さなかった。甲冑はほとんどの戦士には高価すぎて手が出なかった。そのため、丈夫な革の上着や硬い革のかぶりもので代用するしかなかった。戦場にあらわれるときの首領は口元を保護するための覆いのついた（だが角飾りは「ぜったいに」ついていなかった）鉄製の兜をかぶり、鉄の鎖を連結した鎖かたびらの上着を着ていた。鎖かたびらをつくるには手作業で鋲をひとつひと

武器と防具　285

11世紀のヴァイキングは凧型(たこ)の盾を使用していた。だが、これは騎馬戦で使いやすいように開発されたものであり、従来の丸型の楯に比べると、徒(かち)で戦う兵の足を守るのに劣っていた。

11世紀の鎖(くさり)かたびら。買うだけの余裕のある者にとっては、これを着ていれば戦闘中に防護として役立った。ノルウェー、トロンデラーグより出土。

つ留めなければならなかった。上着は短めで、広袖で太ももが隠れるくらいの長さだった。スウェーデンで知られている鱗甲はおそらく東ローマ帝国から輸入されたものだろう。

太っちょのシグルズル [1014年没]
Sigurd the Stout

オークニーのヤール（在位985年頃-1014年）。オークニーのヤール、フロズヴェルとその妻でアイルランドの王女エイスネの息子。祖父は頭骨破りのソルフィンヌル。オークニー諸島とシェトランド諸島のほかに、ケイスネスとサザランドも支配した。989年、太っちょのシグルズルはヘブリディーズ諸島およびマン島を襲撃し、マン島のノルウェー系の王グズフリズルを殺害し、島々に貢納を課した。スコットランドからの攻撃を受けるがよく防いで本土の領地を守り、ケイスネスのスキッテン・マイアでモリーの王フィンラエヒを破る。そして婚姻による同盟関係を築き、自分の地位を確立した。自分はスコットランド人の王マルコム（マルコム2世？）の娘と結婚し、自分の姉妹のスヴァンラウグは、進貢者となったヘブリディーズ諸島の北欧系のヤール、ギッリに嫁いでいる。995年にオーラヴル・トリュッグヴァソンがオークニー諸島にやってきて、武力でシグルズルに洗礼を迫り、シグルズルの息子フヴェルプルを忠誠のあかしとして人質に差し出すよう命じた。フヴェルプルはその後すぐにこの世を去り、シグルズルは忠誠を捨て、キリスト教も棄てる。1014年、ダブリンのシヒトリク絹髭王の説得に応じて、シグ

ルズルはダブリンとレンスターの連合軍にくわわる。クロンターフで上王ブライアン・ボルと戦い、敗死した。アイスランドのサガの言い伝えによると、シグルズルは魔法の大鴉旗を所有していたという。オージンから与えられる勝利をもたらす旗ではあったが、その旗の担い手は誰であれ、死にいたるという代物だった。クロンターフで誰も旗を掲げたがらなかったため、シグルズルがみずから掲げる。そして、旗が体に巻きついて倒れたのである。シグルズルの領土は息子スマルリジ、エイナル、ブルーシに割譲された。

船と造船
ships and shipbuilding

ヴァイキング船は、板を重ね合わせて（鎧張り）、鉄の鋲で留める方法でつくられている。船体の両端、船首と船尾はどちらも同じようにつくられる。船体の片側につけられた舵で船を操るのだが、舵は必ず右舷にあった（現代英語で右の舷側〈右舷〉をstarboardと言うが、「舵」を意味するsteer〈自動車ならばステアリング〉がstarとなまって、それがある側の板材〈boad〉であることに由来する）。1本の帆柱に正方形の帆が掲げられた。これを原型として多くの種類のヴァイキング船がつくられ、それぞれに特有の性質や機能をもつ。

ヴァイキングの軍船は、ひとくくりにロングシップと言われることが多い。何よりもまず、軍や襲撃隊を運ぶための船である。通常はガレー船だった。風をあてにせずに人力で操作する必要があったからだ。戦い

の前にはマストを低くすることができ、船を目立ちにくくした。典型的なロングシップは、デンマークで見つかったラドビー船とスクレレウ5号船で長くて狭い。前者には32、後者には24から26のオールがそれぞれについている。スクレレウ5号のレプリカ船の試運転から、帆やオールを使えば速く走ることがわかっている。喫水が浅く（満載の状態でも50センチ未満）、略奪のためにバルト海や北海南部の浅瀬を縫って進むには最適で、川沿いにさらに内陸に入ることができた。だが、航海に適しているとは言えない。乾舷が低いため、海が荒れたらすぐに水に浸ってしまうからだ。時代が進むと、ドラッカル（竜頭船）という「スーパー・ロングシップ」が登場する。これは30かそれ以上の数の漕ぎ手席（つまり60対のオール）をもつ船で、海戦用につくられている。船首と舷側が高く、乗員が小さな敵の船をしとめやすく、相手が乗船しにくくなっていた。通常は王が乗る船で、オーラヴル・トリュッグヴァソン王の「長蛇号」、オーラヴル・ハラルズソンの「雄牛号（ヴィースンドル）」が有名だ。1262-1263年に、ベルゲンで最大かつ最後のドラッカルが造船された。ハーコン4世の「キリストの鎧号」で、67席の漕ぎ手席を備えていた。スクレレウ2号はおそらくドラッカルである。

　商船（→交易）は軍船よりも短く、幅が広かった。喫水も深く、船体も重かった。最大積載量の違いである。港を出入りするときのために何対かオールを備えていたが、商船は完全に推進力を帆にたよっていた。マストは固定されていた。ヴァイ

キングの交易船でよく使われたのが、クノールというタイプである。頑丈で幅が広くて、喫水の深い帆船である。近年にレプリカで試運転したところ、ひじょうに耐航性のある船だということがわかっている。クノールはほぼまちがいなく、北大西洋の入植や探検の旅に使われたのと同じ型の船である。ヘゼビューの港湾で発見されたクノールは全長25メートル、幅5.7メートル、深さ2.5メートルで貨物の積載能力は38トンあった。そのほかにスクレレウとエスケシェールでも見つかっている。クノール船の積載量の大きさからわかるように、ヴァイキング時代の交易で扱っていたのは小さくて高価な品物だけではなかった。

　カルヴィ（古北欧語でkarfi）は首長やその家族が移動するときに使われた船のことである。カルヴィという言葉は、スラヴ語のkorabiに由来し、ルーシやヴァリャーグの船を指す語彙だった。オーセベリやゴクスタで出土したヴァイキング船はカルヴィだと考えられている。これらの船は乗員はすべてオールの漕ぎ手であり、ラドビーやスクレレウのロングシップよりもヴァイキングの商船に近い。大人数を運ぶことができたうえに、そのほかにテント、運搬できる家具や旅先での首長の生活必需品のすべてを運ぶことができた。

　現代の木造船やボートは、まず骨組みをつくってそこに外板を並べていくが、ヴァイキング船は船体を先につくって、後から肋材（ろくざい）が側面につけられた。ヴァイキングの造船技師はまず竜骨（りゅうこつ）をつくり、船首と船尾材をとりつけた。船体は側板を重ね合わせながら作っていき、慎重に目で測りなが

ら理想的なラインになるように船体を形づくっていく。板の継ぎ目には、羊毛や牛の毛、布や植物の繊維、苔(こけ)などをつめて外側からタールを塗って水が入らないようにした。内部の肋材は船体ができあがった段階で強化するためにつけられた。帆柱は檣(しょう)根座(こんざ)にとりつけた。長くて重い木材は、マストの不荷重を分散し、竜骨と船体の広範囲の上に帆がくるように考えられていた。甲板(かんぱん)、片側の舵、帆、索具(さくぐ)が取り付けられて完成だった。ヴァイキング時代のスカンディナヴィアの造船技師は、生木を使った。そのほうが作業しやすいためである。側板は丸太を放射状に割ったもので、のこぎりで切ることはなく、ふつうの斧(おの)で割った。そのほうが、木がもつ自然の強さと柔軟性が最大限に引き出され、新しい木が乾燥で縮むのを少しでも抑えることができたからだ。船をつくったり、修理していた証拠はヴァイキング時代の多くの定住地跡で見つかっている。また、デンマークの**フリブロェードレ**川では造船所も発掘されている。

船体の片側につけられていた舵が、13世紀に効率の良い船尾舵となったことをを除けば、14世紀初頭まで北海を航行していたのはヴァイキング時代のスカンディナヴィアでつくられていた船とほとんど変わらない船だった。この頃から、頑丈で平底の帆船の一種、コグ船——**フリジア**か低地諸国で発祥——が交易や戦いの船の主流となりつつあった。コグ船は速度が遅く、これといった特徴もなかったが、船倉に大量の荷を積むことができた。そして、甲板は海面よりずっと高く、流線型のロングシップよりも戦いやすかった。スカンディナヴィアや**スコットランド**でつくられる漁船や沿岸部の交易船には、近代に入っても、スカンディナヴィアの造船の様式の影響が見て取れる。

A. E. Christensen (ed.), *The Earliest Ships:*

スカンディナヴィアの鎧(よろい)張(ば)りの船をつくっている。

The Evolution of Boats into Ships (London, 1996) ; R. W. Unger (ed.), *Cogs, Caravels and Galleons: The Sailing Ship 1000-1650* (London, 1994) ; A. W. Brøgger and H. Shetelig, *The Viking Ships: Their Ancestry and Evolution* (London, 1971).

ブライアン・ボル（ブリアン・ボーラム）
[926-1014年]
Brian Boru (Brian Bóraime)

　アイルランドの上王（在位 1002-1014 年）。アイルランド南西部のダール・ガッシュ（ダルカシアン家）の一族の王で、マンスターの王でもあったマスガマン（マホン）王の弟。ブライアンはアイルランドをヴァイキングの支配から解放した人物と一般に考えられている。だが、968年にマスガマンが**リムリックのヴァイキング**を制圧しようと遠征したとき、ブライアンもヴァイキングとの戦いにはじめて参戦したときすでに、彼らの力は急速に衰えつつあった。976年、マスガマンがマンスターで殺害され、予期せぬことにブライアンがダール・ガッシュの王となる。977年、彼はリムリックを奪回しようとするヴァイキングを撃破し、翌年には、兄を殺してマンスターを支配していたマール・ムアドに勝利し、殺す。984年、ブライアンはアイルランド南部にも権力を拡大しはじめ、隣のオソリー王国にも貢納を課し、属国とした。997年までには、その権力は確立され、ウィ・ネイルの上王マール・セヒナイル2世でさえもブライアンをアイルランドの南半分の領主として認めざるを得ないほどになっていた。1000年、レンスターと**ダブリ**ンのヴァイキングが反旗をあげるが、ブライアンによってたやすく封じられた。2年後、彼はマール・セヒナイルを破り、彼に代わって上王となる。1004年までには、アイルランドのすべての王国がブライアンへの進貢国となった（彼の異名のボル〈bóraime〉は「貢ぎものの」の意である）。1013年、レンスターとダブリンでふたたび反乱が起こり、**マン島とオークニー諸島**のヴァイキングも同盟軍にくわわった。1014年、ブライアンは**クロンターフの戦い**でこの連合軍に勝利するが、みずからも命を落とした。戦いの後、ブライアンに従属していた王国が次々と反旗を翻し、マール・セヒナイルが上王に復位した。ブライアンは生前から偉大な王とみなされていたが、その名声は彼の死後、12世紀の作者不明の『**アイルランド人と異教徒との戦**』の巧みなプロパガンダを通して誇張された。著者は、ブライアンの子孫となるマンスターのウア・ブライアン（オブライエン）一族の王朝の名声を高めるために、ブライアンの死後の名声を利用したのである。

ブラギ
Bragi

　北欧神話に出てくる詩芸の神。戦死した英雄たちを**ヴァルハラ**に迎え入れる準備をする役割を担っていた。主神**オージン**と**フリッグ**の息子で、妻は**イズン**。

ブラスマック・マック・フラインド
[825年没]
Blathmacc mac Flaind

　アイルランド王家の血をひく**アイオナ**出

身の修道士。たび重なるヴァイキングの襲撃にさらされ、アイオナ島の修道士の主だった者たちは807年、**アイルランド**の（しばらくの間とはいえ）ずっと安全なケルズへ避難した。ブラスマックは名ばかりとなった修道士のコミュニティの長として残った。彼らはいざというときには殉教する覚悟があった。825年、ヴァイキングがふたたびやってくる。ブラスマックは拷問され、聖コルンバの高価な聖遺物器（せいいぶつ）の隠し場所を教えることを拒んだため殺害された。彼の殉教についての詳しい描出は、ライヒェナウにあるドイツの大修道院の院長（838–849年）だったヴァラフリート・ストラボが著したラテン語の詩に残されている。

ブラッタフリーズ（カッシアーッスク）
Brattahlid (Qagssiarssuk)

986年頃、グリーンランドに北欧人入植地を創設した**赤毛のエイリークル**が建てた農場跡。ブラッタフリーズは、グリーンランドに暮らす北欧人東部入植地の中心となった。3つの大きな石造りの農舎、シング（民会）の開催場所と石造りの教会の遺構が残る。石の構造物の大半は13、14世紀にさかのぼる。芝生屋根の小さな教会の遺跡が発掘されたが、（『赤毛のエイリークルのサガ』によると）エイリークルの妻のショーズヒルドルが息子レイヴル・エイリークソンの勧めでキリスト教に改宗したあとに建てたものとされる。

『フラート島本』
Flateyjarbók

中世アイスランドでもっとも大きく、いちばん美しく装飾された写本。『フラート島本』は1387–1390年に、2人の司祭ヨーン・ソールザルソンとマグヌス・ソルハッルソンによって書かれた。連綿と続くノルウェーの歴史を伝える試みで、完全なサガやサガの断片を組みあわせている。ほかでは残されていないものもいくつか含む。そのため、あらゆるアイスランド写本のなかでもっとも重要なものに数えられる。この写本の内容は、40–50の異なる写本から構成されたと推定されている。

青の土地（ブラーランド）
Bláland

ヴァイキング時代のスカンディナヴィア人が北アフリカを指すときに用いた言葉。北アフリカとスペインのムーア人は、**ハステインと甲鉄のビョルン**によるヴァイキングの**地中海襲撃**（859–862年）の際に捕虜となり、ダブリンの奴隷市場（どれい）に売られた。彼らは「青き人々」（古北欧語でblámenn、アイルランド語でfir gorm）と呼ばれている。

グリーンランド、ブラッタフリーズにある赤毛のエイリークルの農場。

14世紀の『フラート島本』より。『オーラヴル・トリュッグヴァソン王のサガ』の冒頭部分。

フランク王国のヴァイキング
Francia, Vikings in

フランク人の土地、フランク王国(大まか今日のフランスの大部分、ベルギー、オランダ、ルクセンブルク、ドイツ西部に相当)は、799年に最初のヴァイキングによる襲撃を受けた。皇帝の**カール大帝**は精力的に対応し、沿岸警備隊を置いて、主要な河川に**艦隊**を配備した。**フリジア**の無防備な沿岸部をのぞいて、830年代まで、フランク王国が深刻なヴァイキング襲撃を受けたことはなかった。**ルイ敬虔王**とその息子たちのあいだで内乱が生じ、王権の弱体化にともなって湾岸の防備も脆弱になった。842年、ヴァイキングがロワール川河口に近いノワールムティエ島に恒久的な基地を設立。以後、70年にわたってフランク王国の領地内に常住した。

フランク王国内で、ヴァイキングがおもに活動していた地域はセーヌ川とロワール川流域、フランドル、フリジアとラインラントだった。どの地域にも航行可能な河川からヴァイキングはたやすく内陸部に侵入できる航路があった。**カロリング朝の君主**たちは王家の内輪もめに忙しく、ヴァイキングの脅威に対処することまでとうてい気がまわらなかった。たいていは貢納金を支払って退去してもらっていた。町々は攻撃にさらされるがままだった。**シャルル禿頭王**をはじめ、王たちは防衛線の構築に気が進まなかった。そうした防衛施設が、反旗を翻した王子や貴族らの拠点にならないとはいえなかったからだ。**アキテーヌ公ピピン2世**の反乱などで、ヴァイキングが同

盟者として歓迎されることすらあった。ヴァイキングの襲撃は879-892年に全盛期を迎える。ラインラント、アルデンヌ、フランドルとセーヌ川の流域は組織的に略奪された。だが、フランク人もようやくヴァイキング対策に乗り出す。西フランク王国（フランス）の王**オド**ーや、東フランク王国（ドイツ）の**アルヌルフ**といった有能な戦士王は、積極的にヴァイキングと戦い、セーヌ川とライン川のあいだの全域にわたって要塞や町の**城壁**(ようさい)をつくった。行く先々で反撃され、891-892年の冬の深刻な飢饉もあって、ヴァイキングの主力軍は、892年にフランク王国からイングランドに撤退する。そこでも状況はよくなかった。フランク王国では、ヴァイキング時代の最悪の時期は過ぎていたが、セーヌ川とロワール川にはまだヴァイキングの軍勢が残っていた。セーヌ川のヴァイキングのフランク王国の社会への融合がはじまったのは、911年に**シャルル単純王**がヴァイキングの首領ロロにルーアンの所領を与えたときだった。そして、ロロの領土として知られるようになる**ノルマンディー**もさまざまな問題を抱えるようになる。だが少なくとも、王室では珍しくない問題で、力を持ちすぎた家臣の領土的野心にさらされるのも王にはよくあることだった。937年、ナントのブリトン人がヴァイキングの基地を攻略して、ロワール川におけるヴァイキングの問題が解決した。フランク王国で最後のヴァイキング襲撃があったのは11世紀初頭である。

カロリング朝フランク王国の崩壊の原因

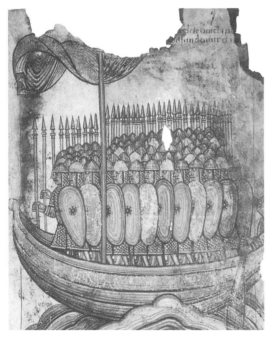

ロワール川流域のアンジェ略奪に向かうヴァイキング兵。11世紀後半の写本『アンジェの聖アルビヌス伝』より。聖アルビヌスは6世紀のアンジェ司教。

フランク人　293

をつくったとして、しばしばヴァイキング
は非難されてきた。しかし、その推進力は
王室内部から生じていた。たしかにヴァイ
キングは帝国の内部分裂から利益を得た
が、彼らが原因ではなかった。カロリング
朝の君主たちは、王室内の敵対者たちと比
べて、ヴァイキングを深刻な脅威とみなし
てはいなかった。だが、フランク人の優先
事項は彼らの統治者のものと同じではなか
った。国民は王室のヴァイキング対策が中
途半端だったり、さらには弱腰だったりす
ることに気づきはじめていた。王権の無力
さを明らかにすることで、ヴァイキングが
衰退に拍車をかけたということはあるかも
しれない。フランク王国におけるヴァイキ
ングの活動で、もっとも重要で長期にわた
る影響をもたらしたのがノルマンディー公
国の成立だろう。その後のフランス、イン
グランド、イタリアの歴史におけるノルマ
ンディーの重要性ははかりしれない。

　西ヨーロッパの諸地域の例にもれず、フ
ランク王国の修道院——とその修道士た
ち——はヴァイキングの襲撃にひどく苦し
められた。そして、その多くは見捨てられ
た。修道院は中世初期のヨーロッパにおけ
る主要な文化の中心地で、カール大帝によ
って学問が奨励されていた。この「カロリ
ング朝ルネサンス」と呼ばれる文化復興の
流れも9世紀末にはすでに停滞していた。
町々でも地方でも、ヴァイキング襲撃は短
期的に深刻な経済的損失をもたらす要因と
なった。木造の建造物は簡単に再建できる
し、土壌の肥沃さまで奪い去ることはでき
なかった。だが、家畜やトウモロコシの種
子、労働力の損失は、小作農民に多年にわ

たる苦難を強いた。2つの主要な町カント
ヴィックとドレスタットがヴァイキング時
代に完全に見捨てられたが、その犯人はヴ
ァイキングの襲撃というよりも、彼らを運
んできた河川の沈泥だったと思われる。フ
ランクの商人のなかには、略奪品を運ぶヴ
ァイキングと出くわし、その機会に取り引
きした者もいる。これはもちろん危険がと
もなったのだが。882年には、フランドル
にあるヴァイキングのとりでに入ったフ
ランク人が捕まり、身代金を要求されている。
だが全体的に見れば、ヴァイキングはブリ
テン諸島にもたらしたような多大な影響を
フランク王国の交易に与えることはなかっ
たと思われる。また、ノルマンディーにす
ら、文化的な影響をおよぼさなかった。ス
カンディナヴィア人入植者はすばやく先住
の人びとに同化し、自分たちの背後にある
ものの痕跡をほとんど残さなかったのであ
る。

J. M. Wallace-Hadrill, 'The Viking in
Francia', in *Early Medieval History* (Oxford,
1975).

フランク人
Franks

　4、5世紀にローマ帝国に侵入したゲル
マン民族のうち、もっとも栄えた支族。
フランク人は部族の連合体で、3世紀初期に
あらわれた。カマウィ族、カットゥアリ族、
サリ族、テンクテリ族など、ライン川下流
の東岸地域に住む部族が含まれた。4世紀
後半には、フランク人はライン川西部のロ
ーマ人の領域に定住しはじめた。だが、ク
ロヴィス1世（在位482-511年）の時代

まで、フランク人の勢力は拡大することもなく、目立たないものだった。彼の治世下でフランク人はガリアのほぼ全域とドイツの大部分を掌握する。そして**カール大帝**(在位 768-814 年)のもとで、フランク人は西ヨーロッパのほとんどのキリスト教国を征服する。カール大帝の王国——**カロリング朝**として知られる——は 887-888 年から崩壊をはじめ、中世の王国フランスとドイツがあらわれる。

フランク王国の戦士。イタリア、マッレスの９世紀のフレスコ画。通常、ヴァイキングよりも武装はすぐれていたが、権力をめぐる内紛がたえず、ヴァイキングへの抵抗力も弱まっていく。

フランス
France　ヴァイキング、フランク王国のを参照

フリジア
Frisia

ゲルマン民族のフリジア人が居住していたヨーロッパ北西部の地域。最初に彼らのことが記録されたのは紀元前 1 世紀のこと。中世初期、フリジア人は北海の海岸沿いにヨーロッパのライン川の河口からエムス川の河口へと広がった。734 年にフリジアは**フランク人**に征服されるが、19 世紀まで独自のアイデンティティを保っていた。7-10 世紀にかけて、フリジア人はラインラントと北海、バルト海周辺地域との**交易**で大きな役割を果たした。ライン川の交易港**ドレスタット**をはじめ、重要な市場の中心地を統制していた。また、フランク人に制圧されるまでは海賊としても有名だった。フリジアは、スカンディナヴィアからの襲撃にさらされるがままだった。記録に残る最初の来襲はヴァイキング時代がはじまるずっと前、516 年頃から 534 年にかけて、デンマーク人かイェーアト人の王**ヒュエラーク**によるものだった。フリジアは 810 年からは定期的にヴァイキングの略奪を受けていた。はじまりはデンマーク王**グズローズル**が税として銀 100 ポンドを徴収したことで、以後 11 世紀初頭まで支払いが続いた。海岸沿いに環状砦(**環状砦**、フランク王国の項参照)を築いたが、多くの島や航行可能な運河があり、効果的な防御ができなかった。フランク人統治者らはこの不利な状況から、フリジアをヴァイキングの首長に封土として与えることで打開策を見つけようとした。850-873 年には**ロリック**に、882-885 年には**グズローズル**に与えて、彼らをフリジア王とした。少

なくとも、彼らがほかのヴァイキングを追い払う努力を見せてくれるのではないかと期待したが、期待外れに終わることになる。

フリッグ
Frigg

　北欧神話に出てくる**異教**の女神。主神オージンの妻で、**オージン**とともに**アースガルズ**の玉座に座っている。妊娠と分娩をつかさどる地母神。オージンが長らく不在だった期間に不貞を働いたとしてロキに非難される。多産の女神**フレイヤ**と多くの共通点をもつため、もともとはフレイヤに、その性質は由来するのかもしれない。

フリブロェードレ川
Fribrødre Å

　ヴァイキング時代後期の造船所。デンマークのファルスター島の沈泥が堆積した入り江に位置した。発掘調査から、古い船が解体されて、状態のよい木材は新しい船に再利用されたことがわかっている。また、大量の木材の削りくずが見つかっており、新たな厚板もここでつくっていたと考えられる。フリブロェードレ川で見つかった船の残骸は、スラヴの特徴を有している。スラヴの**陶器**が出土し、現地の地名にスラヴの要素が見られることは、この地がデンマークの支配下で**ヴェンド人**入植地になっていたことを示唆している。この造船所は11世紀の最後の数年まで稼働していた。

ブリュンヒルドル
Brynhildr

　北欧神話に登場する**ヴァルキュリア**で、英雄ファーヴニル殺しの**シグルズル**の恋人。ブリュンヒルドルは、**オージン**が勝利を約束していたヒャールムグンナル王を戦いで敗北させた罰として、オージンにより魔法の炎に囲まれた館で永遠の眠りにつかされた。彼女はシグルズルによって眠りから目覚め、2人は恋人になる。ところが、魔法の薬を与えられたシグルズルはブリュンヒルドルを忘れて、グズルーンと結婚してしまう。ブリュンヒルドルはその後、グズルーンの兄グンナルと結婚するが、自分に求婚したのが未来の夫グンナルを装ったシグルズルだったことを知り、激怒する。だまされた報復に、彼女はシグルズルの殺害を企てる。だが、殺害が果たされるや後悔し、シグルズルを火葬にするため燃えている薪の上に身を投げる。

ブルガル人
Bulgars

　テュルク系遊牧民族で、6世紀にヨーロッパ南東部の大草原地帯へ移動した。7世紀半ば、ブルガル人は2つの集団に分かれる。ひとつはドナウ川を渡り、679年頃にバルカン半島に汗国を創設する。このドナウ・ブルガルは、先住民のスラヴ人と隣接する東ローマ帝国に強い影響を受けた。9世紀までには、彼らの言語はスラヴ語に替わっていた。864年、ギリシア正教に改宗する。ドナウ・ブルガルは969–971年の短期間、**スヴャトスラフ1世**率いるルーシ軍に征服され、その後1018年には東ローマ帝国の支配下に入った。13世紀に独立を取り戻すが、1393年にふたたびオスマン帝国に征服されてしまう。現在の

ブルガリアの名称は彼らにちなんでいる。もういっぽうの集団はヴォルガ川中流域に定住した。彼らの首都ブルガルはヴァイキング時代に重要な交易の中心地となり、フィン人やルーシの商人が奴隷や毛皮、蠟をアラブの商人の銀と交換していた。このヴォルガ・ブルガルは 922 年頃、イスラム教に改宗する。1237 年、モンゴル帝国に征服されると、その後は少しずつ民族としてのアイデンティティを失っていった。

ブルグレド [874 年以降没]
Burgred

　マーシア王（在位 852-874 年）。851 年にヴァイキングがロンドンを侵略したこともあり、ブルグレドは即位後すぐにウェセックスとの緊密な関係を求める。853 年、ブルグレドはウェセックス王エゼルウルフの娘と結婚し、その同盟を確実なものにした。868 年、マーシアにデーン人の大軍勢が侵攻すると、ウエスト・サクソン人はブルグレドを援助し、ノッティンガムのヴァイキング基地を包囲するが不首尾に終わった。大軍勢は撤退するが、872 年にふたたびやってきて、翌年レプトンを占領した。ブルグレドは退位を余儀なくされ、ローマへ亡命、その地で死去した。デーン人の傀儡王チェオルウルフ 2 世がその後継者となった。

ブルターニュのヴァイキング
Brittany, Vikings in

　中世初期のほとんどの期間、ブルターニュは独立国で、そこに住むケルト系の民はフランク人の併合を求めるあらゆる試みに激しく抵抗した。ブルターニュもやはり 9 世紀にヴァイキングの略奪に苦しめられたが、ヴァイキングの関心はロワール川とセーヌ川の豊かな流域に向いていたため、比較的軽くすんだ。大きな脅威となったのは、ヴァイキングが 847 年と 888 年に一時的にせよロワール川の流域を占領したときである。だが、ブルターニュの君主たちはすぐれた戦闘指導者だったため、結局、ヴァイキングが永続的な足がかりを得ることはなかった。なかには、必要に応じてヴァイキングと一時的に手を組んだ君主もいた。866 年、ブルターニュ公サロモンはヴァイキングと同盟を組み、ブリサルトで勝利をおさめ、西フランクのアンジュー伯ロベールを殺害した。875 年には、ブルターニュ公ヴァンヌ伯パスクウェデンが内戦の際にヴァイキングを傭兵として雇っている。

　907 年にブルターニュ公大アランが死去すると、ヴァイキングのブルターニュへの関心が高まる。権力の空白状態ができたことで突如として魅力的なものに見えたのだ。そして 912 年から、たえまない襲撃が続く。913 年、ランデヴェネックにある有名な聖ウィンワロー修道院が完全に破壊され、修道士らは貴重な聖遺物を持ってフランク王国へ逃げた。数年とたたずにおびえた修道士たちは逃げて、ブルターニュの修道院のほとんどが放棄された。ブルターニュの抵抗は 919 年に完全に崩れる。ブルターニュの名門の大部分がイングランドかフランク王国へ逃げ、ログンヴァルドル率いるヴァイキングが全土を征服した。が、その支配は純粋に軍事的な掌握だったと思われる。ブルターニュの地方にスカンディ

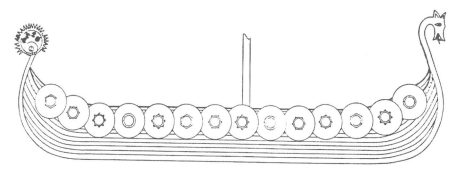

ブルターニュ地方、グロワ島の墓から出土したロングシップの復元想像図。この地にかつてヴァイキングがいたことを実感させる数少ない遺物のひとつ。金属でできた部分——くぎ、鋲、船尾の装飾、楯の中央突起——だけが火葬後も残った。

ナヴィア人の入植地ができたり、ヴァイキングの交易地があったという証拠はない。ヴァイキングたちの陣営があったナントはロワール川の河口に位置し、交易の中心地として繁栄する可能性はじゅうぶんにあったはずだが、ブルターニュのヴァイキング占領期間はなかば見捨てられたような状態になっていた。931年、ブルトン人の反乱が起きる。これは鎮圧されるが、イングランドに亡命していたアラン捩髭公はこれに勇気を得、936年にブルターニュに侵攻、939年までにブルターニュからヴァイキングを一掃した。沿岸部への襲撃は11世紀に入っても続いたが、1014年のドルへの襲来を最後に記録から消える。

　ヴァイキングの支配が終わっても、ブルターニュの君主たちはその権力と独立を取り戻すことはできなかった。11世紀、ブルターニュはノルマンディーの属国となる。ヴァイキングの占領期間は短かったため、彼らはその痕跡をわずかに残しただけである。10世紀の**船葬墓**が**グロワ島**で見つかっている。また、ヴァイキングの武器や人工遺物がサン=ブリュー近くのキャンプ・ド・ペランの円形の砦から発掘されている。この砦は930年代に、おそらくアラン捩髭公の再征服の過程で、焼失している。

N. Price, *The Vikings in Brittany*, Viking Society for Northern Research, Saga Book 22 (1986-9), pp.319-440.

ブルーナンブルフの戦い [937年]
Brunanburh, battle of

　ウェセックス王エゼルスタンが、ダブリン王オーラヴル・グズフリズソン率いるダブリンのヴァイキング、スコットランド人、**ストラスクライド**のブリトン人の連合軍に圧倒的勝利をおさめた戦い。場所は不明だが、おそらくイングランド北部と思われる。戦いは夜明けから夕暮れまで続いた。オーラヴル軍が総崩れになり、潰走する彼らをウェセックスとマーシアの軍が打ちのめした。ウェセックス軍も多大な損害を被

ったが、オーラヴ軍は粉砕され、彼自身も命からがら逃げ出した。戦死者のなかには北欧人の5人の小王、7人のヤールとスコットランド王**コンスタンティン2世**の息子のケルラフも含まれた。オーラヴは、927年にエゼルスタンに掌握された**ヨーク**を奪回し、増大するウェセックスの勢力をそぐつもりだった。逆に、エゼルスタンの勝利は、イングランド王国の統一への重要な一歩となったのである。

ブルフ
burhs

アングロ・サクソン時代に築かれた砦もしくは城塞市。そのほとんどが、9世紀後半から10世紀初頭にかけて、ヴァイキング襲撃に対抗するためにつくられた。最初のブルフが築かれたのは8世紀末、ミッドランドに位置した**マーシア王国**だったが、防衛拠点として体系的に利用するようになったのは**ウェセックス**で、**アルフレッド大王**（在位871-899年）の時代である。880年代、アルフレッド大王はウェセックス全土を30のブルフで繋いだネットワークを築き、ウェセックス王国内のどの地域も32キロメートル以内になるようにした。ブルフは2つに大別できる。大きなものは定住地や市場市が配されるように

バークシャー、ウォリングフォードにあるアルフレッド大王時代のブルフ。テムズ川の重要な渡河地点を守るためにつくられた。

設計された。そのほとんどは町として繁栄するようになった。それよりも小さなブルフは、一時的な砦としてのみ使用された。その大半はおそらく10世紀半ばまでには放棄された。サウス・カドベリーのブルフのように、鉄器時代の要塞を活用したものもあった。そのほかバースやチチェスター、エクセター、ウィンチェスターなどは、かつてのローマ時代の要塞を利用した。ウォリングフォードやウェアラムのブルフは、ローマの砦の防備を模していた。その他の多くブルフは天然の守りを利用した。どのブルフも課税があり、壁の長さに応じて農民軍が駐屯していた。914年頃から918年にかけて編纂された『ブルフ制ハイド土地簿』の記録によると、壁1ポール（約5メートル）ごとに4人が配置され、その1人ごとに1ハイドの土地が給付された（1ハイドは農民1家族を養うのに必要とされた土地の広さ）。そのため、たとえばウェアラムの民には、その防衛線の長さが400ポール（約2000メートル）なので、1600ハイドの土地が王から与えられた。防衛施設は通常、粘土か芝生でつくられていて、上部には木製のとがりくいがついていた。これらの塁壁を10世紀に石で再建した例もわずかに見られる。アルフレッド大王の息子で後継者のエドワード長兄王（在位899-924年）と娘の「マーシアの奥方」エゼルフレードは、ブルフの防衛システムを組織的に延長し、デーンロー征服の足場を固めた。

フレイヤ
Freyja

もっとも有名なスカンディナヴィアの異教の女神。豊穣神フレイルの妹で、愛と性、結婚、多産をつかさどる。彼女は主神オージンと死者を半分ずつ分けあう。彼女にまつわる神話では、フレイヤは性的に奔放な女神として描かれている。魔法の首飾りブリーシンガメンを手に入れるために、彼女は首飾りをつくった4人のドワーフ全員と一夜を共にすることを承知している。ロキは、フレイヤが自分の兄フレイルを含めて、すべての神と寝ていることを非難する。また彼女は巨人族にひじょうに強く求められるが、巨人族にとってはそれは叶わぬ夢である。フレイヤはオーズルという名前しか知られていない神と結婚しているが、彼

豊穣の女神フレイヤ。スウェーデン、ハゲビューホーガより出土。

はもとはオージン本人だったのかもしれない。夫はひんぱんに留守にしたため、フレイヤは黄金の涙を流したという。彼女が出かけるときはネコが牽く二輪車に乗るか、鷹に変身した。

フレイル
Freyr

　北欧神話に登場する**ヴァン神族**の長。海神ニョルズルと女巨人スカジの息子で、フレイヤの兄。フレイルは豊穣神で、太陽と雨、大地の実りをつかさどり、豊作と平和をもたらす。フレイルと豊穣の関係は、神話のなかで彼が美しい女巨人ゲルズル（「土壌」の意）への求愛に成功していることか

らも明らかだ。スウェーデンの**ユングリンガ王朝**は、この結婚による子孫だと主張した。フレイルのもっとも有名な財産が魔法の船スキーズブラズニルで、**ドワーフ**がつくった。この船はすべての神を乗せられるほど巨大だが、折りたたむとポケットに入るくらいの大きさになったという。また、いつでも追い風に乗って正しい進路へ進むことができた。そのほかに、フレイルは黄金のイノシシ、グッリンブルスティも所有していた。その金色の毛は漆黒の闇を照らしたとされる。フレイルは、スウェーデンの異教信仰の中心地ウプサラで崇拝される神のひとりで、人間が生贄としてフレイルに捧げられていた。彼の神像は男根の形をしていて、フレイルに関連する儀式で馬の陰茎が使われることもあった。

ブレーメンのアダム
Adam of Bremen　アダム、ブレーメンのを参照

ブローヴァッラ（ブラーヴェッリル）の戦い
Bråvalla, battle of (古北欧語 Brávellir)

　有名な伝説的な戦い。スウェーデン、オステルヨートランドのブローヴィーケン・フィヨルドの近くで、デンマーク王ハラルドル戦歯王とその甥のリングル（または古北欧語フリングル）が戦ったと伝えられている。ハラルドルはデンマークをひとつの王国に統一し、甥のリングルをスウェーデンの小王とした。最高神オージンは、ハラルドルとリングルのあいだに争いの種をまいた。年老いて目も見えなくなっていたが、

スウェーデン、レッリンゲで発見された豊穣神フレイルの小像。男根を模している。

ハラルドルは大軍を率いてスウェーデンに侵攻する。だが、戦場でオージンに裏切られる。ハラルドルの御者(ぎょしゃ)に変身していたオージンは、棍棒で彼を殴り殺すのである。この話が事実に基づいているならば、この戦いは8世紀初頭あたりにおそらく起きたことになる。ただし、それ以前の可能性——最大200年までさかのぼる——も示唆されている。

フローキ・ヴィルゲルザルソン (860年頃-870年活躍)
Floki Vilgerdarson

アイスランドを探検した最初の北欧人のひとり。アイスランドはスヴェーア人のガルザルが偶然に発見した島で、フローキは定住する目的でノルウェーのローガランから旅立った。先見の明のある多くの開拓者たちと異なり、フローキは最初の夏をアイスランド西部のブレイザルフィヨルズのヴァトンスフョルズルでアザラシを捕獲して過ごした。冬の飼料をまったく集めていなかっため、家畜はすべて飢え死にした。これで入植は絶望的になった。翌年の春は叢氷(そうひょう)が割れるのが遅く、出発が遅れて、もう一冬をボルガルフョルズルで過ごすはめになる。ひどく落胆したフローキは、この新たな土地をアイスランドと名づけた。翌年の夏、フローキの一行はノルウェーに帰国する。同行者たちはもっと好ましい報告をしたが、フローキのつけた名前が定着した。失望から立ち直ったフローキは、その後アイスランドに戻って、北部のフローキの谷(フローカダルル)に定住した。

バーセイにあるピクト人と北欧人の居住地の遺跡。

ブロッホ・オ・バーセイ
Birsay, brough of

　オークニー諸島のメインランド島の北西にある小さな島バーセイ島の東側にはピクト人と北欧人の広大な住居跡がある。ピクト人居住地は**教会**を中心に広がっていて、ピクト人の象徴的な図像を刻んだ印象的な石碑と、質の高い金属細工品をつくっていた証拠が見つかっている。北欧人居住地はピクト人の居住地の上に直接つくられ、建材の多くが再利用されている。初期の建物は10世紀にさかのぼり、広間をもつ保存状態のよい館もいくつかあり、浴室がついている家屋も見つかっている。また、12世紀初期の見事な教会遺跡もある。『オークニーの人々のサガ』では、バーセイは12、13世紀に政治および教会権力の主要な中心地として描かれている。

ベアドゥヘアルド [789年頃没]
Beaduheard

　ウェセックス王ベオルフトリッチの治世下の代官。今日まで名前が判っている最初のヴァイキングの被害者になるという不幸を背負った人物として知られる。789年頃、ドーセットの**ポートランド**に上陸した**ノルウェー**の海賊を商人とみなして、近くのドーチェスターの王の地所へ連行しようとしたところで、殺害されたのである。

平均寿命
life expectancy

　出生記録がないため、ヴァイキング時代のスカンディナヴィア人の平均寿命を正確に割り出すことはできない。産業革命以前のそのほかの社会と同様に、ヴァイキング時代のスカンディナヴィア人は高い乳幼児死亡率に悩まされていただろう。だが、乳児の墓はひじょうに珍しい。異教の時代は、子供が死んでも大人の場合とは異なる扱いだったようだ。正確な地位などは不明だが、**スウェーデン**のヒッレルショーにあるルーン石碑には、4人の子供のうち成人になるまで生きていたのはたった1人だと記されている。生きて大人になっても、平均寿命は今日の第三世界諸国の多くと同じくらいだったと思われる。**デンマーク**で見つかったヴァイキング時代の240人の遺骨を対象にした調査では、41パーセントが20-35歳、58パーセントが35-55歳で、55歳以上まで生きた人はわずか1パーセントだった。妊娠可能年齢の**女性**の死亡率は、同じ年齢層の男性よりも若干高かった。出産時の合併症などが関係していると思われる。最近の研究から、考古学者が遺骨から死亡年齢を割り出すときに用いる方法が、実際の年齢よりもずっと低い数字になることが判明している。考えられているよりも、ずっと長生きだったのかもしれない。文献やルーン石碑から確執や戦争、事故などで若いうちに非業の死を遂げる男性は少なくなかったことがわかっている。ただし、遺骨に身体的な損傷の痕跡が残っていることは珍しい（もちろん、すべての致命傷が骨に痕跡を残すわけではないが）。

『ヘイムスクリングラ』（「世界の環」の意）
Heimskringla

　ノルウェー初期の諸王の歴史を綴った叙

事的サガ集。現存写本のいずれにもその名は記されていないが、アイスランドの詩人で首領の１人であったスノッリ・ストゥルルソンによって1220年代か1230年代初頭に書かれたものであることは明らかだ。この作品集の始まりのサガは『ユングリンガ・サガ』で、スウェーデンのユングリンガ王朝を通じることで異教神から伝説の時代の終わりまでの、ノルウェー王家の歴史をたどっている。『散文のエッダ』（→『エッダ』）におけるアプローチと同じく、スノッリはオージンをアジアからやって来てスカンディナヴィアに入植した人間の英雄として描き、魔法とルーン文字の知識によって偉大な統治者となったとしてい

る。続く15篇のサガは、ハールフダン黒王（9世紀半ば）と息子のハラルドル美髪王からマグヌス5世（1177年没）にいたるノルウェー諸王の歴史物語である。各サガの長さや細部は多種多様だが、すべてが巧みにまとめあげられて、全体がひとつの作品として成り立っている。『ヘイムスクリングラ』の3分の1を占めるのが『聖オーラヴのサガ』である。おそらく、もっともドラマティックで、登場人物の性格付けも説得力をもち、現実味のある心理描写に富む王のサガである。このサガでは、オーラヴル・ハラルズソンの生涯、若かりし頃のヴァイキングの遠征からノルウェーで権力を掌握し、暴力によるキリスト教の奨

スノッリ・ストゥルルソンの『ヘイムスクリングラ』の「ハラルドル美髪王のサガ」の写本のページ。14世紀初頭の『フリース写本』に含まれている。

励、1030年の**スティクレスタの戦い**での敗北と死が描かれている。そのほかの主要なサガとしては、**オーラヴ・トリュッグヴァソン**のサガ、**ハラルドル苛烈王**のサガ、**マグヌス善王**のサガ、ハラルドル美髪王のサガなどが含まれる。歴史をドラマティックに再現していることから、史料としての価値については大きな議論になってきた。スノッリは**スカルド詩**（70人以上のスカルド詩人の作品を引用している）、アリ・ソルギルスソンをはじめとする初期のアイスランド人歴史著述家たちの作品にくわえ、さまざまな歴史書や系図をおもに参考にしたと思われるが、現存するのはそのうちのごくわずかだ。『**ヘイムスクリングラ**』が描く歴史の史実としての限界にスノッリ自身もある程度は気づいていただろうが、現代の歴史学者の多くはスカルド詩の内容の信憑性にスノッリよりも懐疑的である。とはいえ、より公平に見るならば、初期の歴史上の王のほとんどの経歴については、スノッリ自身もスカルド詩以外の典拠をほとんどもっていなかった。スノッリは、同時代のほとんどの著述家のように、何かの出来事の適当な説明として人知を超えた力を持ち出すことは少なかった。人間の心理を読み解く深い洞察力に基づいた、スノッリの歴史的再現は、必ずしも歴史上正しくなくとも、いかにもあり得そうに思えるものである。スノッリの作品中、個々の資料と照らし合わせることができる場合、たとえば、1066年の**ハラルドル苛烈王**によるイングランド侵攻に関して、スノッリは大きく見れば正確だが、細かいところでは誤りも多い。とはいえ、多数の歴史伝承を

ひとつのまとまりとして紡ぎあげた彼の偉業が、『**ヘイムスクリングラ**』をもっとも印象的な中世の歴史文献のひとつとしている。『**ヘイムスクリングラ**』はノルウェーの歴史伝承の最大の宝庫であり、1380年の**デンマーク**との統合から1905年に**スウェーデン**から独立するまで、外国の支配下に置かれた何世紀もの間、ノルウェー人が国民としてのアイデンティティを維持するために重要な役割を担ったのである。

Heimskringla: History of Kings of Norway, trans. L. M. Hollander (Austin, Texas, 1964)；*Kings Harald's Saga: Harald Hardradi of Norway,* trans. M. Magnusson and H. Pálsson (Harmondsworth, 1966).

ヘイムダッル
Heimdall

北欧神話の神の1人で、神々の住む国**アースガルズル**につながる虹の橋ビフロストを守る見張り役を担う。ヘイムダッルは視力と聴力にすぐれていた。昼も夜もよく見え、草が育つ音まで聞こえた。急襲があった際には、ヘイムダッルは魔法の角笛ギャッラルホルン（「鳴り響く角笛」の意）を吹いて神々の目を覚まさせる。彼はこの角笛を世界樹**ユグドラシル**の根元に隠している。**ラグナロク**のとき、ヘイムダッルは**ロキ**と戦い、相打ちになる。

ベオッカ ［871-872年？没］
Beocca

サリー州にあるチャーツィー修道院の大修道院長。司祭エドル（あるいはヘゾル）と90人の修道士は、9世紀後半に異教徒

に殺害されたといわれている。その襲撃が、デーン人の**大軍勢**がロンドンで冬営した850年代と871-872年のどちらにおこなわれたのかは不明である。11世紀初頭には、ベオッカとエドルはともに聖人とみなされていた。チャーツィー修道院はヴァイキングの襲撃を切り抜けて9世紀末に繁栄した。

ヘゼビュー（ハイタブ）
Hedeby (Haithabu)

ヴァイキング時代のデンマークの交易中心地。今日のドイツのシュレスヴィヒ近くの、バルト海の小海峡であるシュライ湾（フィヨルド）の最奥に位置する港市。同時代のフランク王国の史料によると、808年にデンマーク王**グズローズル**が**レリク**の商人たちを「スリエス村」と呼ばれる場所に居住させた。**交易拠点**としてのヘゼビューの発展はこのときからはじまったと思われるが、このヴァイキング時代の**町**の中心から数百メートル南に行ったところに8世紀末には「南－入植地」（ドイツ語でSüdsiedlungと呼ばれている）が存在したという証拠もある。ヘゼビューには独自の**貨幣**鋳造所があった。知られているかぎりスカンディナヴィア最古の鋳造所である。そしておそらく税徴収所もあった。だが、その行政についてはほとんど知られていない。ヘゼビューでは金属・骨（→**枝角**、**骨**、**角**）・**琥珀**・ガラスの加工、陶芸、船舶の修繕をはじめ、さまざまな手工業が営まれていた。ヴァイキング時代のそのほかの多くの町と同じく、ヘゼビューの街路は板材で舗装さ

ヴァイキングの交易の中心地だったヘゼビューの遺跡。半円状に築かれた**防塁**がはっきりと見てとれる。

れていた。10世紀には、土と木材を用いた頑丈な塁壁が築かれ、**ダーネヴィアケ**の防塁とつながれた。また、港を守るための木材を積み上げた**海上障壁**も構築されていた。コルドバのユダヤ人商人アル＝タルトゥーシーが10世紀半ばにヘゼビューを訪れ、その記録を残している。彼は真水の井戸が多数あったと述べていて、遺跡発掘でも確認されている。しかし、貧しくごみごみした場所と感じ、その住民の歌を嫌った。それは「犬の吠え声よりもひどい」ものだっという。アル＝タルトゥーシーはまた、**教会**と小規模なキリスト教徒の共同体が存在したと記録している。10世紀初頭のヘゼビューはスウェーデンの**オーラヴル**の一門の支配下にあったが、10世紀の間にしばらくはドイツ人の支配に移る。11世紀に入ると2度の略奪を経験する。1050年に**ハラルドル苛烈王**、1066年に**ヴェンド人**の襲撃を受けた。1100年までにはヘゼビューはシュレスヴィヒにその座を明け渡し、放棄される。シュレスヴィヒのもっとも古い居住跡は1071年にさかのぼる。おそらく、その頃から使われはじめた、より喫水の深い商船が入りやすかったのだろう。最盛期のヘゼビューの人口は1000-1500人だった。

ペチェネグ人（パツィナク族）
Pechenegs (Patzinaks)

テュルク系遊牧民で9世紀にウクライナの草原地帯に移住した。ドニエプル川下流にある早瀬はかなりの難所で、その近辺で舟を陸にあげて運ぶルーシの商人に大きな脅威を与えた。**キエフ大公スヴァトス**

ラフ1世は972年、早瀬でペチェネグに襲撃されて命を落とした。11世紀の間は、東ローマ帝国やキエフ公国領内を襲撃するが、1090-1091年に東ローマ帝国に敗れたのち、歴史のなかにうずもれていく。

ヘル
Hel

北欧神話に登場する死の女神で、死者の国を治める者。彼女が住むその死者の国ニヴルヘイム（彼女にちなんでヘルとも呼ばれる）は、世界樹**ユグドラシル**の根のひとつである。ヘルは邪神**ロキ**と女巨人アングルボザとのあいだに生まれた娘で、腐敗しつつある死体のような外見をしている。

ベルゲン
Bergen

もともとはビョルグヴィンと呼ばれていた。1017年、ノルウェー西岸の複雑に入り組んだフィヨルド地帯に**オーラヴ3世**（**オーラヴル平和王**）によって創建された都市。1100年頃、港を管理するための城が建てられ、ほぼ同時期にベルゲンに司教座（→**司教区**）が置かれると、商業的、政治的な重要性が一気に高まった。12、13世紀はノルウェーの首都として、**イングランド**と**フランドル**に干し魚を輸出する主要拠点となった。14世紀に入ると、ドイツの**ハンザ同盟**がベルゲンでの**交易**を取りしきるようになる。その影響は18世紀まで続いた。ベルゲンは現在もノルウェー西岸でもっとも重要な港湾都市である。

ベルセルクル (「クマのシャツ」の意)
berserker

獰猛なヴァイキング戦士。戦いの前に忘我状態で憤怒の状態 (「berserksgangr」文字通りには「ベルセルクルにイッってしまう」の意) になることで、吠え廻ったり、楯に噛みついたりするようになり動物の強さと獰猛さを身に帯びる。彼らは鎧も着ず戦ったが、戦闘中は憤怒から傷の痛みを感じなかったという。自分の特別な力は主神オージンからの授かりものだと彼らは信じていた。ベルセルクルは**アイスランド**のサガにたびたび登場する。その多くは無法者や暴れん坊の近衛兵で、なかには超自然的な力を備えている者もいた。**サガ**に出てくるベルセルクルは、英雄がみずからの力をしめすための格好の敵である。彼らはつねに危険で、怒りを抑えきれない状態であることが多かった。**『エギルのサガ』**には、エギルの父親のベルセルクルが、ボール競技で興奮しすぎて下女を殺し、あやうく息子まで殺しそうになってようやく落ち着いたという話が出てくる。事実、12世紀のアイスランドの**法典**『グラーガース』では、「ベルセルクルの憤怒」を帯びた者は治安を脅かす存在として追放とされた。

ベルセルクルの起源はおそらく、ゲルマン人の先史時代に見つかる。berserkrという言葉が最初に使われたのが、9世紀後半の鴉(ホルンクローヴィ)のソルビョルンの詩『ハラルドルの歌』で、ベルセルクルたちの精兵部隊が**ハラルドル美髪王**に仕えるさまを叙述している。だが別の詩では、ソルビョルンはベルセルクルをウールヴヘジン (「狼の皮」の意) と同一視している。8世紀のドイツの文献に現われる「狼の皮」(ウォルフヘテ) と呼ばれる戦士たちも同じかもしれない。また、6-7世紀にさかのぼる、**スウェーデン**とドイツで発見された金属細工の装飾にほどこされた動物の皮をまとった戦士にもベルセルクルが表現されている。1世紀のローマの著述家タキトゥスは著書『ゲルマーニア』のなかで、同様の狂信的な風習をもつ、いろいろな精鋭の戦士集団の存在に言及している。彼らがベルセルクルの原型かもしれない。ベルセルクルは、動物の皮をまとった戦士というだけでなく、姿を変える者として描かれることもあった。『フロールヴル・

怒りに満ち、楯に噛みつくベルセルクル。ルイス島のチェス駒より。

クラキのサガ』では、戦士ビャルキはクマの姿で戦い、そのあいだ人間の彼は眠っている。

ヘルモーズル
Hermod（古北欧語 Hermóðr）

北欧神話に出てくる主神オージンの息子。オージンの8本脚の神馬スレイプニルに乗ってヘルのもとへ行き、兄のバルドルを死から解き放ってもらえるように頼んだ。ロキの奸計によって兄を復活させることはできなかったが、バルドルとともに火葬で焼かれた魔法の腕輪ドラウプニルをオージンのもとに持ちかえった。

ヘルヨー
Helgö

スウェーデンのメーラレン湖にある島で、400-800年頃に交易地、また工芸品の生産地として人々が暮らしていた。金箔細工の人形——似たような金箔細工がデンマークのグズメやソーテ・ムッルなどの信仰の地だった遺跡からも出土している——が見つかっていることから、この小島も異教の信仰の拠点として祝祭の時期には市が立つような場所であったのではないかと考えられる（ヘルヨーの名は「聖なる島」を意味する）。スウェーデンには、これほど多くの交易の証拠と手工芸品が残る遺跡はほかにない。宝飾品の製作はとくに重要な活動だった。青銅のブローチを鋳造するのに使われた、何千という数の鋳型の

6世紀か7世紀にインド北部でつくられた仏像。ヘルヨーより出土。

ヘルヨー、青銅鋳造の作業場より見つかった粘土の鋳型の破片。

破片が発見されている。鉄製品の製造もおこなわれていた。ヘルヨーの常住人口は少なく、彼らは農業を営んでいた。5、6世紀のローマ金貨の埋蔵宝が見つかっており、当時のヘルヨーが、おそらく毛皮の市場として**地中海**の人びとと交流していたことを示唆している。7、8世紀の層からはより異国趣味あふれる物品が見られるようになり、**アイルランド製の青銅製の司教の牧杖**やインドでつくられた仏像などが出土している。近隣の**ビルカ**の繁栄にともない、ヘルヨーは800年頃に放棄された。

帆
sails

ヴァイキングの帆船は、同時期の北ヨーロッパで使用されていた帆船のほとんどと同じく、1枚の正方形の帆を使って航行するものであった。ヴァイキング時代の帆の断片が、ノルウェーの**オーセベリとゴクス**タの船葬墓から見つかっている。それらの帆は毛織物でできていて、索具のロープはリンデンの樹の靭皮やセイウチの皮でつくられていた。スカンディナヴィアの船乗りが帆を使うようになった時期については意見の分かれるところで、現在も議論が続いている。5世紀のガロ・ローマン貴族シドニウス・アポリナリスの書簡に、サクソン人が帆船を使用していたという記述が見られる。サクソン人はゲルマン系民族でデンマーク南部の国境周辺に住んでいた。スカンディナヴィアで帆が使われた最古の証拠は、バルト海に浮かぶ**ゴットランド島**の7-8世紀の**絵画石碑**に見つかる。石碑に描かれた絵画には、ちょうど新しい技術を取り入れるときによくあるように、さまざまな索具装備が試されたことがみてとれる。また、ユラン半島のカールビューで帆船が彫られた小石が発見されている。その小石のあった周囲に年代を特定できるもの

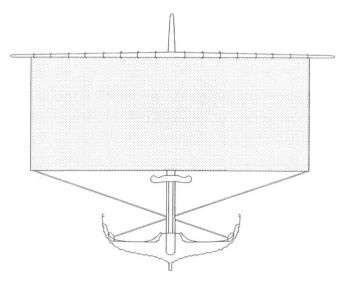

ヴァイキングの帆船は1枚の「正方形」の帆を揚げていた。

はなかったが、小石に刻まれていた動物をかたどった装飾の様式から7世紀のものではないかと考えられている。デンマークのニューダムで発見された4世紀の艫舵（ともかじ）は帆走に適したつくりになっていたが、完全な帆船としてスカンディナヴィアで知られている最古の船は850年頃につくられたオーセベリ船で、15対のオールがついていた。帆だけで推進力を得ていたスカンディナヴィアの船でもっとも古いのは、10世紀後半のエスケシェール船とクロースタ船である。船と造船も参照。

法
laws

　ヴァイキング時代のスカンディナヴィア人は、国外では通ったあとに破壊と混乱を残していくことが多かったが、自国では秩序ある社会づくりに関心を持っていた。残念ながら、ヴァイキング時代のスカンディナヴィアの法制度についてはほぼ知られていないに等しい。その法典は12世紀まで文書化されなかった。のちの時代につくられた法典にはヴァイキング時代にさかのぼる法律が多数含まれているのはたしかだが、その特定は容易ではない。確実に言えるのは、ヴァイキング時代のスカンディナヴィア諸国ならびに海外のヴァイキング入植地の法律は、自由民の集会である地域のシング（民会）の手続きに基づいていた。そのため地域によってかなりのばらつきが見られる。たとえば、ノルウェーは法的に4つの地域グーラシング（西部）、フロスタシング（トロンデラーグ）、エイズシーヴァシング（東部）、ボルガシング（南部）に区分され、地域ごとに独自の立法集会と法があった。また、初期のノルウェーの町は『ビルカ島の法』と呼ばれるそれぞれの法律を有していた。同様に、ユラン半島とデンマークの主要な島々も独自の法を持ち、スウェーデンの諸地域でも同様だった。アイスランドの法はノルウェーのグーラシングの法を範としていた。これは、930年頃にウールヴリョートルがアルシングの最初の集会で導入したものである。シングの集会で承認された法律は、記憶され、口述で伝えられていく。アイスランドの「法律家」（ローグメン）のように、法律に詳しい者は王や首長の助言者として重宝された。立法と裁判は公の場でおこなわれ、すべての自由民は法に頼る等しい権利を持っていた。

　判決を受けることと、刑を執行することは別問題だった。主としてその責任は訴訟当事者にあったためだ。ふつうの農民にとっては、首長などの有力者の援助がなければとうてい無理な話だった。ヴァイキング時代末期に王権が成長すると、はじめて変化が訪れる。通常、法によって課せられる罰則は金銭的なものだった。スカンディナヴィアのどの国でも、きわめて複雑で多岐にわたる法のなかで殺人や傷害における賠償金（マンベートル）の支払いを規定していた。賠償額は罪の軽重によって決まっていて、アイスランドをのぞいては被害者の身分によっても変わった。盗みをはたらいた者はたいてい絞首刑になった。盗人は貧しすぎて賠償金を支払えないとみなされていた。裁判における最高刑は追放だった。判決の受け入れや賠償金の支払いを拒んだ者に対する刑罰

法 311

アイスランドの法書『グラーガース』。殺人についての章。

ノルウェーのグーラシングの法の断片。

で、法の庇護の外に置かれるため、追放された者が生き延びるいちばんのチャンスは亡命だった。スカンディナヴィアのあらゆる国に、名誉を汚されたとして法の裁きではなく決闘で解決した例が存在する。たとえば863年、フランク王国のヴァイキングの首長ヴォルンドルは背信の罪に問われ、決闘で殺害されている。アイスランドでは、こうした決闘は「ホールムガンガ」（「島に行く」の意）と呼ばれていた。たいてい島でおこなわれたからだ。この慣習は能力のある戦士によく悪用された。デンマークでは神明裁判も知られていた。

中世の著述家サクソ・グラマティクスやスノッリ・ストゥルルソンらは、デンマークやノルウェーの初期の王による法の制定について言及している。しかし、11世紀以前に王室による立法の証拠は見つかっていない。クヌートル（在位1019-1035年）がその親衛隊のために法典を導入したのが最初だとされる。クヌートル2世（在位1080-1086年）は、同時代のフランスなどでおこなわれていた「神の平和」運動に触発され、国内の安定を確保するために法律を導入した。デンマーク法の体系的な法典化がはじまったのは12世紀後半になってからだった。ノルウェー王オーラヴル・ハラルズソン（在位1016-1028年）は、ノルウェーのグーラシングとフロスタシングの法を改正したと考えられているが、ここでも12世紀以前に体系的な法典は存在しなかった。スウェーデンについてははっきりしない。スカンディナヴィアの王による法令の発布は、地域の議会で承認されてはじめておこなわれた。アイスランドの法が最初に記録されるのは1117-1118年のことである。初期のアイスランド法に関するもっとも重要な法集成『グラーガース』（「灰色のガチョウ」の意）は13世紀半ばにまとめられた。

法外追放
outlawry

ヴァイキング時代のスカンディナヴィアでは、自由民への刑罰として法廷が身体的な罰則を科すことはほとんどなかった。泥棒が絞首刑になることもあったが、殺人を含めたほとんどの犯罪の処罰は金銭的なものだった。支払うべき身代金の額は法律で定められていて、損傷の重症度、被害者の社会的地位によって異なった。身代金の支払いを拒めば、法外追放となった。ノルウェーとゴットランド島では、身代金を支払う意思があっても法外追放になる可能性があった。被害者には名誉を守るために身代金を拒否する権利があったためだ。法外追放は文字どおり、罪人を法の保護の外へ置くものだった。つまり、もし誰かに殺されても、殺した者が処罰を受けることはなかったのである。

法外追放には2種類あった。「小追放」は身代金の支払いと、追放者はいくらかの法的権利を保つ追放を合わせるものだった。アイスランドでは、追放者がその命の身代金を支払えば（通常は重い銀の指輪だった）、法外追放は期限つきの3年だった。3年の間に、特定の場所で法による保護を受けながら、国を離れる準備を整える。だが、3年以内に国を出ることができなかった小追放者は「完全追放」を宣告さ

れる。これは生涯追放の身となり、社会から完全に拒絶されることを意味した。追放者に食べ物を与えたり、かくまったりすることは違法だった。どのような形でも追放者を助けた者は罪に問われた。国外に脱出しても安全ではなかった。追放者はすべての財産を没収され、その子供は庶子とされ、あらゆる相続権を失った。完全追放者が「森の人」と呼ばれたことからも、追放者が放浪の身に落とされる、この制度の性質がよくわかる。完全追放者が許されることはなかった。ただし、スカンディナヴィアの君主国では、国王は恩赦を与えられる権利を持っていた。デンマークでは、殺人の罪で追放された者は犠牲者の家族の同意があった場合にのみ許された。アイスランドでは、別の追放者を殺害することで減刑される場合もあった。これは追放者のあいだに不信感をつくりだし、彼らの結束を妨げる、よく計算された方法だった。

宝飾品
jewelry

　ヴァイキング時代のスカンディナヴィアの宝飾品に関する知識は、ほとんどが副葬品と埋蔵宝から得られたものである。1000年頃のキリスト教改宗以後は、墓に装飾品が置かれることがなくなったため、ヴァイキング時代初期の宝飾品のほうが、後期のものよりも種類などがよく知られている。通常、宝飾品はその装飾の美術様式をもとに年代を割り出す。

　ヴァイキング時代のスカンディナヴィアでは、男女を問わず宝飾品をつけていた。今日と同じく、宝石は装飾品で、富をしめ

す手段でもあった。と同時に、実用的な目的でも用いられた。持ち運びしやすい財産で、取引の手段であり、友情や同盟のしるしでもあった。もっと日常的なレベルでは、外套や衣服、ベルトを留めるのに使われた。もっとも高級な宝飾品には黄金が使われたが、スカンディナヴィアでは金はとても貴重だったため、宝飾品の多くは銀か青銅にメッキをほどこして金のように見せていた。金や銀の宝飾品はきわめて熟練した職人が裕福な顧客のために個人的につくられた。基本となるデザインは、金や銀の薄板を金型でプレスして細部に金銀線細工をほどこしたものだった。より安価な青銅の宝飾品は原型となる粘土の鋳型から大量に鋳造された。彩色ガラスのビーズ製品も量産され、ネックレスやペンダントに使われた。ビーズは琥珀や半貴石のものもあり、珍しいものでは金や銀の場合もあった。

　もっとも一般的だったのが女性用の青銅製の卵形ブローチだった（ほかの金属でつくられることはなかった）。裕福な女性の日用かつ実用品となる装身具で、片方の肩につけてエプロンドレスを留めるのに使われた。フィンランドでは同じ用途で円板型のブローチが用いられ、こちらはさまざまな金属でつくられていた。ゴットランド島では獣頭のブローチが使用されていた。11世紀半ばには、ウルネス様式の繊細な透かし細工をほどこしたブローチとロゼット紋様のブローチが人気となった。腕や首につける銀製の輪もよく見られる宝飾品だった。その多くはアラブの銀貨を溶かして製作されていた。かなり簡素で、標準的な重さになるようにつくられていた。その価

値を評価しやすいからだ。アラブの著述家イブン・ファドラーンは、920年代にヴォルガ川で出会ったヴァイキング商人が自分たちの裕福さを誇示するために妻への装飾品をつくらせていた、と述べている。ソール神の槌などの**異教**のシンボルをペンダントとして身に着けるのは、護符や幸運のお守りの役割があったのだろう。**キリスト教**の導入後、こうしたシンボルは十字架のペンダントに代わっていく。ペンダントは首からかけるよりも、ブローチにつけることが多かった。指輪はヴァイキング時代後期になるまでめったにつけられず、イヤリングはほぼ知られていない。

スカンディナヴィアの宝飾品には、外国からの影響はそれほど見られない。三つ葉のブローチはフランク王国の剣帯用のベルト部分のスタイルを取り入れたもので、9世紀に女性用の外套を留めるブローチとして人気を博した。男性も外套を留めるのに準環状のブローチをよく用いた。これらのブローチは右肩にピンを上向きにして留める。ヘブリディーズ諸島のヴァイキング入植者からスコットランド、アイルランドにもたらされ、その後スカンディナヴィアとロシアで流行した。ゴットランド島では、スラヴの宝飾品を模したものがつくられた。ヴァイキングが遠征で略奪した宝飾品は、ほぼすべてが溶かされてスカンディナヴィア様式の装身具につくりかえられた。数は少ないが、装飾をほどこした書籍の飾り金具や金属細工品がブローチに加工された例もある。ガラス製のビーズのネックレスは海外の硬貨や指輪といった珍しい品を

右回りに：
青銅の卵形ブローチ。ヴァイキングの女性の宝飾品としてもっともよく見られる。
女性のネックレス。ガラス製ビーズ、半貴石、硬貨などの装飾品からつくられている。
銀製の準環状ブローチ。コートを留めるのに使われた。腕や首につける輪。オークニー諸島のスカイル出土。

ホグバック　315

入れてつくられることが多かった。スラヴ
の首輪は**スウェーデン**で腕輪に加工され、
貨幣代わりに使われた。

法の宣言者
Lawspeaker（古北欧語 Lögsögumaðr）

　アイスランドの**アルシング**の議長。アイ
スランド共和国の唯一の公職だった。再選
も可能として任期は 3 年で、前任の法の宣
言者がアルシングの開会の宣言をした直後
に新たな議長が選出された。いちばん任期
が長かったのはスカプティ・ソーロッズソ
ンで、1004 年から 1030 年にわたって 27
回の夏の会期に法の宣言者をつとめた。法
の宣言者のもっとも重要な任務は、ローグ
レッタ（立法審議会）の監修のもと、「法
律の岩」から**アイスランド**の**法**を朗誦する
ことだった。1117-1118 年にアイスラン
ドの法が成文化されるまで、これは暗誦に
よっておこなわれていた。法の宣言者はそ
の 3 年の任期のあいだに、1 年に法典の 3
分の 1 ずつを暗誦する。必要なら、その
前に 5 人かそれ以上の法律家（法の大家）
に助言を求めることができた。法の宣言者
に行政上の権限はなかったが、彼が座長を
つとめるローグレッタで投票権を持つこと
ができた。職務の報酬として、法の宣言者
には 1 年に手織りの布 200 エルが支払わ
れた（1 エルは約 112 センチ、または 45
インチに相当）。さらに法廷で徴収された
罰金の割り当てもあった。法の宣言者とい
う職位は 930 年頃に開催された第 1 回の
アルシングで制定された。**ノルウェー**にそ
れまでに同様の機能があったという証拠は
見つかっていないため、法の宣言者はアイ

スランド特有の制度だと考えられている。
法の宣言者は 1271 年、ノルウェーへの併
合後に廃止された。

ホグバック
hogbacks

　ヴァイキングのロングハウスに似た形に
彫刻をほどこした石で、10 世紀前半にイ
ングランド北部のスカンディナヴィア人居
住地域を発祥の地として、のちに**スコット
ランド**にも広がった。また、**ウェールズ**
と**アイルランド**にも 1 例ずつ残っている。
スカンディナヴィアにその先例は確認され
ていない。おそらく**アングロ・サクソン**の
彫刻をほどこした石造りの聖骨容器や家型
聖遺物箱から着想を得たのではないだろう
か。ホグバックには動物や組紐紋様、人の
姿、上部は屋根瓦に似た札のような紋様
でふんだんに装飾されている。多くのホグ
バックの両端には内側を向いた大きな野獣
が彫られている。**イェリング**様式の装飾が
広く見られることから、ホグバックのほと
んどは 10 世紀末以前に彫刻されたと思わ
れる。唯一の例外が、スコットランド東部
のブレヒンのもので、様式から 11 世紀に
つくられたと考えられている。初期のホグ
バックのなかには**異教**の影像も見られる
が、教会の境内から発見されているという
事実から、それらの遺物がキリスト教に改
宗した裕福なスカンディナヴィア人入植者
のためにつくられたものだということが示
唆される。おそらく地元の彫刻家が、北欧
から来た新しい統治者やパトロンの好む**美
術様式**を取り入れたのかもしれない。一般
的にはホグバックは墓石だとされるが、確

316　ホグバック

ホグバック型の墓石。左右の両端を1頭のクマが支えている。ノースヨークシャーのイングルビー・アーンクリフより出土。

屋根瓦の紋様が刻まれたホグバック型の墓石。パースシャーのメイグルで発見された。

実ではない。というのもホグバックがあった場所には、墓などなかったためである。もちろん、最初にホグバックが見つかったとき既にもともとあった場所になかったという可能性も高い。少なくとも、複合的に記念碑の一部を構成する、両端に石の十字架のついたホグバックもいくつか発見されている。

R. N. Bailey, *Viking Age Sculputure in Northern England* (London, 1980).

ホズル
Hoder（古北欧語 Hoðr）

　北欧神話に登場する、主神オージンの息子で、盲目の、夜の神。まだ幼かったヤドリギを除くあらゆるものがバルドルを傷つけないことを誓ったというので、神々が戯れにバルドルに物を投げていたとき、邪神ロキから渡されたヤドリギのとがった枝を知らずに投げてしまったホズルは、兄であり、美しく、皆から慕われていたバルドルを殺してしまう。バルドルの死の報いとして、裁定の神ヴァーリにホズルは殺される。ホズルとバルドルは、**ラグナロク**のあとに死から復活する。

ボッレ
Borre

　ヴァイキング時代の主要な墓地。ヴェストフォル県オーセベリの北にあり、伝統的にノルウェー王家と結びついていると考えられた。ヴァイキング時代初期にさかのぼる９つの大きな——最大で直径50メートル——墳丘墓を含み、スカンディナヴィアで墳丘墓が集中している最大の地域である。19世紀に、墓掘り人らがある墳丘墓から船を発見し、豊かな副葬品も見つかった。そのなかには、青銅に金箔をほどこした 900 年頃の武具飾りもあった。こうした墳丘墓の大きさと副葬品の豊富さは、ハラルドル美髪王が王位を得る前の世紀にヴェストフォルの諸王の権力が増大しつつあったことを象徴している。

ボートハウス
boathouses

　北ヨーロッパでは、冬になると小舟や船を岸にあげる習慣があった。ほとんどの地域では、ナウストと呼ばれる屋外にある船をかたどったくぼみにそのまま置いていた。だが、ノルウェー西部および北部でローマ鉄器時代から中世後期までのものとみなされる 150 以上のボートハウスが見つかっている。その大半は小さく、長さ 10 メートルに満たない。農夫が漁船をしまうのに使われていたのだろう。だが 20-35 メートルのものも多く、これらは明らかにロングシップを格納するためのものだった。このように、ヴァイキング時代のボートハウスの大きさと形は、**オーセベリ**や**ゴクスタ**で見つかった船など現在まで残った船と密接な相関関係がある。このことから、逆にオーセベリ船やゴクスタ船が、この時代のその地域で使われていた船の典型ということもわかる。**デンマーク、スウェーデン**では、ヴァイキング時代のボートハウスはほとんど見つかっていない。デンマークで可能性があるとしたら、リムフィヨルドのハーレヴィーとセイェロー島である。デンマークとスウェーデンではボートハウス

ノルウェー、ローガラン県、レンネソイ市、ノルボーにあるボートハウスの遺構。

はあまり使用されていなかったのかもしれない。あるいは、ノルウェーのボートハウスとちがって、特徴的な石と芝生でできた支持壁をもたなかったために発見が難しいのかもしれない。そのほか、オークニー諸島のラウゼイ島のウェストネスでもボートハウスが発掘されている。

B. Myhre, 'Boathouses and naval organization', in A. Norgard Jorgensen and B. L. Clausen (eds), *Military Aspects of Scandinavian Society in a European Perspective, AD 1-1300* (Copenhagen, 1997).

ポートランド
Portland

『アングロ・サクソン年代記』によると、イングランドで最初にヴァイキングに襲撃された場所。アルフレッド大王のもとで太守（エアルドルマン）だったエゼルウェアルドの書いたラテン語の年代記にもこの来襲は記録されている。ノルウェーのホルダランから来た「北方人」の3隻の船が、現在のドーセット、当時のウェセックス王国のポートランドに到着した。彼らを商人と信じた代官ベアドゥヘアルドは近くのドーチェスターにある王室の館へ行くように指示する。しかし、このために自分の部下たちとともに殺害されたのである。残念ながら、年代記には襲

撃のあった日付は書かれていない。789年の項に記録されてはいるものの、ベオルフトリチ（在位786-802年）の治世のあいだに起きた事件としか、年代記は言っていない。『アングロ・サクソン年代記』のこの部分は、同時代の記録ではない——1世紀後のアルフレッド大王の治世下に書かれた——したがって、793年のリンディスファーンの襲撃に先行する事件にして、ヴァイキングとの戦いではウェセックスが常に主導的な役割を担っていたことを強調した可能性もある。とはいえ、マーシア王オッファがケントの教会に与えた792年の特許状ののちの写本には、「異教徒に対する」兵役義務への言及があり、リンディスファーン襲撃より早くにイングランドの沿岸地域ではヴァイキング襲来がすでに問題になっていたことをうかがわせる。ポートランドは840年にふたたびヴァイキングの襲撃を受けている。

骨なしイーヴァル
Ivar the Boneless

　有名だが半伝説的なヴァイキング。12-13世紀のデンマークとアイスランドの資料により知られている。歴史上の人物としての特定は難しい。もちろんその理由のひとつは、彼の父親とされるラグナル・ロズブロークが歴史上の人物ではなく伝説的存在とみなされることが多いためだ。いちばん可能性が高い候補者は、860年代にイングランドに侵攻したデーン人の大軍勢の統率者であるイーヴァルだ。だが彼にしても可能性は低いが、ダブリンのノルウェー系の王イーヴァル1世（在位871年

頃-873年）と同一視されることもある。1140年代にはすでに使われていた「骨なし」という変わった添え名は9世紀の言い伝えに由来すると思われ、それによるとパリに近いサン=ジェルマン修道院を略奪したひとりのヴァイキングは、その聖所侵犯のために骨が縮み、ついには死んでしまったという。

ホリック1世 [854年没]
Horik

　デンマーク王（在位813-854年）。グズローズル王の息子のひとり。ホリックと3人の兄弟は813年、ハラルドル・クラックとラグンフロズル、ヘミングルの兄弟をデンマークから追放して権力を掌握する。フランク王国からの圧力が高まり、ホリックら兄弟は819年にハラルドルを共同統治者として帰国させる。が、その関係も破綻し、ふたたび827年にハラルドルを追放する。830年代までには、ホリック以外のグズローズルの息子たちは亡くなり、ホリックがデンマークを単独で統治していたようである。827年以降、フランク王国の皇帝ルイ敬虔王（けいけんおう）との関係は緊迫したものになっていた。ホリックはルイを刺激しないように注意して、836年と838年には、フランク王国を襲撃したヴァイキングの首長らを処刑までしている。840年のルイ敬虔王の没後生じた内戦の結果、ホリックはフランク王国により強硬な態度に出ることができるようになった。彼は大規模な艦隊を送り、845年にハンブルクを略奪、火を放った。847年に皇帝ロタール1世とその兄弟ルートヴィヒ2世、シャルル禿頭（とくとう）

王が、ホリックに家来がフランク王国を襲
撃するのをとめるよう要求したが、ホリッ
クはこれを無視した。にもかかわらず、彼
は聖アンスガルの布教活動は容認してい
た。キリスト教に多大な関心をしめしてい
たと言われているが、ホリック自身が改宗
することはなかった。850年、ホリックは
２人の甥と王国を分けあうことを余儀な
くされる。これが別の甥のグズルムが854
年に亡命先から帰国し、王国の割譲を求め
る原因となったと思われる。グズルムは追
放されていたあいだ、海賊行為で財産を築
き、大軍を率いてきた。激しい内戦が勃発
し、ホリックと彼の甥たちをはじめ、王族
のほとんどが死んだ。その後１世紀にわ
たり、デンマークが安定を取り戻すことは
なかった。

ボルグ
Borg

　ノルウェー、ロフォーテン諸島のヴェス
トヴォーグ島にあるヴァイキング時代初
期（8-9世紀）の族長の農場。長さ80メ
ートルの居館は見晴らしのよい小山に建て
られ、周辺の農地を一望でき、海にもすぐ
行ける。代々の農場主は金銀製品を所有
し、ラインラントでつくられた陶器やグラ
ス（→ガラス）、水差しも持っていた。近
くには民会のための屋外集会場の遺跡と大
きなボートハウスがある。奉納された金の
銘板が見つかっていることから、ボルグは
信仰の中心地であったと考えられる。一家
（→家族）はおもに農業と漁業で生計を立
てていたが、文献からこの地域の首長らが
ひんぱんに北極圏のサーメの人々と交易し

たり、彼らを襲撃していたことがわかって
いる。

ホルゲア・ダンスケ（デーン人ホルガー、オジエ・ド・ダヌマルシュ、デンマークのオジエ）
Holger Danske (Holger the Dane, Ogire de Danemarche)

　伝説上の英雄。デンマークの民間伝承に
よると、ホルゲアはヘルシノアのクロンボ
ー城（『ハムレット』の舞台となったエル
シノア城）のダンジョンの奥深くで、ある
いは、国中に数えきれないくらいある先史
時代の古墳のどこかで眠っているという。
デンマークにひどい苦しみが襲ったとき、
そして少年と老人だけが残されたとき、ホ
ルゲアは目を覚ましてデーン人を率いて戦
うとされている。ホルゲアの伝説は古代ス
カンディナヴィアの言い伝えではなく、中
世フランスの武勲詩（シャンソン・ド・ジェステ）と呼ばれる叙事
詩にその起源をたどることができる。オジ
エ——フランス語ではそう呼ばれる——は
武勲詩のなかでデンマーク王ゴーフリー
（グズローズル）の息子とされる。彼はカ
ール大帝の宮廷でキリスト教徒として育
ち、立派な戦士に成長してサラセン人に
数々の敗北を負わせた。最後に、妖精モル
ガナに魔法をかけられたオジエはアヴァロ
ンに連れていかれ、アーサー王と一緒に住
む。オジエの原型となった歴史上の人物は
おそらくアウトカリウスかオトゲールで、
カール大帝の弟で771年に亡くなったカ
ールマンの臣下だったと思われる。オジエ
の姓の「ド・ダヌマルシュ」はデンマーク
ではなく、アルデンヌの国境地帯（マルシュ）に由来す

るとも考えられている。フランスの武勲詩に由来するオジエの物語はアイスランド、カスティーリャ、カタルーニャ、イタリアの民間伝承に見られる。

デンマークの国民的英雄ホルゲア・ダンスケの像。ペダーセン＝デン作。クロンボー城の地下牢に設置されている。

ポン・ド・ラルシュ
Pont de l'Arche

　ルーアンから上流に位置するピトル近くにフランク人が築いた要塞橋。セーヌ川から侵攻してくるヴァイキングの船団（→艦隊）を食い止めるのが目的だった。シャルル禿頭王はこの橋の建設を862年に命じたが、工事は遅れ、未完成のまま865年にヴァイキングに占拠された。橋が完成したのは870年になってからである。この橋は木でつくられていて、両端にある砦に守備隊が駐屯していたと考えられている。北岸の砦の発掘から、基部の土塁が石造りの擁壁によって強化されていて、上部には木の矢来が設けられていたことがわかった。土塁の外側は木製の大釘が突き出た逆茂木がずらりと並んで守られていた。橋の完成から15年間、セーヌ川上流がヴァイキングの襲撃を受けることはなかった。しかし885年、デーン人の大船団が川をのぼるのは阻止することはできず、ヴァイキングはパリを包囲した。発掘調査から、防御施設はこの頃に焼き払われていることがわかっている。おそらくヴァイキングに攻撃されたのだろう。シャルルはこのほかにも、オワーズ川のオーヴェル、マルヌ川のシャラントンとイスル＝レ＝ヴィレノア、ロワール川のレ・ポン＝ド＝セにも同様の橋を築いた。

ボーンホルム島
Bornholm

　バルト海にあるデンマークの島。ボーンホルム島はゲルマン鉄器時代（400-800年）の初期に栄えた。おそらく、バルト海の海上交通路を支配していたのだろう。だが、鉄器時代が終わるころには衰退していた。南岸のソーテ・ムッルが市場、手工業、信仰の中心地であり、鉄器時代を通して島を支配していた族長の拠点だったと思われる。ボーンホルム島はなかなかデンマーク王国に組み込まれなかった。890年頃でもボーンホルムはいまだに自分たちの王を戴き、11世紀後半になっても異教信仰がさかんだった。バルト海南岸に向いて突出した立地から、ヴァイキング時代後期には

ヴェンド人の海賊の襲撃にひどく苦しめられた。12世紀になると、厳重に要塞化された教会が避難所としての役目も担った。

ボーンホルム島のエスターラースにある要塞化された教会。屋根はあとからつけくわえられた。当初、上部には銃眼が設けられていた。

ま行

埋葬習慣
burial customs

　ヴァイキング時代の初期、スカンディナヴィア全土で死者は火葬するのが一般的だった。死者は普段着で木の薪の山に置かれ、死後の世界で使うための副葬品と一緒に焼かれた。火葬後の遺骨は地面にばらまくか、陶器の骨壺に入れて埋めた。墓は石塚や墳丘、または石を船の形に並べたものだった。副葬品の量と質（副葬品もなく埋葬される者もいた）と、石塚や墳丘墓の大きさは亡くなった人の社会的地位によって決まった。副葬品が、儀式の上で「殺される」こともあった。たとえば、剣は曲げられ、調度品は壊された。9世紀に入ると、デンマーク、ゴットランド島、スウェーデンのビルカで埋葬がおこなわれるようになる。裕福な者は、木製のしきりで囲われた穴に埋葬された。これは室棺墓として知られる。遺体は衣服をきちんと着て横たえられ、副葬品に取り囲まれた。馬やさらには人の生贄もあった。922年頃にロシアを訪れたアラブの著述家イブン・ルステエは、夫が死ぬとその妻が生きたまま一緒に埋葬され

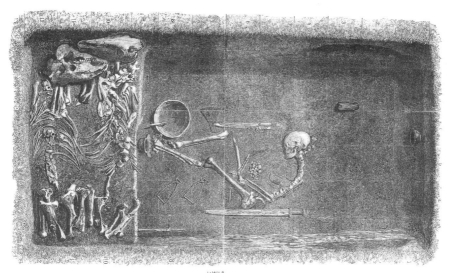

スウェーデン、ビルカの裕福な兵士の墓。武器や生贄の馬が副葬されていた。

ることもあったと記している。庶民は樺の樹皮でできた埋葬着にくるんで埋められるか、簡素な木棺に、副葬品として明らかな身の周りの品々、たとえば使い古した家庭用品や古い宝飾品と一緒に入れられた。火葬の場合と同じく、墓は墳丘か石塚だった。ヴァイキング時代のもっとも有名な埋葬墓は、王族や貴族の船葬墓だろう。埋葬の場合もあれば、火葬の場合もあり、ほかの埋葬と同じく墳丘墓あるいは石塚である。埋葬される船が宗教上の特別な重要性をもっていたかどうかについては議論が続いている。**異教の埋葬習慣**は11世紀初頭には消滅し、キリスト教の埋葬の習慣がとってかわり、副葬品はなくなった。

　さまざまな文献から、埋葬の前には入り組んだ儀式がおこなわれたことがわかっている。10世紀のアラブの著述家イブン・ファドラーンは、ヴォルガ川沿いに住むルーシの族長の葬式を目撃し、その儀式を描写している。葬式は数日にわたって続き、最後は男性の親族がひとりの奴隷の少女と儀式的な性交をおこなう。彼女はその後、生贄として主人とともに火葬される。通常、遺骸は慎重に扱われた。敬意を払われなかった死者は、戻ってきて生者の前にあらわれると信じられていた。**異教**も参照。

マグヌス・エルレンズソン（聖マグヌス）[1075年頃-1117年]

Magnus Erlendsson（St Magnus）

　オークニーのヤール（在位1104-1107年）。オークニーのヤール、エルレンドル（在位1064-1093年）の息子。1098年に**マグヌス裸足王**がヘブリディーズ諸島とア

イリッシュ海を略奪した遠征軍にくわわる。だが、アングルシー島でノルマン人との戦闘に参加するのを拒んだために王の反感を買う。彼らと争うつもりはないというのがその理由だった（戦闘中はずっと讃美歌を詠唱していたと言われている）。その後、王がオークニー諸島へ戻るときに船から飛び降りて、**スコットランド王マルコム3世**につかえた。1103年にマグヌス王が殺害されるとオークニー諸島へ戻り、いとこのハーコン・パウルソンから領地の半分を与えられる。が、両者のあいだに緊張が高まるのに時間はかからなかった。1117年のイースターの少し前に、ハーコンは和平交渉を理由にマグヌスをエギルセイ島に誘い出して殺害した。マグヌスはバーセイに埋葬されるが、すぐに墓前での奇跡が報告される。その後、いとこのオークニーのヤール、ログンヴァルドル・カーリがカークウォールに建立した壮大な大聖堂にマグヌスの遺骸を移した。

マグヌス善王（マグヌス・オラフソン、マグヌス1世）[1024-1047年]

Magnus the Good（Magnus Olafsson, Magnus I）

　ノルウェー王（在位1035-1047年）、デンマーク王（在位1042-1047年）。オーラヴル・ハラルズソン王の庶子。4歳のときにクヌートルに追放された父親に同行してロシアへ亡命する。クヌートルが死去した1035年か、その少し前にノルウェーでクヌートルの息子スヴェイン・エルフイヴソンに対する反乱が生じ、マグヌスが亡命先から呼び戻される。翌年、デンマークにおけるクヌートルの後継者ハルザクヌー

トルはマグヌスをノルウェー王と認め、どちらかが亡くなった場合は残ったほうがデンマークとノルウェーを統治することに合意した。そのため、ハルザクヌートルが1042年に死去したとき、マグヌスがデンマーク王になり、クヌートルのいとこの**スヴェイン・エストリズソン**を摂政に任命した。すぐさまスヴェインが反乱を起こすが、**デーン人**のほとんどはマグヌスに忠実だった。とくに、デンマーク南部を脅かしていた**ヴェンド人**に、ユムネ（ヴォリン）とリュルシャウの荒地の戦いで1043年に勝利を重ねたあとはマグヌス側についた。1044年、マグヌスは新たな脅威にさらされる。叔父の**ハラルドル苛烈王**（ハルドラジ）がコンスタンティノープルから帰国し、スヴェインと同盟を結んだのだ。1046年、マグヌスはハラルドルを共同統治者とし、両者はスヴェインと敵対した。翌年、スヴェイン討伐の最中にマグヌスはユラン半島で死去する。ハラルドルがノルウェーの単独統治者となり、スヴェインがデンマークで権力を掌握した。

マグヌス裸足王 [1073年頃−1103年]
Magnus Barelegs

ノルウェー王（在位1093年−1103年）。ヴァイキング遠征軍を率いてアイリッシュ海を攻略、大規模なヴァイキングの遠征はこれが最後となった。その添え名の「裸足王」は、ゲールのキルトを好んで着ていたことに由来する。**オーラヴ平和王**の後継者となったマグヌスは、従兄弟のハーコン・マグヌスソンとノルウェーを共同統治する。1095年にハーコンが死ぬと、マグヌスが単独統治者となった。王として最初におこなったことのひとつが、スウェーデン沿岸部へのヴァイキング襲撃の再開だった。1097年に、彼の特使インギムンドルがヘブリディーズ諸島のルイス島で殺害され、マグヌスは**オークニー諸島**のヤール領と、**マン島**と諸島の王国を直接支配することに決める。どちらも長年にわたってノルウェー王朝が宗主権を主張していた地域である。翌年、マグヌスは諸島全域で激しい略奪をおこなう。被害をまぬがれたのは、わずかに聖なる島**アイオナ島**だけだった。オークニー諸島のヤールたちはその地位を追われ、マグヌスの息子シグルズルがとってかわった。マン島はすみやかに征服され、マグヌスはマン島を拠点にダブリンを攻略、ギャロウェイとアングルシー島に貢納を強要した。アングルシー島では、同じく**ウェールズ征服**に乗り出していたノル

1093年から1103年までノルウェーを統治したマグヌス裸足王のペニー銀貨。

マン人のチェスター伯ヒューとシュルーズベリー伯ヒューに勝利をおさめる。マグヌスは**スコットランド王エドガー**と条約を結び、諸島はノルウェー領と認められた。スウェーデンとの短期的な戦争のために帰国するが、1102年には諸島への2度目の遠征をおこなう。そして、姻戚関係（→**結婚と離婚**）を通して同盟を結んでいたアイルランド上王ムルヘルタハ2世とその冬を過ごす。次の夏、マグヌスは北アイルランドで食料を調達している最中の小競り合いで殺害される。マグヌスの偉業もつかのまのものだった。彼の死後、数年とたたずに諸島におけるノルウェーの王権はゆっくりと、だが確実に低下していく。

マーシア王国
Mercia, kingdom of

アングロ・サクソン人の王国。イングランド中部に広がり、**ウェールズ**と国境を接し、ハンバー川、**イースト・アングリア**、テムズ川に囲まれていた。マーシアは6世紀に出現し、偉大な王オッファ（在位757-796年）のもとでハンバー川以南の**イングランド**を支配した。オッファの死後に衰退がはじまり、825年からは**ウェセックス**の支配下に置かれた。867年にデーン人の**大軍勢**がマーシアに侵攻するが、翌868年にはノッティンガムでマーシア人と西サクソン人の包囲を受けて撤退する。デーン人は872年に戻ってきて、873-874年に**リプトン**に要塞化された野営地をつくる。マーシア王ブルグレドは退位し、ローマへ亡命した。デーン人は傀儡王としてチェオルウルフ2世（在位874-879年）をたてると、王国を意のままにした。そして占領の準備が整った877年、王国の東側半分を占有（デーンローの一部となる）、定住地として、残りをチェオルウルフに与えた。彼の死後、「イングランド」の領土

オッファの防壁。マーシアとウェールズの国境沿いに築かれた防塁。初期のヴァイキング襲撃の防衛線の役割も果たした。

はマーシア領主（エアルドルマン）エゼルレッドが統治する。911年に彼が死ぬと、その妻エゼルフレードが支配した。918年に彼女が死去、マーシアを娘のエルヴウィンに残したが、翌年、エドワード長兄王（ちょうけいおう）がデーンローを征服したのちにマーシアをウェセックスに併合した。

町
towns

　ヴァイキング時代のスカンディナヴィアにおける都市の発展は、王権の成長と深くつながっている。最初期の町は、王室により慎重に設立された。そして交易を促進、統制し、通行税をはじめとする税の徴収を通して交易から利益を得ることを目的としていた。また10世紀後半まで、王室の行政と教会の中心地として町が基礎づけられることもあった。スカンディナヴィアで自然に自立した都会的な発展が見られるようになるのは12世紀に入ってからである。

　ヴァイキング時代以前にスカンディナヴィアに町は存在しなかった。季節ごとに市が開かれ、そのあいだだけにぎわう地域がいくつか存在した。そうした町のなかにはスウェーデンのヘルヨーをはじめ、信仰の中心地から発展した地域も見られた。また、おそらくは王のてこ入れで興った町もあった。ノルウェーのカウパングなどは交易地ではありながら王領地に隣接したのであるが、デンマークのリーベは慎重な計画のもとにつくられており、おそらくは8世紀初頭の王アンガンチュールが創設したものである。リーベは9世紀には町へと発展したが、この時期までにスカンディナヴィ

アで町となっていた場所は2つしかなかったが、いずれも処女地に建てられたものだった。デンマークのヘゼビューは、808年にグズローズル王が商人たちを定住させたことからはじまる。スウェーデンのビルカはそれより少し前に、王領地の近くにある島で発展した町で、9世紀には王室の強い影響下にあったことで知られている。こうした初期の町は小さなものだった。いちばん大きなヘゼビューでもその人口はわずか1000–1500人程度だった。

　このような、町の創設期以降、しばらくスカンディナヴィアで都会的な発達が見られることはなかった。948年頃、強固に守られた手工業の中心地としてユラン半島のオーフスが創設される。10世紀末、キリスト教が導入されると王権が急速に増大し、都市化の新たな時代がはじまる。スウェーデンのシグトゥーナとルンド、ノルウェーのトロンヘイムとオスロ、デンマークのヴィボー、オーデンセ、ロスキレはすべてこの時期に王室や教会の拠点として設立された。読者の御期待どおり、町の発達がいちばん遅かったのはスウェーデンだった。デンマークやノルウェーに比べて、王権の強大化が遅れていたのである。1100年にはノルウェーには8つ、デンマークには15の町があったが、スウェーデンはまだ4つだけだった。スウェーデンでは町の都会的な暮らしぶりがしっかりと根付くのも13世紀になってからである。ヴァイキング時代末期、さまざまな国から多数の人びとがスカンディナヴィアを訪れていた。そのため、スカンディナヴィアの町々は町の外の地域とは異なるノルウェーでは

『ビルカ島の法』として知られている法律をもつことも多かった。海外、とくにアイルランドやロシアで、ヴァイキング入植者は都会的な発展を促す存在だった。
H.Clarke and B. Ambrosiani, *Towns in the Viking Age* (2nd revised edition, Leicester, 1995).

マルクランド(「森の国」)
Markland ('Forest Land')

北アメリカ大陸の森林の広がる土地。ラブラドルと思われる。最初に発見したのはビャルニ・ヘルヨールフソンかレイヴル・エイリークソンで、1000年頃、グリーンランドからヴィンランドへ向かう途中のことだった。入植地としての魅力はなかったが、北欧系グリーンランド人にとって木材の供給源として長期にわたって重要な土地だった。マルクランドで伐採した木材をグリーンランドへ運ぶ航海は少なくとも1347年まで続いた。

マン島様式の十字架
Manx crosses

10世紀半ばから11世紀前半にかけて、マン島のスカンディナヴィア人定住地で50近い十字架の石碑が建立された。彼らがキリスト教に改宗した後につくられたもので、その大部分は現地の粘板岩でできた長方形の石板のうえに、浅浮き彫りの環状

マン島、アンドレアスで見つかったルーン石碑。英雄シグルズルが竜のファーヴニルの心臓を火で炙る場面が描かれている。

マン島、カーク・マイケルで出土したゴート(古北欧語 Gautr)の十字架。10世紀のもの。

冠をもつ十字が彫られている。十字架のみのものも数は少ないが知られている。初期の十字の装飾はケルトとイングランド北部の影響を色濃く残しているが、その後はスカンディナヴィアの美術様式——おもにイェリング、マンメン様式——の装飾のモチーフが多くを占めるようになる。シグルズの竜退治の物語の場面をモチーフにした十字架もいくつか見つかっている。そのほかに、アンドレアスにあるソルワルドの十字架のように、ラグナロクなど北欧神話を題材にしたものもある。キリスト教の出来事を扱ったものはまれである。十字の碑文は古北欧語でルーン文字が彫られているが、たたえられている人びとのなかにはケルト系の名前も見られる。これはノルウェー系入植者と先住民が結婚していたことを示唆している。十字はおそらく北欧人彫刻家の手によるもので、そのうちのひとりガウトル・ビョルンソン（950 年頃活躍）は自分がつくった十字のうちの２つの碑文に名を残している。

マン島王国
Man, kingdom of

　アイリッシュ海に浮かぶマン島の中央部に位置するノルウェー系の王国。最盛期の 1095 年頃には、スコットランド西方諸島も支配下に置いていた。異教徒の墓が見つかっており、考古学的証拠から、マン島のヴァイキング定住地が９世紀後期につくられたことがわかっている。ケルト語を話す先住のキリスト教住民は従属したが、消滅することはなかった。10 世紀のキリスト教改宗を経て、北欧人定住者は一連の十字の石碑を建立するようになる。スカンディナヴィアとケルトの美術様式が融合したすばらしいものである（マン島様式の十字架

ピール湾のセント・パトリックス島。かつてのマン島の王都で教会の中心地だった。

参照）。960年から1070年にさかのぼる19の銀の埋蔵宝も発見されており、ダブリンに近接するマン島が繁栄していたことがうかがえる。1030年代に入ると、マン島でダブリンの貨幣を模した硬貨が鋳造されるようになった。初期の諸王の名前も知られているが、有史時代のマン王国の最初の王として記録されているのはゴドレッド・クロヴァンである。1079年にスカイヒルの戦いでマン島を手中におさめた彼は、マン島およびヘブリディーズ諸島をひとつの王国として統一する。一時はダブリンも支配下に置き、ギャロウェイから貢納金を取り立てていた。マン島と諸島の王国は5つの行政区に区分され、それぞれで選ばれた総勢32人の代議員が年に1度、マン島のティンワルドで開催される会議に集まった。1095年にゴドレッドが死ぬと、内戦が勃発し、王国は1098年にノルウェーのマグヌス裸足王に征服される。1113年頃、ゴドレッドの息子オーラヴル1世（在位1113-1153年）が王国を復活させるが、ノルウェーの宗主権を認めた。1156年、ゴドレッド2世（在位1153-1187年）はスコットランド系ゲール人の首長ソマーレッドにヘブリディーズ諸島南部の支配権を奪われる。以後、王国がその勢力を取り戻すことはなかった。ヘブリディーズ諸島の残りの地域は1263年までには事実上スコットランドの支配下に入り、マン島も最後の北欧系の王マグヌス・オーラフスソンの死から1年後の1266年にノルウェーからスコットランドに譲渡された。

C. E. Fell, P. Foote, J. Graham-Campbell and R. Thomson (eds), *The Viking Age in the Isle of Man* (London, 1983) ; *Chronicle of the Kings of Man and the Isles*, ed. and trans. G. Broderick (Douglas, Isle of Man, 1995).

『マン島年代記』

Manx Chronicle 『マン島と諸島の王の年代記集』を参照

『マン島と諸島の王の年代記集』

Cronica regum Mannie et insularum

1016年から、マン島と諸島の王国が最終的にスコットランドに譲渡される1266年までのマン島、ヘブリディーズ諸島のノルウェー系の王たちの事跡を語る唯一にしてもっとも重要な資料。それに続くラテン語の様々な年代記も、マン島の1377年までの出来事をとりあげている。この年代記集は複数の著者によるもので、1237年頃以降になって初めての同時代の出来事の記録となっている。それ以前の事項はマン島の口頭伝承、目撃者の記述、スコットランドやイングランドの年代記を編纂したものである。年代の計算に大きな誤りがあるものの、この年代記は一般的に信頼できる史料とみなされている。

Chronicles of the Kings of Man and the Isles, ed. and trans. G. Broderick (Douglas, Isle of Man, 1995)

ミクラガルズル

Mikligarðr

ヴァイキングが「偉大な町」コンスタンティノープル（イスタンブール）をこう呼んだ。中世ギリシアのビザンツ帝国の首都。数ある魅力のなかでもヴァイキングがもっ

とも好んだのがビザンツの絹で、毛皮や奴隷と取引された。くわえて、ここに来ればビザンツ帝国皇帝の精鋭のヴァリャーギ親衛隊に入り、傭兵として仕えるチャンスも得られた。

『巫女の予言』
Voluspá

詩の『エッダ』の有名な神話詩のひとつ。スノッリ・ストゥルルソンが散文の『エッダ』を著すときにおもに資料とした。『巫女の予言』は、巫女が語りかける形をとっている。巫女は世界の起源（→創世神話）にさかのぼって自分がおぼえていることを語り、避けることのできない神々の終末の日、ラグナロクとその後の未来を予言している。主神オージンに未来についてたずねられた巫女は、世界の起源、神々の黄金時代、ドワーフの創造、人間の創造について詳しく語っていく。2つの神族、アース神族とヴァン神族の戦い、美しい神バルドルの死からはじまるラグナロク、神々と巨人が滅ぼしあい、世界も彼らとともに破滅する恐ろしい最終戦争について説明していく。最後に、浄化されて再生した世界に、神秘に包まれた名前もわからない至高神——おそらくキリスト——があらわれる。悪は完全に消え去ったのだろうか？その直後に、新しい世界一面を影が覆い、死者の国ニヴルヘイムから死者を食らう恐ろしい竜ニーズホッグルが姿をあらわす。『巫女の予言』は1000年頃におそらくアイスランドで編纂された（ノルウェー、イングランドのデーンローという説もあり）。キリスト教が異教信仰にとってかわる時期である。作者は異教徒で、古い神々の喪失を惜しんでいる。だが道徳観、功徳の概念、死後の世界における罪の罰、終末思想といった点でキリスト教の影響がうかがえる。「ヨハネの黙示録」から着想を得たのかもしれない。

The Poetic Edda, trans. C. Larrington (Oxford, 1996).

ミズガルズ大蛇（ヨルムンガンドル）
Midgard Serpent (Miðgarðsormr; Jǫrmungandr)

北欧神話に登場する巨大な蛇で「世界蛇」

ミズガルズ大蛇（ヨルムンガンドル）。ソールの釣糸の先端につけられた雄牛の頭に食いつこうとしているところ。

ともいわれる。ロキと女巨人アングルボザのあいだに生まれた。オージンがミズガルズを取り囲む深海に投げこんだが、大蛇はミズガルズを取り巻き、自分の尾を噛んでいる。雷神ソールがミズガルズ大蛇を捕らえようとしたが失敗している。ラグナロクのとき、ソールはその鎚で大蛇を殺すが、みずからもその毒で命を落とす。

ミズガルズ
Midgard

北欧神話で人間が住む世界。火の国ムスペッルと氷に覆われた死者の国ニヴルヘイムの中間に位置する。ミズガルズは、オージンとその兄弟によって巨人ユミルの体から天や海とともにつくられた。神々の国アースガルズとは虹の橋ビフロストでつながっている。ミズガルズは丸く、周囲を深い海に囲まれている。海のなかには恐ろしいミズガルズ大蛇が住んでいる。ミズガルズと同じ層に巨人の国ヨートゥンヘイムがあるが、巨人ユミルの眉毛でつくった壁で隔てられている。創世神話も参照。

身代金
ransom

同時代のさまざまな資料が、ヴァイキング襲撃者にとって身代金のために捕虜を捕ることの重要性についてひんぱんに言及している。これはヴァイキング時代のはじまりからそうだった。アルクィンによると、カール大帝は793年のリンディスファーンの襲撃のあと、修道士たちを取り戻すための身代金交渉をおこなった。ヴァイキングは貴族や高位聖職者を解放する際にひと財産築くほどの金額を要求できた。たとえば858年、サン=ドニの大修道院長ルイは金686ポンド、銀3250ポンドというとほうもない額の身代金が支払われた。ごく普通の人びとも身代金目的に連れ去られることがあった。882年、ヴァイキングとの取引に出かけていたフランク人がアッセルトで捕まっているし、866年にセーヌ川のヴァイキングが農奴(のうど)にまで身代金要求をしている。9世紀のアイルランド人フィンダンの経験は、捕虜の受け戻しは面倒で、リスクをともなうビジネスであることをしめしている。自分の妹の身代金を支払いにいったフィンダンは、彼女を捕らえていたヴァイキングたちに手足の自由を奪われ、彼らが自分をどうするか話しあっているのを待っていたのである。ありがたいことに、ヴァイキングは身代金を支払いに来た

アングロ・サクソンの福音書『アウレウス写本』。この本の献辞によると、9世紀にサリーの領主アルフレッド(エアルドルマン)とその妻ウェルベルグによってヴァイキングから買い戻された。

人間を誘拐するのは道義に反するという結論に達した。身代金が支払われなかった場合、その多くは奴隷市場に売られたことだろう。だが、交渉が決裂したときはもっと悲惨だった。1012年、大司教エルフヘアハは誰かが自分の身代金を支払うことを拒否したために、誘拐者を激怒させ、動物の骨でめった打ちにされたあと、斧でたたき殺された。ヴァイキングもつねに約束を守るわけではなかった。884年、フランク王国で身代金が支払われたにもかかわらず、ヴァイキングが人質たちを殺害している。

財産も金が支払われることによって購われることがあった。842年、ヴァイキングがカントヴィックを略奪した際、金を支払うことで、財産の破壊を免れた人びともいた。841年、サン゠ワンドリール修道院の建物は銀6ポンドで購われた。修道院の68人の修道士たちには26ポンドの値がつけられた。ヴァイキングはまた、聖器が金塊を上回る価値をもつことが多いとわかったのだ。854年、ブルターニュ人の支配者パスクウェデンは教会で用いる皿を金60ソリドゥス、銀7ソリドゥスで購った。840年代には、アイルランドの聖人、アイオナの聖アダムナーンの聖遺物も買戻しを目当てにしたヴァイキングに奪われた。

ミョルニル
Mjöllnir

雷神ソールがもつ鎚。おもにアースガルズを守り、人びとを悪と暴力から保護するために使われる。ドワーフが鋳造したミョルニルは、投げると絶対に的を外さず打ち、投げた者の手に必ず戻ってくる。結婚や新生児が誕生したときに、ミョルニルが聖別に使われた。異教徒のヴァイキングは、ソールの鎚をかたどった魔除けを幸運のお

ミョルニルをかたどった護符は、幸運を呼びこむとしてヴァイキングのあいだで人気が高かった。

守りとしてよく身に着けていた。

民族移動期
Migration period

　スウェーデンの先史時代の400年頃から550年にかけての時期（ドイツ史の同じ時期にも使われる）。エーランド島のエーケトルプといった地方の要塞化された権力の中心地や、ガムラ・ウプサラの目をひく墳墓などが、この時期のスウェーデンによく組織された強力な族長の王国が台頭してきたことを裏づけている。デンマークの先史時代の前期ゲルマン鉄器時代にあたる。

ムスペッル（ムスペルヘイム）
Muspell（Muspelheim）

　北欧神話に登場する火の国で巨人スルトルが支配している。ムスペッルの炎がニヴルヘイムの氷を溶かして霧に変え、大地の創造が可能になった。ラグナロクのとき、ムスペッルから投げられた火焔が世界を完全に焼きつくす。異教の北欧神話の世界観ではムスペッルの場所は明らかにされていない。ニヴルヘイムの南のどこかとされている。

ムルヘルタハ、革衣の [943年没]
Muirchertach of the Leather Cloaks

　北ウィ・ネイルの王（在位919-943年）。上王に指名（938-943年）。ヴァイキングに勝利を重ねたことで、北欧人とアイルランド人の伝承で語り継がれてきた。919年、ヴァイキングがダブリンでふたたび活動を再開し、同年9月のアイランドブリッジの戦いでムルヘルタハの父王ニヤル

黒膝王が敗死する。ムルヘルタハがダブリンのヴァイキングにはじめて勝利したのが921年、アーマーでの戦いだった。その後も925年にカーリングフォードで勝利をおさめ、捕虜200人の首をはねている。926年にアナガッサンで、933年にふたたびアーマーでヴァイキングを撃退。このときは襲撃者200人を殺し、略奪品をすべて取り戻している。上王の座をめぐって敵対関係にあったドンハズ・ドンと同盟して、938年にダブリンを攻略する。翌年、報復攻撃でエーレフ（ドニゴール）の砦を襲撃され、ダブリンのヴァイキングに捕えられるが、すぐさま身代金が支払われた。941年、彼はアイルランドに赴き、上王の王位を主張する。その年、海賊の襲撃に対する報復として、ムルヘルタハはヘブリディーズ諸島のヴァイキング居住地を略奪する。943年2月、アーマー近くのクロンキーンでダブリン王ブラーカーリ・グズフリズソンと戦闘中に命を落とす。

メーレのログンヴァルドル [870年頃]
Rognvald of Møre

　ノルウェー西部のメーレのヤール。ログンヴァルドルはハラルドル美髪王との近しい関係で知られている。オークニーのヤールの創始者とみなされている。アイルランドの資料によると、デーン人のヨーク攻略（866年）とほぼ同時期におこなわれている。ログンヴァルドルは好んでノルウェーにとどまり、オークニーの統治は兄弟の有力者シグルズルに委ねていた。シグルズルはその支配権を強固なものとした。ログンヴァルドルはハラルドルの息子、長脛のハ

ールフダンとのいさかいで殺害され、息子のソーレがメーレのヤールを継承した。その後、ログンヴァルドルの庶子トルフ＝エイナルがオークニーのヤールを継いだ。別の息子、徒のフロールヴルは、ノルマンディーの創始者のロロと同一人物とみなされている。

メロヴィング期
Merovingian period

　ヴァイキング時代に先立つノルウェーの最後の先史時代で550年頃から800年までをさす。当時ヨーロッパで強大な権力を握っていたフランク王国のメロヴィング朝（460-751年）にちなんでいる。スウェーデンのヴェンデル時代、デンマークの後期ゲルマン鉄器時代にあたる。

木彫
wood-carving

　ヴァイキング時代のスカンディナヴィアには、木彫の装飾の豊かな伝統があった。キリスト教の導入まで、スカンディナヴィアでは石造建築や彫刻、写本の彩飾の習慣はなかった。そのため、木の彫刻がもっとも芸術的才能を発揮でき、一流の芸術家たちに名声を与えるものだった。建造物、船、家具、四輪車、そり、スキー、日用品など、ほぼあらゆる木製品に彫刻がほどこされていた。彫刻に使う木はオークやマツが一般的だった。一流の彫刻師は、2層以上の水平面に複雑な浮き彫りの彫刻をほどこすことができた（結果として幾層ものモチーフが重なるので、いちばん奥にあるモチーフはその上に重ねた層の装飾のあいだからの

み見ることができるというわけだ）。もっともシンプルなデザインは、木の表面にただ彫刻したもので、デザインの重要な部分を彩色したり、金属の飾り鋲をつけたりしたものもあった。木の彫刻の装飾に使われるモチーフは、その時代に人気のあった美術様式を反映している。物語の登場人物を描いた彫刻は知られているが珍しいものだ。ヴァイキング時代のもっとも貴重な木彫の遺物は、9世紀初期のオーセベリ船葬墓に見られる。ふんだんに装飾をほどこした船と動物の頭の柱には驚くほど入り組んだ紋様が刻まれている。ヴァイキング時代後期の木彫も、ヒュレスタやウルヴィークのウルネス様式の教会など、ノルウェーのスターヴ教会の扉装飾に残されている。ヴァイキング時代の王や首長の館も同じく豪華な装飾に包まれていたと思われる。

モールドンの戦い [991年]
Maldon, battle of

　エセックスのモールドン近郊でおこなわれた戦い。イングランド軍にヴァイキング軍が勝利した。オーラヴル・トリュッグヴァソン率いる93隻からなるヴァイキングの大船団（→艦隊）がケントとイースト・アングリアを襲撃。モールドン近くのブラックウォーター川の入り江に位置するノーセイ島に駐屯する。エセックスの太守ビュルフトノスは東部諸州から招集した軍隊を率いてこの島でヴァイキングに対峙する。長距離の弓と槍の応酬で両軍はわずかに損失を被る。ビュルフトノスはヴァイキングが本土へ渡ってくるのを許し、戦いの陣形をとる。ビュルフトノスは槍にあたっ

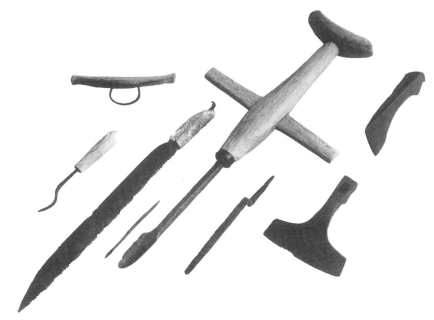

ゴットランド島のメステルミュールより。木工具の数々。

オーセベリ船葬墓の埋葬品の質の高い木彫。四輪車に彫られた神話の場面（左）と、船首の「握り獣」のモチーフ（右）。

て戦死し、イングランドの軍役で徴集された兵たちは敗走したが、ビュルフトノス直属の従士らは英雄的な最期を遂げた。この戦いは古英語の叙事詩の傑作『モールドンの戦い』でしのばれ、ビュルフトノスの忠実な戦士たちが主君の亡骸を守る様子が感動的な称賛の言葉で綴られている。詩のなかで、ビュルフトノスは「過ぎたる自信」から、ヴァイキングが本土に渡るのを阻止できなかったと非難されている。だが、彼は気づいていたはずだ。ここで戦闘にもちこむことができなければ、ヴァイキングはただ船を出してどこか別の場所を襲撃するだけだということを。この戦いを幕開けに、イングランドの沿岸地域周辺でヴァイキングの襲撃が激化する。そして、モールドンの戦いの結果、**デーンゲルド**の最初の支払いがおこなわれたのである。

The Battle of Maldon, ed. and trans. Bill Griffiths (Hockword-cum-Wilton, Norfork, 1995); D. G. Scragg (ed.), The Battle of Maldon AD 991 (Oxford, 1991).

モールドンの戦いの戦場跡。堤道がノーセイ島と本島をつないでいる。

や行

ヤールスホフ
Jarlshof

　シェトランド諸島のサンバラ岬近くにあるヴァイキング時代の小規模な集落遺跡。9世紀にヴァイキングがやってくる数千年前から、この土地は定住地となっていた。ヴァイキングはピクト人の定住地跡の石を再利用して住居を建て、トウモロコシを乾燥させる部屋や鍛冶場を含む付属建物もつくった。家屋はのちに典型的なロングハウスとなっていく。牛小屋を備えることで、ノルウェー西部に見られるロングハウスとそっくりになった。ヤールスホフはヴァイキングの避難港として好まれた。船の燃料となる泥炭の供給場所として利便がよく、日用品の器をつくるための石鹸石も入手できた。続く数世紀のあいだに農場は定期的に再建され、最後のものは1600年頃に建てられた。ヤールスホフという北欧系の響きをもつ呼称は、19世紀に作家サー・ウォルター・スコットがつくった造語である。

シェトランド諸島、ヤールスホフにあるヴァイキング時代の集落遺跡。

ヤールの詩人アルノール・ソールザ ルソン [1010年以降-1073年以降]

Arnórr Thórðarson jarlaskáld

アイスランドの商人でスカルド詩人。 1045年頃にオークニー諸島に移住し、オ ークニーの2人のヤール、ログンヴァルド・ ブルーサソンとソルフィンヌル・シグルザ ルソンに宮廷詩人として仕えた。彼の詩は 多くが、『フラート島本』や『ヘイムスク リングラ』、『オークニーの人々のサガ』を はじめ、後世のアイスランド文学の作品の なかで断片的に引用されることで残されて いる。その作品にはノルウェーのマグヌス 善王とハラルドル苛烈王と、彼のパトロン であったヤール、ソルフィンヌルを記念す る賛歌がある。

ヤロスラフ賢公（ヤリスレイヴル）
[980-1054年]

Jaroslav the Wise（古北欧語 Jarisleifr）

キエフ大公（在位1019-1054年）。キ エフ大公ウラジーミル1世の息子で、父 からノヴゴロドの支配を任された。1015 年にウラジーミルが死去すると、ヤロス ラフの兄スヴャトポルクがほかの3人の 兄弟を殺害してキエフ大公位を獲得する。 1019年、ノヴゴロド市民とヴァリャーグ （ヴァイキング）傭兵の支援を受けたヤロ スラフがスヴャトポルクに勝利し、彼を殺 害して大公になった。だが、権力の基盤は 変わらずノヴゴロドに置き、ふだんはそこ に居住していた。

行政改革と法典の編纂、ポーランド人 とペチェネグ人に対する軍事行動を通し て、ヤロスラフはキエフ大公国を強化した。

1043年には、失敗に終わったがコンスタ ンティノープルに侵攻している。キエフ大 公国のキリスト教化も積極的に奨励し、教 会や修道院をつくり、聖職者の権利を守る 法律を制定した。また、ギリシアの聖書や 宗教テキストをスラヴの言語に翻訳させて いる。東ローマ帝国の建築家や職人を呼び 寄せて、その様式を取り入れた聖ソフィア 大聖堂をキエフに建立、壮大な黄金の門も 建設した。

ヴァイキングの祖先をもつにもかかわら ず、ヤロスラフは文化的にも言語的にもス ラヴ人だった。とはいえ、スカンディナヴ ィアの諸王朝と結びつきも保っていた。ス ウェーデン王オーロフ・ショットコヌング の娘インギゲルズと結婚し、娘のエッリシ フ（エリザヴェータ）はのちのノルウェー 王ハラルドル苛烈王に嫁いだ。スカンディ ナヴィアからの亡命者や商人を宮廷に迎え 入れ、スウェーデン人のログンヴァルドル を重要な町であるスタラヤ・ラドガの統治 者に任じた。こうしたスカンディナヴィア とのつながりが彼にとってどれほど特別な 重要性をもっていたかは定かではない。フ ランスとハンガリーの王に娘たちを嫁がせ て王家同士の結びつきをつくり、家族のほ かのメンバーたちも東ローマ帝国やドイツ 王家と姻戚関係を結んでいたからだ。ヤロ スラフは5人の息子が権力争いを起こさ ないように、自分の王国を息子たちのあい だで分割する手はずを整えた。にもかかわ らず、あるいは、そのために彼の死後、内 戦が勃発したのである。

有力者シグルズル [892年頃没]
Sigurd the Mighty

　オークニーのヤール。アイスランドのサガ伝承によると、ノルウェーのハラルドル美髪王（びはつおう）は、戦いで息子を失ったメーレのヤール、ログンヴァルドルにその代償としてスコットランドの北部諸島をヤール職の領地として授けた。ログンヴァルドルはメーレのヤールの統治に専念したかったため、すぐにその称号を弟のシグルズルに譲った。有力者シグルズルはヘブリディーズ諸島から来たヴァイキングの統治者赤毛のソルステインと同盟を組んで、スコットランドのケイスネスとサザランドを征服する。和平交渉の会合に臨んでスコットランド人の裏切りを疑ったシグルズルは、サガで「ヤール」と呼ばれたマーイル・ブリグテを殺して首を切り、その頭を勝利の記念として持ち帰ろうと鞍（くら）に縛りつけ、馬に乗って帰郷するとき、マーイル・ブリグテの出っ歯がシグルズルの脛を傷つけ、彼はまもなく敗血症で死んだ。彼の後を継いだ息子のグットルムルは、わずか1年の統治のあとで子供を残さずに死去した。

ユグドラシル
Yggdrasil

　北欧神話に登場する「世界樹（じゅ）」。巨大なトネリコの木で、世界を支えている。その根は3本に分かれていて、それぞれ死者

ノルウェー、ウルネスのスターヴ教会にて。入り組んだ彫刻はユグドラシルをあらわしている。中央部には、枝を齧（かじ）るシカの姿が描かれている。

の国ニヴルヘイム、巨人の地ヨートゥンヘイム、神々の住むアースガルズルに伸びている。ヨートゥンヘイムの根のすぐ下にはミーミルの泉があり、その水は知恵と知識の源とされている。アースガルズルにある根元の下に運命の泉があり、そこで神々が毎日法廷を開く。泉のほとりには「運命」の女神ノルンたちが住んでいる。彼女らはユグドラシルに水をやり、世話をしている。その一方、多数の生き物がたえずユグドラシルの葉や枝、根を齧って樹の存在を脅す。ユグドラシルは不滅の大樹で、その起源はわかっていないが、ラグナロクのあとも生き残る。創世神話も参照。

ユーダル
Udal, The

　ヘブリディーズ諸島のノース・ユーイスト島にあるヴァイキングの入植地。ユーダル（古北欧語オーザル）は複雑な歴史を歩んできた。紀元300年頃から400年のあいだに、ケルト系ピクト人がこの地に入植したのがはじまりである。わずか100メートル先には、新石器時代から鉄器時代初期にかけて使われていた別の定住地があった。スカンディナヴィア人入植者が9世紀にその地を占領し、小さいが頑丈な石と芝生の囲い地をつくった。「小さな砦」というわけだ。スカンディナヴィアに見られるような芝生の家も数多く建てられた。骨（→枝角、骨、角）でつくったピン、くし、陶器といった加工品が出土しているが、先住民の影響がいっさい見られないことから、ピクト人定住者は新たな入植者に完全に追い払われたと考えられる。13世紀に

は、ユーダルに住んでいたのはゲール語を話す人びとになっていた。1690年代に飛砂に埋もれて集落は放棄された。

ユングリンガ王朝
Yngling dynasty

　ウプサラにあった、3世紀末から9世紀半ばにかけてスヴェーア人を支配した半伝説的な王朝。王朝の名前はフレイル（ユングヴィ・フレイル）に由来し、ユングリンガ王朝の王はフレイルの子孫だと信じられていた。ノルウェーを最初に統一したハラルドル美髪王（在位880年頃-930年）とその後継者は、姻戚関係を理由に自分たちがユングリンガの末裔だと主張した。8世紀後半に、ノルウェー南部のヴェストフォルの王エイリークル・アグナルソンの娘ヒルドルと、ユングリンガ王家のハールフダン白脛王の息子エイステインが結婚。エイリークルは息子をもたなかったため、エイステインがヴェストフォルの王位を継いだとされている。ユングリンガを取り巻く歴史伝承の主な典拠となるのが、900年頃に作られた詩『ユングリンガ・タル』（または「ユングリング列王詩」）だ。ノルウェーのスカルド詩人フヴィンのショーゾールヴルがハラルドル王のいとこでヴェストフォルの王ログンヴァルドルを讃えるため、その王位の系譜を神話時代から王自身まで歌で綴っている。

要塞
fortifications

　ヴァイキング時代のスカンディナヴィアでは、いくつかの異なる種類の要塞が築か

れた。**ノルウェー**よりも、**デンマークとス ウェーデン**でよく見られた。ノルウェーは 複雑な地形をしているため、それほど必要 に迫られなかった。もっとも一般的だった のが、戦争の際に周辺住民の一時的な避難 所となる施設で、住民とその家畜を守った。 先史時代の要塞をヴァイキング時代に補 修、強化して使用することもあった。知ら れている最大の避難施設は、ゴッドランド 島のトゥーシュブリエンにあり、もともと は**民族移動期**（400-500 年）につくられ たものである。崖に囲まれた低地に位置し、 全長 2 キロメートルの塁壁が 112 ヘクタ ールを超す地域を取り囲んでいる。ヴァイ キング時代のほとんどの時期のゴッドラン ド島住民を収容するのにじゅうぶんな大き さだった。エーランド島には**エーケトルプ** をはじめ、民族移動期につくられた要塞化 した村落があり、ヴァイキング時代後期に 避難所として再利用された。同時期の**ボー ンホルム島**のヒルフォート（丘状砦）も避 難場所として使われた。それよりも小さな 避難施設がヴァイキング時代の都市ビルカ とヘゼビューで知られている。だが、それ らは 10 世紀に土塁の上に木の柵を設けた 要塞がつくられると使用されなくなった。 デンマークの都市**オーフス**も同時期に要塞 化されている。しかしスカンディナヴィア では、都市の防御はヴァイキング時代末期 になってもほとんどおこなわれなかった。 スカンディナヴィアにおけるヴァイキング 時代の要塞は、単に軍の駐屯地だった。唯 一、10 世紀後半に**ハラルドル青歯王**が建 設した**トレレボーの要塞**はデンマークにお ける王権の強化を目的としていた。スカン

ディナヴィアでは、12 世紀まで城が築か れることはなかった。中世初期のヨーロッ パの一部地域では線状に延びる土塁の塁壁 が一般的だったが、スカンディナヴィアで 知られているのは**ダーネヴィアケ**の防塁の みである。シュレスヴィヒに近接するユラ ン半島の付け根を横断するこの土塁は 737 年に築かれて以来、ヴァイキング時代に補 修、拡張をくり返した。とりわけヴァイキ ング時代後期に、**ヴェンド人**による海賊行 為が問題になりだすと、木の杭を並べたり、 わざと船を沈めて**海上障壁**をつくり、攻 撃を受けやすい港とフィヨルドを守った。 12 世紀には、ヴェンド人の海賊の撃退法 として、要塞化された**教会**がボーンホルム 島とエーランド島に避難所として築かれた。

　文献によると、西ヨーロッパに遠征した ヴァイキングの軍勢が、アイルランドの北 欧人の町に要塞化された野営地をつくっ た。これは**ロングフォート**と呼ばれる沿岸 部の砦から発展したもので、もともとは初 期のヴァイキング略奪者たちが船を守る ために建てた。こうした野営地のうち、**イ ングランドのレプトン**にある遺跡だけが確 定、発掘されている。ブルターニュのキャ ンプ・ド・ペランも発掘された遺跡で、お そらくヴァイキングが築き、明らかに彼ら に占拠された。海外のヴァイキングの町で は、先住民の敵意にさらされていたため、 スカンディナヴィアの町々よりも要塞化さ れていた可能性が高い。**キエフとノヴゴロ ド**にあるルーシの町は、土と木を用いた強 固な塁壁を備え、アイルランドの北欧人の 町、ダブリンやウォーターフォード、ウェ ックスフォードなどは頑丈に防御されてい

た。ダブリンの土塁は1100年頃に石造りで再建されている。ヨークでは、ローマおよびアングロ・サクソンの防御施設がヴァイキングの町を守るために修復、拡張された。デーンローの五城市(ファイヴ・バラ)では、デーン人居住者はおそらく従来の要塞を活用したと思われる。

ヨーク（エオヴォルウィチ、ヨールヴィーク）

York（古英語 Eoforwic, 古北欧語 Jórvík）

866年から954年までのほとんどの期間、ヨークはヴァイキング王国の首府で、その支配はハンバー川とティーズ川のあいだの**イングランド北部**のほぼ全域におよんだ。ヨークはもともとローマ時代の軍団が駐留する要塞(ようさい)だった。5世紀に放棄されたが、6世紀にアングロ・サクソン人の王国ノーサンブリアの王室、教会、商業の中心地としてふたたび栄えた。866年、ハールフダン率いるデーン人の**大軍勢**がヨークを攻略。翌年、ノーサンブリア軍が奪回を試みるが惨敗を喫し、多大な損失を被った。当初、デーン人はアングロ・サクソン人の傀儡王(かいらいおう)をたててヨークを支配していたが、876年にはハールフダンが戻ってきて、みずから統治し、ヨーク周辺の土地に臣下を居住させた。ハールフダンはおそらく877年にアイルランドで殺された。その後継者については、名前以外はほとんど知られていない。イングランド北西部にアイルランドを経由して来たノルウェー人がやってくると、デーン人による支配が脅かされるようになる。902年にはアイルランド人がダブリンのヴァイキングに勝利。910年のテットノールの戦いでは、**ウェセックスとマーシアの連合軍**に大敗し、3人のデーン人王と多数の族長や豪族が戦死した。

ヨーク、コッパーゲイト。
ヴァイキング時代の遺跡
発掘の様子。

翌911年、ヨークはあっけなくアイルランド系北欧人のヴァイキング、**ラグナルド**の手に落ちる。ラグナルドの支配は長くは続かなかったが、919年に彼はふたたび戻ってきて、921年に死去するまでヨークを支配した。アイルランド系北欧人による統治はなかなか安定せず、927年にウェセックス王**エゼルスタン**に駆逐された。ダブリン王**オーラヴル・グスフリズソン**は、スコットランドと**ストラスクライド**のブリトン人と連合を組んでヨーク奪回を狙うが、937年の**ブルーナンブルフの戦い**でエゼルスタン王に手痛い敗北を喫した。しかし939年にエゼルスタンが死去すると、オーラヴルはヨーク攻略を再開する。今回はヨークだけでなく、ノーサンブリアと**デーンロー**の**五城市**（ファイヴ・バラ）も獲得するつもりだった。オーラヴルの支配は短命に終わり、944年、ヨークはイングランドの手に戻る。だが948年、亡命中のノルウェーの**エイリークル血斧王**によるスカンディナヴィア人最後の統治がはじまる。続く6年間、彼はヨークの支配権をめぐって負け戦を重ねる。最初はダブリン王**オーラヴル・シヒトリクソン**に、次にイングランド王**エアドレッド**に。最終的に954年にエアドレッドがエイリークルを追い出すことに成功し、以来イングランドによる支配が復活した。スカンディナヴィアとのつながりが深いことから、10-11世紀のイングランド王はヨークの忠誠心に懐疑的で、地方の排他主義の広がりを警戒していた。そのため、ヨークの太守（アール）や大司教にはイングランド南部の人間を任命していた。1066年、ヨークは一時的にノルウェー王**ハラルドル苛烈王**（ハルドラジ）に奪取される。1069年と1075年に起きたノルマン人に対するイングランド人の反乱の際にはデーン人の支配下に置かれた。

遺跡発掘調査から、ヴァイキングの到来後30年ほどでヨークの急速な都会的発展がはじまったことがわかっている。1000年にはその人口は1万人に達し、中世初期のヨーロッパの基準に照らすと大きな都会に成長した。ブリテン諸島でロンドンに次ぐ第2の規模である。10世紀のはじめには、町のほとんどの地域が規則正しい住居区画と通りに分けられていた。スカンディナヴィア王、または有力な市民たちによる市議会のもとで、よく練られた町づくりの計画が進められていた証拠である。

スカンディナヴィア人の王たちは、ヨークで発行される**貨幣**（たいていは**異教**とキリスト教の両方のシンボルが刻まれていた）の銀含有量を増やしていった。また、財源を確保するために**交易**を奨励した。ヨークはアイルランドとスカンディナヴィアと強い商業的なつながりを築き、**フリジア**、ラインラントとはさらに長期にわたる関係をつくりあげた。ビザンツの絹といった異国の品々もヨークに入ってきた。おそらく一連の仲買の行程を経てやってきたのだろう。ヴァイキング支配下のヨークも活気あふれる製造業の中心地だった。発掘調査で**ガラス**製造、冶金（やきん）、織物にくわえて、毛糸や皮、骨、**枝角**（えだづの）、黒玉（こくぎょく）の加工もおこなわれていた証拠が見つかっている。ほとんどのスカンディナヴィア人（おもにデンマーク人）の入植地は古代ローマの軍事要塞（ようさい）の南側に広がっていた。要塞はノーサンブリアの行政および教会の中心地で、ヴァイキ

ノルウェーのヨートゥンヘイムの山々。

ングに煩わされることなく機能しつづけていた。ヨーク大司教、なかでも**ウルフスタン1世**は王たちと深い友好関係を築いていた。最終的にイングランドがヨークを攻略したあとも、スカンディナヴィア人住民が追い出されることはなかった。彼らはすでに先住の**アングロ・サクソン人**と同化していた。だがノルマンコンクエストのあとまでも、この町はアングロ・スカンディナヴィアの性格を色濃く保っていたのである。

R. A.Hall, *Viking Age York* (London, 1994) ; A. P. Smyth, *Scandinavian York and Dublin* (2 vols, Dublin, 1975-9).

ヨートゥンヘイム（「巨人の国」）
Jotunheim

　北欧神話に出てくる国で、海の端の冷たく山がちな地域にある。世界創造のあと、神々が**巨人**たちに与えられた。原初の巨人ユミルの眉毛(まゆげ)でつくった壁で人間の住むミズガルズルとは隔てられている。ヨートゥンヘイムには、**ウートガルザ＝ロキ**の支配する城塞(じょうさい)ウートガルズルがある。

ヨート人（ガウタル、イェーアト）
Götar（古北欧語 Gautar, 古英語 Geatas）

　スウェーデンに居住する人びとの総称で、2世紀ごろから知られていた。2つの集団に大別できる。東のグループはヴェッテルン湖とバルト海のあいだ（オステルヨートランド地方）に、西のグループはヴェッテルン湖とヴェーネルン湖のあいだ（ヴェステルヨートランド地方）に住んでいた。ヴァイキング時代、**スウェーデンの西岸全域をノルウェー人とデーン人が占めていた**ため、北海へのアクセスは断たれていた。この時期のヨート人についてはほぼ何もわかっていない。ヴァイキングの活動について書かれた当時の文献でも何も触れられていない。**聖アンスガル**の布教団など、スウェーデンを訪れた西ヨーロッパの人びとも彼らに気づかなかったようだ。これは単にアイデンティティの混同だったのかもしれ

ないし、ヨート人が近接する北部に住むスヴェーア人に支配されていたという可能性もある。スヴェーア人とヨート人の戦いにまつわる伝承もある。また、800年頃、ヴェステルヨートランドを支配していたアルリークルをはじめ、ヨート人の王たちに言及しているものもある。そうした王はスヴェーアの王族だった。ヨート人を統治した最初のスヴェーア人王として知られているのが、**オーロフ・ショットコヌング**（在位995-1022年）だが、ヨート人とスヴェーア人が完全に統合されるのは12世紀になってからである。

スウェーデン、ヴェステルヨートランド地方で見つかったスパルローサの石碑（800年頃）。ヨート人による記念碑は希少である。

ヨームスヴァイキング（ヨームスヴィーキンガル）

Jomsvikings（古北欧語 Jómsvíkingar）

　半伝説的なヴァイキングの精鋭の戦士団。12、13世紀のデンマークと**アイスランド**の資料で言及され、1200年頃に書かれた『ヨームスヴァイキングのサガ』の主題にもなっている。デンマークの伝承によると、**ハラルドル青歯王**がバルト海沿岸のヴェンドランドにヨームスボルグと呼ばれる砦を築いた。このヴァイキング基地は強固に要塞化され、360隻が入る人工の港を備えていた。ハラルドルはヨームスボルグにデンマーク人首領率いる**ヴェンド人部隊**を駐留させていたという。アイスランドの言い伝えはもう少しロマンティックだが、信憑性には欠ける。それによると、ヨームスヴァイキングはデンマークのフュン島出身のヴァイキング、パールナトーキが創設したヴァイキングの軍隊だった。この傭兵部隊は誰の支配も受けず、最高入札者に貸し出されたという。彼らは誓いを立てた戦士の部隊（フェーラグ）で、年齢は18-50歳までで、厳格な規定のもとで生活していた。ありえそうにないが、ヨームスボルグの城塞に**女性**が入るのも禁じられていたとされる。990年頃、**スヴェイン双髭王**の依頼を受けてノルウェーに侵攻し、オーレスンの近くのヒョルンガヴァーグルでラーデのヤール、ハーコン・シグルザルソンと戦った。この海戦に大敗したことから、ヨームスヴァイキングの勢力は衰えていく。ヨームスヴァイキングにまつわる伝説は、ハラルドル青歯王をはじめとするデンマーク王がある時期にヴェンドの港

湾の支配権を握り、そこに守備隊を配備したことから生じた可能性が高い。ヨームスボルグの正確な場所ははっきりしていないが、ヴァイキング時代にユムネとして知られたヴォリンではないかと考えられている。だが、ヴォリンはハラルドル青歯王が創設したわけではない。その起源は8世紀にさかのぼり、彼が生まれる1世紀かそれ以上前から要塞化されていたのである。

ヨームスボルグ
Jomsborg　ヴォリンを参照

ヨルヴィック
Jórvik　ヨークを参照

「四十年間の休息」
'Forty Years Rest'

『アイルランド人と異教徒との戦』の著者がつくった言葉で、アイルランドでヴァイキングの活動がおさまっていた時期をさす。ダブリンのヴァイキングの首領イーヴァル1世が死去した873年から、シヒトリク・カエフの大船団（→艦隊）がウォーターフォードにやってくる914年までの期間で、その後、アイルランドはふたたび北欧人に掌握された。

四輪車
wagon　陸上交通を参照

ら行

ラグナル（レグネルス）[845年頃？没]
Ragnar（ラテン語 Reginherus）

フランク王国のヴァイキングの首領。840年頃、**シャルル禿頭王**により、フランドルのトルホウトの支配権限を与えられた。おそらくその地域をほかのヴァイキングから守る助力とするためだったのだろう。ところが何らかの理由で、彼はシャルルの不興を買う。次に彼が歴史に現われるのは845年3月、120隻からなる船団（→**艦隊**）を率いてセーヌ川に上ってきたときだった。シャルルはこれを阻止する準備をしていたが、愚かにも軍隊を2つに分けて川の両側にそれぞれ配備した。ラグナルはそのうちの小さいほうの部隊を襲って打ち負かすと、もういっぽうのフランク王国軍から丸見えの場所に111人の捕虜を吊るした。フランク軍はなすすべもなく見つめるしかなかった。ラグナルはそれからパリと近くのサン＝ジェルマン＝デ＝プレの修道院を略奪した。復活の主日（3月28日）のことである。すっかり怖気づいたシャルルはラグナルに銀7000ポンドを支払って撤退させた。ラグナルはデンマークに戻ったが、サン＝ジェルマン＝デ＝プレを襲った際に自軍のあいだに蔓延した赤痢にかかって死んだと言われている（当然のことながら、聖人による復讐とされた）。ラグナルは伝説のヴァイキング、ラグナル・ロズブロークと同一人物とみなされることも多い。

ラグナルド
Ragnald

ヨークのヴァイキング王（在位911年頃、919-921年）。**ダブリン王イーヴァル1世**の孫。ヨークで王になる以前のラグナルドの経歴については何も知られていない。おそらく**スコットランド**を903-904年に略奪した「イーヴァルの孫たち」のひとりだっただろう。911年頃、彼はヨークで一時的に権力を掌握、同地で彼の名前の**貨幣**が発行されている。914年、彼は**ノーサンブリア王国**へ侵攻、タイン川流域のコーブリッジの戦いでスコットランド王**コンスタンティン2世**とノーサンブリア人の連合軍に勝利している。同年、彼は**マン島**沖の海戦でライバルのノルウェー人首領バールズル・オッタルスソン率いる軍勢を破った。次の4年間は、**ウォーターフォード**を拠点にマンスターで軍事活動を重ねた。917年に彼の兄弟**シヒトリク・カエフ**がダブリンを攻略すると、ラグナルドはウォーターフォードを去ってスコットランドで略奪をおこない、ダンブレーンを襲撃する。翌年、彼はノーサンブリアに戻り、ふ

たたびコーブリッジでスコットランド・ノーサンブリア連合軍と戦う。今回は勝敗がつかなかったが彼はそのまま進軍を続け919年に**デーン人**に攻略されていたヨークを奪還、ヨーク王となる。彼の跡をシヒトリク・カエフが継いだ。

ラグナル・ロズブローク（「粗毛ズボン」のラグナル）

Ragnarr Loðbrók

有名な伝説的ヴァイキング首領。その偉業は、サクソ・グラマティクスの『**デーン人の事績**』（このなかで彼はレグネル・ロートブログと呼ばれている）の第9巻、12世紀の**アイスランド**の詩『カラスの言葉（クラークマール）』、13世紀の『ラグナル・ロズブロークのサガ』の主題となっている。ラグナル・ロズブロークはおそらく、さまざまな人物を組み合わせた人物像だと思われる。実在する複数のヴァイキングの首領たちの事績が取り込まれている。たとえばデンマーク王ラグンフロズル（814年没）、845年にパリを攻略した**ラグナル**、（860年代に**アイルランド**と**スコットランド**で活動したヴァイキングの首領）ラグナルドなどだ。また、9世紀半ばに**イングランド**と**フランク王国**で歴史的に実在したヴァイキングの首長**イーヴァル**、**ハールフダン**、ウッビ、**甲鉄のビョルン**の父親か母親とされるロズブロークあるいはロズブローカもラグナル・ロズブロークと同一人物と言われることがある。くわえて、無数の伝説的な偉業がラグナルの功績にされている。サクソによると、ラグナルはシーヴァルドの息

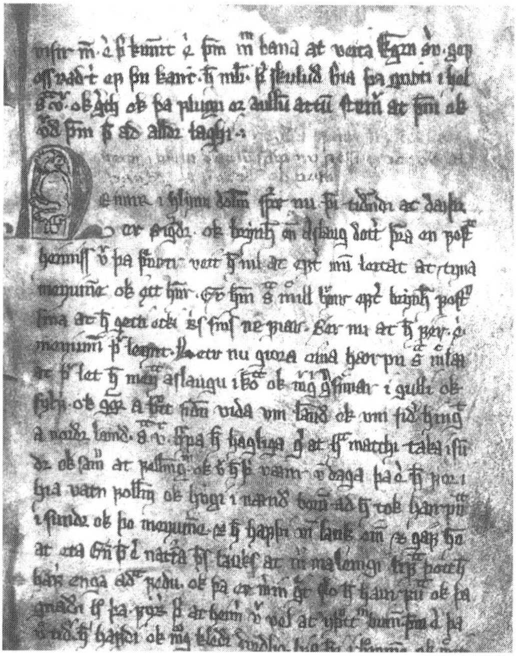

『ラグナル・ロズブロークのサガ』の1ページ。伝説的なヴァイキング、ラグナル・ロズブロークのサガである。

子である。彼は歴史上の人物シグフレズル
で、デンマーク王グズローズルの甥である。
グズローズルは『フランク王国年代記』と
ブレーメンのアダムに言及されている。アイスランドの伝承では、彼はシグルズル・フリングルというデンマーク王の息子になっている。ラグナルはまだ若いうちにデンマーク王になったと言われている。彼は王位を狙う者たちと戦い、王の座を守った。そしてヴァイキングが知る世界のほぼ全域を征服したとされる。ラグナルは２匹の大蛇を退治し、感謝するスウェーデン王から王女ソーラを妻にもらった。大蛇と戦うとき、ラグナルはその毒から身を守るために粗毛のズボンをはいていた。これが彼の添え名の由来である。アイスランドの言い伝えでは、ラグナルはソーラの死後、ファーヴニル殺しのシグルズルとブリュンヒルドルの娘アースラウグルと再婚している。サクソの物語では、ラグナルの最初の妻はヴァルキュリアのような存在のラスゲルザで、ソーラを好きになったために離婚した。ラグナルは最後はノーサンブリア王エッラ（エッレ）に捕えられ、多くのヘビがいる穴に放りこまれて処刑された。死を待つあいだ、彼は英雄にふさわしい辞世の歌を詠んで慰めを見いだしたという。ラグナルの息子の骨なしイーヴァル、シーヴァルドル（または蛇眼のシグルズル）、甲鉄のビョルンはイングランドに侵攻し、エッラを捕えて、父親を殺された復讐として、彼の背中に血のワシを刻んだという。

Saxo Grammaticus: *History of the Danes, Books I-IX*, ed, H. E. Davidson, trans. P. Fisher (Woodbridge, Suffolk, 1996).

ラグナロク
Ragnarok

　北欧神話の神々の運命、世界の破滅。ゲルマン伝説で言う「神々の黄昏」に相当する。ラグナロクに関しては、エッダ詩『巫女の予言』とスノッリ・ストゥルルソンの『散文のエッダ』（→『エッダ』）の『ギュルヴィたぶらかし』で詳しく語られている。ラグナロクは、オージンがバルドルを死の国から救い出せなかったことにある意味起因している。ラグナロクに先立つ３年間に、人間の世界にはひどい強欲と裏切りがはびこる。ヴァイキング時代に何よりも大切にされていた親族の絆はもはや何の意味ももたなくなる。ひどく厳しい冬が３回、夏が来ることなく続く。巨狼フェンリルが束縛を解かれ、太陽を飲み込む。月と星は消える。それから怒りに満ちたミズカルズル大蛇が海から姿を現わし、巨大な波が陸地を洗い、いたるところにその毒を吐きだす。巨人フリュムルが死者の伸びた爪でつくられた船ナグルファルに霜の巨人族を乗せて、高潮のなかを進む。灼熱の国ムスペッルの入り口が開き、そこを支配するスルトルがムスペッルの息子たちを率いて出撃してくる。フリュムルとスルトルの一族、ロキとヘルの軍団、フェンリルにミズカルズル大蛇が決戦のためにヴィーグリーズルの平原に結集する。ヘイムダッルが角笛を吹き鳴らして神々に終末を知らせる。神々は武器を手にし、オージンはヴァルハラの選りすぐりの戦士を率いて戦いにのぞむ。オージンはフェンリルに飲み込まれるが、オージンの息子ヴィーザルがフェンリルの顎を上下に引き裂いて父親の敵を討つ。ソ

ールはミズカルズル大蛇を倒すが、その毒にやられて相打ちになる。スルトルが**フレイル**を打ち倒す。邪悪な犬の**ガルムル**と**テュール**、さらには**ロキ**と**ヘイムダッル**も相打ちに倒れる。最後にスルトルが世界中に炎を放ち、全世界をあとかたもなく焼き尽くすと、大地は海中に沈んでいく。

だが、世界樹**ユグドラシル**は倒れない。その枝はリーフとリーフスラシルと呼ばれる人間の男女を守っていた。2人は、清められた大地が海から浮かびあがるとき、地上にふたたび人間を産み増やす。オージンの息子ヴィーザルとヴァーリ、ソールの息子モージとマグニも生き残った。バルドルと**ホズル**はヘルの国から抜け出し、太陽の娘が天を照らす。こうして激変のあと、新たな世界のサイクルがはじまる。

ラグナロクを描いた場面は、北欧人のキリスト教美術のなかにひんぱんに登場する。**キリスト教が異教を打倒した象徴**となっている。その最たる例が**イングランド**のカンブリア、ゴスフォースにある10世紀の十字架石碑である。

Snorri Sturluson, *Edda*, trans. A. Faulkes (London, 1987); H. R. Ekkus Davidson, *Gods and Myths of Northen Europe* (Harmon 1964).

ラグンヒルドル [970年頃没]
Ragnhildr

ノルウェーおよびヨーク王エイリークル**血斧王**の娘。954年にエイリークルが死去すると、彼女は母親のグンヒルドルと兄弟とともに**オークニー諸島**へ行く。そこで彼女はオークニーのヤール、頭骨破りのソルフィンヌル（→**ソルフィンヌル、頭骨破りの**）の息子のアルンフィンヌルと結婚する。『**オークニーの人々のサガ**』に描かれるラグンヒルドルは冷酷で人を操ることに長けている。アルンフィンヌルが父親の跡を継ぐとすぐに、ラグンヒルドルはケイスネスで彼を殺害する。アルンフィンヌルの兄弟で後継者のハーヴァルズルと結婚するためだ。だが、ラグンヒルドルがハーヴァルズルに不満を抱くのに時間はかからなかった。彼女はハーヴァルズルの甥のエイナルに夫の殺害を促す。その後、彼女は殺人の共犯であることを否定、エイナルを裏切って彼を死に追いやった。そして、新たにオークニーのヤールとなったハーヴァルズ

ソルワルドの十字架の一部。マン島アンドレアスより。ラグナロクのとき、オージンがフェンリルにのまれる場面が描かれている。これは、異教に対するキリスト教の勝利を象徴している。

ルの兄弟のリョートルと結婚する。これは、当時もこのサガの作者の時代も、アルンフィンヌルとハーヴァルズル殺害に彼女が関与していたかどうかわからなかったことを示唆している。ラグンヒルドルはどうやらリョートルには満足したようで、その後、彼女が話題にのぼることはなかった。リョートルはスコットランド人との戦闘で負った傷がもとで死亡した。

『ラックス谷の人々のサガ』

Laxdœla saga

「アイスランド人のサガ」のなかでもっとも重要なサガのひとつ。13世紀半ばに成立、作者は不詳。重要というのは、中世のアイスランド文学には珍しく中心人物の多くが**女性**で、著者が女性であることを示唆しているためだ。**アイスランド**西部のブレイザフィヨルズルにあるダーリルの住民にまつわるサガで、ヘブリディーズ諸島に入植したヴァイキングの**鼻ぺちゃのケティル**の物語からはじまる。サガでは、ケティルは**ハラルドル美髪王（びはつおう）**から逃れてここにやってきたことになっているが、これは年代的にありえそうもない。ケティルの死後（9世紀後半）、その息子ビョルンとヘルギ、娘の「深慮の」アウズルはアイスランドに入植し、ダーリルに定住した。アウズルの賢明なリーダーシップのもとで住民は平和に暮らしたが、彼女とビョルンの子孫たちの代になると衝突が起きるようになる。そして、グズルーン・オースヴィーフルスドッティル（ビョルンの子孫）、キャルタンとボッリ（どちらもケティルの子孫）の恋愛でヤマ場を迎える。グズルーンは夫のボリをそそのかして自分の元恋人であるキャルタンを討たせる。血讐はエスカレートしてとどまるところを知らず、最終的に首長スノッリ（1030年没）の仲介で和解する。

Laxdœla Saga, trans. M. Magnusson and H. Palsson (Harmondsworth, 1969).

14世紀の『ラックス谷の人々のサガ』の1ページより。

ラップ（サーミ）人

Lapps **サーメの人々**を参照

ラーデ

Hlaðir（Lade）

　強大な権力をもちほぼ独立国的状況にあった、**トロンヘイム**の北3キロメートルに位置するノルウェーのヤールの本拠地。ノルウェーで2番目に大きく、もっとも北にある肥沃な土地トロンデラーグ（トロンヘイム・フィヨルドの周辺地域）の統治者として、9世紀後半に頭角をあらわしたラーデのヤールは、ヴェストフォルの王たちの潜在的な敵であった。ラーデのヤールとして最初に知られているのがハーコン・グリョートガルザルソン（900年頃）で、トロンデラーグの自治権と引き換えにハラルドル美髪王を援助した。10世紀にはヤールは国王擁立者として力を振るった。ハーコンの息子で後継者のシグルズルは、ハーコン善王が936年に腹違いの兄エイリークル血斧王を追放するときに支援している。ヤールの権力は10世紀後半に最高潮に達する。ヤールのシグルズルがハラルドル灰衣王に殺されると、シグルズルの息子ハーコン・シグルザルソンはデーン人と同盟を組んで、ハラルドルを倒した。ハーコンは当初デーン王の封臣としてノルウェーを統治していたが、その後、反旗を翻し、独立した統治者としてヤールの権力を強め、事実上、ノルウェー全土を支配した。995年、**オーラヴル・トリュッグヴァソン**がノルウェーで権力を掌握するとハーコンは殺害され、息子のエイリークル・ハー

ラーデ——そのヤールは10世紀にノルウェー諸王と権力争いをしていた。

コナルソン（ラーデのエイリークル）はデンマークへ亡命、デンマーク王**スヴェイン双髭王**の支援を得てオーラヴルに勝利し、彼を殺害、ノルウェーはふたたびデンマークとラーデのヤールのあいだで分割統治されることになる。1015 年、エイリークルは弟のスヴェイン（→**スヴェイン・ハーコナルソン**）をラーデのヤールとし、ノルウェーを離れて**イングランド**で**クヌートル**に合流する。エイリークルの不在中に、**オーラヴル・ハラルズソン**がノルウェーを掌握。スヴェインは亡命し、ほどなく死去した。1028 年にオーラヴルが亡命すると、クヌートルはラーデのヤールを通してノルウェーを統治する方法を復活させようとするが、1029 年にラーデのヤールの最後となるエイリークルの息子ハーコンが溺死したため、その方法はできなくなった。その後、新たなヤールがノルウェーに立てられたのは 1 世紀以上後のことであった。

ラーデのエイリークル（エイリークル・ハーコナルソン）［1023 年頃没］
Erik of Hlaðir（Erik Hákonarson）

　ラーデのヤール（1000-1015 年頃）。ノーサンブリアのヤール（1016-1023 年頃）。父親の**ハーコン・シグルザルソン**はラーデのヤールで、970 年頃から**ノルウェー**を支配したデンマーク諸王の主要な支援者だった。995 年、ノルウェーで**オーラヴル・トリュッグヴァソン**が権力を掌握すると、ハーコンは殺害され、エイリークルは**デンマーク**に逃れる。996 年か 997 年頃、エイリークルはヴァイキングを率いて**ロシア**を襲撃。商人の**町スタラヤ・ラドガ**を略奪し

た。1000 年、エイリークルはデンマークとスウェーデンの支援のもと、スヴォルズの海戦でオーラヴルを待ち伏せて殺した。エイリークルはラーデに戻り、半独立状態でノルウェー北部を統治した。南部は**スヴェイン双髭王**がふたたびデンマークの支配下においていた。エイリークルはスヴェインの娘ギューザと結婚することで関係を確固たるものとした。1015 年、エイリークルはノルウェーの統治を弟の**スヴェイン・ハーコナルソン**に任せて、**クヌートルのイングランド**侵攻に参加する。エイリークルの不在が、**オーラヴル・ハラルズソン**にノルウェー王位を掌握する機会を与えた。イングランドでクヌートルが勝利をおさめたのち、エイリークルはノーサンブリアのヤールに任命される。1023 年、クヌートルの特許状の署名者として出てきたのを最後に、エイリークルの名前は歴史から消えた。

ラドビー船葬墓
Ladby ship burial

　デンマーク、フュン島のケアタミネ・フィヨルドで 1935 年に発掘された 10 世紀半ばの貴族の船葬墓。フィヨルドを見渡すひときわ目立つ墳丘（ふんきゅう）に埋葬されていた。古墳からはほかにもヴァイキング時代の墓が 12 基ほど見つかっているが、いちばん副葬品が豊かなのがこの船葬墓だ。船体はほぼ完全に腐敗しているが、地中に残る跡と厚板を留めるのに使用されていた鉄製の鋲（びょう）からその大きさと形が復元された。船体は細長く、全長 20.6 メートル、幅 2.9 メートルで、船体中央部の深さはわずか

ラドビー船葬墓から出土した10世紀の船の復元レプリカ。

70センチメートルだった。全長と船幅の比率は7：1で、スクレレウで見つかった11世紀初頭の戦闘用の小型船2隻と同じくらいである。その肋材の数から、この船が16組の漕ぎ手用だったことがわかる。帆、マストや檣根座の痕跡は残っていないが、鉄製のシュラウドリングが4つ見つかっていることから帆船だったと考えられる。船首と船尾は鉄製の装飾品で飾られている。墓からは船のほかに鉄製のいかりと鎖、11頭の馬、馬具、多数の犬、精巧な装飾をほどこした綱、武器、銀製のベルトのバックル、銀・青銅製の食器類、金糸で刺繍した布や毛皮の痕跡などが出土している。これらは当初の副葬品のごく一部にすぎないと思われる。この船葬墓は中世に盗掘され、埋葬室と遺骸は破壊されたか持ち去られた。

K. Thorvildsen, *The Viking Ship of Ladby* (Copenhagen, 1975).

ランス＝オ＝メドー
L' Anse-aux-Meadows

ニューファンドランド島の最北端にあるヴァイキング時代の小さな入植地。コロンブスが上陸する以前に、アメリカ大陸にヨーロッパ人が到達したという考古学的証拠が唯一残る場所である。1960年のこの遺跡の発見は、劇的な出来事だった。北欧人がグリーンランドからヴィンランドへ航行したというサガの記述が歴史に基づいていることが確認されたのだ。架空の土地にまつわるただの空想的な物語ではないことが裏づけられたのである。この遺跡に北欧人の先祖が入植したことは、鉄製の鋲やそのほかの金属加工の証拠から疑う余地はない。11世紀のアメリカ先住民は金属を使っていなかった。そして、スカンディナヴィアの遺物に特徴的な青銅製の円環つきピンも見つかっている。入植地は芝土でつくった住居と作業小屋の建物群からなり、ア

ニューファンドランド島ランス＝オ＝メドー、再建された北欧人入植地。

イスランドやグリーンランドで北欧人がつくった建物にとてもよく似ている。約90人が居住できたと思われる。紡錘車の発見は、住民のなかに女性がいたことを示唆している。糸紡ぎはヴァイキング社会で女性の仕事だったからだ。住民は狩猟や釣りをしていたが、農業の証拠は見つかっていない。おもに造船に関係する鍛冶と大工仕事をおこなっていた。その地域の環境は、サガのヴィンランドにまつわる描写とは合致しない。そのため、この入植地は南への遠征の宿営地として使われていたのかもしれない。その証拠に、セントローレンス川の北側では育たないバタグルミ（クルミの一種）が遺跡から見つかっている。放射性炭素年代測定から、この遺跡が使用されたのは1000年頃から1020年にかけてのわずか10年ほどだったことがわかっている。

A. S. Ingstad, *The Discovery of a Norse Settlement in America: Excavations at L'Anse-aux-Meadows, Newfoundland 1961-68* (Oslo, 1977).

ランス大司教エボ [775年頃-851年]
Ebo of Rheims

ランス大司教（816-834年）で伝道師。身分の低い生まれで、フランク王国の宮廷で教育を受けたのち、司祭になる。ルイ敬虔王の顧問官および王室司書をつとめ、816年にランス大司教に就任する。ローマ教皇パスカリス1世より教皇特使に任命され、822-823年にフランク王国の最初の宣教団を率いてデンマークへ行く。王位を保つためにルイ敬虔王の助力を必要としていたハラルドル・クラック王の同意を得ていたと思われる。さらに2度にわたって宣教活動をおこない、改宗者はわずかだったが、のちの聖アンスガルの宣教の基盤固めにはなった。とはいえ、彼の布教もエボ以上に成功したとはいえない。その後、

ランス大司教エボの福音書より、聖マタイ。

ルイ敬虔王と対立したエボは834年に投獄され、司教座を追われる。845–847年頃、エボはヒルデスハイムの大司教に任命され、851年にその地で生涯を終えた。

ランドアウラル（「出国税」）
landaurar ('land dues')

12世紀の『アイスランド人の書』によると、9世紀後半、ハラルドル美髪王はノルウェーからアイスランドに移住する人びとに銀5オンスのランドアウラルを課した。11世紀までには、ノルウェーを訪れる外国人が支払う収益の大きな税となっていた。1025年にアイスランド人と和議を結んだノルウェー王オーラヴル・ハラルズソンは、ノルウェーにおけるアイスランド人の個人の権利を認めている。損傷に対する補償、相続と取引（→交易）に関する権利などが含まれ、商人や船員に関する国内法の『ビルカ島の法』に準じていた。これは到着時にランドアウラルを支払う見返りで、戦争時の支援も約束されていた。これらの権利は、その後1085年に宣誓のもとで書面にされている。

陸上交通
transport, land

ヴァイキング時代のスカンディナヴィアでは、中世初期のヨーロッパのほぼ全域と同じく、陸上の整えられていない道路や小道を旅するのは、水の上を行くよりもずっと時間がかかった。また、重い荷物を長い距離運ぶのはきわめて不経済だった。ヴァイキング時代、スカンディナヴィア人はた

いてい徒歩で移動した。裕福な者は、それほど起伏が激しくない地域では馬に乗った。商品を輸送するのに荷馬が使われたはずだが、確かな証拠は見つかっていない。ヴァイキング時代のスカンディナヴィアの馬は、小さくてずんぐりしていた。今日のアイスランドのポニーくらいの大きさだった。乗馬の際には鞍やあぶみ、拍車、馬勒などが用いられ、裕福な異教徒の男性の墓にかなりよくある埋葬品である。ヴァイキング時代末期以前に、馬蹄が使われていたかどうかはわかっていない。**デンマーク、ノルウェー南部、スウェーデン**では、重い荷物や高位の**女性**を運ぶのに4輪の荷馬車が使われていた。車輪のついた乗り物はそれより北の地域では使用されていなかった。おそらく**アイスランド**でも。ヴァイキング時代のスカンディナヴィアの4輪車で、唯一完全な形で残っているのが、**オーセベリ船葬墓**で発見されたものである。手の込んだ装飾をほどこした4輪車の車輪はスポークがついていて、前輪と後輪の直径は同じである。前の車軸は動かすことができず、車輪にすり減ったところが見られないことから、この4輪車は埋葬のためにつくられたのだろう。オーセベリで見つかった4輪車のものと同じ方法でつくられた車輪の一部がデンマークの**リンホルム遺跡**から出土している。そのほか、車軸を含む4輪車の断片がデンマーク各地の遺跡で発見されている。オーセベリ船葬墓のタペストリーや**ゴットランド島**の**絵画石碑**には、4輪車の絵も残されている。そうした遺物から、通常、4輪車は1頭の馬でひいていたようで、2頭のものはひじょうに

珍しかった。ヴァイキング時代にスカンディナヴィアに入ってきた引き具も使われていたようだ。道がよければ、1頭の馬で最大500キロ程度の荷を運ぶことができただろう。手押し車は、2人の人間が担架のように短い距離を運ぶときに使われた。デンマークの**イェリング、ヘゼビュー、ダーネヴィアケ**の防塁から出土している。

　いくつかの点から、冬に湿地や河川が凍る時期には、とくに北の地域で陸上のほうが移動しやすかった。そりやスキー板、スケートが冬の移動に用いられた。もっとも一般的なそりは、「そりスキー」だった。低く、手で引くタイプのそりで、上向きに乗って雪の上を滑る。もっとも保存状態のよいものがオーセベリ船葬墓で出土している。豊かな彫刻をほどこした個人の移動用のそりが3台、物を運ぶためのそりスキーが1台見つかっている。時代の下った**ゴクスタ船葬墓**の副葬品のなかにもそりが含まれていた。大型のそりは、凍った道も進めるように鉄製のアイゼンをはかせた馬がひいた。スキーは、5000年以上前にスカンディナヴィア北部のサーメの人々やフィンランド人のあいだで用いられたのがはじまりで、ノルウェーやスウェーデンでも広く使われるようになった。**スカルド詩**にもスキーが出てくるほか、スウェーデンのウップランドのボクスタではスキーを履いた人の姿を彫ったヴァイキング時代の石の遺物が見つかっている。スキー板はその弾力性からマツでつくられることが多く、松やにのおかげで滑りやすくなった。スキー板に水平にあけた穴に革ひもを通し、足を固定するようになっていた。ヴァイキング

儀式用のそり（上）と荷馬車（中）。オーセベリ船葬墓から出土。ノルウェー人の墓に埋葬されていた鉄製のあぶみ（下）。死者が高い地位にあったことをしめすものである。馬に乗る余裕があるのはごく限られた人びとだけだった。

時代は、スキーをするときは1本の棒を使う、棒は使わずに滑った。2本のストックで滑るようになるのは近代になってからである。スカンディナヴィア中部では、形がそろっていない2本のスキー板で滑った。短いほうが推進力になり、長いほうが滑走力となった。スケート靴は「氷脚」として知られ、スカンディナヴィア全域で多数見つかっている。通常、馬や牛の中足骨からつくられ、革ひもで足を固定した。ひもはスケートの前面の穴に通して、後ろに差し込んだ木のプラグの周りに留めた。金属の刃のついたスケート靴と違って、この種類のスケート靴は氷を切らないので、現代のような滑り方はできなかった。そのかわりに、ヴァイキング時代の人びとは、先端に鉄のついた棒を使って氷の上を進んだのである。

離婚

divorce　結婚と離婚を参照

リシャール善良公（リシャール2世）

[1026年没]

Richard the Good (Richard II)

　4代目ノルマンディー公（在位996-1026年）。ノルマンディー公という称号を最初に用いた（1006年から）。リシャール無怖公とデーン人の側室のあいだに生まれた。即位して間もなく、農民の反乱が生じるがこれを鎮圧する。また、ブルゴーニュ公と戦うフランス王ロベール2世を支援し、ノルマン教会の改革を奨励した。レンヌ伯の妹ジュディットと結婚し、ブルターニュを自分の勢力圏内にとりこんだ。

リシャールはスカンディナヴィアと密なつながりを維持した最後のノルマン人統治者だった。彼はデンマークのスヴェイン双髭王がイングランドに侵攻する際には、ノルマンディーを基地として使うことを許可した。1000年には、コタンタン半島でアングロ・サクソン人の報復攻撃を撃退している。こうした支援は、1002年に自分の妹エマをイングランド王エゼルレッド2世と結婚させた後も続いた。1003年、スヴェインは支援の返礼として、略奪品の分け前をリシャールに渡すことに同意した。そのいっぽうで、1013年にはイングランドを追われたエゼルレッドをノルマンディーに亡命させている。1013年から1014年にかけてリシャールがシャルトルを攻撃したときには、ヴァイキングの軍勢も参加している。1014年、ノルマン人の兵士たちは、クロンターフの戦いでヴァイキング部隊と戦った。クヌートルがアングロ・スカンディナヴィア帝国を築くと、北方とのつながりはすぐになくなった。ノルマンディーでスカンディナビアの影響をしめす最後の名残りというと、1025年、リシャールの宮廷にノルウェー人詩人がいたことくらいだろう。リシャールの息子リシャール3世(在位1026-1027年)とロベール華麗公（ロベール1世、在位1027-1037年）がノルマンディー公を継いでいる。

リシャール無怖公（リシャール1世）

[932年頃-996年]

Richard the Fearless

　ノルマンディーの3代目支配者（在位942-996年）。ウィリアム長剣公の庶子。

942年、父親が暗殺され、10歳ほどでルーアン伯となる。年が若いことから、西フランク王ルイ4世とユーグ大公に公領を狙われ、ノルマンディーの統治はひじょうに困難をきわめた。ヨークを追われたシヒトリクがヴァイキング戦士団を率いてバイユーにあらわれると、事態はさらに複雑になる。ルイ4世はリシャールをランに監禁、945年がルイがヴァイキングに拘束されるとリシャールは逃げ出して、翌946年にはルーアンの支配権を取り戻していた。だが、ノルマンディー西部を支配下に置くまでには数年を要した。彼は歴代のノルマンディー公のような侵略的な政策を徐々にとらなくなり、フランスの封建政治制度にならうようになる。そして、安定した治世下で、9世紀にヴァイキングの激しい妨害で中断していた教会の組織化と修道院制度を復活させた。また、ユーグ大公との結びつきを深め、その娘のエンマと結婚した。

987年、義理の兄ユーグ・カペーを次期フランス王にするために、リシャールは重要な役割を担った。エンマとのあいだに子供はなかったが、デーン人の側室グンノールとのあいだに**リシャール善良公**を含め、複数の子供をもうけた。

リズ
lið

ヴァイキング時代のスカンディナヴィアの王や首長の直属の従士団(リズ)。その規模は統率者の富や地位、勢力によって変わった。地域の首長のリズなら、1隻の船でじゅうぶん足りる人数だったと思われるが、王のリズともなると船団を編成するくらいの規模になったかもしれない。リズのメンバーは軍事的同封の士、すなわちフェーラグを形成し、相互の忠誠心で結ばれていた。リズ内の規律は、戦場で主君や仲間を見捨てたら恥さらしだという恐れで保たれていたと思われる。英雄的な理想像として、戦士はどこまでも主君に従い、必要なら死もいとわない、というものだった。9世紀に西ヨーロッパで略奪をくり返したヴァイキングの軍隊は、リズの集合体で、共通の目的のためにまとまっていた。首長のリズはおそらく地域の防衛部隊の中核をなし、さまざまな召集部隊によって増強されていたと考えられる。

リブルヘッド
Ribblehead

ノース・ヨークシャーにあるヴァイキング農場跡。ノルウェーで見られるようなロングハウス、鍛冶場、小さなパン焼き場が

リシャール無怖公の貨幣。彼の治世下でノルマンディーはフランスの封建制の公国となった。

中庭の周りに集まっている。農場は野原の囲い地の中央に建っていた。ロングハウスからは、**ヨーク**大司教ウルフヘレの銘の入った銅貨(スタイカ)(862年頃のもの)などの硬貨(→貨幣と貨幣鋳造)が見つかっている。これはこの農場が9世紀に使用されていたことを示唆している。数は少ないが工芸品も出土している。なかでも銅鐸(どうたく)と臼石(うすいし)には、はっきりとしたスカンディナヴィアの特徴は見られず、この農場の住人が民族学上いかなる人々であったのかは不明である。

リーベ
Ribe

　スカンディナヴィアで発展した最古の町とされる。ユラン半島西部のリーベ川沿いにあり、北海から5キロほど内陸に位置する。川の北岸の潮汐(ちょうせき)がおよばなくなる地点にヴァイキングの町があった。川の北西部では、8世紀初頭から季節ごとに小さな市場が開かれるようになる。木製の売り場(710年頃にさかのぼる)で職人たちが革や枝角(えだづの)、ガラス、琥珀(こはく)、青銅(せいどう)製品をつくり、販売していた。紡錘車(ぼうすいしゃ)、織(お)り機の錘(おもり)が大量に発見されていることから、多数の女性がこの地で糸紡(いとつむ)ぎや機織(はたお)りを営んでいたと思われる。遺跡から見つかった羊の骨はどれも老いたものばかりで、羊はその肉よりも地域の織物業で使用される羊毛のために飼われていたようだ。牛糞(ぎゅうふん)の厚い層が出土しており、リーベの重要な輸出品のひとつが皮革だったと考えられる。大量の

リーベに退蔵されていた大量のシェアット銀貨。フリジアか、もしかするとその地域で鋳造されたのかもしれない。

銀貨——フリジアのシェアット銀貨か、ひょっとすると、現地でそれを模してつくられたもの——が見つかっていて、リーベが重要な交易拠点だったことがわかる。リーベは北海沿岸から南の地域と交易するのに便利な場所にあったため、すぐに定住地が発達した。9世紀には都市の境界を定める溝がつくられ、次の世紀には防備のための土塁も築かれた。リーベがはじめて文献に登場するのは、リムベルトの著した『聖アンスガル伝』のなかである。アンスガルは850年代に国王ホリック2世の許しを得てリーベに教会を建てた。948年にはリーベに司教座（→司教区）が置かれる。1000年頃、居住地は川の南側へ移動し、今日も町の中心地となっている。中世後期までリーベは重要な交易拠点だったが、川の水位が浅くなって海からの出入りが徐々に難しくなっていた。

リムリック（フリュムレック）
Limerick（古北欧語 Hlymrekr）

　ダブリンに次ぐ、アイルランドでもっとも重要なスカンディナヴィア人入植地。これまでの発掘調査では、ヴァイキング時代の町であった確たる証拠となる痕跡は確認されていない。リムリックの町は840年代にロングフォートとしてはじまった。シャノン川河口に位置し、アイルランド中央低地を襲撃するための理想的な拠点となった。スカンディナヴィア人による恒常的な定住地建設は922年、トマル・マック・アイルヘェ（ソルモーズル・ヘルガソン）によって攻略、要塞化されたときにつくられた。リムリックとダブリンのヴァイキングは敵対関係にあり、924年、ダブリンのグズフリズルがリムリック征服を試みるが撃退される。927年、グズフリズルのヨーク不在中にトマルが短期間ダブリンを奪取する。937年、オーラヴル・グズフリズソンがリー湖でリムリックの船団（→艦隊）を破壊して、ついにダブリンが支配権を握る。968年、ダール・ガッシュおよびマンスターの王でもあったマスガマンがリムリックを攻略、激しい略奪をおこなった。戦える年齢に達した男性の捕虜はすべて処刑され、そのほかの人びとは奴隷として売られた。リムリック王イーヴァルはイングランドへ亡命する。969年に帰国したイーヴァルはリムリックをふたたび要塞化するが、977年にブライアン・ボルとの戦いで殺される。その後、リムリックは事実上アイルランドの支配下に置かれるが、住民は12世紀まで北欧人的性格を色濃く残していた。

リューリク [879年頃？没]
Rurik（Ryurik, Roric）

　半伝説的なルーシ国家の創設者。『ロシア原初年代記』によると、860年頃から862年に内乱に疲れ果てたスラヴ人たちは、ヴァリャーグのルーシ人に法によって自分たちを治める指導者を送ってくれるよう頼むことにした。そして3人の兄弟が選ばれた。長兄のリューリクはノヴゴロドに国を建てて支配者となった。次兄のシネウスはベロオーゼロに、末弟トルヴォールはイズボルスクに居を定めた。2年後に弟たちが死去すると、リューリクがロシア北西部全域の支配者となった。彼の後継者は

19世紀のロマンチックな肖像画。ルーシ国家の半伝説的な創始者、ヴァイキングのリューリク(左)とオレグ(右)。

親族のオレグで、リューリクの幼い息子イーゴリをオレグが育てた。現代の歴史学者たちはこの年代記の内容をほぼ伝説とみなしている。リューリクを高祖とするキエフのリューリク朝の正統性を確立することを第一の目的としているためだ。

リューリク朝
Ryurik dynasty

10世紀から1598年までロシアを支配した王朝。王朝の始祖は半伝説的なヴァイキング、リューリク(879年頃?没)であると、12世紀以降王家が主張し、リューリク朝と名乗った。12世紀以前のロシアの統治者は、**キエフ大公のイーゴリ**(在位913-945年)を歴史的に裏づけのある王朝の初代創立者とみなしていた。

リュリコーヴォ・ゴロジシチェ
Ryurikovo Gorodisce

9世紀の要塞化された定住地。ヴォルホフ川の島で、今日のノヴゴロドの中心から2キロ上流にあった。遺跡発掘で発見された遺物の多くには、スカンディナヴィアの影響が色濃く見られる。『ロシア原初年代記』のなかに出てくる、リューリクが創設したルーシ国家の首都ノヴゴロドが、リュリコーヴォ・ゴロジシチェだという可能性は高い。ノヴゴロドのヴァイキングの呼び名であるホルムガルズル(Holmgarðr「島の町」の意)も、もともとはこの地域を指していたのだろう。

リュルシャウの荒地の戦い
Lyrskov Heath, battle of

1043年9月、ヘゼビューの近くでおこなわれた戦い。**マグヌス1世**(善王)率

いるデンマーク・ザクセン連合軍がヴェンド人に決定的勝利をおさめ、ヴェンド人はデンマークの南の国境へ敗走した。死傷者数は定かではない。この戦いから30年後に書かれた**ブレーメンのアダム**の記述によると、ヴェンド人側の死者は1万5000人にのぼった。

リンディスファーン（ホーリー・アイランド）
Lindisfarne (Holy Island)

　イングランド北東部ノーサンバーランド州の沖に浮かぶ島。ヴァイキング襲撃のもっとも古い日付が特定されている。この島がヴァイキングの標的になったのは、634年に聖エイダンが建てた有名な修道院があるためだった。793年6月7日、**ノルウェー西部のホルダランのヴァイキング**が襲来する。**教会**は略奪され、建物も多少の損傷を受けた。祭壇は冒瀆され、聖遺物は破壊された。修道士は殺されたり、溺死した。捕虜になった者もいた。この修道院には「**リンディスファーンの福音書**」や聖カスバートの遺物を含めた貴重な宝があったが、修道士たちは襲撃の危険を警告されていたのだろう。ヴァイキングの手に落ちることはなかった。このような神聖な場所が襲撃されたことは深い衝撃をもたらした。修道院襲撃の知らせが大陸に届くと、**アングロ・サクソンの学者アルクィン**はすぐに、神や聖人たちがこの修道院を守ってくれなかったのは、何らかの大きな罪に対する神の怒りのあらわれだろうと記している。**カール大帝**は、捕まっている修道士たちを解放するために**身代金**を支払う準備をした。うまくいったかどうかは不明である。修道院は襲撃を乗り越えたが、840年代には聖カスバートの聖遺物を含めた貴重な品々を、安

リンディスファーン修道院。793年にもっとも初期のヴァイキング襲撃を受けた場所のひとつ。

全のために内陸部のノラムへ移している。リンディスファーンは875年に2度目のヴァイキング襲撃を受ける。その後、修道士たちはこの地を捨てて聖カスバートの聖遺品とともに7年間さまよった末に、チェスター＝ル＝ストリート（ダラム）に落ちついた。ヴァイキングの襲撃が再開されると、995年に完全にダラムへ移った。その後、1081年にリンディスファーンにはベネディクト会修道院が再建される。

このアングロ・サクソンの修道院の遺跡はもう見ることはできない。この島に現存する修道院の廃墟は、その後のベネディクト会修道院のものである。島の北側のグリーン・シールの発掘調査で、ヴァイキング時代の農場跡が発見されている。当時のイングランド北部のスカンディナヴィア人入植地（リブルヘッドなど）の例にもれず、建物は石造りだったが、スカンディナヴィア人が居住していたという証拠は見つかっていない。

リンホルム遺跡
Lindholf Høje

ヴァイキング時代の重要な墓地・集落遺跡。ユラン半島、オールボーに面するリムフィヨルドの北側にある丘に広がる。集落からは長方形と弓なりの壁をもつ館の建物（後者はフュアカトやトレレボーの要塞跡で見つかった10世紀の建物によく似ている）の痕跡が見つかっている。居住地には木の板でつくった道路が通っていた。青銅や鉄の加工をおこなっていたという証拠は限られたもので、大部分は農業を営んでいた。村落の耕作地の一部が発掘され、鋤（ま

たは鍬）で耕した畝と溝のパターンが残っている。土壌からは鋤で耕した跡や、荷物の車輪の跡のほか、足跡まで見つかっている。墓地には700基の墓があり、そのほとんどは6世紀から11世紀後半にかけて火葬されたものである。もっとも初期の火葬墓は小さな墳墓だったが、8世紀には正方形や三角形、楕円形に並べた石のなかに墓が置かれた。ヴァイキング時代は、ほんものの船の象徴として、火葬墓のまわりに小さな船の形に石が配列された。11世紀後半には、火葬よりも土葬されるようになる。おそらくキリスト教の影響だろう。墓地はきわめて大きく、500年ほど使用された。墓地から、集落の人口が平均でわずか40人程度だったことがわかっている。集落も墓地も吹き寄せる砂丘の砂に埋もれて1100年頃に放棄された。

ルイ敬虔王（ルートヴィヒ1世）[778-840年]
Louis the Pious

フランク人の皇帝（在位814-840年）。その治世下で、ヴァイキングがカロリング朝に最初の本格的な侵略をおこなった。父であるカール大帝の死後、その帝国は息子たちのあいだで分割することになっていたが、大帝の死後に生存した唯一の息子として、814年に帝国のすべてを相続した。北方からヴァイキング、地中海からサラセン人の襲撃を受けたが——とはいえカール大帝が構築した沿岸の防衛体制で食いとめた——、それ以外に外部からの深刻な脅威にさらされることはなかった。819年、ルイは2度目の結婚をする。これがなければ、

フランク人の皇帝ルイ敬虔王（ルートヴィヒ1世）。同時代の写本より。

彼の治世はかなり平穏だっただろう。

817年、ルイは長男のロタールを共同皇帝および後継者とし、そのほかの息子ピピンとルートヴィヒ2世（ドイツ人王）にもそれぞれ王国を分け与えることを定めた。だが819年、最初の妻の死後わずか4か月でバイエルンのユーディトと再婚し、この取り決めが崩れる。823年、ルイとユーディトのあいだに息子が生まれる。**シャルル禿頭王**である。彼にもきちんと相続分を確保するには、腹違いの兄たちに与える領土から分割するしかなかった。829年、ルイはシャルルにアレマンニアを相続させる分割案を定める。ロタールは兄弟の支援を受け、父親を廃位させる。ルイは830年にナイメーヘンの帝国会議で復位するが、以後ずっと相続問題に悩まされることになる。832年にルイはピピンが相続予定のアキテーヌをシャルルに継承させようとし、内乱が生じる。ルイはふたたび廃位され、834年に復位する。ルイの晩年は反乱続きで、840年に死去した後も遺子ロタール、ルートヴィヒ、シャルルのあいだで新たな内乱が勃発した。843年、ヴェルダンで3者が分割相続に合意し、相続争いにようやく終止符が打たれた。

その治世のあいだ、ルイはヴァイキング襲撃に備えて北部沿岸地域の防衛にかなり力を入れ、それなりの成果をあげていた。829年以前の治世下で、記録されているヴァイキング襲撃は1度だけである。この820年の襲撃は、13隻の船団による大規模なものだった。湾岸警備隊が2度撃退するが、防備の隙をついてアキテーヌの村落が略奪されたのである。830年代初頭の内乱は国の防衛力をひどく低下させ、834年にヴァイキングに最初の内陸部へ侵攻を許すことになり、ライン川の港市**ドレスタット**が略奪された。ルイは引き続き精力的に対処し、翌835年と837年にライン川河口を守るための要塞の建設を命じている（**環状砦、フランク王国**の参照）。そのうちのひとつ、ワルヘレン島に建設された砦は837年にヴァイキングに奪取され、多大な損失を被ったルイはローマへの旅を中止している。この頃、ルイはデンマークにおける外交政策を推進していた。**グズローズル王**の息子たちと敵対関係にあり、ひんぱんに追放されていた**ハラルドル・クラック**を828年まで支援し、スカンディナヴィアにおけるキリスト教布教も奨励した。

836年と838年には、デンマーク王ホリックを促して、海賊のリーダーらを捕まえ、処刑させている。これは軍事措置をとるよりも、ヴァイキングに効果的だったのだろう。838年から内戦が再開する841年まで、カロリング帝国がヴァイキングに襲撃されたという記録は残っていない。

ルーシ
Rus

ロシアに居住するスカンディナヴィア人を指す用語。ロシアという呼称はルーシにちなんでいる。ヴァイキング時代に東ヨーロッパでもっとも活動的だったスカンディナヴィア人であるスウェーデン人を指す、フィンランド語のRuotsiが、「ルーシ」という言葉の由来であると一般的には考えられている。フィンランド語のRuotsiという語自体が、おそらくスカンディナヴィアで「オールを漕ぐ船員」を意味するroðrに由来すると思われる。これ以外の信憑性のある説として、ギリシア語に由来する言葉とする見解もある。文献に出てくるRosonomes(rusioiすなわち「金髪」の人々の意)である。これはヘルリ族の別名で、ヘルリ族は3-6世紀に海賊、商人として東ローマ帝国で活動していたスカンディナヴィアの一部族である。とくにソ連時代に、影響力を持つ歴史学者の一派がルーシをスカンディナヴィア人ではなくスラヴ人とする見解に傾いた。しかし11世紀——それ以前とは言えないにしても——までには、ルーシは先住民のスラヴ人に同化しはじめていた。彼らの起源がスカンディナヴィアにある証拠は強力である。ヴァイキング時代のロシアにおけるスカンディナヴィア人定住地跡からは、多数の考古学的証拠が見つかっている。また、同時代の『サン゠ベルタン年代記』は、839年に「ロス」と名乗る一団が、東ローマ帝国の派遣団とともにフランク国王ルイ敬虔王の宮廷を訪れたと述べている。宮廷でのやりとりのなかで、彼らは「スヴェーア族に属する」と明かしている。それを聞いたルイは、彼らがヴァイキングのスパイではないかと危惧した。クレモナ司教のリュートプラントは、941年にコンスタンティノープルを攻撃したルーシを直接見ていた自分の養父の話を書き留めながらルーシは「北方人（ノルマンニ）」であると確認している。また、旅行経験の豊富なアラブの著述家ヤアクービーは、844年にセビーリャを攻撃したヴァイキングが「アル゠ルースと呼ばれる異教徒」だったとしている。ルーシ人がスラヴ人とは異なる言語を話していたことは明らかだ。東ローマ皇帝コンスタンティノス7世ポルフュロゲネトス（在位913-959年）は、著書『帝国の統治について』で、ドニエプル川の急流にルーシとスラヴの名前の両方を与えている。ルーシのための名称（たとえば「波の力」を意味するBaruforos）は古スカンディナヴィア語である。最後に、ルーシ国家の最初期の統治者たちの名前——「リューリク」は「ロリック」、「オレグ」は「ヘルギ」、「イーゴリ」は「イングウァル」に対応——もスラヴよりもスカンディナヴィアに由来することは明らかだ。10世紀半ばから、スカンディナヴィア人はギリシア、アラブ、スラヴの人びとから**ヴァリャーグ**と呼ばれていた。

ルンド
Lund

　ロスキレとともに、ルンド（現在**スウェーデン**、スコーネの都市）は中世の**デンマーク**王国の王室および教会の中心地として重要な役割を担っていた。かつては**クヌートル**が創設したと考えられていたが、ルンドでもっとも古い集落跡の証拠から10世紀後半にさかのぼることがわかっている。当時の村には東西に大通りが1本走っているだけだった。当初からキリスト教徒たちの村だったと思われる。中世の教会墓地から出土した木棺の年輪年代学による分析から、990年頃のものと判明しているからである。1020年、クヌートルはルンドに貨幣鋳造所を設置、1050年には新たに5つの**教会**が建てられている。1060年に**司教区**が置かれ、のちの1103-1104年には大司教区となっている。現存するロマネスク様式の壮麗な大聖堂は1120年頃に建立された。ルンドの主要な手工業は革の加工だった。発掘されたある通りは、表面がすべて廃棄された革の切れ端で覆われていた。その後、17世紀になるとルンドはスウェーデンの支配下に置かれた。

ルーン文字
runes

　初期のゲルマン民族が用いた最古かつ、唯一の固有の文字体系である、ルーン文字の個々の文字をルーンと呼ぶ。アルファベットは、最初の6文字を取ってフサルク（fuþark）と呼ばれる。ヴァイキング時代は、**オージン**がルーン文字をつくったと信じられていた。現在では、ラテン文字やエトルリア文字に由来すると考えられている。ルーン文字はもともと木片に彫られていたが、木目と見分けにくい水平の線が避けられるようになる。現存最古のルーン文字は150年頃にさかのぼるもので、おそらく前世期から発展していたと思われる。**キリスト教**とともにラテン文字がとり入れ

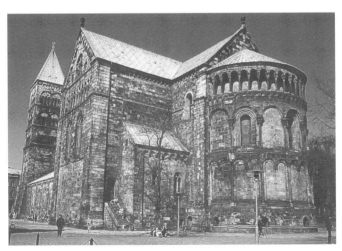

ルンドにある、壮大なロマネスク様式の大聖堂。1120年頃建立された。

ルーン文字 371

ᚠᚢᚦᚬᚱᚴ   ᚼᚾᛁᛆᛌ   ᛐᛒᛘᛚᛦ
f u þ a r k   h n i a s   t b m l R

ᚠᚢᚦᚨᚱᚲ   ᚺᚾᛁᚨᛊ   ᛏᛒᛗᛚᛉ
f u þ a r k   h n i a s   t b m l R

上：短枝ルーン、または
スウェーデン＝ノルウェー・ルーン。
下：長枝ルーン、または
デンマーク・ルーン。

マン島のルーン石碑。

られると、ルーン文字に徐々にとってかわるようになる。スカンディナヴィアではドイツ北部やフリジア、イングランドよりもずっと長くルーン文字が記され、15世紀になっても使われていた。スウェーデンのダーラナ地方では伝統的なルーン文字が20世紀に入っても存続していた。

　最初期のフサルクは150年頃から750年にかけて使用されていたもので、24文字からなる。ヴァイキング時代に16文字に減少している。2種類のルーンが知られている。長枝ルーン（使用されていた地域からデンマーク・ルーンとも呼ばれる）と、その省略形の短枝ルーン（同様に、普及していた場所からスウェーデン＝ノルウェー・ルーンともいわれる）だ。ルーン文字を記したヴァイキング時代の遺物が2500ほど見つかっている。そのうち1300がスウェーデン、350がデンマーク、それより少ない数がノルウェーで発見されている。残りはヴァイキングが入植したロシア、オークニー、シェトランド、ヘブリディーズの諸島、マン島、アイルランド、イングランドの各地で見つかっている。さらには、ヴァイキングの落書きがイスタンブール（コンスタンティノープル）、ギリシアのピレウスでも発見されている。意外なことに、アイスランドとノルマンディーではルーン文字の遺物は知られていない。どちらもヴァイキングが居住していたのだが。ルーン文字は日用品や武器の所有をしめすために用いられたほか、魔除けや呪文として石碑に記されたり、小枝に刻んで短いメッセージを送ったりした。もっとも長いルーン文字の碑文は750文字からなり、

スウェーデンのオステルヨートランドで見つかった9世紀初期のローク石碑である。碑文の多くは専門のルーン文字職人によって記され、自分の作品に署名を入れる者もいた。そのうちのひとりがオーピルで、彼はスウェーデンのウップランド地方で80基の記念石碑のルーン文字を刻んだ。ルーン石碑の多くの碑文は公的な性質のものであることから、ヴァイキング時代のスカンディナヴィアではルーン文字の識字率はかなり高かったと思われる。9世紀初期のスウェーデン王ビョルンは、「自らの手で書いた」ルーン文字のメッセージを皇帝ルイ敬虔王に届けるよう聖アンスガルに託している。

　ヴァイキング時代のフサルクは、音韻体系のすべてあらわすには足りていなかった。たとえば母音の「e」と「o」をあらわす文字はなかった。そのため、ルーン文字の碑文は解釈が困難な場合が多い。とはいえ、書かれたものとして残るヴァイキング時代のスカンディナヴィアの唯一の証拠であり、歴史的証拠としての重要性は第一級である。石碑の碑文が長いほどその価値も高く、社会や家族関係、交易や軍事遠征、農場の運営、大家族の切り盛り、道路建設、女性の活動などに関する貴重な情報を与えてくれる。

R. I. Page, *Runes* (London, 1987).

レイヴル・エイリークソン（幸運なるレイヴル）［11世紀初頭活躍］
Leifr Eiríksson (Leif the Lucky)

　北欧人航海者で、アメリカ大陸にはじめて上陸したヨーロッパ人とされる。グリー

ノルウェーのオーラヴル平和王の貨幣。メイン州の先住民の居住地から見つかった。ここがレイヴル・エイリークソンが到達したヴィンランドだったのかもしれない。

ンランドに北欧人入植地を創設した赤毛のエイリークルの息子。13世紀のアイスランドの「ヴィンランド・サガ」——『赤毛のエイリークルのサガ』と『グリーンランド人のサガ』——がレイヴルのヴィンランド発見の物語を伝えている。

『グリーンランド人のサガ』——現在、2つのサガのうちより信憑性が高いと一般に考えられている——によると、レイヴルは1000年よりまもなく出航した。986年頃、アイスランド人のビャルニ・ヘルヨールフソンが目撃したという土地を探すのが目的だった。ビャルニはグリーンランドにむけての航海中、風に流されて航路を外れ、見知らぬ陸地を目にしたのである。レイヴルが最初に到達したのは岩と氷河に覆われた土地だった。そこで彼はヘルランド（「岩の国」の意）と名づけた。おそらくバフィン島だったと思われる。そこから南に向かい、森林に覆われた低地にたどりつく。彼

はマルクランド（「森の国」の意）と呼んだ。現在のラブラドル半島と考えられている。そしてさらに南下して、穏やかな気候の土地で冬を越した。そこではブドウが自生し、川にはサケがあふれていた。彼はその地をヴィンランド（「ブドウの地」の意）と名づけた。これは、セントローレンス湾とケープコッドのあいだ、おそらくノヴァスコシアではなかったかと考えられているが定かではない。春になり、レイヴルは木材を積んでグリーンランドへ戻ってきた。レイヴルの弟のソルヴァルドル、アイスランド人の侠気のソルフィンヌル（→ソルフィンヌル、侠気の_{カルルセフニ}）、レイフの妹のフレイディースがグリーンランド探検に出かけている。レイヴルはその後、グリーランド入植地におけるリーダーという父親の地位を受け継いだ。

『赤毛のエイリークルのサガ』によれば、レイヴルは999年頃ノルウェーへ行き、

そこで国王オーラヴル・トリュッグヴァソンにより、キリスト教に改宗する。翌年、帰国の準備をしていたレイヴルにオーラヴルがグリーンランドでキリスト教を布教するよう求めた。成功の見込みはないと思いながらもレイヴルは承諾する。その航海で、レイヴルは風に流されて知らない土地に出くわした。小麦やブドウが自生していたため、彼はその陸地をヴィンランドと呼ぶことにした。帰国すると、レイヴルは母親をキリスト教に改宗させた。母親はのちにグリーンランドで最初の**教会をブラッタフリーズ**に建てている。

レイザングル
leding (leiðangr)

　中世盛期のスカンディナヴィア諸王国の艦船（→**艦隊**）の召集制度。各国の異なる発音によって、この制度は次のように綴られた：leding（古デンマーク語）、leiðangr（古ノルウェー語）、lethung（古スウェーデン語）。また、区分され割り当てられる船管区の呼び名も国によって異なり、制度は同じでも「スキペン」（デンマーク）、「シプレイザ」（ノルウェー）、「シプラーグ」（スウェーデン）とそれぞれ呼ばれた。その地区の農民は**法律**で決められた**武器**を所有し、漕ぎ手 40 か 42、ときには 50 人用の船を提供することを義務づけられていた。この召集制度の起源はヴァイキング時代にさかのぼり、11 世紀初頭に**スヴェイン双髭王とクヌートル**が**イング**ランドを征服しましたときに、このように船団と軍隊を召集して勝利を得たとされる。だが、ヴァイキング時代に艦船を召集

したという確かな証拠はない。少なくとも、デンマークでは王がその臣下に公的な義務を課すことができたのはわかっている（8 世紀に**ダーネヴィアケ建設**を実現させた労役など）。レイザングルに関する同時代のもっとも古い証拠は、**クヌートル 2 世**治世下の 1085 年まで待たねばならない。艦隊が編成された痕跡ではなく、当時のルーン石碑やアングロ・サクソンの文献といった個々の証拠から、イングランドを征服したデンマーク軍が砲兵部隊と王や首長の直属の従士団で構成されていたと推測されるのである。13 世紀の**アイスランド**の歴史家スノッリ・ストゥルルソンは、**ハーコン善王**（在位 936 年頃 -960 年）がノルウェーにレイザングルの制度を導入したと述べている。このときに沿岸地区はいくつものシプレイザルに分けられたという。だがスノッリが説明したのは、彼の時代のノルウェーの召集制度だった。ハーコンがほんとうにレイザングルを導入したなら、この制度はスノッリの時代まで 300 年間も変化せずに維持されたことになる。スウェーデンでは中世盛期以前の召集制度の記録は見つかっていない。

レイレ
Lejre

　デンマーク、シェラン島の**ロスキレ**の南 8 キロに位置する、ヴァイキング時代の王家の拠点で**異教信仰**の中心地。ドイツ、メルゼブルク司教ティートマール・フォン・メルゼブルクの 1016 年頃の記述によると、99 人の人間と 99 頭の馬、数は不明だが犬と雄鶏の生贄を伴う、宗教的な祝

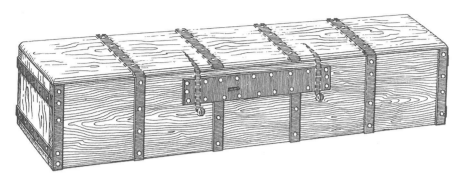

デンマークのレイレから出土した収納箱の復元図。施錠ができ、貴重な品々をしまっていたとされる。

祭が9年ごとの1月にレイレで催されていた。のちのデンマークとアイスランドの文献には、レイレに関連する諸王の伝説が多く記録されている。また、**ブローヴァッラの戦い**で勝利したハラルドル戦歯王（8世紀？）を含め、デンマークの半伝説的な王たちの埋葬地としても知られている。発掘調査からは神殿の痕跡は見つからなかった。神々は野外で祭られていたのだろう。宗教儀式に使用されたと思われる長さ80メートルの**船形列石**（せんけいれっせき）が見つかっている。そのほかにも考古学的遺物が多数出土しており、弓なりの壁をもつ大きな館、豊富な副葬品、手工業の証拠などから、ヴァイキング時代のレイレが重要な場所であったことがわかる。11世紀になると、レイレは近くにあるキリスト教の拠点ロスキレにとってかわられる。

レギン
Regin

　北欧神話の登場人物。フレイズマルの息子で、**ファーヴニル**、オッタルの弟。ファーヴニル殺しの**シグルズル**の養父である。レギンはシグルズルにファーヴニルの黄金の話をして、彼がどのように竜になったかを教えた。熟練した鍛冶（かじ）だったレギンは、シグルズルのためにグラムルと呼ばれる剣を鍛える。そして、シグルズルにファーヴニルを殺して、黄金を手に入れるよう促した。ファーヴニルを倒したあと、レギンはその血を飲み、シグルズルにファーヴニルの心臓を火で炙（あぶ）るよう指示する。うっかり竜の血を口にしたシグルズルは鳥の言葉がわかるようになり、4羽のゴジュウカラにレギンが自分を裏切ろうとしていると教えられる。そこで彼はレギンの首をはねた。『**ヴォルスンガ・サガ**』も参照。

レプトン
Repton

　ヴァイキングの冬営地。文献から、**イングランド**と**フランク王国**で軍事活動をおこなっていたヴァイキングの軍が、防備された越冬基地を築いたことがわかっている。だが、これまでのところ、冬営地と特定され、発掘調査がすすめられたのは、ダービーシャーのレプトンの遺跡のみである。

ダービーシャー、レプトンのヴァイキングの冬営地より。おびただしい数のヴァイキングが埋葬されている。伝染病で死んだと思われる。

この冬営地はD型の囲い地になっていて、トレント川岸に面していた。大きな土塁と長さ200メートルほどの溝で防備が固められていた。アングロ・サクソンの石造教会（現存している）が、要塞化された出入り口として組み込まれている。険しい土手に船台が掘られていて、ヴァイキング船が要塞内に安全に保管されていたことを示唆している。西側には大きな埋葬地があり、少なくとも249人が眠っている。そのうちの80パーセントが、がっしりした男性で、この地域の人びとの体格とは一致せず、年齢は15-45歳のあいだだった。その遺骨は、中央にあるヴァイキング男性の墓を取り囲むように配置されていた。地位の高い男性、おそらくヴァイキング軍のリーダーの墓で、周囲を部下たちに囲まれる形になっていた。戦いで負傷して死んだのではなく、冬のあいだに軍勢に疫病が蔓延した

のが死因と思われる。遺跡内にもヴァイキングの墓が点在し、そのうちのひとりの戦士は臀部を殴打されて死亡している。出土した硬貨は873-874年のもので、これは『アングロ・サクソン年代記』でデーン人の大軍勢がレプトンで越冬宿営したと伝えられている年である。

M.Biddle and B. Kjølbye-Biddle, 'Repton and the Vikings', in *Antiquity 66* (1992), pp. 36-51.

レリク
Reric

ドイツ、バルト海沿岸の交易中心地で、9世紀初期のフランク王国の複数の史料から知られている。スラヴ系のオボトリート族の領地内にあったが、デンマーク王グズローズルに税をおさめていた。グズローズルは808年、オボトリート族を攻撃、

多大な犠牲を払ったのち、レリクに火を放った。敵の手に落ちるのを阻止するためだったのだろう。そして、レリクの商人たちを「スリエスソルプ」(ユラン半島の付け根にある**ヘゼビュー**のこと)へ移住させた。809年にオボトリート族の族長がレリクで殺されたことからも、グズローズルがレリクに関心を持ちつづけたことは分かるが、その後、レリクは文献記録から姿を消す。アルト・リューベックがレリクのあった場所としてよく引き合いに出されるが、発掘調査からは817年以前に居住者がいた証拠はない。それよりも可能性が高いのが、ヴィスマールに近いメクレンブルクである。大量のアラブの**貨幣**が出土していることからも、この地が9世紀初期に**交易**拠点だったことがわかる。第3の候補地として、ロストック近郊のヴァルノウ川沿いのディールコーの可能性もある。居住跡の堆積物、港湾施設、墓地、スカンディナヴィアの工芸品などが発見されている。

連水陸路
portage

　航行可能な川から川まで船やボートを運ぶ陸路のある場所。-dragや-dræという語尾をもつ地名、ed-やbor-ではじまる地名は、たいていヴァイキング時代や中世のスカンディナヴィアでそうした場所だったと考えられる。連水陸路は内陸部の水路でも沿岸部でも見られ、海に突き出た岬や半島を陸路で横断することで航行の時間を節約したり、危険な岬廻りの航行を回避することができた。ユラン半島の付け根を横切る連水水路が、北海に流れ込むアイダー川かライデ川と、バルト海の入り江シュライ湾(フィヨルド)の港湾都市ヘゼビューのあいだにあったのではないかと考えられているが、何の証拠も見つかっていない。また、連水陸路は**ロシアを抜ける交易**路でも、ロヴァチ川、ドヴィナ川、ヴォルガ川、ドニエプル川の上流とドニエプル川下流の急流周辺をつなぐ重要な陸路だった。ドニエプル急

連水陸路。ひとつの河川から別の河川まで船を陸路でひいていくスカンディナヴィアの商人たち。

378　ロキ

流を通り抜ける商人は、スラヴ人やペチェネグ人の待ち伏せにあい、襲われることが多かった。ロシアの連水陸路は、近代に入っても用いられていた。スウェーデンのセーデルテリエにあった連水陸路は長さ200メートルほどで、バルト海とメーラレン湖とその港ビルカをつないでいた。発掘調査から、浅い溝を掘り、その縁に木の板を並べて、船をたやすく曳くことができるようになめらかな道がつくられていたことがわかっている。

ロキ
Loki

　北欧神話の**アース神族**のひとり。北欧人の**異教**の神々のなかで、もっとも謎に包まれている。ロキは**巨人**のファルバウティとその妻ラウフェイの子である。賢くユーモアがあり、嘘つきで意地が悪く、道徳心がいっさいない。ロキはとても魅力的だったが、その子供たちは怪物だった。彼はどんな動物にも変身でき、男性にも女性にも変化できた。女巨人のアングルボザとのあいだにオオカミの怪物フェンリル、**ミズガルズ大蛇**（ヨルムンガンドル）、恐ろしい死者の女神ヘルをもうけた。また雌馬に化けて、**オージン**の8本脚の軍馬スレイプニルを生んでいる。ロキが崇拝されたという証拠は見つかっていない。北欧人の神としての彼の役割はじゅうぶんには説明されていない。彼は「火の化身」とみなされ、助けとなることもあれば、害をもたらすこともあった。神話のなかでのロキは、しばしば危機を招き、機知と狡猾さで状況を乗りきる。ロキが関連するもっとも重要な神話

は、美しい神バルドルの殺害だろう。悪意と嫉妬から、ロキは盲目の神ホズルをだましてその兄バルドルにヤドリギの矢を投げつけて殺させる。神々はオージンの息子ヘルモーズルを冥界にやり、ヘルにバルドルを解放するように頼む。彼女は生きているものも死んでいるものもすべてのものがバルドルの死を嘆き悲しむなら、バルドルを生き返らせると約束する。ところが、女巨人に化けたロキだけが泣かなかったため、バルドルはヘルのもとから戻ることができなかった。神々の怒りはすさまじく、ロキは逃げ出してサケに姿を変えた。だが、クヴァシル（アース神族でもっとも賢い神とされる）が特別な網をつくり、ロキを捕まえた。縛られたロキの頭上から、口を開けた毒蛇が毒液を滴り落としている。ロキの誠実な妻シギュンは、彼のかたわらにつきそい、毒液を杯に受けとめている。杯をからにするとき、毒液がロキの顔に落ちて彼は苦痛で身もだえする。それが地震を起こすとされている。**ラグナロク**のとき、ロキはついに束縛を解き放たれ、子供たちを神々と戦わせる。彼自身は見張り番の神ヘイムダッルと相討ちになる。

ローク石碑
Rök stone

　スウェーデンのオステルヨートランドのロークにあるルーン石碑。高さ4メートル、幅1.5メートル、厚さ1.5メートルで4つの側面も上部もすべてが**ルーン文字**に覆われている。ルーン文字の総数は750文字で、もっとも長いルーン文字碑文として知られている。この石碑は9世紀初期

にさかのぼるもので、短枝ルーンで刻まれている。ヴァリンが亡くなった息子ヴェーモーズルを追悼して建てたもので、八行詩にくわえ、失われた詩や伝説に関する暗号めいた言及がなされている。

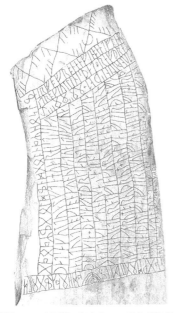

9世紀のローク石碑。知られているかぎり最長のルーン文字の碑文で覆われている。

ログンヴァルドル [919年頃-925年]
Rognvald

ブルターニュを征服したヴァイキングの統率者。919年にロワール川河畔のナントで捕まるまでの経歴はいっさい知られていない。おそらく、それ以前はセーヌ川で活動していたが、ロロがノルマンディーに居住したために移ってきたと考えられる。ブルターニュ人への激しい攻撃をくり返し、920年末にはブルターニュ全域を支配下に置いていた。翌921年、ナント包囲の失敗後、ネウストリア（辺境）伯ロベール1世は正式にナントをログンヴァルドルに譲渡する。だがロロと違って、ログンヴァルドルは平和的解決に興味はなかった。923年、彼はポワトゥー、アキテーヌ、オーヴェルニュを襲撃、924-925年にこれらの地域から戻ると、西フランク王ラウール1世、ユーグ大公に敗れ、ナントまで撤退を余儀なくされた。ログンヴァルドルの最期については、信頼できる情報がないが、おそらくラウールに敗北した後ほどなくして死んだと思われる。彼が生涯にわたって恐怖をもたらしたことは、彼の死に際して恐ろしい前触れが起きたという記述にもしめされている。中世の『聖ブノワの奇蹟』によると、そのとき稲妻が空を照らし、岩が動き、亡霊があらわれたという。

『ロシア原初年代記』（ロシア語での意味は「過ぎし年月の物語」）
Russian Primary Chronicle（ロシア語 *Povest Vremennykh Let*）

ロシア初期の歴史に関するもっとも重要な現地の情報源。この年代記は12世紀初頭にキエフで編集され、もっと早期の年代記——現在は失われている——やハザール族の資料、口頭伝承などを参考にまとめられた。なかには明らかな神話や伝説も含まれる。スカンディナヴィア人がロシアにやってきて、キエフにスカンディナヴィアの王国をつくり、それから続く歴史が綴られている。リューリク朝に都合の良い領土・家系的なつながりを確立する目的で編纂された。現在では、キエフの国家創立にまつ

わる記述はすべてではないにしろ、ほとんどが伝説だとみなされている。この年代記が11世紀のキエフの僧ネストルの手によるものだということは広く認められている。

Russian Primary Chronicle: Laurentian Text, ed. and trans. S. H. Cross and O. P. Sherbowitz-Wetzor (Cambridge, Mass., 1953)

ロシアのヴァイキング
Russia, Vikings in

　交易の中心地グロービンとエルブロンクのスカンディナヴィア人商人の墓から出土した証拠から、バルト海から東へのヴァイキング遠征は650年頃にはじまったことがわかっている。西側での襲撃がはじまる1世紀以上も前のことだ。主な目的は西ヨーロッパの市場に毛皮を集めるためだったと思われる。8世紀末、アラブ商人がヴォルガ川を通るようになり、良質なディルハム銀貨が流通しはじめる。スカンディナヴィア人はその源を見つけるために、数多くあるロシアの航行可能な河川に沿って内陸へと侵入していった。地理的に近いことから、スウェーデン人が先陣を切った。830年代にはルーシ——東方でのスカンディナヴィア人に対する呼称——はヴォルガ川でアラブ人と、コンスタンティノープルで東ローマ帝国の商人と直接交易をしていた。ロシアにおけるスカンディナヴィア人女性の墓の数から考えると、ルーシ商人のなかには家族集団で旅していた者もいたようだ。彼らが毛皮や奴隷と交換した大量のアラブの銀が、スウェーデンへ戻る途中

の各地で見つかるようになる。交易路は繁栄し、イスラム世界の銀鉱山が枯渇しだす965-1015年に衰退がはじまり、最後には放棄された。

　9世紀にルーシはノヴゴロドやキエフといった、既存のスラヴ人定住地を奪取する。そして、周辺地方を支配下におくための基地としても利用された。『ロシア原初年代記』によると、ノヴゴロドは半伝説的な支配者リューリクのもとで860年頃から862年頃にはルーシ国家として出現している。882年頃、リューリクの親族で後継者である（同じく半伝説的な人物である）オレグ（在位879年頃-913年）がキエフを攻略、イーゴリ（在位913-945年）の治世下でその版図はフィンランド湾からドニエプル川下流にまで広がっていた。ロシアにスカンディナヴィア人が存在したことは、考古学的証拠によってもじゅうぶんに裏づけられている。たとえば、西ヨーロッパで見つかった数をはるかに超える187個のヴァイキングの卵形ブローチがロシアで発見されている。ヴァイキング時代の墓地の証拠からも明らかだが、町においてすら、ルーシはスラヴ人住民のあいだの少数派だった。田舎になると、ほぼまったくと言っていいほどスカンディナヴィア人定住地の証拠は見つかっていない。つまり、ルーシは戦士、または位の高い商人だった。スウェーデンのルーン石碑の碑文の数々から、スカンディナヴィア人の入植が11世紀に入っても続いていたことがわかっている。ルーシは少しずつ多数派であるスラヴ人に同化し、彼らと結婚したり、同盟を結んだ。これは、統治王朝でスラヴ系の名前

ロシアのヴァイキング 381

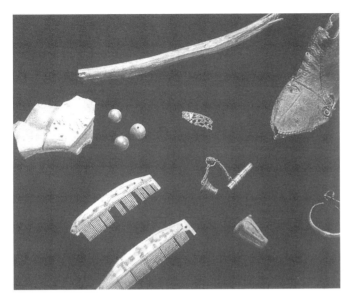

ロシアのスタラヤ・ラドガで見つかったスカンディナヴィアの工芸品。ルーンが刻まれた棒や枝角(えだづの)でできた典型的なヴァイキングのくしなどが含まれる。

ヴァイキング特有の剣。ロシア北西部ラドガ湖近くのザオゼロにて、男性の墓より出土。

中世の『ノヴゴロド年代記』より。ノヴゴロド建設の作業をする木こりと大工たち。

が使われていることからもうかがえる。ルーシの統治者で最初にスラヴ系の名前を持ったのはイーゴリの息子の**スヴャトスラフ1世**（在位945-978年）で、以降の後継者はみなそうだった。彼の息子の**ウラジーミル1世**（在位978-1015年）は、スラヴの雷神ペルーンを崇拝していたが、988年に**キリスト教**に改宗した。このころには、支配層のほとんどがスラヴ語を話すようになっていたと思われる。教会でスラヴ語が用いられていたためだ。キエフが権力の絶頂期を迎えるのが**ヤロスラフ賢公**（在位1019-1054年）の治世で、ルーシは民族としては完全にスラヴ人と同化していたが、王朝としてはスカンディナヴィアと緊密なつながりをもっていた。

ヴァイキングが東ヨーロッパに展開する以前から、この地域の要塞化されたスラヴ人定住地の多くは、すでに真の意味での町へと成長しつつあった。もちろん、スカンディナヴィア人商人の到着が大きな弾みをつけたことはまちがいないだろう。ノヴゴロドのような小さな定住地が100年とたたずに繁栄する豊かな町になったのだ。だが、その他の点でロシアの住民に対するヴァイキングの貢献はわずかだった。スラヴの人びとはヴァイキングと同じような社会的、技術的レベルだったため、彼らに学ぶことはほとんどなかった。その証拠に、ロシアの言語にスカンディナヴィアからの借用語はたった半ダースしかない。初期ロシアの文化的発展に外部からもっとも強く影響をおよぼしたのは東ローマ帝国のビザンティウムだった。これはウラジーミルがローマ・カトリックではなく東方正教会に改宗した結果である。キエフのロシア語アルファベット、建築、芸術、法律、音楽、政治的イデオロギーはすべて、もともとの本

質はビザンツ文化に起源をもつものである。H. R. Ellis Davidson, *The Viking Road to Byzantium* (London, 1976)；P. M. Dolukhanov, *The Early Slavs: Eastern Europe from the Initial Settlement to the Kievan Rus* (London, 1996)；S. Franklin and J. Shepard, *The Emergence of Rus 750-1200* (London and New York, 1996).

ロスキレ
Roskilde

　デンマーク、シェラン島の、長く、外海から隔てられたロスキレ・フィヨルドの最奥に位置する町。10世紀後半に王室と教会の中心地として発展した。西暦1000年を過ぎてほどなく、**スクレレウ**近くに設えた**海上障壁**により、ロスキレへの航路が守られるようになる。**ハラルドル青歯王**（在位958-987年）は三位一体の神の聖なる三位格に献げて建てたこの地の**教会**に埋葬された。1020年頃、ロスキレに司教座（→司教区）が設けられ、1026年からまもなく、スカンディナヴィアで知られている最初の石造りの教会が、ハラルドルの教会にかわりに建てられた。1040年頃には、この**町**に2つめの石造教会が建設された。11世紀にロスキレは急成長を遂げ、中世デンマークでもっとも重要な都市のひとつとなった。

ロスキレ船
Roskilde ships

　1996-1997年にかけて、**デンマーク**、ロスキレのヴァイキング船博物館の増築のための発掘調査で、ヴァイキング時代後期と中世の6隻の船の残骸が発見された。そのうちの5隻はヴァイキング時代以降の商船だった。6隻目は11世紀にさかのぼる船で、大型の戦闘用の船の一部だった。もともとは全長20メートル以上、幅3.4メートル、喫水1.5メートルほどだったと思われる。これらの船を、現在ヴァイキング船博物館に展示してある**スクレレウ**船と混同しないように注意しなければならない。

ロードリ・マウル（ロードリ大王）
Rhodri Mawr (Rhodri the Great)

　グウィネズの王（在位844-877年）。ロードリの拡張政策によって、グウィネズは**ウェールズ**のもっとも有力な国となる。852年以降、アングルシー島とグウィネズの沿岸地域はたび重なるヴァイキングの襲撃に悩まされていた。856年、ロードリはホルム（あるいはゴルムル）率いるデーン人の軍勢に勝利し、自分の王国にヴァイキング入植地が広がるのを阻止した。しかし877年にはヴァイキングの大規模な攻撃を受けて、短期間だが**アイルランド**に避難を強いられている。翌年戻ってきた彼は、マーシア人との戦いで殺された。

ロベール、アンジュー伯 [866年没]
Robert, count of Angers

　フランク王国のすぐれた軍事指導者のひとりで、860年代にロワール川のヴァイキングと精力的に戦った。843年、彼は**シャルル禿頭王**からアンジュー伯の称号を授かる。856-861年にシャルルに対する反乱にくわわったが、865年にオータン地域を

委託されるまでアンジュー伯領を治めつづけた。862 年、彼はロワール川でヴァイキング船 12 隻を拿捕し、その乗員を皆殺しにした。ところがその後ほどなくして、ブルターニュ人と戦うために、セーヌ川のヴァイキングを銀 6000 ポンドで雇ってもいる。864 年には、ロワール川でヴァイキングのふたつの軍と戦闘する。ひとつは壊滅させたが、もうひとつの相手には敗北、負傷した。翌年、ロベールは別のヴァイキング軍との戦いに勝利し、『サン＝ベルタン年代記』の当時の記録によれば、フランク軍はひとりも失わずに 500 人のヴァイキングを殺害した。だが 866 年のはじめ、彼の軍はセーヌ川のヴァイキングとの戦いに加わらずに逃走している。同年、ロベールとポワチエ伯ラヌルフは、ル・マン近くのブリサルトでヴァイキングとブルターニュの連合軍の戦士 400 人を阻止した。その後の戦いでラヌルフは負傷して逃亡し、ロベールは殺された。

ローマ鉄器時代 [西暦 1 年頃 -400 年]
Roman Iron Age

　スカンディナビアの先史時代において、首領の住居、信仰の拠点、副葬品の豊かな戦士の墓、奉納された埋蔵武器などが見られるようになった時期である。こうした発展は戦士貴族階級の出現と政治の中央集権化のはじまりを示唆している。この変化を促したのは、ローマ帝国との接触により生じた富の支配をめぐる競争だったと考えられている。

ロリック [9 世紀半ば活躍]
Roric

　フリジアのヴァイキング首領。826 年にルイ敬虔王からフリジアを封土として与えられた、デンマークの法謫の王ハラルドル・クラックの近親であるが、弟なのか甥なのかは定かでない。ルイの死後、新たに皇帝となったロタール 1 世にロリックは反逆者として糾弾され、投獄された。脱獄したロリックはザクセンに逃れ、ロタールの弟で東フランクのドイツ人王ルートヴィヒに仕えた。850 年、ロリックはデーン人の軍勢を集めてライン川を下ってドレスタットを攻略する。ロリックを負かすことはできないとわかったロタールはドレスタットの町に加えフリジアの諸地方を封土として与えるかわりに忠誠を求め、デーン人の海賊の襲撃からその地域を守り、税収を王室へおさめることを約束させた。850 年代半ば、ロリックは一時的にデンマークへ戻り、王位を得ようとするが失敗する。863 年にデンマークのヴァイキングがドレスタットを襲撃した際、おそらくロリックはそれに協力したようだ。866 年にフリジア人たちによって 1 年間追放されたのもそのためだろう。870 年、ロリックはシャルル禿頭王と協定を結び、忠実な同盟者であることを示す働きをなした。873 年以降、彼は文献から姿を消すが、おそらく 882 年以前には死んでいるはずだ。その頃すでに、彼の領土は別のデーン人グズローズルの手中にあったのだから。

ロロ [928年頃没]
Rollo（フランス語 Rollen）

ヴァイキングの首領で、**ノルマンディー**に公国を創始した。ノルマン人の資料では**デーン人**とみなされているが、ロロはおそらくノルウェー人だった。のちの**アイスランド**の史料では、彼は**メーレのヤール、ロングヴァルドル**の息子で、**ハラルドル美髪王**に**法外追放**されて海賊となった、徒のフロールヴルとみなされている。ノルマンディーの年代記を著した**サン゠カンタンのデュドン**によると、ロロは876年にセーヌ川へやってきた。911年、彼はデーン人ヴァイキングを率いてシャルトルを襲うが失敗する。**サン゠クレア゠シュル゠エプト**での和平交渉において、西**フランク王シャル**ル単純王はロロに**ルーアン伯領**およびセーヌ川下流の他の地域を与え、その代わりにロロは忠誠を誓い、ほかのヴァイキング侵略者からそれらの地域を守ることとなった。翌912年、ロロは洗礼を受ける。とはいえ**異教**の神々の崇拝をやめたわけではなかった。924年、バイユー周辺をさらに領土として授かるが、925年に条約を破ってアミアン、アラス、ノワイヨンを襲撃したが、オーでフランドル伯およびヴェルマンドワ伯に敗れた。ロロの後継者は息子の**ウィリアム長剣公**である。

ロングフォート
longphort

アイルランド゠ゲール語で、**要塞**化された**ヴァイキング**の**揚陸地**をさす言葉。最初のロングフォートは841年にダブリンに建てられ、それを中心に港市が発展した。**ウォーターフォード、ウェックスフォード、コーク、リムリック**をはじめ、**アイルランド**にはロングフォートを起源にもつ町は他にもある。また、9世紀半ばにヴァイキングに建てられ、短命に終わったロングフォートとしてアークロー、アナガッサン、リー湖、ダンラリー、ヨール、クロンドーキンなどが挙げられる。

15世紀の『ノルマンディー年代記』より。ジュミエージュに上陸するノルマンディー公ロロ。

わ行

ワペンテイク
wapentake（古北欧語 vápnatak，古英語 wœpentac）

イングランド東部のデーンローにおける司法行政上の単位区分。イングランドのハンドレッド（100ハイドの土地面積を1単位とする行政区域。100戸の農民家族が食べていくために必要となる面積の土地）にほぼ相当する。スカンディナヴィアでは、「vápnatak」（「武器を手に取る」の意）という言葉は、地域のシング（民会）の際に、武器を鳴らして大きな音を立てて賛成の意をあらわすという象徴的な行動にのみ使われた。イングランドのスカンディナヴィア人定住地では、「集会」とその「適用地域」の両方を意味する言葉として用いられた。

年表［紀元 1-1500 年］

紀元 1-400 年頃	スカンディナヴィア半島南部に戦士の貴族階級ができる。
400-800 年頃	デンマーク、ノルウェー、スウェーデンで最初の王国が発展する。
425-500 年頃	アングロ・サクソン人がデンマークとドイツからブリテン島に移住する。
516-534 年頃	ヒュエラークがスカンディナヴィア人の海賊を率いてライン川下流を襲撃する。
725 年頃	聖ウィリブロルドがスカンディナヴィアで最初の布教活動をはじめる。
737 年	ダーネヴィアケの塁壁、建設の第 1 段階が完了する。
750 年頃	スウェーデン人がロシアにスタラヤ・ラドガを建設。
789 年頃	ノルウェーのヴァイキングがウェセックスのポートランドを襲撃する。
793 年	ヴァイキングがノーサンブリアのリンディスファーン修道院を略奪する。
795 年	スコットランドとアイルランドをヴァイキングが襲撃したという最初の記録が残される。
799 年	ヴァイキングがアキテーヌを襲撃する。
800 年	カール大帝がヴァイキングの襲撃に備えて沿岸の防衛を強化する。
810 年	デンマーク王グズローズルがフリジアを荒らしまわる。
822-823 年	ランス大司教エボがデンマークで布教活動をはじめる。
825 年頃	ヘゼビューでデンマーク貨幣の発行がはじまる。アイルランドの修道士らがヴァイキングによってフェロー諸島から追い出される。
826 年	デンマーク王ハラルドル・クラックがマインツで洗礼を受ける。聖アンスガルが最初の伝道旅行でデンマークへ赴く。
829-830 年頃	聖アンスガルがビルカのスヴェーア人に宣教活動をはじめる。
832 年	アイルランドのアーマーが 1 か月のうちに 3 度もヴァイキングに略奪される。

834-837 年	ライン河口付近のドレスタットが毎年襲撃される。
835 年頃	ノルウェーでオーセベリ船が埋葬される。
839 年	ルーシがコンスタンティノープルにやってくる。
841 年	ヴァイキングがダブリンに基地を建設する。
843 年	ヴェルダン条約により、カロリング朝が分割。
844 年	スペインのヴァイキング軍がセビリア近くで敗北する。
845 年	デーン人の軍勢がハンブルクとパリを略奪する。
851-852 年	聖アンスガルが2度目の伝道旅行でデンマークとスウェーデンに行く。
859-862 年	ハステインと甲鉄のビョルンが地中海沿岸を襲撃。
860 年	ルーシがはじめてコンスタンティノープルに侵攻するが、撃退される。
860 年頃	スヴァーア人のガルザルがアイスランド沿岸を探索する。
862 年	西フランク族の王シャルル禿頭王が、ヴァイキングへの防御目的で要塞橋の建設を命じる。
862 年頃	リューリクがノヴゴロドの支配者となる。アスコルドとディールがキエフを掌握。
865 年	デンマークの大軍勢がイングランドに侵攻。
866 年	デーン人がヨークを占領する。
869 年	デーン人がイースト・アングリア王国を征服。
870-930 年頃	ヴァイキングがアイスランドに入植。
870 年頃	メーレのログンヴァルドルがオークニーのヤールとなる。
873-914 年	アイルランド、「四十年間の休息」。
876-879 年	イングランド東部でデンマーク人の入植がはじまる。
878 年	ウェセックス王アルフレッド大王がエディントンでデーン軍を撃ち破る。
882 年頃	オレグがノヴゴロドとキエフを統一する。
885-886 年	ヴァイキングによるパリ包囲が失敗に終わる
885-890 年頃	ハラルドル美髪王がハヴルスフィヨルドの戦いに勝利し、ノルウェーのほとんどを統一する。
891 年	東フランク王アルヌルフがデイル川の戦いでヴァイキングに勝利する。

年表［紀元 1-1500 年］ 391

900 年頃	イングランド北西部でノルウェー人の入植がはじまる。
900-905 年頃	ノルウェーでゴクスタ船が埋葬される。
902 年	アイルランド人、ダブリンからヴァイキングを駆逐する。
907 年	コンスタンティノープル攻略に失敗したのち、ルーシが東ローマ帝国と通商条約を結ぶ。
911 年	ロロがルーアン伯となり、ノルマンディー公国を創始。
912-918 年	ウェセックスがデーンロー地域を征服、ハンバー川以南の地域を支配下におさめる。
912-936 年	ヴァイキングがブルターニュを掌握。
917 年	シヒトリク・カエフ率いるヴァイキングがダブリンを奪還。
930 年頃	アイスランドでアルシングがはじまる。
934 年	ハインリヒ捕鳥王率いるドイツ軍がデンマークに侵攻する。
937 年	ブルーナンブルフの戦いで、イングランド軍がスコットランドと北欧人の連合軍に勝利する。
948 年	リーベ、オーフス、シュレスヴィヒにスカンディナヴィアで最初の司教区が置かれる。
954 年	ヨーク最後のヴァイキング王、エイリークル血斧王がスタインモアで殺害される。
964-971 年	キエフ大公国のスヴャトスラフ 1 世がブルガル人、ハザール人、東ローマ帝国に向けて侵攻する。
965 年	デンマーク王ハラルドル青歯王がキリスト教に改宗する。
965 年頃	イスラム教国の銀鉱山の枯渇にともない、ヴァイキングの東航路の交易が廃れはじめる。
974-981 年	ドイツがヘゼビューを掌握する。
980 年頃	ハラルドル青歯王がデンマークにトレレボーの要塞を建設。
986 年	赤毛のエイリークルがグリーンランドに北欧人入植地を開く。
988 年	東ローマ皇帝バシレイオス 2 世がヴァリャーギ親衛隊を設立。キエフ大公ウラジーミル 1 世が東方正教会に改宗。
991 年	オーラヴル・トリュックヴァソンがモールドンの戦いでイングランドに勝利する。
995 年	オーラヴル・トリュックヴァソンがノルウェー王となり、強制的なキリスト強化政策をすすめる。オーロフ・ショットコヌングがスヴ

392　年表［紀元 1-1500 年］

	ェーア人とヨート人の双方を支配する最初の王となる。
1000 年	オーラヴル・トリュックヴァソンがスヴォルズの海戦で戦死。アイスランドがキリスト教へ改宗。
1000 年頃	ヴィンランドへの航海がはじまる。
1002 年	聖ブライスの日の虐殺でイングランドに居住するデーン人が殺害される。
1013 年	デンマーク王スヴェイン双髭王がイングランドを征服。
1014 年	アイルランド上王ブライアン・ボルがクロンターフで北欧人とレンスターの連合軍に勝利する。
1016 年	オーラヴル・ハラルズソンがノルウェーの王位につく。クヌートルがイングランド王に即位。
1027 年頃	ロスキレにデンマークで最初の石造教会が建立される。
1030 年	オーラヴル・ハラルズソンがスティクレスタの戦いで死去。
1030-1035 年頃	ターバト・ネスの戦い。オークニーのヤール、ソルフィンヌル・シグルザルソンがスコットランド北部を掌握。
1042 年	デーン王朝によるイングランド支配が終わる。
1043 年	マグヌス善王がリュルシャウの荒地の戦いでヴェンド人に勝利する。
1066 年	ハラルドル苛烈王がスタンフォード・ブリッジの戦いで戦死。ヘイスティングズの戦い。
1075 年	デーン人による最後のイングランド侵攻。
1079 年	スカイヒルの戦い。ゴドレッド・クロヴァンがマン島とヘブリディーズ諸島を統合。
1086 年	デンマーク王クヌートル 2 世がイングランド侵攻計画を断念したのちに殺害される。
1098 年	ノルウェーのマグヌス裸足王がスコットランドの諸島を支配下におさめる。
1103-1104 年	ルンドにスカンディナヴィアで最初の大司教区が設置。
1107-1111 年	ノルウェーの「十字軍戦士王」シグルズルが十字軍を率いて聖地に向かう。
1122-1132 年	アリ・ソルギルスソンが『アイスランド人の書』を著す。
1147 年	デーン人が異教徒のヴェンド人を討つために十字軍に参加する。

1156 年	ソマーレッドがマン島王ゴドレッド 2 世からヘブリディーズ諸島南部を奪取。
1171 年	ノルウェー系最後のダブリン王アスガッルがアングロ・ノルマン人に捕らえられ、処刑される。
1241 年	アイスランドの詩人で歴史家のスノッリ・ストゥルルソンが暗殺される。
1261 年	グリーンランドの北欧人入植地がノルウェーの直接統治下におかれる。
1263 年	アイスランドがノルウェーの支配下に入る。ラーグズの戦いで、スコットランド軍がノルウェー王ハーコン 4 世に勝利する。
1266 年	ノルウェーがマン島とヘブリディーズ諸島をスコットランドに譲渡。
1341 年	イヌイットがグリーンランドの西部入植を占拠する。
1469 年	デンマークがオークニー諸島とシェトランド諸島をスコットランドに譲渡する。
1500 年頃？	グリーランドの北欧系入植地が消滅する。

394

ヴァイキングの君主・統治者［700-1100 年］

大文字は本書に出てくる君主をしめす。
斜字体は北欧人以外を始祖とする王朝の君主をしめす。

デンマーク王

初期の王

720 年頃	アンガンチュール
777 年頃	シグフレズル
804 年頃-810 年	グズローズル
810-812 年	ヘミングル
812-813 年	ハラルドル・クラック（退位）
812-813 年	レギンフリズル（退位）
813-854 年	ホリック 1 世
819-827 年	ハラルドル・クラック（復位、退位）
854-863 年	ホリック 2 世
873 年頃	シグフレズル
873 年頃	ハールフダン
900 年頃没	ヘルギ（おそらく伝説上の人物）
900 年頃-936 年	スウェーデン人のオーラヴル王の一門（オーラヴル、グヌーパ、ギュルズル、シグトリュッグ）
936 年頃	ハルデゴン（ハルザクヌートル）

イェリング朝

936 年頃-958 年	ゴルムル老王
958-987 年	ハラルドル青歯王（退位）
987-1014 年	スヴェイン双髭王（イングランド王 1013-1014 年）
1014-1018 年	ハラルドル 2 世

ヴァイキングの君主・統治者［700-1100 年］ 395

1019-1035 年	クヌートル大王（イングランド王 1016-1035 年）
1035-1042 年	ハルザクヌートル（イングランド王 1040-1042 年）
1042-1047 年	マグヌス善王（ノルウェー王 1035-1047 年）

エストリズソン朝

1047-1074 年	スヴェイン・エストリズソン
1074-1080 年	ハラルドル 3 世
1080-1086 年	クヌートル 2 世
1086-1095 年	オーラヴル飢餓王
1095-1103 年	エイリークル常善王

ノルウェー王

880 年頃没	ハールフダン黒王
880 年頃 - 930 年頃	ハラルドル美髪王
930 年頃 - 936 年	エイリークル血斧王（退位、ヨーク王 948 年、952-954 年）
936 年頃 - 960 年	ハーコン善王
936 年頃 - 970 年	ハラルドル灰衣王
995-1000 年	オーラヴル・トリュッグヴァソン
1016-1028 年	オーラヴル・ハラルズソン（退位）
1030-1035 年	スヴェイン・エルフイヴソン（退位）
1035-1047 年	マグヌス善王（デンマーク王 1042-1047 年）
1046-1066 年	ハラルドル苛烈王
1066-1069 年	マグヌス 2 世
1067-1093 年	オーラヴル平和王
1093-1095 年	ハーコン・マグヌソン
1093-1103 年	マグヌス裸足王（マン島王 1098-1103 年）

スヴェーア王

829 年頃	ビョルン
850 年頃	オーラヴル

980-950 年	エイリークル勝利王
995-1022 年	オーロフ・ショットコヌング
1022-1050 年	オーヌンドル・ヤーコブ
1050-1060 年	エームンドル老王
1060-1066 年	ステインケッル・ラグンヴァルズソン
1066-1070 年	ハルステン（退位）
1070-？	ハーコン赤王
？-1080 年	インゲ 1 世（退位）
1080-1083 年	スヴェイン供犠王
1083-1110 年	インゲ 1 世（復位）

ダブリン王

853-871 年頃	オーラヴル
863-867 年	アウィスル
871 年頃-873 年	イーヴァル 1 世
873-875 年	エイステイン・オラフスソン
877-881 年	バルズル
883-888 年	シグフリズル
888-893 年	シヒトリク 1 世（退位）
893-894 年	ヤールのシグフリズル
894-896 年	シヒトリク 1 世（復位）
896-902 年	イーヴァル 2 世（追放）
917-921 年	シヒトリク・カエフ（ヨーク王 921-927 年）
921-934 年	グズフリズル（ヨーク王 927 年）
934-941 年	オーラヴル・グズフリスズン（ヨーク王 939-941 年）
941-945 年	ブラカイレ
945-980 年	オーラヴル・シヒトリクソン（譲位、ヨーク王 941-944 年、949-952 年）
980-989 年	ヤールンクネー・オーラフスソン
989-1036 年	シヒトリク絹鬚王（譲位）
1036-1038 年	エヒマールカフ・マック・ラグナイル（退位）

1038-1046 年	イーヴァル・ハラルズソン（退位）
1046-1052 年	エヒマールカフ・マック・ラグナイル（復位、退位、マン島王 1052-1064 年）
1052-1070 年	ムルハド・マック・ディアルマイト
1070-1072 年	ドムナル・マック・ムルハドあるいはディアルマイト・マック・マーイル
1072-1074 年	ゴフリー（グズローズル・オーラフスソン）（退位）
1074-1086 年	ムルヘルタハ・ウア・ブリアン
1086-1089 年	エンナあるいはドンヒァド
1091-1094 年	**ゴドレッド・クロヴァン**（追放、マン島王 1079-95 年）
1094-1118 年	ドムナル・マック・ムイルヒェルタイグ・ウア・ブリアン（退位、マン島王 1096-1098 年）

ヨーク王

876-877 年	ハールフダン
883 年頃 -895 年	グズフリズル
895 年頃 -901 年	シグフリズル
900 年頃 -902 年	クヌートル
903 年没	エゼルウォルド
902-910 年	ハールフダン 2 世
902-910 年	エオウィルス
902-910 年	イーヴァル
911 年頃、919-921 年	ラグナルド
921-927 年	シヒトリク・カエフ（ダブリン王 917-921 年）
927 年	グズフリズル（追放、ダブリン王 921-934 年）
927-939 年	エゼルスタン（ウェセックス王 924-939 年）
939-941 年	オーラヴル・グズフリズソン（ダブリン王 924-939 年）
941-944 年	オーラヴル・クヴァラン（追放、ダブリン王 945-980 年）
943-944 年	ラグナルド・グズフリズソン（追放）
944-946 年	エドマンド 1 世（イングランド王 939-946 年）
946-948 年	エアドレッド（イングランド王 946-956 年）

948 年	エイリークル血斧王（追放、ノルウェー王 930 年頃 -936 年）
949-952 年	オーラヴル・シヒトリクソン（復位、追放）
952-954 年	エイリークル血斧王（復位、追放）

マン島王

971 年頃	マッカス・マック・アライルト（マグヌス・ハラルズソン）
989 年没	ゴフリー・マック・アライルト（ゴズフレズル・ハラルズソン）
1004-1005 年没	ラグナル
1014 年没	ブロジル？
1052-1064 年	エフマルカフ・マック・ラグナイル（譲位、ダブリン王 1036-1038 年、1046-1052 年）
1066 年頃 -1075 年	ゴドフレズル・シヒトリクソン
1075 年頃 -1079 年	フィンガル・ゴドフレズソン（退位）
1079-1095 年	ゴドレッド・クロヴァン（ダブリン王 1091-1094 年）
1095-1096 年	ラグマン・ゴドレッズソン（譲位）
1096-1098 年	ドムナル・マック・ムイルヒェルタイグ・ウア・ブリアイン（退位、ダブリン王 1094-1118 年）
1098-1103 年	マグヌス裸足王（ノルウェー王 1093-1103 年）

ラーデのヤール

900 年頃	ハーコン・グリョートガルザルソン
963 年頃没	シグルズル・ハーコナルソン
963 年頃 -995 年	ハーコン・シグルザルソン
1000-1015 年	ラーデのエイリークル
1015 年	スヴェイン・ハーコナルソン（退位）

オークニーのヤール

870 年頃	メーレのログンヴァルドル
892 年頃没	有力者シグルズル

ヴァイキングの君主・統治者［700-1100 年］ 399

893 年頃	グットルムル
894 年頃	ハッラズル（譲位）
895 年頃 -910 年	**トルフ＝エイナル**
954 年没	アルンケッル
954 年没	エルレンドル
963 年頃没	**頭骨破りのソルフィンヌル**
	アルフィンヌル・ソルフィンソン
	ハーヴァルズル・ソルフィンソン
	リョートル・ソルフィンソン
	フロズヴェル・ソルフィンソン
985 年頃 -1014 年	**太っちょのシグルズル**
1014-1018 年	スマルリジ
1014-1020 年	嘘つきエイナル
1014-1030 年頃	ブルーシ
1020 年頃 -1065 年	**ソルフィンヌル・シグルザルソン**
1037-1046 年	ログンヴァルドル（退位）
1065-1093 年	パウル（退位）
1065-1093 年	エルレンドル（退位）
1093-1103 年	シグル 1 世（ノルウェー王 1103-1130 年）

ノルマンディー公

911-928 年頃	ロロ
928 年頃 -942 年	ウィリアム長剣公
942-996 年	リシャール 1 世
996-1026 年	リシャール 2 世
1026-1027 年	リシャール 3 世
1027-1035 年	ロベール華麗公
1035-1087 年	ウィリアム征服王（イングランド王 1066-1087 年）

キエフ大公

860 年頃 -879 年頃	リューリク（半伝説的なノヴゴロドの君主）
879 年頃 -913 年	オレグ
913-945 年	イーゴリ
945-972 年	スヴャトスラフ 1 世
972-978/980 年	ヤロポルク 1 世
978/980-1015 年	ウラジーミル 1 世
1015-1019 年	スヴャトポルク 1 世
1019-1054 年	ヤロスラフ賢公

キエフ朝は 1271 年まで存続した。

参考文献

一次資料の翻訳

史料・年代記・伝記・文学

Adam of Bremen, *History of the Archbishops of Hamburg-Bremen*, trans. F. J. Tschan (New York, 1959)

Allott, S. (trans.), *Alcuin of York: His Life and Letters* (York, 1974)

Chronicles of the Kings of Man and the Isles, ed. and trans. G. Broderick (Douglas, Isle of Man, 1995)

Dudo of St-Quentin: History of the Normans, trans. E. Christiansen (Woodbridge, Suffolk, 1998)

Encomium Emmae Regina, ed. and trans. A. Campbell, Camden Society 3rd Series 72 (London, 1949, reprint 1998)

Keynes, S. and M. Lapidge (trans.), *Alfred the Great: Asser's Life of King Alfred and Other Contemporary Sources* (Harmondsworth, 1983)

King, P. D. (trans.), *Charlemagne: Translated Sources* (Lambrigg, Cumbria, 1987)

Rimbert, *Life of St Ansgar*, in C. H. Robinson (trans.), *Anskar, Apostle of the North, 801–65: Translated from the Vita Anskarii by Bishop Rimbert, his fellow Missionary and Successor* (London, 1921)

Russian Primary Chronicle: Laurentian Text, ed. and trans. S. H. Cross and O. P. Sherbowitz-Wetzor (Cambridge, Mass., 1953)

Scholz, B. W. and B. Rogers (trans.), *Carolingian Chronicles* (Ann Arbor, 1972)

The Anglo-Saxon Chronicle, trans. N. Garmonsway (London, 1953)

The Annals of Fulda, trans. T. Reuter (Manchester, 1992)

The Annals of St-Bertin, trans. J. L. Nelson (Manchester, 1991)

The Annals of Ulster, trans. S. Mac Airt and G. Mac Niocaill (Dublin, 1983)

The Book of the Icelanders (Íslendingabók) by Ari Thorgilsson, ed. and trans. H. Hermannsson (New York, 1930)

The Book of Settlements: Landnámabók, trans. H. Pálsson and P. Edwards (Winnipeg, 1972)

The War of the Gaedhil with the Gaill, ed. and trans. J. H. Todd (London, 1867)

Whitelock, D. (ed. and trans.), *English Historical Documents, Vol. 1 c.500–1042* (revised edition, London, 1971)

サガ

Egil's Saga, trans. H. Pálsson and P. Edwards (Harmondsworth, 1977)

Eyrbyggja Saga, trans. H. Pálsson and P. Edwards (Edinburgh, 1973)

Göngu-Hrolf's Saga: A Viking Romance, trans. H. Pálsson and P. Edwards (Edinburgh, 1980)

Heimskringla: History of the Kings of Norway, trans. L. M. Hollander (Austin, Texas, 1964).

King Harald's Saga: Harald Hardradi of Norway, trans. M. Magnusson and H. Pálsson (Harmondsworth, 1966)

Laxdæla Saga, trans. M. Magnusson and H. Pálsson (Harmondsworth, 1969)

Njal's Saga, trans. M. Magnusson and H. Pálsson (Harmondsworth, 1960)

Orkneyinga Saga, trans. M. Magnusson and
H. Pálsson (London, 1978)
The Faroe Islanders' Saga, trans. G. Johnston
(Ottawa, 1975)
The Saga of Grettir the Strong, trans. G. A. Hight,
edited and introduced by Peter Foote
(London, 1965)
The Vinland Sagas, trans. M. Magnusson and
H. Pálsson (Harmondsworth, 1965)
*Vikings in Russia: Yngvar's Saga and Eymund's
Saga*, trans. H. Pálsson and P. Edwards
(Edinburgh, 1989)

詩・伝説・神話集

Hollander, L. M. (trans.), *The Skalds: A Selection
of Their Poems, with Introduction and Notes*
(2nd edition, Ithaca, 1968);
*Saga of the Volsungs: The Norse Epic of Sigurd the
Dragon Slayer*, trans. J. L. Byock (Berkeley,
Los Angeles and London, 1990)
*Saxo Grammaticus: The History of the Danes,
Books I–IX*, ed. H. Ellis Davidson, trans.
P. Fisher (Woodbridge, Suffolk, 1996)
Snorri Sturluson, *Edda*, trans. A. Faulkes
(London and Rutland, Vermont, 1987)
The Battle of Maldon, ed. and trans. B. Griffiths
(Hockwold-cum-Wilton, Norfolk, 1995)
The Poetic Edda, trans. C. Larrington (Oxford,
1996)

二次資料

The following is a selective list for the general
reader, concentrating on recent works in English
only. Readers of the Scandinavian (and other)
languages are referred to the extensive
bibliographies in Roesdahl and Wilson (1992).

概説

Brønsted, J., *The Vikings* (Harmondsworth,
1960)
Foote, P. G. and D. M. Wilson, *The Viking
Achievement* (2nd revised edition,
London, 1980)
Graham-Campbell, J., *The Viking World*
(2nd revised edition, London, 1989)
Haywood, J., *The Vikings* (Stroud,
Gloucestershire, 1999)
Jones, G., *A History of the Vikings* (Oxford,
1968)
Roesdahl, E., *The Vikings* (London, 1991)
Roesdahl, E. and D. M. Wilson (eds), *From
Viking to Crusader: Scandinavia and Europe
800–1200* (Copenhagen, 1992)
Sawyer, P. H., *The Age of the Vikings* (London,
1962)
Sawyer, P. H., (ed.), *The Oxford Illustrated
History of the Vikings* (Oxford, 1997)

Wilson, D. M., *The Vikings and their Origins*
(3rd revised edition, London, 1989)

歴史地図

Graham-Campbell, J. (ed.), *Cultural Atlas of
the Viking World* (London and New York,
1994)
Haywood, J., *The Penguin Historical Atlas of the
Vikings* (London, 1995)
Hill, D., *An Atlas of Anglo-Saxon England*
(Oxford, 1981)
Hooper, N. and M. Bennett, *Cambridge
Illustrated Atlas – Warfare: The Middle Ages
768–1487* (Cambridge, 1996)

ヴァイキング時代のスカンディナヴィア

Hagen, A., *Norway* (London, 1967)
Lund, N., 'Scandinavia, *c.*700–1066', in
The New Cambridge Medieval History Vol. 2,
ed. R. McKitterick (Cambridge, 1995),
pp. 202–27
Pulsiano, P. (ed.), *Medieval Scandinavia:
An Encyclopedia* (New York and London,
1993)
Randsborg, K., *The Viking Age in Denmark*
(London, 1980)
Roesdahl, E., *Viking Age Denmark* (London, 1982)
Sawyer B. and P. H. Sawyer, *Medieval Scandinavia*
(Minneapolis, 1993)
Sawyer, P. H., *Kings and Vikings* (London,
1982)

北大西洋

Batey, C. E., J. Jesch, and C. D. Morris, *The
Viking Age in Caithness, Orkney and the
North Atlantic* (Edinburgh, 1993)
Byock, J. L., *Medieval Iceland: Society, Sagas and
Power* (Berkeley, Los Angeles and London,
1988)
Dahl, S., 'The Norse Settlement of the Faroe
Islands', in *Medieval Archaeology 14* (1970),
pp. 60–73
Ingstad, A. S., *The Discovery of a Norse
Settlement in America: Excavations at
L'Anse-aux-Meadows, Newfoundland 1961–68*
(Oslo, 1977)
J. Jóhannesson, *A History of the Old Icelandic
Commonwealth: Íslendinga Saga* (Winnipeg,
1974)
Jones, G., *The Norse Atlantic Saga* (2nd edition,
Oxford, 1986)
Krogh, K. J., *Viking Greenland* (Copenhagen,
1967)

ケルトの世界

Batey, C. E., J. Jesch, and C. D. Morris, *The Viking
Age in Caithness, Orkney and the North
Atlantic* (Edinburgh, 1993)

Clark, H. B., M. Ní Mhaonaigh, and R. Ó Floinn, (eds), *Ireland and Scandinavia in the Early Viking Age* (Dublin and Portland, Oregon, 1998)
Crawford, B. E., *Scandinavian Scotland* (Leicester, 1987)
Davies, W., *Wales in the Early Middle Ages* (Leicester, 1982)
Fell, C. E., P. Foote, J. Graham-Campbell, and R. Thomson (eds), *The Viking Age in the Isle of Man* (London, 1983)
Fenton, A. and H. Pálsson (eds), *The Northern and Western Isles in the Viking World* (Edinburgh, 1984)
Graham-Campbell, J. and C. E. Batey, *Vikings in Scotland* (Edinburgh, 1998)
Loyn, H. R., *The Vikings in Wales* (London, 1976)
Ó Corráin, D., *Ireland before the Normans* (Dublin, 1972)
Ó Cróinin, D., *Early Medieval Ireland 400–1200* (London, 1995)
Price, N., *The Vikings in Brittany*, Viking Society for Northern Research, Saga Book 22 (1986–9), pp. 319–440
Ritchie, A., *Viking Scotland* (London, 1993)
Smyth, A. P., *Scandinavian York and Dublin* (2 vols, Dublin, 1975–9)
Smyth, A. P., *Warlords and Holy Men: Scotland AD 400–1000* (London, 1984)

イングランド

Abels, R., *Alfred the Great* (London and New York, 1998)
Biddle, M. and B. Kjølbye-Biddle, 'Repton and the Vikings', in *Antiquity* 66 (1992), pp. 36–51
Brooks, N. P., 'England in the Ninth Century: the Crucible of Defeat', in *Transactions of the Royal Historical Society*, 5th Series, 29, pp. 1–20
Hall, R. A., *Viking Age Archaeology in Britain and Ireland* (Princes Risborough, 1990)
Hall, R. A., *Viking Age York* (London, 1994)
Hart, C., *The Danelaw* (London, 1992)
Lawson, M. K., *Cnut* (London and New York, 1993)
Loyn, H. R., *The Vikings in Britain* (London, 1977)
Richards, J. D., *Viking Age England* (London, 1991)
Roesdahl, E. et al, *The Vikings in England* (London, 1981)
Scragg, D. G. (ed.), *The Battle of Maldon AD 991* (Oxford, 1991)
Smyth, A. P., *Scandinavian York and Dublin* (2 vols, Dublin, 1975–9)
Stenton, F. M., *Anglo-Saxon England* (3rd edition, Oxford, 1971)

Wainwright, F. T., *Scandinavian England* (Chichester, Sussex, 1975)

フランク王国

Bates, D., *Normandy before 1066* (London, 1982)
Logan, F. D., *The Vikings in History* (London, 1983)
McKitterick, R., *The Frankish Kingdoms under the Carolingians 751–987* (London, 1983)
Nelson, J. L., *Charles the Bald* (London and New York, 1992)
Wallace-Hadrill, J. M., 'The Vikings in Francia', in *Early Medieval History* (Oxford, 1975)

ロシアと東方世界

Brisbane, M. A. (ed.), *The Archaeology of Novgorod, Russia* (Lincoln, 1992)
Dolukhanov, P. M., *The Early Slavs: Eastern Europe from the Initial Settlement to the Kievan Rus* (London, 1996)
Ellis Davidson, H. R., *The Viking Road to Byzantium* (London, 1976)
Franklin, S. and J. Shepard *The Emergence of Rus 750–1200* (London and New York, 1996)

船と船乗り

Brøgger, A. W. and H. Shetelig, *The Viking Ships: Their Ancestry and Evolution* (London, 1971)
Christensen, A. E. (ed.), *The Earliest Ships: The Evolution of Boats into Ships* (London, 1996)
Crumlin-Pedersen, O., *Aspects of Maritime Scandinavia AD 200–1200* (Roskilde, 1990)
Haywood, J., *Dark Age Naval Power* (2nd revised edition, Hockwold-cum-Wilton, Norfolk, 1999)
McGrail, S., *Ancient Boats in North-West Europe* (London, 1987)
Unger, R. W. (ed.), *Cogs, Caravels and Galleons: The Sailing Ship 1000–1650* (London, 1994)

軍事

Griffith, P., *The Viking Art of War* (London, 1995)
Harrison, M., *Viking Hersir* (London, 1993)
Lund, N., 'Danish Military Organisation', in J. Cooper (ed.), *The Battle of Maldon, Fiction and Fact* (London, 1993)
Nørgård Jørgensen, A. and B. L. Clausen (eds), *Military Aspects of Scandinavian Society in a European Perspective, AD 1–1300* (Copenhagen, 1997)

404 参考文献

神話と宗教

Crossley-Holland, K., *The Norse Myths* (London, 1980)

Ellis Davidson, H. R., *Gods and Myths of Northern Europe* (Harmondsworth, 1964)

Page, R. I., *Norse Myths* (London, 1990)

Sawyer, B., P. H. Sawyer, and I. Wood (eds), *The Christianization of Scandinavia* (Alingsås, 1987)

Turville-Petre, E. O. G., *Myth and Religion of the North: The Religion of Ancient Scandinavia* (2nd edition, Greenwich, Conn., 1977)

ヴァイキングの生活と文化

Anker, P. and A. Andersson, *The Art of Scandinavia* (2 vols, London, 1970)

Bailey, R. N., *Viking Age Sculpture in Northern England* (London, 1980)

Clarke, H. and B. Ambrosiani, *Towns in the Viking Age* (2nd revised edition, Leicester, 1995)

Graham-Campbell, J., *Viking Artefacts: A Select Catalogue* (London, 1980)

Jesch, J., *Women in the Viking Age* (Woodbridge, Suffolk, 1991)

Jochens, J., *Women in Old Norse Society* (Ithaca and London, 1995)

Karras, R., *Slavery and Society in Medieval Scandinavia* (New Haven, 1988)

Page, R. I., *Runes* (London, 1987)

Turville-Petre, E. O. G., *Scaldic Poetry* (Oxford, 1976).

図版出典

図版の所蔵者を示すために以下の略語を使用している。

AIC   Det Arnamagaeanske Institut, Copenhagen
ATA   Antikvarisk- Topografiska Arkivet, Stockholm
BL   British Library, London
BM   © British Museum, London
CMD   C. M. Dixon
HM   State Hermitage Museum, St Petersburg
JH   John Haywood
KBC   Det Kongelige Bibliotek, Copenhagen
MNH   Manx National Heritage
NMD   National Museum of Denmark, Copenhagen
NMl   National Museum of Ireland, Dublin
PW   Philip Winton (illustrator)
RH   Richard Hall
RIKS   Riksarkivet, Oslo
SAM   Stofnun Arna Magnussonar, Reykjavik
SHM   Statens Historiska Museer, Stockholm
UOO   Universitetets Oldsaksamling, Oslo
WFA   Werner Forman Archive
YAT   York Archaeological Trust

2-3 Viking Ship Museum, Oslo/UOO; 21 A. F. Kersting; 23 JH; 24 SAM; 25 NMD; 26 Historisk Museum, Universitetet I Bergen; 28 SAM; 29 CMD; 30 Bertil Genterwall, Lund; 31 ATA; 33 JH; 34 Staatsbibliothek, Munich/Photo: Hirmer; 35 Ashmolean Museum, Oxford; 37 Corpus Christi College Library, Cambridge; 38 Pierpont Morgan Library, New York; 39 KBC; 40 ATA; 41 ATA; 44 Michigan State Museum; 45 SHM; 45 HM; 46 YAT; 50 上 Pierpont Morgan Library, New York; 50 下 JH; 52 CMD; 53 Historisk Museum, Universitetet I Bergen; 54 Marcian library, Venice/Photo:Hirmer; 56 左 SAM; 56 右 JH; 57 Musee de la Tapisserie, Bayeux; 59 BL; 61 AIC; 62 Yale University Library, New Haven; 65 National Museum of Wales, Cardiff; 67 上 WFA/Upplandsmuseet, Uppsala; 67 下 from Stolpe and Arne, La Necropole de Vendel, 1927; 68 NMD; 69 WaterfoTd Corporation; 70 AIC; 72 from The Chronicle of Radziwill, Academy of Sciences, St Petersbulg; 74 Hunterian Museum, Glasgow University; 76 AIC; 78 PW; 80 YAT; 81 CMD; 84 Fitzwilliam Museum, Cambridge; 85 上 Pierpont Morgan Library, New York; 85 下 JH; 91 BL; 92 上 Edwin Smith; 92 下 JH; 95 CMD; 96 上 UOO; 96 下 WFA/Viking Ship Museum, Bygdoy; 99 Duchas, The Heritage Service, Dublin; 101 YAT; 102 WFA/SAM; 104 上 Eva Wilson; 104 下 Restoration Workshop of Nidaros Cathedral, Trondheim; 107 Gabriel Hildebrand, Stockholm; 109 JH; 110 Svendsen; 112 UOO; 113 SHM; 115 BM; 116 BM; 117 上 JH; 117 下 YAT; 119 Musee du Louvre, Paris; 120 Rjksdienst voor het Oudherdkindig bodemonderzoek, The Netherlands; 121 Historisk Museum, Universitetet I Bergen; 122 Svendsen; 123 William Suddaby/© Thames & Hudson Ltd, London; 124 WFA; 126 左 WFA; 126 右 Edwin Smith; 127 SAM; 129 左 SHM; 129 右 JH; 130 YAT; 132 HM; 134 左 BM; 134 右 BL; 135 JH; 136 Basil Greenhill; 137 NMD; 138 Mats Lund/Icelandic Photo and Press Service, Reykjavik; 139 Photo: © RMN/Gerard Blot; 142 上 JH; 142 下 ATA; 145 NMl; 148 上 HM; 148 下 CMD; 150 左 BM; 150 上右 ATA; 150 下 YAT; 152 NMD; 155 上 WFA/Viking Ship Museum, Bygdoy; 155 下 Crumlin-Pedersen in Greenhill and Morrison, The Archaeology of Ships and Boats, 1995; 157 SHM; 158 MNH; 159 上 WFA/NMD; 159 下 JH; 161 Bodleian Library, Oxford; 163 WFA/SAM; 165 Bibliothèque Municipals Rouen; 167 Eric Werenskiold, 1899; 169 上

NMD; 169 下 SHM; 172 UOO/ WFA; 173 NMI; 176 BL; 177 San Paolo Fuori le Mura/Instituto Poligrafico e Zecco dello State, Rome; 179 上 P. P. Pratt and W. Dodd; 179 下 ATA; 181 CMD; 183 上 PW; 183 下 PW; 184 SAM; 187 Torleit Svensson/Tiofoto, Stockholm; 189 NMD; 191 from Manasses Codex, Biblioteca Apostolica Vaticana, Rome; 194 PW; 197 上 Ted Spiegel; 197 下 CMD; 200 RH; 201 Gothenburg University library; 202 ATA; 204 SAM; 206 上 WFA; 206 下 ATA; 207 NMD; 209 上 National Museums of Scotland, Edinburgh; 209 下 WFA; 211 上 JH; 211 下 JH; 213 上左 YAT; 213 下 左 AIC; 213 右 Crumlin-Pedersen in Greenhill and Morrison, The Archaeology of Ships and Boats, 1995; 214 CMD; 215 SAM; 217 上 WFA/National Museum of Iceland, Reykjavik; 217 下 WFA/SHM; 220 Crown copyright: Royal Commission on the Ancient and Historical Monuments of Scotland, Edinburgh; 223 上 Nordam-Ullitz Torkild Balslev, Denmark; 223 下 Forhistorisk Museum, Moesgard; 225 上 Walter Pfeiffer Studios, Dublin; 225 下 NMl; 227 UOO; 230 Photo: Manx Technical Publications, courtesy of MNH; 231 WFA; 234 KBC; 237 YAT; 238 YAT; 240 Mogens Schou Jøgensen, NMD; 241 WFA/University Museum of National Antiquities, Uppsala; 245 SHM; 246 JH; 250 AIC; 252 BL; 253 from Brisbane, Archaeology of Novgorod, 1992; 254 BL; 255 JH; 261 左 Svendsen; 261 右 ATA; 264 上 左 after Svendsen; 264 上右 Svendsen; 264 下 ATA; 266 左 NMD; 266 右 NMD; 268 Institute Amattler d' Art Hispanic, Barcelona; 270 左 from Hauberg, 1900; 270 右 from Hauberg, 1900; 272 左 SAM; 272 右 BM; 273 Musee de la Tapisserie, Bayeux; 275 上 SHM; 275 下 NMD; 276 上 左 H. Shetelig; 276 上 右 UOO; 276 下 NMD; 279 SHM; 280 JH; 282 WFA; 283 SAM; 285 上 Musee de la Tapisserie, Bayeux; 285 下 UOO; 288 from Magnus, Historia de gentibus septentrionalibus, 1555; 290 RH; 291 SAM; 292 Bibliothèque Nationale, Paris; 294 Scala; 297 A. Falkenhovf; 298 Cambridge University Aerial Photography Unit; 299 ATA; 300 WFA/SHM; 301 John Dewar Studios; 303 AIC; 305 Wikiriger Museum, Haithabu; 307 CMD; 308 左 WFA; 308 右 WFA; 309 PW; 311 上 RIKS; 311 下 SAM; 314 左 National Museums of Scotland; 314 中 SHM; 314 右 SHM; 316 上 YAT; 316 下 Crown copyright: Royal Commission on the Ancient and Historical Monuments of Scotland, Edinburgh; 318 Arkeologisk Museum, Stavanger; 321 KBC; 322 JH; 323 ATA; 325 The Collection of Coins and Medals, UOO; 326 Cambridge University Aerial Photography Unit; 328 左 RH; 328 右 MNH; 329 Photo: Manx Technical Publications, courtesy of MNH; 331 SAM; 332 Royal Library, Stockholm; 333 SHM; 336 上 AIA; 336 下左 UOO; 336 下右 UOO; 337 Linda Proud, Oxford; 339 Crown copyright: Royal Commission on the Ancient and Historical Monuments of Scotland, Edinburgh; 341 SHM; 344 YAT; 346 Bård Løken/Samfoto, Oslo; 347 SHM; 350 AIC; 352 RH; 353 SAM; 354 Jon Ame Saeter/Samfoto, Oslo; 356 Ole Crumlin-Pedersen; 357 RH; 358 Bibliothèque de la Ville, Epernay; 360 上 UOO; 360 中 UOO; 360 下 YAT; 362 BM; 363 Den Antikvariske Samling, Ribe; 366 JH; 368 Österreichische Nationalbibliothek, Vienna; 370 JH; 371 上 PW; 371 下 RH; 373 Courtesy Maine State Museum, Augusta, Maine, USA; 375 Svendsen; 376 Martin Biddle; 377 from Magnus, Historia de gentibus septentrionalibus, 1555; 379 Jan Rietz/Tiofoto, Stockholm; 381 上 HM; 381 下 Bertil Centerwall; 382 from The Chronicle of Radziwill Academy of Sciences, St Petersburg; 385 BL;

すべての地図 PW

欧文項目対照一覧

[A]

Adam of Bremen　アダム、ブレーメンの　30

Ælfgifu of Northampton　エルフイヴ・オヴ・ノーサンプトン　87

Ælfheah (St Alphege)　エルフヘアハ（聖アルフィージ／アルフェジ）　87

Ælle　エッラ（エッレ）　83

Æsir　アース神族　29

Æthelflæd　エゼルフレード　78

Æthelred　エゼルレッド　79

Æthelred I　エゼルレッド1世　79

Æthelred the Unready (Æthelred II)　エゼルレッド無策王（エゼルレッド2世）　79

Æthelstan　エゼルスタン　77

agriculture　農業　251

Alan Barbetorte ('twist-beard')　アラン捩髭公　31

Alcuin　アルクィン　32

Alfred the Great　アルフレッド大王　34

Alney, treaty of　オールネイの協約　105

Althing　アルシング　32

amber　琥珀　158

Andvari　アンドヴァリ　37

Angantyr (ラテン語 Ongendus)　アンガンチュール（オンゲンドゥス）36

Anglo-Saxon Chronicle　『アングロ・サクソン年代記』　36

Anglo-Saxons　アングロ・サクソン人　36

Ansgar, St (Anskar)　聖アンスガル（アンスカル）　204

antler, bone and horn　枝角、骨、角　81

Arabs, Vikings and the　アラブ人、ヴァイキングとの関係　30

Århus　オーフス　98

armies　軍　140

Arnórr Thórðarson jarlaskáld　ヤールの詩人アルノール・ソールザルソン　340

Arnulf　アルヌルフ　33

art styles　美術様式　275

[B]

Asgard　（古北欧語 Ásgarðr）アースガルズル　29

Ashingdon, battle of　アシンドンの戦い　28

Äskekärr ship　エスケシェール船　77

Askold and Dir　アスコルドとディール　29

Aud the Deep-Minded　（古北欧語 Auðr djúpauðga）「深慮の」アウズル　186

[B]

Balder (Baldr)　バルドル　271

Balts　バルト人　271

Beaduheard　ベアドゥヘアルド　302

Beocca　ベオッカ　304

Bergen　ベルゲン　306

berserker　ベルセルクル（「クマのシャツ」の意）　307

Birka　ビルカ　278

Birsay, brough of　ブロッホ・オ・バーセイ　302

bishoprics　司教区　168

Bjarkeyjar réttur (Bjarkøy laws)　『ビルカ島の法』　279

Bjarni Herjólfsson　ビャルニ・ヘルヨールフソン　277

Björn Ironside　甲鉄のビョルン　153

Bláland　青の土地［ブラーランド］　290

Blathmacc mac Flaind　ブラスマック・マック・フラインド　289

blood eagle　血のワシ　228

boathouses　ボートハウス　317

Borg　ボルグ　320

Bornholm　ボーンホルム島　321

Borre　ボッレ　317

Bragi　ブラギ　289

Brattahlid (Qagssiarssuk)　ブラッタフリーズ（カッシアーッスク）　290

Bråvalla, battle of (古北欧語 Brávellir)　ブローヴァッラ（ブラーヴェッリル）の戦い　300

Brian Boru (Brian Bóraime)　ブライアン・ボル（ブリアン・ボーラム）　289

bridges　橋　261

Brittany, Vikings in　ブルターニュのヴァイキング　296

欧文項目対照一覧　407

Brunanburh, battle of　ブルーナンブルフの
　戦い　297
Brynhild　ブリュンヒルドル　295
Bulgars　ブルガル人　295
Burgred　ブルグレド　296
burhs　ブルフ　298
burial customs　埋葬習慣　323
Byrhtnoth　ビュルフトノス　278

　[C]
Carolingian Empire　カロリング朝神聖ロー
　マ帝国　119
Ceolwulf II　チェオルウルフ2世　227
Cerball mac Dúnlainge（古北欧語 Kjarval）
　ケルヴァル　145
Charlemagne　カール大帝（シャルルマーニ
　ュ）　118
Charles the Bald　シャルル禿頭王　176
Charles the Fat　シャルル肥満王　178
Charles the Simple　シャルル単純王（シャ
　ルル3世）　175
children　子　147
Christianity, conversion to　キリスト教への
　改宗　128
churches　教会　125
Clontarf, battle of　クロンターフの戦い　140
Cnut II（St Cnut, Cnut the Holy）　クヌート
　ル2世（聖クヌート、クヌーズ聖王）　134
Cogadh Gardhel re Gallaibh　『アイルランド
　人と異教徒との戦』　24
coins and coinage　貨幣と貨幣鋳造　115
combs　くし　130
conduct, rules of　行動規範　153
Constantine I　コンスタンティン1世　161
Constantine II　コンスタンティン2世　161
Constantinople, treaties of　コンスタンティ
　ノープルの条約　160
Cork　コーク　154
creation myth　創世神話　215
Cronica regum Mannie et insularum　『マン
　島と諸島の王の年代記集』　330
Cuerdale hoard　カーデイルの埋蔵宝物　114

　[D]
Danegeld　デーンゲルド　232
Danelaw　デーンロー　236
Danes　デーン人　233
Danevirke　ダーネヴィアケ　222
Demnark, kingdom of　デンマーク王国　235
dirhem　ディルハム貨　229
dísir　ディース　229
Dorestad　ドレスタット　244
dress　衣服　44
Dublin（古北欧語 Dyflin）　ダブリン（ディ
　フリン）　222
Dudo of St-Quentin　サン゠カンタンのデュ
　ドン　165
dwarves　ドワーフ　247
Dyle, battle of the　デイル川／デイレ川の戦
　い　229

　[E]
Eadred　エアドレッド　74
Eadric Streona　エアドリック・ストレオナ　73
East Anglia, kingdom of　イースト・アング
　リア王国　43
Ebo of Rheims　ランス大司教エボ　357
Eddas　『エッダ』　82
Edington, battle of　エディントンの戦い　83
Edmund I　エドマンド1世　83
Edmund, St　エドマンド殉教王　84
Edmund Ironside　エドマンド剛勇王（エド
　マンド2世）　84
Edward the Elder　エドワード長兄王　86
Egils saga Skalla-Grímsson　『エギルのサガ』
　76
Egil Skalla-Grímsson　エギル・スカッラグ
　リームスソン　76
Einar Tambarskelve（'paunch-shaker' 古
　北欧語 Einar Eindriðason þamdarskelfir）
　　　　　　　　　サンバルスケルヴィル
　太鼓腹揺らしのエイナル　166
Eketorp　エーケトルプ　77
Elblag（Elbing）　エルブロンク（エルビング）
　88
elves　エルフ　87

Emma of Normandy　エマ・オヴ・ノーマン
ディー　86

Encomium Emmae reginae　『王妃エマ礼讃』
90

England, Vikings in　イングランドのヴァイ
キング　47

Erik Bloodaxe　エイリークル血斧王　74

Erik of Hlaðir (Erik Hákonarson)　ラーデ
のエイリークル（エイリークル・ハーコナ
ルソン）　355

Erik the Red (Eirik Torvaldsson)　赤毛のエ
イリークル（エイリーク・ソルヴァルズソン）
27

Erik the Victorious (Erik Bjarnarson)　エ
イリークル勝利王　75

Eyrbyggja saga　『エイルの人々のサガ』　76

[F]

Faereyinga saga　『フェロー諸島の人々のサ
ガ』　283

Fafnir　ファーヴール　280

family　家族　113

Faroe Islands　フェロー諸島　281

feasts and feasting　饗宴とごちそう　124

félag (fellowship)　フェーラグ（同士団）　281

Fenrir　フェンリル　283

Finns　フィン人　280

fishing, whaling, sealing and seabirding　漁
業、捕鯨、アザラシ狩り、海鳥捕り　126

Five Boroughs　五城市〔ファイヴ・バラ〕　279

Flateyjarbók　『フラート島本』　290

fleets　艦隊（船団）　121

Floki Vilgerdarson　フローキ・ヴィルゲルザ
ルソン　301

food and drink　食べものと飲みもの　226

fortifications　要塞　342

'Forty Years' Rest'　「四十年間の休息」　348

Francia, Vikings in　フランク王国のヴァイ
キング　291

Franks　フランク人　293

Freyja　フレイヤ　299

Freyr　フレイル　300

Fribrødre Å　フリブロェードレ川　295

Frigg　フリッグ　295

Frisia　フリジア　294

furniture　家具（調度品）　111

[G]

games, pastimes and sports　ゲーム、娯楽、
スポーツ　144

Gardar the Swede (Garðarr Svávarsson)
ガルザル、スヴェーア人の（スヴァーヴァ
ルの息子ガルザル）　118

Garm　ガルムル　119

Gefion　ゲフィユン　144

Germanic Iron Age　ゲルマン鉄器時代　146

Gesta Danorum ('The Deeds of the Danes')
『デーン人の事績』　233

giants　巨人　128

glass　ガラス　117

Gleipnir　グレイプニル　138

Gnezdovo　グニョズドヴォ　132

Godfred (古北欧語 Guðröðr)　グズローズル
131

goði　ゴジ　156

Godred Crovan (Irish　crov bán)　ゴドレ
ッド・クロヴァン（アイルランド語クロブ・
バーン〈「白い手」〉）　157

Gokstad ship burial　ゴクスタ船葬墓　154

Göngu-Hrolfs saga　『徒〔かち〕のフロールヴルのサ
ガ』　114

Gorm the Old　ゴルムル老王　159

Götar (古北欧語 *Gautar*, 古英語 *Geatas*)
ヨート人（ガウタル、イェーアト）　346

Gotland　ゴットランド島　156

Great Army　大軍勢　221

Greenland　グリーンランド　136

Grettis saga　『グレッティルのサガ』　138

Grobin　グロービン（グロビニャ）　139

Groix, Île de　グロワ島　139

Gungnir　グングニル　143

Guthfrith (古北欧語 Guðröðr)　グズフリズ
ル　131

Guthrum　グズルム　131

欧文項目対照一覧　409

[H]

hacksilver　ハックシルバー　264

Hafrsfjord, battle of　ハヴルスフィヨルドの戦い　259

Håkon Sigurdsson　ハーコン・シグルザルソン（ハーコン大公）　259

Håkon the Good (Hákon Haraldsson)　ハーコン善王（ハーコン・ハラルズソン）　260

Halfdan　ハールフダン　272

Halfdan the Black　ハールフダン黒王　273

Harald Bluetooth　ハラルドル青歯王（ハラルドル・ゴルムスソン）　266

Harald Fairhair　ハラルドル美髪王（ハーラル1世）　268

Harald Greycloak　ハラルドル灰衣王　267

Harald Hardrada　ハラルドル苛烈王（ハルドラジ）　267

Harald Klak (Heriold)　ハラルドル・クラック（ヘリオルドゥス）　265

Harold Godwinson　ハロルド・ゴドウィンソン（ハロルド2世）　273

Harold Harefoot　ハロルド兎足王（ハロルド1世）　274

Harthacnut　ハルザクヌートル　270

Hastein (Hæsten, Hasting, Anstign)　ハステイン（ヘステン、ヘイスティング、アンスティグン）　262

Havelok the Dane　デーン人ハヴェロック　234

Hedeby (Haithabu)　ヘゼビュー（ハイタブ）　305

Heimdall　ヘイムダッル　304

Heimskringla　『ヘイムスクリングラ』（「世界の環」の意）　302

Hel　ヘル　306

Helgö　ヘルヨー　308

Hermod (古北欧語 Hermóðr)　ヘルモーズル　308

hirð　ヒルス　279

Historiae Norvegiae　『ヒストリア・ノルベジエ（ノルウェー史）』　277

Hlaðir (Lade)　ラーデ　354

Hoder (古北欧語 Hoðr)　ホズル　317

hogbacks　ホグバック　315

Holger Danske (Holger the Dane, Ogire de Danemarche)　ホルゲア・ダンスケ（デーン人ホルガー、オジエ・ド・ダヌマルシュ、デンマークのオジエ）　320

Horik　ホリック1世　319

hostages　人質　277

housecarls（古北欧語 húskarlar）　ハスカール　262

houses　住居　178

Hygelac（ラテン語 Chlochilaich）　ヒュエラーク（クロキライク）　278

[I]

Iceland　アイスランド　22

Iðun　イズン　43

Igor (Ingvar)　イーゴリ1世（イングヴァル）　42

Ingamund (Hingamund)　インギムンドル（ヒンガムンド）　47

Ingólfr and Hjörleifr　インゴールヴルとヒョルレイヴル　51

Inuit (Eskimos)　イヌイット（エスキモー）　44

Iona　アイオナ島　21

Ireland, Vikings in　アイルランドのヴァイキング　25

ironworking　鉄加工　230

Íslendingabók　『アイスランド人の書』　24

Ivar (古英語 Ingware)　イーヴァル　37

Ivar I (アイルランド語 Imhar)　イーヴァル1世　38

Ivar II　イーヴァル2世　38

Ivar the Boneless　骨なしイーヴァル　319

ivory　象牙　214

[J]

Jarlshof　ヤールスホフ　339

Jaroslav the Wise (古北欧語 Jarisleif)　ヤロスラフ賢公　340

Jelling　イェリング　39

jewelry　宝飾品　313

Jomsvikings（古北欧語 Jómsvíkingar）　ヨームスヴァイキング（ヨームスヴィーキンガ

410　欧文項目対照一覧

ル）347

Jotunheim　ヨートゥンヘイム（「巨人の国」）346

[K]

Kanhave canal　カンハウエ運河　122

Kaupang　カウパング　111

Kensington Stone　ケンジントン・ルーンストーン　147

Ketil Flatnose　鼻ぺちゃのケティル　265

Khazars　ハザール　260

Kiev（古北欧語 Kœnugarðr）　キエフ（ケヌガルズル、ケーヌガルド）123

kingship　王権　89

Klåstad ship　クロースタ船　139

Knútr（Canute, Cnut, Knud <known as 'the Great' in Denmark>）　クヌートル１世（カヌート、クヌートル、〈デンマークでは〉クヌーズ「大王」）133

Kvalsund ship　クバルスン船　135

[L]

Ladby ship burial　ラドビー船葬墓　355

landaurar（'land dues'）　ランドアウラル（「出国税」）358

Landnámabók　『植民の書』　182

landownership　土地所有　240

language　言語　146

L' Anse-aux-Meadows　ランス＝オ＝メドー　356

laws　法　310

Lawspeaker（古北欧語 *Lögsögumaðr*）　法の宣言者　315

Laxdœla saga　『ラックス谷の人々のサガ』353

leding（leiðangr）　レイザングル　374

Leifr Eríksson（Leif the Lucky）　レイヴル・エイリークソン（幸運なるレイヴル）372

Lejre　レイレ　374

lið　リズ　362

life expectancy　平均寿命　302

Limerick（古北欧語 Hlymrekr）　リムリック（フリュムレック）364

Lindholf Høje　リンホルム遺跡　367

Lindisfarne（Holy Island）　リンディスファーン（ホーリー・アイランド）366

locks and keys　錠と鍵　182

Loki　ロキ　378

longphort　ロングフォート　385

Long Serpent（Ormrinn Langi）　長蛇号　229

Louis the Pious　ルイ敬虔王（ルートヴィヒ１世）367

Lund　ルンド　370

Lyrskov Heath, battle of　リュルシャウの荒地の戦い　365

[M]

Magnus Barelegs　マグヌス裸足王　325

Magnus Erlendsson（St Magnus）　マグヌス・エルレンズソン（聖マグヌス）324

Magnus the Good（Magnus Olafsson, Magnus I）　マグヌス善王（マグヌス・オラフソン、マグヌス１世）324

Maldon, battle of　モールドンの戦い　335

Man, kingdom of　マン島王国　329

Manx Chronicle　『マン島年代記』　330

Manx crosses　マン島様式の十字架　328

Markland（'Forest Land'）　マルクランド（「森の国」）328

marriage and divorce　結婚と離婚　143

medicine　医術　42

Mediterranean and Spain, Vikings in the　地中海とスペインのヴァイキング　227

Mercia, kingdom of　マーシア王国　326

Merovingian period　メロヴィング期　335

Midgard　ミズガルズル　332

Midgard Serpent（Miðgarðsormr; Jǫrmungandr）　ミズガルズ大蛇（ヨルムンガンドル）331

Migration period　民族移動期　334

Mikligarðr　ミクラガルズル　330

Mjöllnir　ミョルニル　333

monasticism in Viking Age Scandinavia　ヴァイキング時代のスカンディナヴィアにおける修道院制度　52

Muirchertach of the Leather Cloaks　ムル
　ヘルタハ、革衣の　334
Muspell (Muspelheim)　ムスペッル（ムス
　ペルヘイム）　334

[N]
Nadoddr　ナドッドゥル　249
Naglfar ('nail-farer')　ナグルファル（「爪の
　旅船」）　249
navigation　航海術　151
Niall Glúndubh ('Black Knee')　ニヤル黒膝王
　250
Niflheim　ニヴルヘイム　249
Njáls saga　『ニャールのサガ』　250
Njord（古北欧語 Njörðr）　ニョルズル　251
Normandy, duchy of　ノルマンディー公国
　256
Norns（古北欧語複数形 nornir）　ノルン　257
Northumbria, kingdom of　ノーサンブリア
　王国　253
Norway, kingdom of　ノルウェー王国　255
Novgorod（古北欧語 Holmgard, 'island
　town'）　ノヴゴロド（ホルムガルズル、「島
　の町」の意）　252

[O]
oars　オール　105
óðal　オーザル（世襲地）　94
Odense　オーデンセ　97
Oðin　オージン　94
Odo (Eudes)　オドー（ウード）　98
Ohthere（古北欧語 Ottar）　オホトヘレ（オ
　ッタル）　99
Olaf（アイルランド・ゲール語 Amlaíb）　オ
　ーラヴル（アムライブ）　99
Olaf dynasty　オーラヴル王の一門、（スウェ
　ーデン人の）　100
Olaf Guthfrithsson　オーラヴル・グズフリズ
　ソン　101
Olafr Haraldsson (Olaf II, St Olaf, Olaf
　the Stout)　オーラヴル・ハラルズソン（オ
　ーラヴ2世、聖オーラヴ、オーラヴ頑健王）

103
Olaf Cuarán, 'sandal' (Olaf Sihtricsson)
　オーラヴル・クヴァラン、「革紐履きのオー
　ラフ」（シヒトリクの息子オーラフ）　100
Olaf the Peaceful　オーラヴル平和王（オー
　ラヴ3世）　105
Olaf the White（古北欧語 Óláfr hvíti）　オー
　ラヴル白王（「白きオーラヴル」　102
Olaf Tryggvason　オーラヴル・トリュッグヴ
　ァソン（オーラヴ1世）　101
Oleg（古北欧語 Helgi）　オレグ（ヘルギ）　106
Olga（古北欧語 Helga）　オリガ（ヘルガ）
　105
Olof Skötkonung　オーロフ・ショットコヌ
　ング（「貢納王」）　107
Önund Jacob　オヌンドル・ヤーコブ　98
Orkney, earldom of　オークニーのヤール　90
Orkneyinga saga　『オークニーの人々のサ
　ガ』　93
Orosius, Old English　オロシウスの古英語訳
　106
Oseberg ship burial　オーセベリ船葬墓　95
Ostmen　オストマン　95
Ottar　オッタル　97
outlawry　法外追放　312

[P]
pagan religion　異教　40
Paris, siege of　パリ包囲　269
Paviken　パヴィーケン　259
Pechenegs (Patzinaks)　ペチェネグ人（パ
　ツィナク族）　306
picture stones　絵画石碑　109
pilgrimage　巡礼　181
Pippin II of Aquitaine　アキテーヌ王ピピン
　2世　28
Pont de l'Arche　ポン・ド・ラルシュ　321
Poppo, St　聖ポッポ　207
portage　連水陸路　377
Portland　ポートランド　318
pottery　陶器　237

412　欧文項目対照一覧

[Q]

Quentovic　カントヴィック　122

[R]

Ragnald　ラグナルド　349

Ragnar（ラテン語 Reginherus）　ラグナル（レグネルス）　349

Ragnarr Loðbrók　ラグナル・ロズブローク（「粗毛ズボン」のラグナル）　350

Ragnarok　ラグナロク　351

Ragnhildr　ラグンヒルドル　352

ransom　身代金　332

rape　性的暴行　207

Regin　レギン　375

reliquary　聖遺物箱　205

Repton　レプトン　375

Reric　レリク　376

Rhodri Mawr（Rhodri the Great）　ロードリ・マウル（ロードリ大王）　383

Ribblehead　リブルヘッド　362

Ribe　リーベ　363

Richard the Fearless　リシャール無怖公（リシャール１世）　361

Richard the Good（Richard II）　リシャール善良公（リシャール２世）　361

ring-forts, Frankish　環状砦、フランク王国の　120

roads　道路　239

Robert, count of Angers　ロベール、アンジュー伯　383

Rognvald　ログンヴァルドル　379

Rognvald of Møre　メーレのログンヴァルドル　334

Rök stone　ローク石碑　378

Rollo（フランス語 Rollen）　ロロ　385

Roman Iron Age　ローマ鉄器時代　384

Roric　ロリック　384

Roskilde　ロスキレ　383

Roskilde ships　ロスキレ船　383

runes　ルーン文字　370

Rurik（Ryurik, Roric）　リューリク　364

Rus　ルーシ　369

Russia, Vikings in　ロシアのヴァイキング　380

Russian Primary Chronicle（ロシア語 *Povest Vremennykh Let*）　『ロシア原初年代記』　379

Ryurik dynasty　リューリク朝　365

Ryurikovo Gorodisce　リュリコーヴォ・ゴロジシチェ　365

[S]

Saami　サーメの人々　164

Sæmundr Sigfússon　セームンドル・シグフースソン　210

saga　サガ　163

sails　帆　309

St Brice's Day Massacre　聖ブライスの日の虐殺　207

St-Clair-sur-Epte, treaty of　サン＝クレア＝シュル＝エプトの条約　166

Sandwich, battle of　サンドウィッチの戦い　166

Saucourt, battle of　ソクールの戦い　216

Saxo Grammaticus　サクソ・グラマティクス　164

Scotland, Vikings in　スコットランドのヴァイキング　195

sea barriers　海上障壁　110

Serkland　セルクランド　210

Sermo lupi ad Anglos　『イングランド人への狼からの説教』　47

sex, attitudes to　性　202

ship burial　船葬墓　210

ships and shipbuilding　船と造船　286

ship settings　船形列石　210

Sigfred（古北欧語 Sigfröðr, Sigurðr）　シグフレズル　170

Sighvatr Thórðarson　シグヴァトル・ソールザルソン　170

Sigmundr　シグムンドル　171

Sigtuna　シグトゥーナ　170

Sigurd Fafnisbane（Sigurd the Volsung）シグルズル、ファーヴニル殺しの（ヴォル

スング族のシグルド）171

Sigurd the Mighty　有力者シグルズル　341

Sigurd the Stout　太っちょのシグルズル　286

Sihtric Cáech（'squinty'）　シヒトリク・カエフ（「やぶにらみの」）171

Sihtric Silkbeard（Sihtric Olafsson）　シヒトリク絹鬚王（シヒトリク・オーラフスソン）173

skaldic verse　スカルド詩　192

Skien　シーエン　167

Skraelings　スクレーリング　193

Skuldelev ships　スクレレウ船　193

slavery　奴隷制　242

slave trade　奴隷貿易　243

Sleipnir　スレイプニル　202

Snæbjorn Galti　スネービョルン・ガルティ　201

snekke（'snake'）　スネッケ（「蛇船」）200

Snorri Sturluson　スノッリ・ストゥルルソン　201

soapstone　石鹸石　208

social classes　社会階級　174

Somerled　ソマーレッド　216

Stamford Bridge, battle of　スタンフォード・ブリッジの戦い　198

Staraja Ladoga　スタラヤ・ラドガ　198

Stiklestad, battle of　スティクレスタの戦い　199

stone-carving　石材彫刻　208

Stöng　ストング　200

Storhaug ship burial　大墳丘船葬墓〔ストールハウグ〕　199

strandhögg　海浜襲撃〔ストランドホック〕　199

Strathclyde　ストラスクライド　199

sun stone（古北欧語 *sólarsteinn*）　太陽石　221

Svear　スヴェーア人　187

Svein Alfivason　スヴェイン・エルフイヴソン　188

Svein Asleifarson　スヴェイン、アースレイヴァルソン　187

Svein Estrithson（Svein Ulfsson）　スヴェイン・エストリズソン（スヴェイン・ウールフスソン）188

Svein Forkbeard（Svein Haraldsson）　スヴェイン双髭王（スヴェイン・ハラルズソン）189

Svein Håkonsson　スヴェイン・ハーコナルソン　190

Svyatoslav I　スヴャトスラフ1世　191

Sweden, kingdom of　スウェーデン王国　190

[T]

tax and tribute　税　203

Tettenhall, battle of　テットノールの戦い　231

things　シング（民会）185

Thingvellir（Thingvöllr）　シングヴェッリル（集会の平原）186

Thjazi　スィアツィ　186

Thor　ソール　216

Þorfinnr Karlsefni（Þórðarson）　ソルフィンヌル、侠気の〔カルルセフニ〕（ソールズルの息子）218

Thorfinn Skullsplitter（古北欧語 Þorfinnr hausakljúfr）　ソルフィンヌル、頭骨破りの　219

Thorfinn the Mighty（古北欧語 Þorfinnr Sigurðarson inn ríki）　ソルフィンヌル・シグルザルソン（大立て者のソルフィンヌル）218

Thorkell the Tall　のっぽのソルケル　254

Thorstein the Red　赤毛のソルステイン　28

Thyre　テューレ　232

Timerovo（Bolsoe Timerovo）　チメリョヴォ（ボリショエ・チメリョヴォ）228

Tomrair erell（Thórir jarl）　トムライル・エレル（ソーリル・ヤール）241

Torf-Einar　トルフ＝エイナル　242

towns　町　327

trade　交易　149

transport, land　陸上交通　358

Trelleborg forts　トレレボーの要塞　245

Trondheim　トロンヘイム　246

Tune ship burial　トゥネ船葬墓　238

Turgeis（Thórgestr, Thórgils）　トゥルゲイ

ス（ソルゲストル、ソルギルス）238

Tynwald（古北欧語 Thingvöllur）ティンワルド（集会の平原）230

Tyr テュール 232

[U]

Udal, The ユーダル 342

Ulfr ウルヴル 72

Uppasala, Gamla (Old Uppsala)　ガムラ・ウプサラ（「古ウプサラ」の意）116

Utgard-Loki ウートガルザ゠ロキ 71

[V]

Valhalla（古北欧語 Valholl）ヴァルハラ（「死者の館」）55

valkyries（古北欧語 valkyrja, 'chooser of the slain'）ヴァルキュリア（「戦死者を選ぶ者」の意）55

Valsgärde ヴァルスイェルデ 55

Vanir ヴァン神族 56

Varangian Guard ヴァリャーギ親衛隊 53

Varangians（古北欧語 Væringjar, スラヴ語 Variazi, ギリシア語 Varaggoi, アラビア語 Warank）ヴァリャーグ 54

Vendel ヴェンデル 66

Vendel period ヴェンデル時代 66

Viborg ヴィボー 57

Viking（古北欧語 víkingr, 古英語 wicing）ヴァイキング 51

villages and rural settlement 集落・農村集落 180

Vinland ヴィンランド 59

Vinland map ヴィンランド地図 62

Vinland sagas 『ヴィンランド・サガ』 60

Visunden ('The Ox') 雄牛号 56

Vladimir I (St Vladimir, Vladimir the Great, 古北欧語 Valdemar) ウラジーミル1世（聖公ウラジーミル、ウラジーミル大公、ヴァルデマル）71

Volsunga saga 『ヴォルスンガ・サガ』 70

Voluspá 『巫女の予言』 331

Vorbasse ヴォアバッセ 68

[W]

Wales, Vikings in ウェールズのヴァイキング 64

wapentake（古北欧語 vápnatak, 古英語 wæpentac）ワペンテイク 387

Waterford（古北欧語 Veðrafjörðr）ウォーターフォード（ヴェズラフォルズル）69

weapons and armour 武器と防具 283

weather-vanes, ships' 風見、船の 112

weaving 機織り 263

Wedmore, treaty of ウェドモア条約 64

weights and measures 度量衡 241

Weland ヴォルンドル（ウェランドゥス）71

Wends ヴェンド人 66

Wessex ウェセックス 63

Wexford（古北欧語 Veigsfjörðr）ウェックスフォード（ヴェイグスフォルズル）63

William Longsword ウィリアム長剣公 58

William the Conqueror ウィリアム征服王 57

Willibrord, St (St Clement) 聖ウィリブロルド 205

Wolin ヴォリン 69

women 女性 184

wood-carving 木彫 335

Wulfstan ウルフスタン 73

Wulfstan I ウルフスタン1世 73

[Y]

Yggdrasil ユグドラシル 341

Yngling dynasty ユングリンガ王朝 342

Yngvars saga víðforla 『遠征王ユングヴァルのサガ』 88

Yngvar the Widefarer 遠征王ユングヴァル 88

York（古英語 Eoforwic, 古北欧語 Jórvík）ヨーク（エオヴォルウィチ、ヨールヴィーク）344

項目索引

[あ行]

アイオナ島　21, 22, 101, 195, 290, 325

アイスランド　22, 23, 24, 27, 28, 32, 33, 44, 51, 53, 54, 56, 60, 70, 75, 76, 77, 81, 82, 88, 91, 93, 99, 102, 111, 113, 114, 118, 126, 127, 128, 129, 136, 137, 138, 143, 145, 146, 147, 149, 151, 152, 156, 163, 164, 168, 170, 174, 175, 180, 181, 182, 184, 185, 186, 192, 195, 200, 201, 203, 209, 212, 215, 217, 218, 221, 228, 243, 246, 249, 250, 251, 252, 256, 265, 269, 272, 273, 277, 281, 282, 283, 286, 290, 301, 303, 307, 310, 311, 312, 313, 315, 319, 321, 331, 340, 347, 350, 351, 353, 358, 359, 372, 373, 374, 385

『アイスランド人の書』　24, 358

『アイルランド人と異教徒との戦』　24, 25, 140, 289, 348

アイルランドのヴァイキング　21, 22, 25, 26, 27, 38, 46, 47, 48, 51, 63, 64, 65, 69, 91, 95, 99, 100, 102, 129, 131, 140, 141, 143, 145, 147, 151, 154, 171, 173, 174, 184, 186, 188, 193, 195, 222, 224, 226, 238, 239, 240, 241, 243, 244, 250, 265, 273, 281, 282, 289, 290, 309, 315, 326, 328, 334, 343, 344, 345, 348, 350, 364, 372, 383, 385

赤毛のエイリークル（エイリーク・ソルヴァルズソン）　27, 28, 60, 61, 136, 277, 290, 373

赤毛のソルステイン　28, 102, 186, 341

アキテーヌ王ピピン2世　28

アシンドンの戦い　28, 73, 84, 105, 133

アースガルズル　29, 30, 40, 41, 55, 56, 187, 202, 215, 216, 271, 295, 304, 332, 333, 342

アスコルドとディール　29, 106, 123

アース神族　29, 40, 56, 94, 144, 331, 378

アダム、ブレーメンの　30, 70, 100, 116, 124, 144, 159, 202, 207, 243, 266, 277, 300, 351, 366

アラブ人、ヴァイキングとの関係　30, 46, 54, 149, 243, 380

アラン捩髭公　31, 297

アルクィン　32, 36, 205, 332, 366

アルシング　23, 24, 32, 33, 137, 156, 186, 201, 310, 315

アルヌルフ　33, 34, 178, 229, 292

アルフレッド大王　34, 35, 36, 43, 47, 63, 64, 73, 78, 79, 83, 86, 99, 106, 127, 129, 131, 151, 165, 221, 236, 263, 298, 299, 318

アンガンチュール（オンゲンドゥス）　36, 128, 205, 235, 327

アングロ・サクソン人　32, 35, 36, 37, 43, 47, 48, 49, 63, 64, 73, 77, 84, 94, 106, 122, 152, 196, 210, 221, 232, 233, 253, 257, 262, 326, 344, 346, 361, 366, 367, 374, 376

『アングロ・サクソン年代記』　29, 35, 36, 37, 73, 121, 198, 221, 227, 273, 279, 318, 319, 376

アンドヴァリ　37, 97, 171, 280

イーヴァル　37, 38, 47, 50, 86, 145, 196, 221, 224, 232, 254, 272, 350

イーヴァル1世　26, 37, 38, 99, 171, 319, 348, 349

イーヴァル2世　38

イェリング　39, 40, 159, 160, 208, 232, 235, 261, 266, 275, 315, 329, 359

異教　24, 29, 39, 40, 41, 42, 47, 49, 55, 56, 66, 72, 76, 82, 90, 94, 103, 108, 116, 118, 123, 124, 128, 130, 143, 144, 149, 170, 175, 184, 185, 191, 201, 208, 209, 210, 216, 217, 219, 231, 233, 239, 257, 259, 260, 267, 271, 281, 295, 299, 302, 308, 314, 315, 321, 324, 331, 334, 345, 352, 374, 378, 385

イーゴリ1世（イングヴァル）　42, 191

医術　42

イースト・アングリア王国　34, 37, 43, 47, 49, 63, 84, 85, 131, 221, 236, 254, 274, 278, 326, 335

イズン　43, 187, 289

イヌイット（エスキモー）　44, 60, 136, 137, 138, 193

衣服　31, 44, 137, 184, 239, 263, 313, 323

インギムンドル（ヒンガムンド） 47, 64, 78
『イングランド人への狼からの説教』 47
イングランドのヴァイキング 25, 26, 32, 34,
　35, 36, 37, 38, 47, 48, 52, 54, 57, 58, 63, 64,
　65, 72, 73, 74, 75, 76, 78, 79, 81, 83, 84, 86,
　87, 100, 101, 103, 105, 106, 111, 115, 121,
　133, 134, 135, 141, 143, 147, 151, 162, 166,
　167, 170, 181, 182, 185, 188, 189, 190, 196,
　198, 199, 203, 207, 208, 214, 219, 221, 224,
　229, 232, 233, 234, 236, 237, 243, 246, 254,
　256, 257, 260, 262, 268, 270, 272, 273, 274,
　277, 279, 297, 304, 306, 315, 318, 319, 326,
　331, 335, 337, 343, 344, 345, 350, 351, 352,
　355, 361, 366, 372, 374, 375, 387
インゴールヴルとヒョルレイヴル 51
ヴァイキング時代のスカンディナヴィアにお
　ける修道院制度 52
ヴァリャーギ親衛隊 53, 54, 160, 331
ヴァリャーグ 54, 287, 340, 364, 369
ヴァルキュリア（「戦死者を選ぶ者」の意）
　40, 41, 55, 70, 94, 109, 171, 185, 295, 351
ヴァルスイェルデ 55, 66, 187, 212
ヴァルハラ（「死者の館」） 29, 40, 41, 55, 56,
　75, 94, 109, 289, 351
ヴァン神族 29, 40, 56, 251, 300, 331
雄　牛号 56, 287
ヴィボー 56, 57, 168, 327
ウィリアム征服王 48, 57, 135, 188, 198, 257,
　274
ウィリアム長剣公 58, 59, 256, 361, 385
ヴィンランド 44, 59, 60, 61, 147, 168, 185,
　218, 328, 356, 357, 373, 374
『ヴィンランド・サガ』 60, 61, 373
ヴィンランド地図 62
ウェセックス 34, 36, 37, 43, 47, 48, 49, 62,
　63, 64, 77, 78, 83, 86, 100, 105, 106, 131,
　141, 161, 221, 227, 231, 254, 273, 274, 279,
　296, 297, 298, 302, 318, 326, 326, 344
ウェックスフォード（ヴェイグスフョルズル）
　26, 63, 343, 385
ウェドモア条約 63
ウェールズのヴァイキング 47, 64, 65, 188,

　243, 274, 315, 325, 326, 383
ヴェンデル 66, 67, 187, 212
ヴェンデル時代 55, 66, 335
ヴェンド人 67, 68, 77, 102, 134, 229, 243,
　262, 295, 306, 322, 325, 343, 347, 366
ヴォアバッセ 68, 181, 240
ウォーターフォード（ヴェズラフョルズル）
　26, 64, 69, 171, 250, 343, 349, 385
ヴォリン 68, 69, 70, 134, 267, 325, 348
『ヴォルスンガ・サガ』 70, 164, 171
ヴォルンドル（ウェランドゥス） 71, 312
ウートガルザ = ロキ 71, 218, 346
ウラジーミル1世（聖公ウラジーミル、ウラ
　ジーミル大公、ヴァルデマル） 53, 71, 72,
　123, 340, 382
ウルヴル 72
ウルフスタン 73, 106, 156
ウルフスタン1世 47, 73, 75, 346
エアドリック・ストレオナ 28, 73, 84, 133
エアドレッド 65, 73, 74, 75, 83, 345
エイリークル血斧王 48, 73, 74, 76, 89, 101,
　219, 260, 267, 269, 345, 352, 354
エイリークル勝利王 75, 107
『エイルの人々のサガ』 76, 284
『エギルのサガ』 75, 76, 77, 164, 201, 307
エギル・スカッラグリームスソン 76, 77,
　192, 201
エーケトルプ 77, 334
エスケシェール船 77, 139, 287, 310
エゼルスタン 32, 35, 48, 63, 73, 76, 77, 78,
　83, 86, 100, 101, 131, 162, 166, 173, 260,
　297, 298, 345
エゼルフレード 34, 47, 48, 63, 78, 79, 86,
　299, 327
エゼルレッド 34, 47, 63, 78, 79, 263, 327
エゼルレッド1世 34, 63, 79
エゼルレッド無策王（エゼルレッド2世） 47,
　48, 73, 79, 80, 81, 84, 86, 87, 90, 101, 103,
　133, 190, 207, 232, 254, 271, 277, 361
枝角、骨、角 81, 130, 198, 226, 227, 305,
　342, 345, 363
『エッダ』 24, 56, 82, 201, 234, 271, 283, 331

エッラ（エッレ） 83, 228, 254, 351
エディントンの戦い 63, 64, 83, 131, 221
エドマンド1世 73, 74, 78, 83, 100
エドマンド剛勇王（エドマンド2世） 48, 73, 84, 105, 106, 133
エドマンド殉教王（聖エドマンド） 43, 84, 85, 86
エドワード長兄王 35, 43, 48, 63, 64, 74, 79, 83, 86, 114, 231, 279, 327
エマ・オヴ・ノーマンディー 80, 86, 87, 188, 270, 274
エルフ 40, 87
エルフイヴ・オヴ・ノーサンプトン 87, 133, 188, 274
エルフヘアハ（聖アルフィージ／アルフェジ） 87, 254, 333
エルブロンク（エルビング） 73, 88, 271, 380
遠征王ユングヴァル 88
『遠征王ユングヴァルのサガ』 88
王権 22, 36, 89, 90, 98, 102, 103, 111, 128, 130, 134, 151, 175, 176, 196, 199, 236, 245, 256, 262, 291, 293, 310, 326, 327, 343
『王妃エマ礼讃』 90, 91
オークニーのヤール 28, 90, 91, 93, 94, 174, 182, 196, 218, 219, 224, 242, 286, 324, 335, 341, 352
『オークニーの人々のサガ』 93, 188, 242, 302, 340, 352
オーザル（世襲地） 94, 175, 240, 269, 342
オージン 29, 30, 40, 41, 55, 56, 82, 94, 95, 97, 116, 125, 128, 143, 144, 171, 202, 215, 216, 218, 228, 232, 242, 247, 271, 272, 283, 284, 286, 289, 295, 299, 300, 301, 303, 307, 308, 317, 331, 332, 351, 352, 370, 378
オストマン 27, 95, 224
オーセベリ船葬墓 42, 44, 95, 96, 111, 112, 212, 227, 238, 255, 263, 275, 309, 335, 336, 359, 360
オッタル 37, 66, 97, 171, 280, 375
オーデンセ 53, 97, 98, 135, 168, 327
オドー（ウード） 98, 175, 269, 292
オヌンドル・ヤーコブ 73, 98

オーフス 98, 117, 168, 327, 343
オホトヘレ（オッタル） 99, 106, 127, 151, 165, 203
オーラヴル（アムライブ） 26, 38, 99, 102, 145, 161, 196, 199, 224
オーラヴル王の一門、（スウェーデン人の） 100, 159, 235, 306
オーラヴル・クヴァラン、「革紐履きのオーラフ」（シヒトリクの息子オーラフ） 22, 73, 74, 83, 100, 101, 131, 173, 345
オーラヴル・グズフリズソン 73, 78, 83, 100, 101, 131, 161, 297, 345, 364
オーラヴル・トリュッグヴァソン（オーラヴ1世） 48, 56, 68, 79, 87, 89, 101, 102, 103, 107, 115, 122, 129, 166, 189, 203, 229, 246, 260, 278, 286, 287, 304, 335, 354, 355, 374
オーラヴル白王（「白きオーラヴル」 28, 99, 102, 186
オーラヴル・ハラルズソン（オーラヴ2世、聖オーラヴ、オーラヴ頑健王） 56, 73, 87, 89, 90, 98, 103, 107, 129, 134, 149, 167, 168, 170, 181, 188, 190, 199, 222, 246, 254, 256, 267, 270, 275, 287, 303, 312, 355, 358
オーラヴル平和王（オーラヴ3世） 60, 105, 279, 306, 325, 373
オリガ（ヘルガ） 42, 105, 191
オール 55, 56, 97, 105, 109, 135, 154, 193, 195, 200, 201, 287, 310
オールネイの協約 29, 105
オレグ（ヘルギ） 29, 42, 106, 123, 365, 369, 380
オロシウスの古英語訳 73, 99, 106, 156, 235
オーロフ・ショットコヌング（「貢納王」） 75, 88, 98, 102, 103, 107, 108, 115, 129, 170, 187, 189, 190, 340, 347

［か行］
絵画石碑 44, 109, 139, 142, 156, 202, 208, 217, 277, 309, 359
海上障壁 110, 305, 306, 343, 383
カウパング 99, 111, 117, 139, 167, 327
家具（調度品） 97, 111, 112, 287, 335

風見、船の 112, 113

家族 113, 114, 143, 144, 149, 153, 156, 175, 184, 185, 188, 202, 229, 237, 263, 279, 299, 313, 372, 380, 387

『徒のフロールヴルのサガ』 114, 164

カーデイルの埋蔵宝物 114

貨幣と貨幣鋳造 22, 31, 60, 66, 84, 98, 101, 102, 107, 111, 114, 115, 116, 134, 151, 170, 173, 174, 189, 190, 225, 229, 230, 241, 257, 270, 272, 278, 280, 305, 330, 345, 349, 362, 370, 373, 377

ガムラ・ウプサラ（「古ウプサラ」の意） 41, 116, 117, 187, 334

ガラス 111, 117, 118, 124, 144, 150, 151, 198, 200, 227, 244, 264, 305, 313, 314, 345, 363

ガルザル、スヴェーア人の（スヴァーヴァルの息子ガルザル） 22, 118, 301

カール大帝（シャルルマーニュ） 32, 118, 119, 120, 131, 132, 178, 234, 265, 291, 293, 294, 320, 332, 366, 367

ガルムル 119, 232, 352

カロリング朝神聖ローマ帝国 34, 119, 178, 291, 292, 293, 294, 367

環状砦、フランク王国の 120, 245, 294

艦隊（船団） 30, 32, 34, 42, 47, 49, 58, 80, 118, 121, 132, 135, 141, 196, 224, 228, 232, 259, 263, 268, 270, 274, 291, 319, 374

カントヴィック 115, 122, 293, 333

カンハウエ運河 36, 122, 146

キエフ（ケヌガルズル、ケーヌガルド） 29, 42, 53, 71, 105, 106, 107, 123, 124, 126, 160, 191, 192, 198, 243, 261, 267, 306, 340, 343, 365, 379, 380, 382

饗宴とごちそう 124

教会 22, 35, 72, 90, 93, 112, 117, 124, 125, 126, 128, 130, 135, 137, 160, 168, 170, 175, 204, 205, 243, 246, 253, 322

漁業、捕鯨、アザラシ狩り、海鳥捕り 126, 165, 252, 283

巨人 29, 40, 43, 56, 71, 88, 94, 128, 144, 186, 202, 215, 216, 218, 232, 247, 249, 251, 272,

283, 299, 300, 306, 331, 332, 334, 342, 346, 351, 378

キリスト教への改宗 22, 23, 24, 27, 33, 39, 40, 49, 71, 76, 86, 87, 88, 90, 95, 100, 101, 103, 105, 106, 107, 109, 125, 128, 129, 130, 140, 143, 144, 170, 175, 181, 190, 195, 202, 204, 205, 208, 210, 212, 236, 239, 243, 256, 260, 266, 271, 279, 283, 286, 290, 303, 313, 314, 320, 327, 328, 329, 331, 335, 340, 352, 367, 370, 374, 382

くし 70, 81, 130, 215, 342, 381

グズフリズル 101, 131, 173, 364

グズルム 34, 43, 63, 64, 83, 129, 131, 221, 236

グズローズル 118, 121, 131, 132, 222, 234, 235, 294, 305, 319, 351, 368, 376

グニョズドヴォ 132, 133

クヌートル1世（カヌート、クヌートル、〈デンマークでは〉クヌーズ「大王」） 28, 29, 48, 53, 72, 73, 81, 84, 86, 87, 88, 90, 98, 103, 105, 121, 125, 133, 134, 141, 143, 167, 170, 182, 188, 190, 199, 232, 235

クヌートル2世（聖クヌート、クヌーズ聖王） 49, 58, 90, 98, 134, 135, 168, 188

クバルスン船 135, 136

グリーンランド 27, 44, 60, 61, 103, 136, 137, 147, 151, 152, 168, 182, 185, 193, 201, 214, 218, 252, 256, 277, 290, 328, 356, 357, 373, 374

グレイプニル 138, 283

『グレッティルのサガ』 138

クロースタ船 77, 139, 310

グロービン（グロビニャ） 139, 271, 380

グロワ島 139, 212, 297

クロンターフの戦い 25, 26, 140, 218, 224, 251, 289, 361

軍 34, 47, 71, 79, 83, 86, 121, 131, 140, 141, 142, 143, 158, 160, 177, 192, 198, 221, 224, 229, 246, 250, 260, 262, 274, 286, 292, 347, 349, 361, 362, 374, 375, 384

グングニル 95, 143

結婚と離婚 113, 143, 144, 145, 184, 202, 203

項目索引　419

ゲフィユン　144

ゲーム、娯楽、スポーツ　81, 140, 144, 145, 158, 200, 215

ケルヴァル　26, 38, 99, 145, 224

ゲルマン鉄器時代　66, 146, 235, 321, 334, 335

言語　23, 72, 93, 146, 195, 271, 281, 295, 369, 382

ケンジントン・ルーンストーン　147

子　113, 141, 144, 145, 147, 148, 149, 184, 185

交易　27, 44, 49, 60, 66, 77, 90, 99, 105, 106, 111, 122, 123, 137, 149, 150, 151, 157, 165, 198, 203, 230, 243, 244, 247, 253, 259, 260, 262, 278, 283, 287, 288, 293, 294, 296, 305, 306, 308, 327, 345, 364, 372, 376, 377, 380

航海術　151

甲鉄のビョルン　30, 153, 228, 290, 350, 351

行動規範　153

コーク　26, 154, 385

ゴクスタ船葬墓　154, 284, 359

ゴジ　23, 32, 33, 156, 175

ゴットランド島　31, 44, 45, 67, 109, 117, 139, 142, 151, 156, 157, 202, 208, 211, 217, 230, 259, 264, 271, 275, 309, 312, 313, 314, 323, 336, 359

ゴドレッド・クロヴァン（アイルランド語クロブ・バーン〈「白い手」〉）　157, 330

琥珀　158, 198, 305

ゴルムル老王　39, 100, 159, 232, 234, 235, 266

コンスタンティノープルの条約　160

コンスタンティン1世　161

コンスタンティン2世　78, 101, 162, 298, 349

［さ行］

サガ　24, 60, 61, 68, 70, 75, 76, 88, 93, 102, 112, 138, 145, 149, 154, 163, 164, 166, 185, 192, 193, 201, 203, 246, 250, 267, 290, 302, 307, 353, 356

サクソ・グラマティクス　164, 233, 234, 272, 312, 350

サーメの人々　99, 151, 164, 165, 203, 320, 359

サン＝カンタンのデュドン　165, 166, 233, 262, 385

サン＝クレア＝シュル＝エプトの条約　166, 256, 385

サンドウィッチの戦い　166

太鼓腹揺らしのエイナル　166, 167, 284
サンバルスケルヴィル

シーエン　167

司教区　23, 24, 57, 97, 107, 128, 130, 168, 170, 191, 204, 219, 224, 246, 282, 306, 364, 370, 383

シグヴァトル・ソールザルソン　170, 182, 192, 228

シグトゥーナ　98, 115, 124, 130, 168, 170, 278, 327

シグフレズル　98, 170, 269

シグムンドル　171

シグルズル、ファーヴニル殺しの（ヴォルスング族のシグルド）　55, 70, 82, 164, 171, 172, 295, 328, 329, 351, 375

シヒトリク・カエフ（「やぶにらみの」）　26, 69, 78, 100, 131, 171, 224, 232, 250, 348, 349, 350

シヒトリク絹鬚王（シヒトリク・オーラフスソン）　101, 140, 173, 224, 286

社会階級　144, 174

シャルル単純王（シャルル3世）　98, 166, 175, 176, 256, 292, 385

シャルル禿頭王　71, 175, 176, 177, 321, 349, 368, 383, 384

シャルル肥満王　33, 98, 119, 170, 178, 270

住居　69, 77, 98, 111, 144, 178, 180, 200, 225, 226, 246, 278, 279, 302, 339, 356, 384

集落・農村集落　68, 93, 141, 180, 181, 240, 278, 339, 367

巡礼　22, 167, 170, 181, 182, 219, 281

錠と鍵　46, 112, 182 183, 231

『植民の書』　23, 51, 145, 168, 182, 184, 243

女性　42, 45, 51, 113, 138, 141, 143, 144, 174, 182, 184, 185, 186, 192, 202, 203, 205, 207, 216, 229, 242, 246, 257, 263, 302, 313, 314, 347, 353, 357, 359, 363, 372

420　項目索引

シング（民会）　33, 51, 56, 89, 116, 156, 174, 175, 185, 230, 236, 260, 282, 290, 310, 387

シングヴェッリル（集会の平原）　32, 186

「深慮の」アウズル　28, 102, 129, 186, 265, 353

スィアツィ　186, 251

スヴェーア人　55, 90, 98, 103, 107, 118, 139, 187, 190, 271, 342, 347

スヴェイン、アースレイヴァルソン　65, 93, 187, 224

スヴェイン・エストリズソン（スヴェイン・ウールフスソン）　30, 58, 73, 105, 124, 134, 188, 236, 267, 325

スヴェイン・エルフイヴソン　87, 133, 170, 188, 324

スヴェイン双髭王（スヴェイン・ハラルズソン）　47, 48, 79, 87, 101, 107, 115, 133, 141, 189, 190, 203, 207, 236, 246, 254, 256, 266, 277, 347, 355, 361, 374

スヴェイン・ハーコナルソン　167, 190, 355

スウェーデン王国　23, 29, 41, 45, 53, 55, 66, 68, 71, 75, 77, 82, 88, 94, 98, 100, 102, 103, 107, 109, 110, 112, 113, 115, 116, 125, 129, 134, 139, 144, 146, 147, 150, 156, 159, 164, 167, 168, 169, 170, 171, 174, 179, 180, 181, 184, 187, 188, 190, 191, 199, 203, 204, 206, 208, 210, 212, 229, 230, 231, 233, 235, 236, 239, 240, 241, 245, 246, 252, 255, 262, 267, 271, 275, 278, 279, 281, 284, 299, 300, 301, 302, 304, 306, 307, 308, 310, 312, 315, 317, 323, 325, 326, 327, 334, 335, 340, 343, 346, 351, 355, 359, 370, 371, 372, 374, 378, 380

スヴャトスラフ1世　42, 71, 105, 191, 192, 261, 295, 382

スカルド詩　75, 82, 94, 124, 146, 163, 170, 192, 201, 284, 304, 340, 342, 359

スクレーリング　44, 60, 61, 193

スクレレウ船　77, 110, 193, 194, 195, 213, 226, 287, 356, 383

スコットランドのヴァイキング　21, 22, 28, 30, 38, 48, 52, 64, 65, 83, 91, 128, 129, 131, 147, 161, 184, 195, 196, 197, 198, 199, 212,

218, 219, 242, 243, 286, 288, 297, 315, 324, 326, 329, 330, 341, 349, 350

スタラヤ・ラドガ　45, 148, 158, 198, 340, 355, 381

スタンフォード・ブリッジの戦い　48, 58, 105, 158, 198, 268, 274

スティクレスタの戦い　42, 103, 149, 167, 199, 256, 304

ストラスクライド　38, 78, 100, 101, 161, 196, 199, 272, 297, 345

^{ストランドホッグ}
海浜襲撃　199

^{ストールハウグ}
大墳丘船葬墓　199

ストング　111, 200

スネッケ（「蛇船」）　200

スネービョルン・ガルティ　136, 201

スノッリ・ストゥルルソン　77, 82, 125, 163, 167, 170, 201, 212, 215, 234, 267, 268, 269, 271, 273, 303, 304, 312, 331, 351, 374

スレイプニル　40, 95, 202, 308, 378

性　40, 202, 203, 207, 242, 299, 324

税　81, 90, 133, 135, 151, 156, 188, 203, 204, 232, 240, 246, 261, 262, 269, 270, 294, 299, 305, 327, 358, 376, 384

聖アンスガル（アンスカル）　89, 128, 139, 204, 242, 271, 278, 320, 346, 357, 364, 372

聖遺物箱　205, 206, 315

聖ウィリブロルド　36, 128, 205

性的暴行　207

聖ブライスの日の虐殺　80, 189, 207

聖ポッポ　207, 208, 266

石材彫刻　208

石鹸石　69, 70, 111, 151, 208, 209, 210, 226, 237, 339

セームンドル・シグフースソン　210

セルクランド　210

船形列石　40, 210, 211, 212, 375

船葬墓　42, 44, 66, 67, 95, 97, 111, 112, 154, 199, 210, 212, 213, 214, 227, 238, 263, 277, 284, 297, 309, 324, 335, 336, 355, 356, 359, 360

象牙　128, 136, 144, 214, 215

創世神話　215

項目索引　421

ソクールの戦い　216
ソマーレッド　196, 216, 330
ソール　29, 30, 40, 41, 71, 94, 116, 128, 129, 159, 209, 216, 217, 218, 231, 247, 314, 331, 332, 333, 352
ソルフィンヌル、侠気の（ソールズルの息子）^カルルセフニ 61, 218, 219, 373
ソルフィンヌル・シグルザルソン（大立て者のソルフィンヌル）　91, 93, 94, 218, 219, 340
ソルフィンヌル、頭骨破りの　219, 220, 286, 352

［た行］
大軍勢　34, 37, 38, 43, 63, 64, 79, 83, 86, 131, 185, 221, 254, 269, 272, 279, 296, 305, 319, 326, 344, 376
太陽石　152, 221, 222
ダーネヴィアケ　36, 132, 146, 222, 223, 232, 235, 306, 343, 359, 374
ダブリン（ディフリン）　21, 22, 25, 26, 38, 47, 64, 69, 73, 74, 75, 78, 83, 95, 99, 100, 101, 102, 131, 140, 145, 157, 158, 161, 171, 173, 174, 188, 193, 196, 199, 222, 224, 225, 226, 232, 239, 243, 250, 273, 286, 289, 290, 297, 319, 325, 330, 334, 343, 344, 348, 349, 364, 385
食べものと飲みもの　55, 66, 210, 226
チェオルウルフ2世　79, 227, 296, 326
地中海とスペインのヴァイキング　30, 153, 227, 228, 243, 262, 263, 290, 309, 367
血のワシ　83, 86, 228, 242, 351
チメリョヴォ（ボリショエ・チメリョヴォ）　228
長蛇号　57, 102, 229, 287
ディース　40, 229
デイル川／デイレ川の戦い　34, 229
ディルハム貨　31, 198, 229, 230, 241, 380
ティンワルド（集会の平原）　158, 230, 330
鉄加工　230, 259
テットノールの戦い　86, 231, 344
テュール　30, 40, 94, 119, 217, 232, 352

テューレ　39, 159, 232, 235
デーンゲルド　48, 79, 80, 87, 101, 189, 203, 232, 254, 278, 337
デーン人　22, 26, 34, 37, 38, 39, 43, 47, 48, 49, 50, 63, 68, 71, 75, 79, 80, 81, 83, 84, 85, 86, 91, 99, 103, 121, 131, 133, 146, 151, 161, 164, 166, 182, 188, 195, 196, 203, 204, 207, 221, 222, 224, 227, 229, 231, 232, 233, 234, 235, 236, 243, 245, 254, 255, 257, 265, 266, 269, 272, 273, 278, 279, 280, 296, 305, 319, 320, 321, 325, 326, 334, 344, 345, 346, 350, 354, 361, 362, 383, 384, 385
『デーン人の事績』　164, 233, 234, 350
デーン人ハヴェロック　234, 235
デンマーク王国　23, 30, 31, 32, 36, 39, 41, 43, 47, 48, 49, 53, 58, 66, 68, 72, 73, 75, 77, 79, 86, 89, 90, 97, 98, 100, 103, 105, 110, 111, 115, 117, 118, 120, 121, 122, 123, 124, 125, 128, 129, 131, 133, 134, 135, 142, 144, 146, 147, 149, 156, 159, 164, 166, 168, 174, 180, 181, 182, 184, 185, 188, 189, 190, 193, 195, 196, 202, 203, 204, 205, 207, 208, 210, 212, 213, 219, 222, 226, 230, 233, 234, 235, 236, 237, 239, 240, 242, 245, 246, 252, 254, 255, 256, 259, 260, 262, 263, 265, 266, 267, 270, 271, 274, 275, 276, 283, 287, 288, 294, 295, 300, 302, 304, 305, 308, 309, 310, 312, 313, 317, 319, 320, 321, 323, 324, 325, 327, 334, 335, 343, 345, 347, 349, 350, 351, 355, 357, 359, 361, 366, 368, 369, 370, 372, 374, 375, 376, 383, 384
デーンロー　35, 48, 49, 63, 79, 80, 83, 86, 181, 221, 235, 236, 237, 257, 279, 299, 326, 327, 331, 344, 345, 387
陶器　68, 69, 70, 111, 122, 150, 151, 210, 237, 238, 244, 278, 295, 320, 323, 342
トゥネ船葬墓　212, 238
トゥルゲイス（ソルゲストル、ソルギルス）　24, 26, 238, 239
道路　120, 222, 239, 240, 246, 358, 367, 372
土地所有　23, 127, 174, 175, 237, 240, 261, 269
トムライル・エレル（ソーリル・ヤール）

241

度量衡　241

トルフ＝エイナル　219, 242, 335

奴隷制　242, 243

奴隷貿易　243

ドレスタット　115, 122, 244, 245, 293, 294, 368, 384

トレレボーの要塞　97, 120, 142, 180, 245, 246, 261, 266, 343, 367

トロンヘイム　53, 56, 103, 104, 125, 167, 168, 182, 199, 210, 246, 279, 282, 327, 354

ドワーフ　37, 40, 87, 95, 97, 138, 143, 171, 247, 299, 300, 331, 333

［な行］

ナグルファル（「爪の旅船」）　249, 351

ナドッドゥル　249

ニヴルヘイム　41, 119, 215, 249, 306, 331, 332, 334, 342

ニヤル黒膝王　173, 250, 334

『ニャールのサガ』　164, 185, 250

ニョルズル　40, 56, 214, 251, 300

農業　77, 106, 137, 151, 175, 181, 188, 230, 251, 252, 272, 281, 309, 320, 357, 367

ノヴゴロド（ホルムガルズル、「島の町」の意）　29, 71, 106, 131, 198, 244, 252, 253, 267, 281, 340, 343, 364, 365, 380, 382

ノーサンブリア王国　32, 34, 36, 43, 47, 49, 52, 73, 74, 75, 78, 83, 84, 87, 161, 196, 198, 199, 205, 221, 243, 253, 254, 270, 272, 274, 343, 344, 345, 349, 350, 351, 355

のっぽのソルケル　72, 80, 103, 133, 189, 232, 254, 255, 277

ノルウェー王国　22, 23, 26, 27, 28, 32, 33, 38, 44, 48, 49, 51, 53, 56, 58, 61, 66, 68, 69, 73, 74, 77, 79, 82, 83, 87, 89, 90, 91, 93, 94, 95, 98, 99, 100, 101, 102, 103, 105, 107, 111, 112, 115, 117, 118, 125, 126, 127, 128, 131, 134, 135, 136, 137, 139, 140, 143, 145, 146, 147, 151, 152, 154, 155, 156, 158, 159, 163, 164, 165, 166, 167, 168, 170, 171, 172, 174, 175, 180, 181, 182, 184, 185, 186, 188, 189,

190, 193, 195, 196, 198, 199, 201, 203, 205, 208, 210, 212, 214, 216, 218, 219, 221, 224, 229, 230, 231, 233, 235, 236, 238, 239, 240, 241, 242, 243, 249, 251, 252, 254, 255, 256, 257, 259, 260, 264, 265, 266, 267, 268, 270, 273, 274, 276, 277, 279, 280, 281, 282, 283, 284, 285, 286, 290, 301, 302, 303, 304, 306, 309, 310, 311, 312, 315, 317, 318, 319, 320, 324, 325, 326, 327, 329, 330, 331, 334, 335, 339, 340, 341, 342, 343, 344, 345, 346, 347, 349, 352, 354, 355, 358, 359, 360, 361, 362, 366, 371, 372, 373, 374, 385

ノルマンディー公国　48, 57, 58, 59, 81, 86, 100, 103, 114, 147, 159, 165, 166, 176, 181, 190, 198, 233, 254, 256, 257, 263, 270, 274, 292, 293, 297, 335, 361, 362, 372, 379, 385

ノルン　41, 257, 342

［は行］

パヴィーケン　117, 259

ハヴルスフィヨルドの戦い　22, 255, 259, 268, 269

ハーコン・シグルザルソン（ハーコン大公）　102, 255, 259, 266, 267, 347, 354, 355

ハーコン善王（ハーコン・ハラルズソン）　75, 90, 125, 260, 267, 354, 374

ハザール　30, 106, 191, 260, 261, 379

橋　47, 68, 171, 177, 239, 261, 269, 321

ハスカール　133, 232, 262

ハステイン（ヘステン、ヘイスティング、アンスティグン）　30, 153, 228, 262, 263, 290

機織り　69, 122, 184, 226, 263, 363

ハックシルバー　264, 265

鼻ぺちゃのケティル　186, 195, 265, 353

ハラルドル・クラック（ヘリオルドゥス）　89, 204, 265, 319, 357, 368, 384

ハラルドル青歯王（ハラルドル・ゴルムスソン）　39, 129, 159, 160, 189, 208, 222, 232, 236, 245, 246, 255, 259, 261, 266, 267, 343, 347, 348, 383

ハラルドル灰衣王　255, 259, 260, 267, 354

ハラルドル苛烈王　48, 58, 105, 149, 158, 167,

188, 198, 267, 268, 274, 304, 306, 325, 340, 345

ハラルドル美髪王（ハーラル１世）　22, 75, 91, 94, 101, 103, 118, 122, 203, 242, 255, 256, 259, 260, 265, 268, 269, 273, 303, 304, 307, 317, 334, 341, 342, 353, 354, 358, 385

パリ包囲　42, 178, 269, 321

ハルザクヌートル　72, 87, 90, 91, 134, 268, 270, 274, 324, 325

バルト人　77, 133, 271

バルドル　30, 40, 94, 202, 214, 271, 272, 308, 317, 331, 351, 352, 378

ハールフダン　37, 47, 115, 161, 221, 232, 242, 254, 272, 273, 343, 344, 350

ハールフダン黒王　268, 273, 303

ハロルド・ゴドウィンソン（ハロルド２世）　57, 58, 105, 198, 262, 268, 273, 274

ハロルド兎足王（ハロルド１世）　87, 133, 134, 270, 274

美術様式　49, 50, 66, 208, 275, 276, 313, 315, 329, 335

『ヒストリア・ノルベジエ（ノルウェー史）』　277

人質　97, 207, 277, 286, 333

ビャルニ・ヘルヨールフソン　61, 62, 277, 328, 373

ヒュエラーク　278, 294

ビュルフトノス　101, 278, 335, 337

ビルカ　41, 70, 110, 128, 150, 151, 170, 204, 241, 278, 279, 309, 323, 327, 343, 378

『ビルカ島の法』　279, 310, 328, 358

ヒルス　90, 175, 262, 279

五城市（ファイヴ・バラ）　73, 83, 100, 101, 279, 280, 344

ファーヴニル　70, 97, 171, 172, 280, 328, 375

フィン人　198, 243, 280, 281, 296

フェーラグ（同士団）　140, 281, 347, 362

フェロー諸島　23, 127, 128, 146, 147, 151, 168, 181, 186, 249, 251, 256, 264, 281, 282, 283

『フェロー諸島の人々のサガ』　282, 283

フェンリル　95, 138, 217, 232, 283, 351, 352, 378

武器と防具　41, 42, 53, 55, 60, 66, 112, 147,

151, 153, 160, 165, 174, 184, 186, 200, 212, 231, 271, 281, 283, 284, 297, 323, 351, 356, 372, 374, 384, 387

太っちょのシグルズル　91, 140, 174, 196, 218, 286

船と造船　27, 42, 56, 66, 70, 77, 95, 97, 105, 109, 111, 112, 121, 122, 123, 135, 136, 137, 139, 141, 151, 152, 154, 155, 160, 187, 193, 194, 195, 197, 199, 200, 210, 212, 213, 214, 226, 228, 229, 230, 238, 244, 247, 249, 259, 260, 286, 287, 288, 295, 297, 300, 309, 317, 318, 323, 324, 335, 355, 356, 357, 367, 377, 383

ブライアン・ボル（ブリアン・ボーラム）　24, 25, 26, 69, 140, 173, 224, 286, 289, 364

ブラギ　41, 43, 55, 82, 289

ブラスマック・マック・フラインド　21, 289, 290

ブラッタフリーズ（カッシアーッスク）　28, 290, 374

『フラート島本』　102, 163, 229, 283, 290, 291, 340

青の土地（ブラーランド）　290

フランク王国のヴァイキング　25, 26, 32, 35, 47, 71, 89, 98, 100, 111, 115, 116, 118, 120, 121, 122, 128, 131, 132, 141, 143, 151, 153, 170, 175, 178, 185, 207, 210, 216, 233, 241, 243, 244, 256, 265, 284, 291, 292, 293, 294, 296, 305, 310, 314, 319, 320, 333, 335, 349, 350, 357, 362, 369, 375, 376, 383, 384, 385

フランク人　28, 98, 119, 143, 178, 229, 232, 245, 257, 263, 270, 278, 283, 284, 291, 292, 293, 294, 296, 321, 332, 367, 368

フリジア　111, 118, 120, 121, 132, 151, 153, 171, 178, 205, 233, 245, 265, 278, 288, 291, 294, 345, 363, 364, 372, 384

フリッグ　40, 94, 271, 289, 295

フリブロェードレ川　288, 295

ブリュンヒルドル　55, 70, 171, 295, 351

ブルガル人　31, 160, 243, 295

ブルグレド　79, 227, 296, 326

ブルターニュのヴァイキング　31, 32, 58, 64,

139, 212, 263, 296, 297, 343, 379, 384

ブルーナンブルフの戦い　78, 101, 162, 297, 345

ブルフ　34, 49, 79, 86, 298, 299

フレイヤ　40, 41, 56, 218, 229, 247, 251, 295, 299, 300

フレイル　29, 40, 56, 116, 125, 214, 247, 251, 299, 300, 342, 352

ブローヴァッラ（ブラーヴェッリル）の戦い 300, 374

フローキ・ヴィルゲルザルソン　22, 51, 301

ブロッホ・オ・バーセイ　301, 302

ベアドゥヘアルド　302, 318

平均寿命　302

『ヘイムスクリングラ』（「世界の環」の意） 163, 201, 267, 268, 302, 303, 304, 340

ヘイムダッル　29, 30, 40, 304, 351, 352, 378

ベオッカ　304, 305

ヘゼビュー（ハイタブ）　31, 44, 46, 70, 73, 99, 100, 110, 115, 116, 117, 124, 127, 128, 131, 132, 151, 179, 180, 204, 222, 237, 239, 242, 266, 287, 305, 306, 327, 343, 359, 365, 377

ペチェネグ人（パツィナク族）　105, 192, 306, 340, 378

ヘル　41, 128, 202, 249, 272, 306, 308, 351, 352, 378

ベルゲン　53, 105, 121, 125, 168, 287, 306

ベルセルクル（「クマのシャツ」の意）　77, 259, 307

ヘルモーズル　202, 272, 308, 378

ヘルヨー　169, 308, 309, 327

帆　77, 97, 109, 154, 160, 193, 286, 287, 288, 309, 310, 356

法　23, 24, 32, 89, 90, 103, 127, 149, 156, 174, 185, 186, 192, 203, 230, 236, 237, 242, 243, 251, 260, 279, 307, 310, 311, 312, 314, 315, 328, 340, 364, 374, 382

法外追放　32, 188, 312, 385

宝飾品　35, 68, 132, 133, 156, 157, 165, 184, 198, 205, 214, 264, 308, 313, 314, 324

法の宣言者　32, 201, 315

ホグバック　208, 315, 316, 317

ホズル　94, 272, 317, 352, 378

ボッレ　255, 275, 276, 317

ボートハウス　317, 318, 320

ポートランド　47, 63, 121, 302, 318

骨なしイーヴァル　38, 319, 351

ホリック1世　235, 265, 319, 320, 369

ボルグ　320

ホルゲア・ダンスケ（デーン人ホルガー、オジエ・ド・ダヌマルシュ、デンマークのオジエ）　320

ポン・ド・ラルシュ　171, 177, 269, 321

ボーンホルム島　152, 212, 235, 321, 322, 343

［ま行］

埋葬習慣　31, 214, 257, 323, 324

マグヌス・エルレンズソン（聖マグヌス）　92, 93, 324

マグヌス善王（マグヌス・オラフソン、マグヌス1世）　167, 188, 219, 256, 267, 270, 304, 324, 325, 340, 365

マグヌス裸足王　22, 65, 158, 196, 324, 325, 326, 330

マーシア王国　28, 34, 43, 47, 48, 49, 63, 73, 78, 79, 84, 86, 133, 198, 221, 227, 231, 263, 274, 296, 297, 298, 319, 326, 327, 344, 383

町　26, 30, 31, 57, 63, 64, 68, 69, 70, 81, 97, 98, 116, 117, 122, 123, 130, 133, 140, 149, 151, 154, 170, 180, 198, 203, 222, 237, 245, 269, 278, 279, 281, 299, 305, 310, 327, 340, 345, 355, 363, 364, 380, 382, 383, 384, 385,

マルクランド（「森の国」）　61, 328, 373

マン島様式の十字架　171, 328

マン島王国　22, 93, 94, 129, 140, 157, 158, 186, 196, 208, 212, 216, 224, 230, 286, 289, 325, 328, 329, 330, 349, 352, 371, 372

『マン島と諸島の王の年代記集』　330

ミクラガルズル　161, 330

『巫女の予言』　82, 331

ミズガルズ大蛇（ヨルムンガンドル）　217, 218, 331, 332, 351, 352, 378

ミズガルズル　215, 216, 249, 332, 346

身代金　37, 64, 77, 87, 97, 160, 186, 244, 293,

312, 332, 333, 334, 366
ミョルニル　333
民族移動期　70, 77, 334, 343
ムスペッル（ムスペルヘイム）　215, 249, 332, 334, 351
ムルヘルタハ、革衣の　131, 334
メーレのログンヴァルドル　91, 242, 334, 335, 341, 385
メロヴィング期　66, 335
木彫　97, 171, 231, 280, 335
モールドンの戦い　278, 335, 337

［や行］
ヤールスホフ　93, 198, 339
ヤールの詩人アルノール・ソールザルソン（スカルド）　94, 340
ヤロスラフ賢公　72, 88, 107, 123, 124, 267, 340, 382
有力者シグルズル　28, 91, 334
ユグドラシル　94, 215, 249, 304, 306, 341, 352
ユーダル　196, 342
ユングリンガ王朝　66, 116, 117, 187, 303, 342
要塞　120, 141, 245, 246, 266, 299, 342, 343, 345, 376
ヨーク（エオヴォルウィチ、ヨールヴィーク）　26, 32, 47, 48, 49, 58, 63, 69, 73, 74, 75, 77, 78, 79, 81, 83, 84, 86, 89, 91, 100, 101, 114, 117, 130, 131, 135, 148, 161, 171, 173, 196, 198, 219, 221, 224, 231, 238, 239, 253, 254, 268, 272, 274, 279, 280, 298, 334, 343, 344, 345, 346, 349, 350, 352, 362, 363, 364
ヨートゥンヘイム（「巨人の国」）　71, 128, 215, 218, 332, 342, 346
ヨート人（ガウタル、イェーアト）　107, 187, 190, 278, 346, 347
ヨームスヴァイキング（ヨームスヴィーキンガル）　70, 75, 347
「四十年間の休息」　26, 38, 348

［ら行］
ラグナル（レグネルス）　349, 350

ラグナルド　26, 161, 171, 232, 345, 349, 350
ラグナル・ロズブローク（「粗毛ズボン」のラグナル）　38, 83, 153, 228, 234, 273, 319, 349, 350
ラグナロク　40, 42, 56, 82, 95, 119, 128, 208, 218, 232, 249, 283, 304, 317, 329, 331, 332, 334, 342, 351, 352, 378
ラグンヒルドル　220, 352, 353
『ラックス谷の人々のサガ』　54, 164, 186, 353
ラーデ　102, 103, 125, 166, 175, 255, 259, 260, 266, 267, 347, 354, 355
ラーデのエイリークル（エイリークル・ハーコナルソン）　81, 102, 107, 133, 166, 189, 190, 229, 355
ラドビー船葬墓　212, 213, 287, 355, 356
ランス＝オ＝メドー　59, 60, 185, 356, 357
ランス大司教エボ　128, 357, 358
ランドアウラル（「出国税」）　203, 358
陸上交通　358
リシャール善良公（リシャール２世）　80, 256, 361, 362
リシャール無怖公（リシャール１世）　59, 86, 166, 256, 361, 362
リズ　140, 279, 281, 362
リブルヘッド　49, 362, 367
リーベ　36, 115, 117, 125, 128, 146, 168, 204, 235, 327, 363, 364
リムリック（フリュムレック）　26, 101, 131, 289, 364, 385
リューリク　29, 42, 106, 364, 365, 369, 380
リューリク朝　365, 379
リュリコーヴォ・ゴロジシチェ　252, 365
リュルシャウの荒地の戦い　325, 365
リンディスファーン（ホーリー・アイランド）　32, 47, 52, 253, 254, 319, 332, 366, 367
リンホルム遺跡　210, 211, 275, 359, 367
ルイ敬虔王（ルートヴィヒ１世）　28, 89, 119, 128, 176, 204, 222, 265, 291, 319, 357, 358, 367, 368, 369, 372, 384
ルーシ　29, 30, 31, 42, 54, 71, 72, 105, 106, 123, 126, 151, 160, 185, 191, 203, 212, 242, 243, 261, 281, 287, 295, 306, 324, 343, 364,

365, 369, 380, 382

ルンド　53, 111, 150, 164, 168, 327, 370

ルーン文字　43, 46, 94, 109, 147, 205, 303, 329, 370, 371, 372, 378, 379

レイヴル・エイリークソン（幸運なるレイヴル）　27, 59, 61, 62, 218, 290, 328, 372, 373, 374

レイザングル　121, 260, 374

レイレ　41, 144, 180, 210, 374, 375

レギン　97, 171, 172, 231, 280, 375

レプトン　221, 272, 296, 343, 375, 376

レリク　66, 132, 305, 376, 377

連水陸路　377, 378

ロキ　30, 37, 40, 43, 71, 97, 128, 186, 187, 202, 271, 272, 280, 283, 295, 299, 304, 306, 308, 317, 332, 351, 352, 378

ローク石碑　372, 378, 379

ログンヴァルドル　296, 379

『ロシア原初年代記』　29, 42, 105, 106, 123, 364, 365, 379, 380

ロシアのヴァイキング　29, 30, 45, 88, 101,

103, 114, 117, 132, 147, 148, 149, 150, 157, 164, 167, 182, 185, 188, 190, 198, 212, 228, 230, 244, 252, 267, 281, 314, 324, 328, 355, 364, 365, 369, 372, 377, 378, 379, 380, 381, 382

ロスキレ　73, 125, 164, 168, 213, 266, 327, 370, 374, 375, 383

ロスキレ船　383

ロードリ・マウル（ロードリ大王）　64, 383

ロベール、アンジュー伯　98, 296, 383, 384

ローマ鉄器時代　212, 231, 235, 241, 317, 384

ロリック　245, 294, 384

ロロ　58, 114, 166, 176, 256, 292, 335, 379, 385

ロングフォート　26, 69, 145, 154, 222, 343, 364, 385

［わ行］

ワペンテイク　237, 387

427

人名索引（神名含む）

[あ行]

アヴァール族 the Avars　118

アウィスル Auisle　38, 100

アウズル →オタを見よ

アヴラブ →オーラヴル〈項目索引〉を見よ

アウン Aun　116

アエスティ族 Aesti　271

アーサ Ása　97

アーサー王　320

アジルス Aðils　116

アスガッル、トルキルの息子 Asgall（Asculf）
　Torquilsson　224

アスクル Askr　216

アースケッル Áskell（古英語 Oscytel）　131,
　221

アーストリーズル Ástríðr　103, 107

アダルベルト Adalbert　30

アッゲルスボー Aggersborg　245

アッボ Abbo　269

アデラ Adela　135

アトリ（『ヴォルスンガ・サガ』に登場）Atli
　（Attila）　70

アトリ（ガウラルのヤール）Atli　51

アブサロン Absalon　164

アブドゥル・ラフマーン Abd al-Rahman
　31

アリ・ソルギルスソン Ari Þorgilsson　24,
　182, 304

アル＝タルトゥーシー al-Tartushi　31, 306

アル＝マスウーディー al-Masudi　106

アル＝ムクタディル al-Muqtadir　31

アルドレッド（ノーサンブリア王）Aldred
　254

アルヌルフ1世（フランドル伯）Arhulf I　59

アルバン Alband　273

アル＝ムクタディル　31

アルリークル Alríkr　190, 347

アルンケッル Arnkell Torf-Einarsson　219

アルンフィンヌル Arnfinnr Þorfinsson　352,

353

アンウェンド →オヌンドルを見よ

アングルボザ Angrboða　283, 306, 332, 378

アンナ Anna　72

イブン・ファドラーン Ibn Fadlan　31, 203,
　212, 243, 314, 324

イブン・フルダーズベエ Ibn Kurdadbeh　31

イブン・ルステエ Ibn Rusteh　31, 243, 323

インギゲルズル（オーロフの娘）Ingigerðr
　107

インギゲルズル（ロシアの王女）Ingigerðr
　114

インギムンドル（マグヌス裸足王の特使）
　Ingimundr　325

インゲルン Ingerun　240

ウア・ブライアン（オブライエン）一族 Ua
　Briain（O'Brien）　24, 25, 289

ウァグリア人 Wagrians　66

ヴァラフリート・ストラボ Walafrid Strabo
　290

ヴァリン Varin　379

ヴィリ Vili　215

ウィリアム・オヴ・ジュミエージュ William
　of Jumièges　153, 263

ヴェー Vé　215

ヴェーモーズル Væmoðr　379

ウィリアム・オヴ・マームズベリ William of
　Malmesbury　36

ウェルギリウス Virgil（Publius Vergilius
　Maro）　233

ヴェストマン諸島 Vestmannaeyjar　51

ウェルギリウス　233

ウェランド（ゥス）→ヴォルンドル〈項目索引〉
　を見よ

ヴェルマンドワ伯 count of Vermandois　385

ヴォルガ・ブルガル人 Volga Bulgars　31, 71,
　191, 296

ウッビ Ubbi（古英語 Ubba）　37, 50, 86, 221,
　272, 273, 350

ウニ　Uni Garðarsson　118

ウフトレッド Uhtred　84

ウールヴキュテル Ulfcytel　254

ウールヴリョートル Úlfljótr　32, 310

ウンニ（ブレーメン大司教）Unni　159, 279

エアドゥルフ Eadulf　271

エアドユース Eadgyth　173

エアルヘレ Ealhere　166

エイヴィンドル Eyvindr　145

エイステイン Eystein Ólafsson　273

エイステイン Eystein Hálfdanarson
　hvitbeins　49, 273, 342

エイスティン Eystein (Osten)　181

エイスネ Eithne（古北欧語 Eðna）286

エイナル、嘘つき Einarr klíningr　218

エイラーヴル Eiláfr　254

エイリークル・アグナルソン Eiríkr
　Agnarsson　342

エイリークル・グヌープソン Eiríkr Gnúpsson
　60

エイリークル常善王 Eric the Evergood（古北
　欧語 Eiríkr inn góði Sveinsson）53, 182

エオウィルス Eowils　232

エオルフリッチ Eorhric（古北欧語 Eiríkr）
　86

エギル Egill　116

エーギル（神名）Ægir　82

エスキモー　Eskimos →イヌイット〈項目索
　引〉を見よ

エストリズ　Estrith（古北欧語 Ástriðr）72,
　188

エゼルウォルド Æthelwold　86

エゼルウルフ Æthelwulf　34, 296

エゼルスタン（ケント王）166

エッジブリヒト Egbert（古英語 Ecgbryht）
　63

エッリシフ Ellisif Jarizleifsdóttir（現代英語
　Elisleif）267, 340

エドウィン（ノーサンブリア王）Edwin　267

エドウィン（マーシアのアール）Edwin　198

エドワード懺悔王（証聖王）Edward the
　Confessor　57, 58, 87, 90, 91, 198, 262,
　268, 271, 274

エドル（ヘゾル）Edor (Hethor)　304, 305

エヒマールカフ・マック・ラグナイル

Echmarcach mac Ragnaill　174

エムブラ Embla　216

エルヴウィン Ælfwynn　79, 327

エルフイヴ（エゼルレッド 2 世の最初の妻）
　Ælfgifu　84, 87

エルフヘルム（ノーサンブリアの太守）
　Ælfhelm　73, 87

エルレンドル Erlendr Torf-Einarsson　324

エルレンドル Erlendr Þorfinsson　324

オウェイン豪胆王 Owain the bald　199

オシェテル Oscetel →アースケッルを見よ

オズウィ王（ノーサンブリア王）Oswy　253

オズウルフ・オヴ・バンブルー Osulf of
　Bambrurgh　75

オスケテル Oscetel →アースケッルを見よ

オズベルフト Osberht　83, 254

オタ Ota（古北欧語 Auðr）239

オットー 1 世 Otto I　168, 208

オットー 2 世 Otto II　259, 266

オッドル・スノッラソン Oddr Snorrason
　88

オッファ（マーシア王）Offa　47, 319, 326

オヌンドル Önundr（古英語 Anwend）63,
　131, 221

オーピル Øpir　372

オボトリート族 Abodrites　66, 132, 376, 377

オーラヴル（ゴドレッド・クロヴァンの息子）
　Ólafr Guðrøðarson　158, 330

オーラヴル（スヴェーア人の王）Ólafr　89

オーラヴル 1 世（マン島王）Ólafr
　Godredsson　216, 330

オリー王 King Orry　157

［か行］

カヴァイリオグ Cyfeiliog（古英語
　Camelgeac）64

ガウトベルト Gauthert　204

カヴドゥルナイト Kavdlunait　44

ガウトル・ビョルンソン Gautr Björnsson
　208

ガース Gyrth　274

徒のフロールヴル Göngu-Hrólfr　114, 335,

385

カットゥアリ族 Chattuari 293

カマウィ族 Chamavi 293

カーリ Kári 251

カール・フンダソン Karl Hundason 219

カールマン Carloman 178, 320

ギューザ Gytha 274, 355

ギュルズル Gyrðr（Gerd） 100

ギルヴィ王 Gylfi 144

ギルバート・マクターガー Gilbert MacTurger 154

クヴァシル Kvasir 378

グズフリズル（オーラヴルの父）Guthfrith 100, 131

グズリーズル Guðríðr Þorbjarnardóttir 218

グズルム（ホリック1世の甥）Guðurum 320

グズルーン Guðrún 171, 295

グズルーン・オースヴィーフルスドッティル Guðrún Ósvifrsdóttir 353

グズローズル（フリジアの王）Guðröðr Klak-Haraldsson 178, 294

グズローズル・シヒトリクソン（マン島王）Godred / Guðröðr Sihtricsson 158

グズローズル・ビャルナルソン、ノルウェー南東部の支配者 Guðröðr Bjarnarson 260

グットルムル Guttormr（Guðþormr） 341

グットルムル Guttormr 171

グニヴベオル Gnimhbeolu 154

グヌーパ Gnúpa 100

グリフィズ・アプ・ルウェリン Gruffudd ap Llywelyn 65

グリムケッル Grimkell 103, 168

グリームヒルドル Grímhildr 171

グリームル・カンバン Grímr Kamban 282

クリュドーグ王 Clydog 47

クールニア人 Curonians 271

グレゴリウス1世 Gregory the Great 35

グレゴリウス4世 Gregory IV 168

グレゴリウス、トゥールの St Gregory of Tours（Georgius Florentius） 233, 278

クロヴィス1世 Clovis 293

グンビョルン・ウルフ＝クラークソン

Gunnbjörn Úlfsson Kráku 136, 201

グンヒルドル Gunnhildr 75, 207, 216, 219, 220, 352

グンナル Gunnar Gjúkason 171, 295

グンナル・ハームンダルソン Gunnar Hámundarson 251

グンノール Gunnor 362

ケネス・マカルピン Kenneth macAlpin 161, 196

ケルラフ Cellach 298

ゴドウィン Godwine 273, 274

ゴトリク →グズローズル〈項目索引〉を見よ

ゴドレッド2世（マン島王）Godred II 216, 330

ゴズフレズル Goðfreðr 229

コルスケッグル Kolskeggr Ásbjarnarson 182

コルマークル・オグムンダルソン Kolmákr Ögmundarson 192

ゴルムフライス Gormflaith 174

コンスタンティノス7世ポルフュロゲネトス 369

コンラート2世（神聖ローマ皇帝）Conrad II 134, 182

［さ行］

ザクセン人 the Saxons 118

サッスル Sassurr 153

サラセン人 Saracens 178, 182, 320, 367

サリ族 Salians 293

サロモン、ブルターニュ公 Salomon of Brittany 263, 296

シイェヴェルス（イングランド人のセイン）Sigeferth 73

シーヴァルドル Sívaldr 351

シェイクスピア Shakespeare 233

ジェフリー・オヴ・モンマス Geoffrey of Monmouth 233

シギュン Sigyn 378

シグトリュッグル Sigtryggr 100

シグフリーズル（ヨークのデーン王）Sigfriðr

114

シグフリーズル（ヤールの）Sigfriðr jarl 38

シグフレズル Sigfröðr / Sigurðr 229

シグルズル・マグヌスソン、十字軍戦士王 Sigurðr Magnússon 182, 325

シグルズル、ラーデのヤール Sigurðr Hákonarson 259, 260, 267, 354

シドニウス・アポリナリス Sidonius Apollinaris 309

シネウス Sineus 364

シヒトリク（イーヴァル1世の息子）Sihtric mac nImair 38

シーフェルス Sigferth 65

シメオン・オヴ・ダラム Simeon of Durham 273

ジュディット、レンヌ伯妹 Judith 361

ジョスリン、大修道院長 Joscelin, abbot 269, 270

ショーゾールヴル、フヴィンの Þjóðólfr úr Hvin 342

シルキシフ Silkisif 88

スヴェン供儀王 Blot-Sven 130

スヴャトポルク1世 Svyatopolk I 72, 340

スカッラグリームル Skallagrímr 76

スカプティ・ソーロッズソン Skapti Þóroddsson 315

スクーリ、ヤールの Skúli jarl 82, 201

スクリューミル Skrymir 71

スコット、サー・ウォルター Scott, Sir Walter 339

スットゥングル Suttungr 95

スノッリ（首長）Snorri goði 353

ステュルビョルン・スタルキ Styrbjörn Starki 75

スマルリジ Sumarliði 218, 219, 286

スリュムル Thrymr 218

スルトル Surtr 334, 351, 352

聖エイダン St Aidan 366

聖カスバート St Cuthbert 366, 367

聖ダンスタン St Dunstan 74

セミガッリア人 Semigallians 271

セロニア人 Selonians 271

ソーラ Þóra 351

ソルヴァルドル・ヒャルタソン Þorvaldr Hjaltason 75

ソルヴァルドル・エイリークソン Þorvaldr Eiríksson 61, 373

ソルギルス、気取り脚の Þorgils Sprakaleggr 72

ソルグニー Þórgný 114

ソルケル・アームンダルソン Thorkell Ámundarson 218, 219

ソルステイン Þorsteinn Eiríksson ens rauða 61, 218

ソルベルグル・スカヴホッグ Þorbergr skafhögg 229

ソルモーズル・ヘルガソン Þormóðr 364

ソーロールヴル、「モストルの鬚男」Þórólfr Mostrarskeggi 76

[た行]

大アラン Alan the Great 296

チェルディッチ Cerdic 63

チューレの人々 Thule people 44, 137

デイヴィッド（修道院長）David 53

ディクイル Dicuil 282

ティートマール・フォン・メルゼブルク Tietmar von Merseburg 374

テイトル Teitr 24

ディール Dir →アスコルドとディール〈項目索引〉を見よ

テンクテリ族 Tencteri 293

ドイツ人王 →ルートヴィヒ2世を見よ

ドゥフタハ Dubthach 145

トゥルモッド Turmod（古北欧語 Þormóðr）257

トーキ・ゴルムスソン Toki Gormsson 75

トスティ Tostig 198, 274

ドーセット・エスキモー Dorset Eskimos 44

ドナウ・ブルガル Danube Bulgars 191, 295

トマル・マック・アイルヒェ（ソルモーズル・ヘルガソン）Tomar mac Ailche（Þormóðr Helgason）364

ドムナル Domnall 250

人名索引　431

トリュッグヴィ・オーラフソン Tryggvi
　Ólafsson　260
トルヴォール Truvor　364
ドレヴリャーネ族 Drevljane　42, 105
ドンハズ・ドン Donnchadh Don　334

[な行]
ナットファリ Náttfari　118
ナンナ Nanna　272
ネストル Nestor　380

[は行]
ハインリヒ1世、捕鳥王 Heinrich I, der
　Vogler　100
ハインリヒ、ザクセン侯 Heinrich, Malgrave
　of Saxony　269
ハーヴァルズル Hávarðr Þorfinsson　352,
　353
ハウェル・ダー Hywel Dda　64
バグセッジ 古英語 Bagsecg　221
ハクラングル Haklangr　259
ハーコン4世 Hákon IV (Håkon IV)　82, 95,
　196, 201, 287
ハーコン・グリョートガルザルソン Hákon
　Grjótgarðarson　354
ハーコン・パウルソン　Hákon Pálsson　324
ハーコン・マグヌスソン Hákon Magnússon
　325
バシレイオス2世 Basil II　53, 54, 72
パスカリス1世 Paschal I, Pope　357
パスクウェデン、ブルターニュ公 Pascwethen
　296, 333
ハッラズル Hallaðr　242
ハッルヴァルズル Hallvarðr　152, 153
ハッルゲルズル Hallgerðr　251
バールズル・オッタルスソン Bárdr Óttarsson
　349
パールナトーキ Pálnatóki　347
ハムレット Hamlet　233, 320
ハラルドル・エイステイン Haraldr Eysteinn
　49
ハラルドル、グリーンランドの Haraldr

Grenski　103
ハラルドル3世 Haraldr Sveinsson　243
ハラルドル戦歯王 Haraldr Hyldetan（古北欧
　語 hilditǫnn）　300, 375
ハルデゴン（ハルザクヌートル）・スヴェイン
　スソン Hardegon (harthacnut) Sveinsson
　100, 159
ハールフダン、長脛の Hálfdan Haraldsson
　háleggr　242, 334
ハールフダン白脛王 Hálfdan Ólafsson
　hvítbeinn　342
ピクト人 the Picts　93, 100, 161, 196, 243,
　301, 302, 339, 342
ビード　→ベーダを見よ
ヒャールムグンナル Hjálmgunnar　295
ヒュー Hugh　326
ヒョルディス Hjördís　171
ヒョルレイヴル Hjörleifr　→インゴールヴル
　とヒョルレイヴル〈項目索引〉を見よ
ビヨルン・エストリズソン Beorn Estrithson
　73
ビョルン Björn　153, 204, 353, 372
ビョルン、「東方の」Bjǫrn austmaðr　265
ヒルドル Hildr Eiríksdóttir Agnarsson　342
ファルバウティ Farbauti　378
フィンボギ Finnbogi　61
フヴェルプル Hvelpr　286
ブラカイレ・グズフリズソン Blacaire
　Guthfrithsson　334
ブラーカーリ Blákári Guthfrithsson
　(Guðröðarson)　101, 334
フランド・シンナ Fland Sinna　250
フランドル伯 count of Flanders　59, 120,
　135, 256, 385
ブーリ Búri　94, 215
プリアモス Priam　82
ブリトン人 the Britons　38, 78, 101, 161,
　196, 199, 233, 292, 297, 345
フリュムル Hrymr　249, 351
プルーセン人 Prussians　88, 271
ブルグンド the Burgundians　34
ブルシ Brúsi　218, 219

432　人名索引

ブルド Blud (блуд)　71
フレイズマル Hreðmarr　97, 280, 375
フレイディース Freydís　61, 373
フロシ Flosi　251
ブロージル Bróðir　140
フロズヴェル Hloðverr　286
ベオルフトリチ（ウェセックス王）Beorhtric　63, 302
ベーダ Baeda / Venerable Bede　233
ベネディクトゥス、教皇4世 Pope Benedictus IV　114
ヘーニル Hœnir　97
ヘミングル Hemingr　132, 265, 319
ヘルギ（伝説のデンマーク王）Helgi　100
ヘルギ Helgi　61
ヘルギ、「豪の者」Helgi enn magri Eyvindarson　265
ヘルギ・ビョーラン Helgi Bjólan　265
ベルグソーラ Bergþóra　251
ベルグリョート Bergljót (Hákonardóttir)　167
ベルゲルミル Bergelmir　215
ヘルリ族 Heruls　369
ペルーン（神名）Perun　71, 382
ヘレワルド・ザ・ウェイク Hereward the Wake　58
ヘンリー2世 Henry II　95, 224
ボエモン、ターラント公 Bohemund of Taranto　263
ボードゥアン2世（フランドル伯）Baldwin II　120
ポメラニア族 Pomeranians　66
ポラーブ人 Polabians　66
ポリャーネ族 Plyani　29
ボル Bor　215
ポルフュロゲネトス　→コンスタンティノス7世を見よ
ホルム Horm (Gormr)　383
鵄のソルビョルン Þorbjǫrn Hornclofi　307
ホルンクローヴィ

［ま行］
マーイル・セヒナイル1世 Máel Sechnaill　145
マーイル・セヒナイル2世 Máel Sechnaill　101, 173, 174, 289
マーイル・セヒライン Máel Sechlainn　238, 239
マーイル・ブリグテ Mael Brigte　341
マグニ Magni　352
マグヌス2世 Magnús II　105, 268
マグヌス・オーラフスソン Magnús Ólafsson　324, 330
マグヌス・ソルハッルソン Magnús Þórhallsson　290
マジャール人 the Magyars　34
マスガマン（マホン）Mathgamain　25, 289, 364
マッカス Maccus　75
マルコム3世 Malcolm III Canmore　324
マレディズ Maredudd　65
ミカエル3世 Michael III　53
ミーミル Mímir　94, 342
ムーア人 the Moors　228, 243, 290
ハルヒャド Murchad　243
ムルヘルタハ2世 Muirchertach II　326
モージ Móði　352
モルカル（イングランド人のセイン）Morcar　73
モルカール Morcar　198

［や行］
ヤアクービー al-Ya'qubi　369
ヤルラバンキ Jarlabanke　240, 261
ヤールンクネー Járnkné　101
ヤロポルク Jalopolk　71
ユーグ大公 Hughes le Grand　59, 362, 379
ユーグ・カペー Hugh Capet　362
ユーディト Judith　368
ユミル Ymir　94, 128, 215, 332, 346
ヨハネス1世ツィミスケス John I Tzimisces　192, 268
ヨルダネス Jordanes　233

ヨルムンレクル Jǫrmunrekkr（古英語 Ermanaric） 70

ヨーン・ソールザルソン Jón Þórðarson 290

[ら行]

ラウフェイ Laufey 378

ラウール1世 Raoul I 379

ラグナル（ウォーターフォード王）Ragnall 69

ラグンヴァルドル（ウップランドの）Ragnvaldr 54

ラグンヴァルドル1世 Ragnvaldr（Ragnald） 173

ラグンヴァルドル2世 Ragnvaldr II（グズフリズルの息子、ヨーク王） 100

ラグンヒルドル、オーラヴルの娘 Ragnhildr Ólafsdóttir 216, 273

ラグンヒルドル、ハラルドル美髪王の母 Ragnhildr Sifurðardóttir 273

ラグンフロズル Reginfred（古北欧語 Ragnfröðr） 350

ラスゲルザ Lathgertha 351

ラヌルフ、ポワチエ伯 Ranulf, count of Poitiers 384

ラーン人 Rugians 66

ランゴバルド族 the Lombards 118

リヴステイン Livsteinn 239

リウール Rioul 59

リシャール3世（ノルマンディー公）Richard III 361

リチャード・ド・クレア Richard de Clare 224

リーフ Líf 352

リーフスラシル Lífþrasir 352

リムベルト Rimbert 139, 204, 364

リュティツィ族 Lutitzansi 66

リュートプラント、クレモナ司教 Liudprand, bishop of Cremona 369

リョーズル Ljóðr 171

リョートル Ljótr Þorfinsson 353

リングル Ringr（古北欧語 Hringr） 300

ルイ（大修道院長）Louis 332

ルイ吃音王 Louis the Stammerer 178

ルイ3世（西フランク王）Louis III 216, 263

ルイ4世（西フランク王）Louis IV 59, 114, 362

ルッジェーロ1世、シチリア伯 Rogert I of Sicily 263

ルートヴィヒ2世、ドイツ人王 Louis teh German; Ludwig II（der Deutsche） 176, 177, 178, 319, 368, 384

レオフウィネ Leofwine 274

レオフリッチ Leofric 274

レドウルフ（ノーサンブリア王）Rædwulf 47, 253

レドワルド（イースト・アングリア王）Ræewald 43

ログネダ（ラグネイド）Ragnheid 71

ログンヴァルドル（ヴェステルヨートランドのヤール）Rögnvaldr 170

ログンヴァルドル（ヴェストフォルの王）Rögnvaldr 342

ログンヴァルドル・カーリ（スコットランドのヤール）Rögnvaldr Kali 182, 324

ログンヴァルドル・ブルーサソン Rögnvaldr Brúsason 94

ロズブローク／ロズブローカ（甲鉄のビョルンの父／母）Loðbrók / Loðbróka 350

ロタール1世 Lothar I 176, 245, 265, 319, 368, 384

ローデブロク Lodebroch 37

ロベール1世（フランドル伯）Robert I of Flanders 135

ロベール1世、ネウストリア伯 Robert of Neustria 379

ロベール2世（フランス王）Robert II 361

ロベール華麗公 Robert the Magnificent 57, 135, 361

ロベルト・グイスカルド Robert Guiscard 263

[わ行]

ワーグナー Wilhelm Richard Wagner 70

地名索引

［あ行］

アイダー川 the Eider　222, 233, 377
アイラ島 Islay　158, 216
アイリッシュ海 the Irish Sea　93, 99, 325
アヴァルズネス Avaldsnes　199
アキテーヌ Aquitaine　28, 117, 291, 368, 379
アグデル Agder　273, 282
アークロー Arklow　385
アシラー Asilah　228
アスクローハ Ascloha　170, 178
アストゥリアス Asturia　227
アストラハン Astrakhan　106, 260
アセルニー Athelney　34, 64, 83, 131
アッシュダウン Ashdown　79
アッセルト Asselt　170, 178, 332
アナガッサン Annagassan　334, 385
アブヴィル Abbeville　216
アブドゥル・ラフマーン Abd al-Rahman　31
アーヘン Aachen　32, 132, 216
アーマー Armagh　100, 239, 243, 334
アミアン Amiens　204, 385
アラー Aller　64
アラス Arras　385
アルト・リューベック Alt Lübeck　377
アールプタフョルズル Álptafjörðr　76
アルヘシラス Algeciras　228, 262
アレマンニア Alemannia　368
アングルシー島 Anglesey　64, 65, 324, 325, 383
アンジェ Angers　177, 263, 292
アンドレアス Andreas　129, 328, 329, 352
イヴシャム Evesham　53
イェストリークランド Gästrikland　231
イースター・ロス Easter Ross　219
イズボルスク Izborsk　364
イスル＝レ＝ヴィレノア Isles-le-Villenoy　321
イティル Itil　106, 191, 260, 261
イル＝ド＝フランス Île de France　177

イングルビー・アーンクリフ Ingleby Arncliffe　316
インナー・ヘブリディーズ諸島 the Inner Hebrides　21
ヴァトンスフョルズル Vatnsfjörðr　301
ヴァランス Valence　262
ヴァルノウ川 the River Warnow　377
ヴァルペレウ Varpelev　262
ヴィーグリーズル Vígríðr　351
ヴィスマール Wismar　377
ウィ・ネイル Úi Néill　100, 101, 131, 145, 173, 250, 289, 334
ヴィーケン（ヴィーク）Vík　51, 131, 260
ヴィズマレスト Visemarest　122
ヴィスワ川 the Vistula　66, 73, 88
ウィーラル Wirral　47, 79
ウィルトシャー Wiltshire　83
ウィンチェスター Winchester　63, 87, 134, 299
ウェアラム Wareham　299
ヴェイレ川 Vejle å　261
ヴェスタヴィー Vestervig　53
ヴェステルヨートランド Vestergötland　170, 180, 190, 346, 347
ヴェストヴォーグ島 Vestvågøy　320
ウェストネス（オークニー諸島）Westness　213, 318
ヴェストフォル（県）Vestfold　95, 97, 154, 235, 255, 265, 268, 273, 317, 342, 354
ヴェストマンナ諸島 Vestmannaeyjar　51
ヴェッテルン湖 Vättern　190, 346
ヴェーネルン湖 Vänern　190, 346
ウェンズフィールド Wednesfield　231
ウィンチェスター Winchester　63, 87, 134, 299
ウォリングフォード Wallingford　298, 299
ヴォルガ川 Volga　31, 106, 191, 212, 228, 243, 260, 261, 296, 314, 324, 377, 380
ヴォルホフ川 the Volkhov　198, 252, 253
ウップランド Uppland　54, 166, 180, 260, 261, 262, 359, 372
ウプサラ Uppsala　55, 66, 75, 90, 116, 130,

地名索引　435

170, 187, 190, 191, 300, 342
→ガムラ・ウプサラ〈項目索引〉も見よ
ヴュルツブルク Würtzburg　208
エイズシーヴァシング Eiðsifaþing　310
エイル Eyrr　76
エギルセイ島 Egilsay　92, 93, 324
エクセター Exeter　299
エストゥロイ島 Eysturoy　282
エストフォル Østfold　238
エセックス Essex　28, 43, 84, 101, 236, 263,
　278, 335
エタープル Étaples　122
エッレンドゥン Ellendun　63
エディスベリー Eddisbury　79
エーランド島 Öland　77, 157, 192, 334, 343
エルサレム Jerusalem　126, 181, 182
エルズミーア島 Ellesmere　137
エーレフ Ailech　250, 334
オーヴェル Auvers　321
オーウェル湖 Lough Owel　238
オクサルアゥ川 Öxará　51
オステルヨートランド Östergötland　300,
　346, 372, 378
オースト゠サウブルフ Oost-Sauburg　120
オスロ Oslo　267
オソリー（オスライゲ）Ossory (Osraige)
　26, 145, 224, 289
オータン Autun　383
オックスフォードシャー Oxfordshire　86
オネガ湖 Lake Onega　164
オーフィル Orphir　126
オーボー Åbo　281
オールニー Alney　84
オールボー Ålborg　210, 367
オールボール Ølbør　210
オルレアン Orléans　263
オーレスン Ålesund　259, 347
オワーズ川 the Oise　321
オワセル Oissel　71, 177

［か行］
ガウラル Gaular　51

カークウォール Kirkwall　93, 126, 324
カーク・マイケル Kirk Michael　328
ガザル al-Ghazal　31
カシェル Cashel　250
カスピ海 the Caspian Sea　30, 31, 42, 88,
　106, 150, 261
カディス Cádiz　228
カーハンプトン Carhampton（古英語
　Carrum）　63
カミエン Kamien　205
ガリシア Galcia　227
カーリングフォード Carlingford　334
ガルザル（グリーンランドの）Garðar　152,
　168, 169
ガルザルスホールミ Garðarshómi　118
カールビュー Karlby　309
カルモイ Karmøy　199
カルレヴィ Karlevi　192
カーン Caen　257
カンシュ川 the Canche　122
カンタベリー Canterbury　87, 168, 254
カンブリア Cumbria　49, 51, 95, 208, 352
カンブレ Cambrai　216
北の住まい（ノルズセートル）Norð Sætr　136
キャッスルダーモット Castledermot　241
キャラルネス Kjalarnes　51
ギャロウェイ Galloway　158, 195, 196, 198,
　325, 330
キャンプ・ド・ペラン Camp de Péran　297,
　343
キール Kiel　66
キルクシュボア Kirkjubøur　282
キルデア州 Kildare　241
キルペック Kilpeck　50
キルメイナム Kilmainham　224
キンギグトールススアク島 Kingigtorssuaq
　Island　136, 137
グアダルキビール川 Guadalquivir　228
グウィネズ Gwynedd　64, 65, 383
グズソー・ヴィイ Gudsø Vig　110
グラーヴェンドルップ Gravendrup　210
グーラシング Gulaþing　32, 311, 312

クリミア半島 Crimea 72
グリーン・シール Green Shiel 367
グロスターシャー Glocestershire 84, 105
クロンキーン Clonkeen 334
クロンドーキン Clondalkin 385
クロンマクナス（修道院）Clonmacnoise
　monastery 239
グンビョルンの岩礁 Gunnbjarnarsker 201
ゲアセイ島 Gairsay 188
ケアタミネ・フィヨルド Kerteminde Fjord
　355
ケイスネス Caithness 28, 91, 93, 186, 195,
　196, 198, 219, 286, 341, 352
ゲインズバラ Gainsborough 190
ケルズ Kells 21, 290
ケルソネソス Cherson（Chersonēsos
　Taurikē）72
ケルン Cologne 216
ケルンテン Carinthia 33, 34
ケント Kent 166, 273, 319, 335
ケン・フアイト Cenn Fuait 250
コー Caux 166
コーヴィアケ Kovirke 222
コーカサス Caucasia 33, 42
ゴスフォース Gosforth 95, 208, 352
ゴダード・ポイント Godard Point 60
コタンタン Cotentin 58, 256, 257, 361
ゴットホープ Godthâb 136
コナハト Connacht 238, 250
コーブリッジ Corbridge 161, 349, 350
コラ半島 Kola peninsula 164
コルヴァイ Corvey 204
ゴルソ Goltho 49
コルドバ Cordoba 30, 31, 228, 306
コルビー Corbie 204
コロンゼー島 Colonsay 30
コーンエリミュンスター Cornelimünster
　216
コンスタンティノープル Constantinople 29,
　42, 54, 105, 106, 160, 161, 261, 267, 325,
　330, 340, 369, 372, 380

[さ行]
サイミー・フォールズ Simy Folds 49
サウス・カドベリー South Cudbury 299
ザオゼロ Zaozere 381
ザクセン Saxony/Sächsen 131, 132, 178,
　243, 269, 366, 384
サザランド Sutherland 28, 90, 91, 93, 186,
　196, 219, 286, 341
サネット島 Thanet 47, 63
サフォーク Suffolk 43, 85, 86, 236
サマセット Somerset 34, 63, 83
サーマーン朝ペルシア the Samanid emirate
　230
サムセー島 Samsø 122, 123, 146, 235
サルケル Sarkel 261
サン＝ジェルマン修道院 Monastery of Saint-
　Germain 319
サン＝ジェルマン＝デ＝プレ Saint-Germain-
　des-Prés 269, 349
サンダル Sandar 154
サンティアゴ・デ・コンポステーラ Santiago
　de Compostella 181
サン＝ドニ St-Denis 332
サンバラ岬 Sumburgh Head 339
サン＝ブリュー Saint-Brieuc 297
サン＝ベルタン修道院 90, 120
サン＝マルタン修道院 the monastery of St-
　Martin 32
サン＝ワンドリール St-Wandrille 333
シーア・ネヒタン Sciath Nechtain 241
シェッルンゲ Källunge 112
シェラン島 Sjælland 144, 159, 164, 210, 239,
　240, 243, 245, 262, 266, 374, 383
ジブラルタル海峡 the Strait of Gibraltar 228
シャノン川 the Shannon 25, 238, 364
シャラントン Charenton 321
ジャロウ Jarrow 253
シュヴァーベン Swabia 178
ジュミエージュ Jumièges 257, 385
シュライ湾 Schlei Fjord 305, 377
ジュルジャーン Jurjan 31
シュルーズベリー Shrewsbury 326

地名索引　437

シュレスヴィヒ Schleswig　168, 222, 305, 306, 343
シーリンゲスヘアル（古英語 Sciringesheal）99
シルキシフ Silkisif　88
ジルバーベルク Silberberg　70
シングウォール Thingwall　186
スヴォルズ（ル）Svǫlð（r）　102
スカイヒル Skyhill　158, 330
スカーラ Skara　108, 168, 190
スカールホルト Skálholt　23, 168
スキッテン・マイア Skitten Mire　286
スキーリングスサル Skíringssalr　111
スコーネ Skåne　53, 75, 98, 103, 233, 235, 245, 370
スタインモア Stainmore　75, 219
スタヴロ Stavelot　216
スタウンスフィヨルド Stavnsfjord　123
スタフォードシャー Staffordshire　231
スタンフォード Stanford　279, 280
ストラサーン Strathearn　38
ストラングフォード・ラフ Strangford Lough　273
スナイフェルス半島 Snæfelsness　76
スペイン Spain　31, 114, 118, 119, 151, 181, 227, 228, 262, 263, 290
スモーランド Småland　231
スモレンスク Smokensk　132, 133
スリエスソルプ Sliesthorp　305
スルーセゴア Slusegård　212
スレーブロー Släbro　239
スンメーレ Sunnmøre　135
セイェロー島 Sejerø　317
西部入植地 the Western Settlement（古北欧語 Vestribyggð）　28, 136, 137
セーデルテリエ Södertälje　378
セヴァーン川 the Severn　105
セビーリャ Seville　228, 369
セーヌ川 the Seine　35, 71, 98, 153, 166, 171, 175, 176, 177, 195, 229, 256, 269, 291, 292, 296, 321, 332, 349, 379, 384, 385
セルヤ Selja　53

セント・アンドルーズ St Andrews　162
セントジョンズ St Johns　230
セント・デイヴィッズ St David's　65
セントローレンス川 the St Lawrence　357
セントローレンス島 St Lawrence　44
セントローレンス湾 Gulf of St Lawrence　60, 373
ソェーデラーラ Söderala　112, 113
ソグネ・フィヨルド Sognefjord　53, 125, 126, 195
ソーテ・ムッル Sorte Muld　321
ソールスネス Þórsness　76
ソンム川 the Somme　59, 71

［た行］

タイン川 the River Tyne　349
ダヴィッド王国 Dyfed　65
ターバト・ネス Tarbat Ness　219
ダービー Dirby　79, 279, 280
タムドルップ Tamdrup　266
タムワース Tamworth　173
ダラム Durham　49, 93, 126, 367
タルー Talou　166
ダール・ガッシュ Dál gCais　289
ダルビー Dalby　53
ダルリアダ Dalriada（Argyll）　196
タンドルップ Tamdrup　207
ダンバートン Dumbarton　38, 100, 196, 199
ダンブレーン Dunblane　349
タンペレ Tampere　281
ダンラリー Dunrally　145, 385
チチェスター Chichester　299
チッペナム Chippenham　34, 83
チェスター Chester　47, 79, 326
チェスター＝ル＝ストリート Chester-le-street　367
チシュボウル Kirkjubøur　168
チャーツィー修道院 Chertsey Abbey　304, 305
ディアハースト Deerhurst　84, 105
ディー川 the Dee　64
ティーズ川 the Tees　161, 236, 253, 272, 344

低地地方 the Low Countries 34, 119, 216

デイラ Deira 253, 254, 272

ディールコー Dierkow 377

ティンガネス Tinganes 282

ディングウォール Dingwall 186

ティンゲルスタ Tingelstad 112

デヴォン Devon 273

テビー Täby 262

テルアンヌ Thérouanne 59

テレマルク Telemark 168

テンプスフォード Tempsford 86

ドイツ Germany 34, 36, 57, 66, 78, 100,
116, 119, 125, 126, 130, 135, 147, 151, 159,
168, 176, 177, 178, 182, 202, 204, 205, 207,
208, 210, 222, 223, 233, 235, 239, 242, 246,
259, 266, 271, 290, 291, 292, 294, 305, 306,
307, 334, 340, 368, 372, 374, 376, 384

東部入植地 Eastern Settlement（古北欧語
Eystribyggð）28, 136, 137, 290

トゥール Tours 32, 233, 278

トゥルク Turk 281

ドゥルズノ湖 Lake Druzno 88

トゥルーソ Truso 73, 88, 239

トースハウン Torshavn 282

ドーセット Dorset 302, 318

ドーチェスター Dorchester 302, 318

ドニエプル川 the Dniepr 123, 132, 160, 306,
369, 377, 380

ドニゴール Donegal 250, 334

ドラー Dollar 161

トラン Trans 32

ドル Dol 32

トルフネス（ターバト・ネス）Torfness 219

トルホウト Torholt (Torhout) 349

トロイア Troy 82

トロンデラーグ Trondelag 41, 102, 103,
107, 125, 167, 255, 259, 260, 285, 310, 354

ドン川 the Don 261

［な行］

ナイメーヘン Nijmegen 120, 244, 368

ナルボンヌ Narbonne 262

ナント Nantes 32, 292, 297, 379

ニーム Nîmes 262

ニューイングランド New England 60

ニューダム Nydam 310

ネース Näs 240

ネスヤル Nesjar 103, 167, 170, 190

ノヴァスコシア Nova Scotia 60, 61, 373

ノース・ヨークシャー North Yorkshire 362

ノース・ユーイスト North Uist 342

ノース・ロナルドセイ North Ronaldsay 220

ノッティンガム Nottingham 79, 279, 280,
296, 326

ノーフォーク Norfolk 43, 236, 254

ノラム Norham 367

ノリッジ Norwich 86

ノルズ・セートル →北の住まいを見よ

ノワイヨン Noyon 385

ノワールムティエ島 Noirmoutier 291

ノンネバッケン Nonnebakken 97, 245

［は行］

バイエルン Bavaria 30, 368

バイユー Bayeux 256, 273, 284, 362, 385

バグダード Baghdad 31, 151

バース Bath 299

パースシャー Perthshire 316

白海 the White Sea 99, 106, 214

バッキンガムシャー Buckinghamshire 86,
236

バッティントン Buttington 64

ハドソン川 the Hudson River 60

バーニシア Bernicia 161, 253, 254, 272

パパ・ストロンセイ Papa Stronsay 219

バフィン島 Baffin Bay 61, 277, 373

ハムウィチ Hamwic 63, 122

バリンデリー Ballinderry 145

ハルス Hals 267

バルダ Barda 30, 42

ハルランド Halland 233, 235

ハーレヴィー Harrevig 317

ハロガランド Hálogaland 99, 251

バロー川 the Barrow 145

地名索引　439

ハンバー川 the Humber　48, 58, 63, 86, 253, 268, 326, 344
バンバラ Bamburgh　254
ハンプシャー Hampshire　83
ハンブルク Hamburg　30, 128, 168, 204, 319
バンベルク Bamberg　205
東ローマ帝国 the Byzantine Empire　42, 53, 54, 72, 106, 118, 123, 126, 132, 149, 150, 160, 191, 268, 286, 295, 306, 340, 369, 380
ピカルディ Picardy　204
ピトル Pître　257, 321
ピーターバラ Peterborough　37, 58
ヒッレルショー Hillersjö　302
ヒュレスタ Hylestad　171, 172, 231, 280, 335
ヒョルレイヴスホウジ Hjörleifshöfði　51
ヒョルンガヴァーグル Hjörungavágr　347
ピルゴールズ Pilgårds　157
ヒルデスハイム Hildesheim　358
ピレウス Piraeus　372
ファイフ Fife　161
ファルゴー Falgård　262
ファルスター島 Falster　295
フィエーゾレ Fiesole　262
フィットヤル Fitjar　260, 267
フェアウェル岬 Cape Fair Well　27, 136
フェカン Fécamp　257
フォルトリウ Fortriu　196
フーサヴィーク Húsavík　118
フーセビー Huseby　111
フュアカト Fyrkat　180, 245, 246, 367
フューリスヴァッラルナ Fyrisvallarna　75
フュン島 Fyn　97, 210, 245, 347, 355
ブライアンツ・ギル Bryants Gill　49
フランクフルト Frankfurt　34
フランケン　30
フランドル Flanders　58, 59, 87, 90, 120, 135, 166, 214, 229, 256, 263, 291, 292, 293, 306, 385
ブリサルト Brissarthe　296, 384
プリュム Prüm　216
ブルグンド Burgund　34
ブルゴーニュ Burgundy　78, 171, 178, 270,

361
ブールジュ Bourges　119, 263
フルフォード・ゲート Fulford Gate　198, 268
ブレイザルフョルズル Breyðarfjörðr　186
ブレーキンゲ Blekinge　233
ブレヒン Brechin　315
ブレーメン Bremen　30, 124, 128, 159, 168, 204, 279
ブローヴィーケン・フィヨルド Bråviken Fjord　300
フロストシング Frostuþing　310
ブローニュ Boulogne　229
フンニンガー Funningur　282
ベージング Basing　79
ヘッゲン Heggen　112
ベッドフォードシャー Bedfordshire　86, 236
ベネディクト会修道院 Benedictine monastery　367
ヘブリディーズ諸島 the Hebrides　21, 22, 23, 27, 91, 93, 99, 118, 158, 180, 186, 188, 195, 196, 198, 216, 219, 241, 242, 265, 282, 286, 314, 324, 325, 330, 334, 341, 342, 353
ベリー・セント・エドマンズ Bury St Edmunds　50, 86
ベーリング海峡 Bering Straits　44
ヘルオイ Herøy　135
ヘルガフェッル Helgafell　76
ヘルゲ川 Helgeå　73, 103
ヘルズドン Hellesdon　86
ヘルランド Helluland　61, 373
ベレザーニ Berezan　160
ヘレフォードシャー Herefordshire　50
ペレヤスラヴェツ Pereyaslavets（現 Pereyaslav-Khmelnytsky）　191, 192
ベロオーゼロ Beloozero　364
ペントランド海峡 Pentlant Firth　219
ベンフリート Benfleet　263
ペンブルックシャー Pembrokeshire　64
ボイン川 the Boyne　38, 99, 100
ホェイヨル教会 Höyjord kyrka　112
ボクスタ Böksta　359

440 地名索引

ホクスン Hoxne　85, 86
ボーグルム Børglum　168
ポドル川 the Poddle　222, 224
ボーフースレン Bohuslän　107
ホーミネ Hominde　110
ホーラル Hólar　168
ボルガシング Boragarþing　310
ボルガルフョルズル Borgarfjörðr　301
ボルグ（アイスランドの）Borg　76
ボルグン Borgund　125, 126
ホルダラン Hordaland　105, 318, 366
ボルドー Bordeaux　28, 177
ホルムガルズル Holmgarðr　252, 365
ポロツク Polotsk　71
ポワチエ Poitiers　28, 384
ボン Bonn　216

［ま行］
マツィムマ Mazimma　262
マル島 Isle of Mull　21
マルヌ川 the Marne　321
マルメディ Malmedy　216
マートン Merton　79
マンスター Munster　24, 25, 69, 140, 173,
　174, 224, 241, 289, 349, 364
マンチェスター Manchester　86
マン島と諸島の王国 Kingdom of the Isles /
　Konungdómr Suðreyinga　158, 230, 330
メイズハウ Maes Howe　92
ミーズ Meath　38,99, 238, 250
ムラン Melun　71
ムンクトルプ Munktorp　53
メイグル Meigle　316
メクレンブルク Mecklenburg　377
メーラレン湖 Mälaren　170, 187, 190, 278,
　308, 378
メルゼブルク Merseburg　374
モストル Mostr　76
モレイ Moray　196
モーレン Mølen　210
モンフォーコン Montfaucon-d' Argonne　98

［や行］
ユトレヒト Utrecht　205, 216
ユムネ Jumne　66, 70, 134, 267, 325, 348
ユラン半島 Jutland peninsula　36, 39, 53,
　57, 68, 98, 100, 110, 113, 117, 132, 135,
　146, 158, 159, 160, 180, 181, 207, 210, 211,
　222, 223, 235, 238, 239, 246, 261, 262, 266,
　267, 276, 309, 310, 325, 327, 343, 363, 367,
　377
ユリアンホープ Julianhåb　136
ヨータ川 Göta Älv　77
ヨール Youghal　385

［ら行］
ライスリンデ Laithlinde　99
ライデ川 the Rheide　377
ライヒェナウ Reichenau　182, 290
ライフリン Laithlinn　241
ラインラント Rhineland　69, 117, 125, 150,
　214, 238, 244, 278, 291, 292, 294, 320, 345
ラウゼイ島 Rousay　213, 318
ラウニング草地 Ravning Enge（エンゲ）　261
ラーグズ Largs　196
ラドガ湖 Lake Ladoga　164, 198, 381
ラブラドル Labrador　61, 328, 373
ラムジー Ramsey　158
ランコーン Runcorn　79
ランベイ島 Lambey Island　25
リー湖 Lough Ree　101, 238, 364, 385
リスビュー Risby　239, 240, 262
リスボン Lisbon　228
リフィー川 the Liffey　222, 224, 226
リーフリン Leighlin　145
リブル川 the Ribble　114
リムフィヨルド Limfjord　267, 317, 367
リンカン Lincoln　49, 125, 246, 279, 280
リンカンシャー Lincolnshire　49, 190, 234,
　236, 237
リングミア Ringmere　254
ルーアン Rouen　58, 103, 166, 176, 256, 257,
　292, 321, 362, 385
ルイス島 Lewis　214, 215, 325

地名索引　441

ルーヴァン Louvain　34, 229
ルナ Luna　262, 263
ル・マン Le Mans　384
ルーモア Roumois　166
レイキャヴィーク Reykjavík　32, 51, 186
レイキャネス Reykjaness　51
レイクホルト Reykholt　201
レイザルフョルズル Reyðarfjörðr　249
レク川 the Lek　244
レスター Leicester　79, 279, 280
レディング Reading　79
レ・ポン゠ド゠セ　Les Ponts-de-Cé　321
レンスター Leinster　25, 140, 174, 224, 241,
　250, 286, 289
レンヌ Rennes　361
ロイギス Loígis　145
ロヴァチ川 the Lovat　377
ローガラン Rogaland　210, 282, 301, 318
ロシア Russia　29, 30, 45, 66, 71, 72, 88, 101,
　103, 114, 117, 124, 126, 132, 133, 147, 148,

149, 150, 157, 164, 167, 182, 185, 188, 190,
198, 212, 228, 230, 244, 252, 253, 260, 267,
281, 314, 323, 324, 328, 355, 364, 365, 369,
372, 377, 378, 379, 380, 381, 382
ロジアン Lothian　272
ロス Ross　91, 93, 196, 219
ロストック Rostock　377
ローヌ川 the Rhône　262
ローマ Rome　42, 53, 54, 55, 72, 105, 106,
118, 119, 123, 124, 126, 128, 132, 134, 149,
150, 160, 167, 170, 174, 176, 178, 182, 187,
191, 192, 219, 241, 245, 262, 263, 266, 267,
268, 286, 293, 295, 296, 299, 306, 307, 326,
340, 344, 345, 357, 368, 369, 380, 384
ロラン島 Lolland　110
ロワール川 the Loire　28, 177, 227, 228, 262,
263, 291, 292, 296, 297, 321, 379, 383, 384

[わ行]
ワルヘレン島 Walcheren　120, 265, 368

事項索引

［あ行］

アイスランド人のサガ *Íslendinga sögur*　53, 76, 138, 164, 250, 353

アウグスティノ会 Augustinian　137

アウズムラ Auðumla　215

『アエネーイス』　233

アッバース朝 the Abbasid caliphate　30

アル゠ウルマン Al-Ulman　30

炉　税 arnegæld　203

アル゠マジュス Al-Majus　30, 31

アンドヴァラナウトル Andvaranautr　37

アンゴン（フランク人の槍）angon　284

イェリング様式 Jellinge art style　277, 315

イスラム Islam, Islamic　42, 72, 88, 116, 118, 149, 198, 210, 228, 229, 260, 261, 296, 380

武器を手に取る vápnatak　186

ヴァーラスキャールヴル Válaskjálfr　29

天気読み veðrviti　112, 113

ヴェルダン条約 Verdun, the treaty of　119, 176

狼の皮 Wolfhete; 複数形 Wolfhetan　307

ウールヴヘジン Úlfheðinn; 複数形 Úlfheðnar　307

ウルネス様式 Urnes art style　50, 53, 92, 277, 313, 335

エアルドルマン（「領主」または「太守」）Ealdorman　28, 34, 47, 63, 73, 78, 79, 84, 101, 133, 166, 278, 318, 332, 335

『英国民教会史』*Historia Ecclesiastica Gentis Anglorum*　233

『エイリークルの言葉』*Eiríksmál*　75

エイリル eyrir; 複数形 aurar　241

『エクソダス』→「出エジプト」を見よ

エスカー esker　239

エストニア語　165, 281

エスネッカ esnecca　201

エルギ ærgi　251

『王の鏡』*Kónunga Skuggsjá*　127

オェルトグ ørtog; 複数形 ørtogar　241

大ゴジたち stórgoðar　156

オーセベリ様式 Oseberg art style　276

錘 weight　30, 126, 208, 241, 259, 363

［か行］

ガヴォル gafol　232

鍛冶場 smithy　69, 140, 198, 200, 231, 283, 339, 357, 362, 375

火葬 cremation　66, 116, 140, 171, 210, 212, 214, 272, 278, 295, 297, 308, 323, 324, 367

ガッル・ゲゼル Gall-Gaedhel　195

貨幣鋳造所　305, 370

カルヴィ型輸送船 karve（古北欧語 karfi）97

ガレー船　42, 286

カロリング家 Carolingian family　98

カロリング朝ルネサンス Carolingian Renaissance　32, 293

ギムレー Gimlé　29, 41

ギャッラルホルン Gjallarhorn　304

宮廷律 dróttkvætt　192

行政区域　→ヘルスを見よ

ギリシア語 Greek　369

グッリンブルスティ Gullinbursti　300

『クヌートル王の事蹟』*Gesta Cnutonis Regis*　90

『クヌートル頌歌』*Knútsdrápa*　228

クノール（船）knarr（古北欧語 knǫrr）77, 193, 287

「首の身代金」*Hǫfuðlausn*　76

『グラーガース』*Grágás*　307, 311, 312

グラムル Gramr　375

『グリーンランド人のサガ』Grælendinga Saga　60, 61, 62, 373

グンビョルンの岩礁 Gunnbjarnarskerr　201

血讐 feud　33, 76, 113, 164, 185, 188

ゲール語 Gaelic (languages)　27, 95, 140, 282, 342, 385

『ケルズの書』*Book of Kells*　21

後ウマイヤ朝 the emirate of Cordoba　30

古英語　37, 52, 73, 94, 99, 106, 156, 212, 235, 278, 337

コグ船 Cog　288

事項索引　443

ゴジ権 goðorð 156
ゴシック様式 Gothic 125
琥珀織 taffeta 125
コルビー修道院 Corbi 204

［さ行］
『サン＝ベルタン年代記』Annals of St-Bertin
　207, 216, 369, 384
シェアット銀貨 363, 364
シトー派 Cistercian 125
シャーマニズム 165
十字軍 Crusade 54, 68, 182
自由七科 the seven libral arts 32
「出エジプト」（古英詩）Exodus 52
シングマズル þingmaðr 32, 33, 156
シングメン þingmenn →シングマズルを見よ
スヴァジルファリ Svaðilfari 202
スヴァルタ・ヨールデン Svarta Jorden 278
スヴィンフルキャ
豚　楔 svínfylkja 141
スキー skis 144, 335, 359, 361
スキャルドボルグ
楯の砦 skjáldborg 141
スケート skates 81, 144, 359, 36
スコーガ・マズル
森の人 skogamaðr 313
スターヴ教会 stave church 53, 125, 171, 172,
　206, 231, 280, 335, 341
『聖オーラヴのサガ』Ólafs Saga helga 170,
　303
聖ソフィア大聖堂 St Sophia 123, 124
『聖ネオトの年代記』Annals of St Neots 37
聖マグヌス大聖堂 St Magnus's cathedral
　126
セイン thegn 73, 175
セーテル sœter 51, 251
ソークマン sokeman 237
ソルワルドの十字架 Thorwald's Cross 129,
　329, 359

［た行］
ダーグヴェルズル
朝　食 dagverðr 226
楯の乙女 skjaldmær 55
タペストリー Tapestry 29, 44, 97, 124, 273,
　275, 284, 359

『ダロウの書』Book of Durrow　21
中石器時代 Mesolithic periods　212, 126
徴貢 tribute-gathering 31, 42, 191
テッセラ tessera; 複数形 tesserae 117
デナリウス deniers 119
天気読み　→ヴェズルヴィティを見よ
ドゥームズデイ・ブック Domesday Book 58
トナカイ reindeer 81, 99, 136, 165
ドラウプニル Draupnir 95, 272, 308
ドラッカル（船）drakkar 56, 121, 193, 194,
　200, 229, 287
ドラープル
頌歌 drápur 192
奴隷 slaves 31, 51, 151, 203, 212, 242, 243,
　244, 271
トレミシス tremissis 241
ドレングル drengr 175

［な行］
ナウスト noust（古北欧語 naust）317
ナットヴェルズル
夜　食 náttverðr 226
ニージングル
変節漢 níðingr 153
ニズホッグル Niðhögg 249
『ニーベルングの指環』Der Ring des
　Nibelungen 70
年輪年代学 dendrochronology 39, 123, 154,
　193, 195, 238, 261, 370
ノルマンコンクエスト Norman Conquest
　36, 37, 58, 201, 232, 237, 346
『ノルマンディーの初めの諸公らの作法と務め
　について』De moribus et actis primorum
　normanniae ducum 165

［は行］
ハイド（土地の面積）hide 237, 299, 387
ハウス・オヴ・キーズ the House of Keys
　230
はかり
秤 scale 241
撥土板 mould-board 252
『ハムレット』Hamlet 233, 320
ハンザ同盟 Hanseatic League 246, 306
ハンドレッド（行政単位）hundred 237, 387
ハンブルク＝ブレーメン大司教区 the

archbishopric of Hamburg–Bremen 30, 168, 204

ビザンツ（東ローマ）Bizantine 42, 72, 97, 124, 206, 336, 345, 382

ビフロスト Bifrost 29, 215, 304, 332

ビルカ法 Bjärköarätt 279

ヒルフォート（丘状砦）281, 343

フィン＝ウゴル語 Finno-Ugrian (language) 165, 281

フィンランド語 Finnish 165, 369

副葬品 grave offerings / goods 42, 55, 66, 97, 111, 112, 133, 139, 140, 154, 156, 182, 185, 200, 210, 212, 214, 238, 257, 272, 275, 278, 313, 317, 323, 324, 355, 356, 359, 375, 384

フネヴァタフル hnefatafl 144, 145

吹流し flaug 112

プラウランド ploughland 237

『フランク王国年代記』Frankish Royal Annals 132, 222, 265, 351

『フランク史』History of the Franks 233, 278

ブリーシンガメン Brísingamen 299

ブリューティ bryti 175, 240

『プリュム修道院長レギノの年代記』Chronicle of Regino of Prüm 235

フリングホルニ Hringhorni 214, 272

『フルダ年代記』Annals of Fulda 178, 216, 229, 265

ブレトワルダ Bretwalda 63

ブロート blot 41, 124

『フロールヴル・クラキのサガ』Hrólfs Saga Kra

墳墓（burial) mound (s) 39, 40, 116, 154, 160

ヘアヴェイ（エン）Hærvej (en) 57, 222, 239

『ベーオウルフ』Beowulf 212, 278

ペニング penningr; 複数形 penningar 241

ベネディクト会 Benedictine 53, 137, 367

地区集会 heraðþing 185
　→行政区域も見よ

ヘルシル hersir 175

行政区域 heruð; 単数形 herað 240
　→地区集会も見よ

ヘレゲルド heregeld 81, 232, 262

「ホイクル本」'Hauksbók' 184, 221

紡錘車 spindle-whorl 264

『牧者の心得』Cura Pastoralis 35

ボッレ様式 Borre art style 275, 276

ホルドゥル hauldr (hǫldr) 175

農民 bóndi 174

［ま行］

賠償金 mannbætr 310

マンメン様式 Mammen Style 275

蜜酒 mead 55, 56, 95

ミニバー miniver 165

ムンドル mundr 143, 184

メロヴィング家 Merovingian 98

モザイク 117, 118, 124

モステル法 the Moster law 103

［や行］

ヤール Jarl →社会階級〈項目索引〉を見よ

『ユングリンガ・サガ』Ynglinga Saga 212, 303

鎧張り clinker-built 55, 97, 135, 193, 286

［ら行］

断片詩 lausavísur 192

ラドビー船 Ladby ship 213, 287, 355, 356

ランヴァイクの小匣 Ranvaik's casket 205

地方集会 landþing 185

リーセ修道院 Lyse abbey 125

リンゲリケ様式 Ringerike art style 275

『ルートヴィヒの歌』Ludwigslied 216

ルーン碑文 runic monuments 70, 146, 109, 372, 378, 379

レンドゥルマズル lendr maðr 175

法集会 lögþing 185

法律家（複数形ローグメン）lögmaðr; 複数形 lögmenn 310, 315

ローグレッタ Lögrétta 32, 315

ロマネスク様式 Romanesque 56, 125, 135,

370

ロングシップ（船）Longship（古北欧語
langskip）141, 193, 195, 200, 286, 287,
288, 297, 317
ロングハウス Longhouse 69, 178, 180, 208,

315, 339, 362, 363

［わ行］
ワルキューレ　→ヴァルキュリア〈項目索引〉
を見よ

監訳者あとがき

　本書は、英国王立歴史学会特別研究員であり、ランカスター大学で教鞭を執ってきた歴史学者で、多くの百科事典類や歴史書を著しているジョン・ヘイウッド（John Haywood）の著作 *Encyclopaedia of the Viking Age* の翻訳です。ヘイウッドに選ばれた 496 項目におよぶヴァイキング時代の人物や部族、事件や場所、習俗や文化、文学作品や登場人物などについて、歴史学、文献学、文学・言語学、考古学や社会学などさまざまな角度から論じられていて、著者ヘイウッドの博覧強記ぶりがみごとに発揮されています。当時の最前線の研究成果も、それを踏まえたうえで独自の見解を述べるときも、理性的かつ論理的にバランスのとれた見方を示しています。

　日本語表記について一言申し上げます。この事典は、日本初のヴァイキング時代に関する事典という趣旨から、中世初期の人物名や事物名には、当時発音されていたと想定される音、いわゆる再建音を試みました。原書は英語で書かれましたが、中世の人物名に現代英語の綴りと中世の綴りが混ざっていました。そこで、邦訳にあたり、すべて中世の綴りからカタカナに置き換えてみることで、統一感を出そうとしました。

　中世初期に生きた北欧人たちは、多くの現代語から失われつつある文法的な語尾変化を今より明確に持っていました。現在、そのような文法を中世とほとんど変わらずに保持するのは現代アイスランド語です。しかし、アイスランド語も、中世以来、発音の変化が進み、中世の発音を復元する再建音は、しばらく前からあまり人気がありません。ちょうど日本人が平安朝の文学を平安朝の時代の発音で読まずに現代日本語の発音で読むように、現代アイスランド人も、中世の文献を現代アイスランド語の発音で読むのです。現代アイスランド人の学者は、自分たちの「国語」が外国人によって「オカシナ」発音で読まれることに異を唱え、私も含めて、最近の学者は中世のアイスランド語の文章を現代アイスランド語の発音で読むように指導されてきたのです。たとえば本事典で「アウズル」と表記した女性の名前は「オイズル」のように聞こえる現代アイスランド語読みをします。

　しかしながら、現代アイスランド語の日本語表記は専門家のあいだでもさまざまな意見があり、統一は困難です。この事典はあくまでも中世のヴァイキング時代に関する事典で

すので、あえて、中世北欧のアルファベットの綴りをなるべく思い起こせるようなカナ表記に努めました。本書から、遠い昔日の中世北欧の人々の息づかいを感じていただければ幸いです。

　一方、ブリテン諸島やロシアの地に渡った北欧人は、その土地の人々の発音に影響された綴りで名前が記されます。しかも、アイルランド・ゲール語とスコットランド・ゲール語は、現在では綴りや発音が異なります。たとえば古北欧語の名前「オーラヴル」という王は、アイルランドのダブリンにも、スコットランドにもいます。現代アイルランド語風に「アヴラブ」と表記する研究者がいますが、スコットランド・ゲール語では「アムレイブ」のように発音されます。本書では、当時のヴァイキングは「古北欧語」で名乗っていたとする仮定に基づき、「オーラヴル」としています。東欧に渡った場合は現地言語のカナ表記の慣例に従いました。また、フランク王国のラテン語の年代記に Roric と記されたロリックは古北欧語では Hrœrekkr とも Roðrekr とも綴られ、どちらの可能性もあります。ロロも同様に Hrólfr か Hrollaugr か本名がわかりません。また、パリ包囲を指揮した人物は現代ドイツ語風にジークフリートなどと呼ばれることもあります。このような場合は日本語の慣例に従いつつ、事典全体の統一感を出すように努めました。例外は、アイルランドのゴドレッド・クロヴァンとスウェーデンのオーロフ・ショットコヌングです。2 人とも通り名があって、前者はアイルランド・ゲール語、後者は現代スウェーデン語です。この 2 人の名前のカナ表記はあえて中世北欧語とは異なるものにしました。

　巻末には索引を付けました。これは、見出し語にない人名、地名、事物名を見つけるため、また、馴染みのない北欧やヨーロッパの地名や人名の綴りを参照するためのツールとして便宜を図りました。この事典が多くの日本人読者の役に立ち、中世北欧ヴァイキングの世界への入口になれば望外の喜びです。

　最後になりましたが、翻訳者村田綾子氏には御礼申し上げます。本事典の翻訳編集には中世北欧の歴史研究者小澤実先生に精神的にも大変お世話になりました。中世スペインの表記や名前に関しては、最も信頼できる同僚の 1 人である黒田祐我先生に助言を戴きました。また多くの参考文献にも頼りました。それでも誤りがあるのはひとえに私の力不足に依るものです。読者の御叱責・御鞭撻を頂戴できれば幸いです。

　末筆ながら、本書の仕上げに際し、遅筆な私に誰よりも励ましを下さいました、柊風舎の飯浜利之氏ならびに柊風舎編集部には心より言葉に尽くせぬ感謝を申し上げます。

　2017 年 3 月

伊藤　盡

【著者】
ジョン・ヘイウッド（John Haywood）
英国王立歴史学会正会員。元ランカスター大学歴史学科名誉リサーチフェロー。『世界の民族・国家興亡歴史地図年表』（柊風舎）、Northmen: The Viking Saga 793-1241 (2016)、The Celts: Bronze Age to New Age (2004)、The Encyclopedia of Ancient Civilizations of the Near East and Mediterranean (1997)、The Penguin Historical Atlas of the Vikings (1995) など著書多数。

【監訳者】
伊藤　盡（いとう つくす）
1965年生まれ。慶應義塾大学大学院博士後期課程単位取得。信州大学人文学部教授。専門：中世英語・北欧語文献学、英語史、北欧神話、英国ファンタジー文学。『アイスランド・グリーンランド・北極を知るための65章』（共著、明石書店）、「北欧語から英語への借入語としてのTroll」（信州大学人文学部人文科学論集）、『ベーオウルフとその周辺』（共著、春風社）、『もっと知りたい世界の名作9　指輪物語』（共著、ミネルバ書房）ほか論文・翻訳・著書など。

【訳者】
村田綾子（むらた あやこ）
翻訳家。訳書に『世界記憶遺産百科』（柊風舎）、『生物45億年の物語』（朝日新聞出版）など。

図説 ヴァイキング時代百科事典

2017年4月25日　第1刷

　　著　　者　　ジョン・ヘイウッド
　　監訳者　　伊　藤　　盡
　　訳　　者　　村田綾子
　　装　　丁　　古村奈々
　　発行者　　伊藤甫律
　　発行所　　株式会社　柊風舎

〒161-0034 東京都新宿区上落合1-29-7 ムサシヤビル5F
TEL 03-5337-3299 ／ FAX 03-5337-3290

印刷／株式会社明光社印刷所
製本／小高製本工業株式会社

ISBN978-4-86498-042-5
Japanese Text © Tsukusu Ito